석씨요람 역주 2

석씨요람 역주
2

석도성 저 · 김순미 역주

운주사

책머리에

『석씨요람』은 1020년 석도성 선사가 찬집한 이래로 불가에 출가하여 도를 배우고자 하는 이들에게는 나침반과 같은 역할을 해왔다. 그래서 『번역명의집翻譯名義集』, 『현수제승법수賢首諸乘法數』와 함께 『석씨요람』은 불학삼서佛學三書로 불리며 오랫동안 중간重刊을 거듭하여 왔고 그 결과 여러 판본이 존재한다. 중국과 일본 등에서는 선종 사찰에서 근세까지도 간행이 이루어진 것이 확인되지만, 우리나라에서는 일부 승려들을 통해 언급이 될 뿐, 그 존재조차 희미해지고 있다.

불교에 입문하기 위해서는 출가자뿐 아니라 재가자들도 불교 용어와 의미, 어원, 예절, 도구, 풍습, 의복, 사상, 규범 등 기본적으로 알아야 할 것들이 많다. 이 책은 석도성 선사가 유·불서를 가리지 않고 303종이나 되는 책을 탐독하면서 이와 관련한 내용을 발췌하여 모은 것이다. 책이 찬집되고 천 년이 지났지만, 이 책이 출가자 및 불교 신자들에게 여전히 유효한 것은 출가자의 생활이 큰 변화 없이 이 규범대로 작동하고 있기 때문이고, 앞으로도 다르지 않을 것이라는 점 때문이다.

『석씨요람』은 오래 전 역자가 박사 논문을 준비하면서 접하였고, 일부 번역하여 논문에 인용한 뒤에는 덮어 두고 있었다. 적지 않은 분량과 본인의 일천한 지식으로 다 읽어내지 못하는 안타까운 마음을 항상 가지고 있었기 때문에 이 책의 가치를 아는 누군가가 밝은 눈으로 번역하여 출간해주길 늘 바랐다. 중국과 일본에서는 관련 연구 논문들이 나오고 교주본校註本이 나오는데도 우리나라에서는 아무 소식도 들리지 않고 그렇게 십여 년의 시간이 흘렀다.

한국연구재단의 지원을 받아 연구 논문을 쓰게 되면서 일부 번역해 두었던 부분을 바탕으로 처음부터 천천히 정리해 나갔고 그 글을 모아 책으로 출간할 마음을 간신히 먹게 되었다. 곳곳에 학문적 식견이 뛰어난 승려나 재가자들이 많기 때문에 책을 만들어 세상에 내놓는 일이 내 허물을 드러내는 일처럼 느껴져 두렵고 또 두렵다. 이 일이 분수에 넘치는 일이라는 것을 잘 알지만 이 책의 출간을 계기로 관련 분야 연구가 활력을 얻고, 더불어 이 책의 모자란 부분도 바로잡는 계기가 되길 바라는 마음에서 용기를 내었다.

이 책이 발간되기까지 역자는 많은 분들의 도움을 받았다. 부족한 제자의 해독력이 안타까워 윤문에 적극 동참해 주신 정경주 교수님과 교정에 도움을 주신 엄원대 교수님이 아니었다면 원고는 아직도 미완성인 상태로 남아 있을 것이다. 또, 열악한 출판 사정에도 불구하고 기꺼이 출판을 허락하신 운주사 김시열 대표님과 역자보다 더 꼼꼼히 탐독하여 오류를 잡아내 주신 임헌상 과장님 및 편집자께도 감사의 마음을 전한다.

2022년 10월
김순미 삼가 씀

*범례

1. 『석씨요람』은 현재 국립중앙도서관에 소장된 명나라 판본(4권 2책, 이하 명판본이라 함)과 일본 판본(3권 3책, 이하 일판본이라 함)이 유일하다. 역자는 명판본을 원본으로 삼아 국역을 하였으나 오자가 많아 일판본 및 대정장大正藏과 대조하며 교감을 하였고, 또 두 판본 모두 오자인 경우는 여러 원전을 참조하여 역자가 교감하여 주를 달았다.
2. 역자가 저본으로 삼고 있는 명판본에는 본문과 세주細注를 구분하고 있지 않으나 일판본에는 세주를 쌍주로 처리하여 확연히 구분하고 있다. 따라서 역자는 일판본과 중국 부세평富世平(1973~현재) 교수의 『석씨요람교주釋氏要覽校注』(중화서국, 2014)를 참고하여 본문과 세주를 구분했으며, 세주의 앞과 뒤에 【 】를 넣고 서체를 달리하였다. 그런 가운데 문장이 완전히 다르거나 글자의 출입이 있는 경우에는 각주를 달아 문구를 비교할 수 있도록 하였다.
3. 명판본과 일판본 및 대정장을 비교하여 오자인 경우에는 역자가 교감하였지만, 글자가 달라도 내용이 달라지지 않는 경우에는 명판본을 저본으로 삼았기 때문에 그대로 두었다.
4. 『석씨요람』은 중국에서 1020년·1433년·1529년·1583년에 간행을 했고, 부세평에 의하면 일본에서는 1633년·1875년·1885년·1889년·1919년·1936년에 간행을 했다. 본 역서는 1583년 명나라(1368~1662) 때 중간重刊된 것을 저본으로 삼고 있기 때문에 간행 시기의 이름을 붙여 명판본이라 하였고, 일본에서 간행된 것은 그 시기를 알 수 없으므로 일판본과 대정장(대정신수대장경)으로 줄여 썼다.

책머리에 • 5

석씨요람 권하

13. 은효편恩孝篇 • 21

1) 은혜 • 21 | 2) 효도 • 28

14. 계취편界趣篇 • 31

1) 계 • 31 | 2) 삼계 • 32 | 3) 욕계 • 33 | 4) 색계 • 35

5) 무색계 • 35 | 6) 구지 • 37 | 7) 삼유 • 39 | 8) 이십오유 • 40

9) 삼천대천세계 • 42 | 10) 취 • 43 | 11) 천상세계 • 44

12) 천상에 사는 인연 • 45 | 13) 인간세계 • 46

14) 사람이 되는 인연 • 47 | 15) 인간 세상의 열 가지 괴로움 • 50

16) 범부 • 52 | 17) 중생들이 가지는 네 가지 모습 • 52

18) 인간의 네 가지 일에는 반드시 이별이 정해져 있음 • 53

19) 지옥세계 • 54 | 20) 지옥에 떨어지는 인연 • 55

21) 축생세계 • 56 | 22) 축생이 되는 인연 • 57 | 23) 삼도 • 58

24) 여덟 가지 환난 • 59 | 25) 수라세계 • 60

26) 아수라가 되는 인연 • 61 | 27) 염라왕 • 62

28) 중생 • 63 | 29) 마음 • 64

15. 중식편中食篇 • 66

1) 정식 • 66 | 2) 부정식 • 67 | 3) 재 • 68

4) 재공의 바른 시간 • 69 | 5) 죽 • 69 | 6) 죽 먹는 바른 시간 • 71

7) 음식의 실체 • 72 | 8) 음식의 형상 • 72 | 9) 음식을 먹는 일 • 73

10) 음식 먹는 의리 • 73 | 11) 음식의 세 가지 덕 • 74

12) 여섯 가지 맛 • 74 | 13) 여덟 가지 맛 • 75

14) 음식을 보시하는 다섯 가지 보답 • 75

15) 죽의 열 가지 이익 • 76 | 16) 먹기 전에 주문을 외움 • 77

17) 밥 먹을 때의 다섯 가지 관법 • 78 | 18) 음식을 먹는 법 • 81

19) 먹는 양 • 82 | 20) 음식 먹을 때의 계율 • 83

21) 중생식을 내어놓음 • 84 | 22) 시식 • 85 | 23) 걸식 • 86

24) 출가자를 위한 음식 • 88 | 25) 부청 • 90

26) 피해야 할 말 • 92 | 27) 청하지 않은 재에 굳이 감 • 93

28) 향을 나누어 줌 • 94 | 29) 범음 • 96 | 30) 표백 • 99

31) 소자 • 100 | 32) 깨끗한 손으로 행함 • 101 | 33) 시줏돈 • 102

34) 주문으로 복을 기원함 • 102 | 35) 설법 • 103

36) 음식 공양한 뒤의 양치질 • 105

37) 버드나무 가지를 씹음 • 106

38) 하루에 한 번 먹는 제도 • 107

39) 정오가 지나서 먹지 않으면 오복을 얻음 • 108

40) 음식을 먹지 않음 • 108 | 41) 중식론 • 109

16. 지학편志學篇 • 113

1) 배움 • 113 | 2) 두 가지 배움 • 114 | 3) 세 가지 배움 • 115

4) 외도의 학문을 열어 놓음 • 115 | 5) 글을 배움 • 116

6) 두 가지 지혜 • 117 | 7) 고깃덩어리 • 117 | 8) 창고 • 118

9) 지혜 주머니 • 118 | 10) 의룡 • 119 | 11) 의호 • 119

12) 계율의 호랑이 • 120 | 13) 승영 • 120 | 14) 승걸 • 120

15) 미천의 석도안 • 121 | 16) 석문의 천리마 • 121

17) 의천 • 122 | 18) 학해 • 122 | 19) 경사 법장 • 123

20) 석문 호련 • 123 | 21) 혜원 임랑 • 124

22) 병의 물을 다른 병으로 옮김 • 124

23) 불법을 전함 • 125 | 24) 바늘을 던짐 • 125

25) 세 가지 뛰어난 재주 • 126 | 26) 네 가지 뛰어난 재주 • 126

27) 다섯 가지 자질을 갖춤 • 127

28) 여덟 가지 갖추어야 할 것 • 127

29) 사람으로 인하여 이름을 드러냄 • 129

30) 종이가 옥처럼 귀해짐 • 129 | 31) 본보기 • 130

32) 영수 • 131 | 33) 여덟 가지에 통달함 • 132

34) 여덟 가지에 능통함 • 132 | 35) 정鼎의 글자를 해석함 • 133

36) 붓을 지고 다님 • 133 | 37) 담소談笑 자리의 좌장 • 134

38) 글의 뜻을 풀이하는 것으로 이름이 알려짐 • 134

39) 겨울 소나무 • 135 | 40) 벽운 • 136 | 41) 눈 속에 서 있음 • 136

42) 이불을 펼쳐 적음 • 136 | 43) 먼지가 에워싸고 있음 • 137

44) 글의 뜻을 견줌 • 138 | 45) 덕향 • 139 | 46) 도풍 • 139

47) 변하여 염교가 됨・140 | 48) 학자의 두 가지 근심・140

49) 돈 없이 물건을 사려 함・141 | 50) 촛불을 밝힘・141

51) 경계・142

17. 설청편說聽篇・144

1) 설함・144 | 2) 들음・145

3) 설법하고 설법 듣는 두 가지 어려움・145

4) 법사가 높은 자리에 오를 때・146 | 5) 법사의 마음・146

6) 법사의 여덟 종류의 말씀・147 | 7) 부처의 여덟 가지 말씀・148

8) 설법하는 사람의 죄・149

9) 스스로 크다고 여겨 사람에게 교만함・150

10) 강설의 세 가지 이익・150

11) 설법하는 사람이 받는 다섯 가지 복・151

12) 강당의 제도・151 | 13) 강당에 불상을 둠・152

14) 강설하는 곳에서 경전을 욈・153 | 15) 학사・154

16) 학원・154 | 17) 적색 휘장・155 | 18) 용문・156

19) 주실・157 | 20) 함장・157 | 21) 대표 강사・158

22) 경전을 강의하는 승려의 시초・159 | 23) 법기・160

24) 스승 중의 스승・161 | 25) 법장・161

26) 뜻을 잘 풀이하는 젊은이・162 | 27) 사해의 논주・162

28) 삼국의 논사・162 | 29) 비담공자・163

30) 수광전의 학사・163 31) 경론의 원장・164

32) 보살계菩薩戒의 스승・164

33) 경전을 강의할 때에 꽃비가 내림 • 165

34) 율법을 강의하자 산봉우리가 가라앉아버림 • 165

35) 총명한 불제자 • 166 | 36) 표표 도인 • 166 | 37) 상을 줌 • 167

38) 금사자좌 • 168 | 39) 학자들은 네 가지 일로 타락함 • 168

18. 택우편擇友篇 • 170

1) 벗을 택함 • 170 | 2) 네 등급의 벗 • 171

3) 벗의 세 가지 긴요한 법 • 172

4) 좋은 벗을 얻는 데 항상 행해야 하는 네 가지 법 • 173

5) 친한 벗을 삼을 때 갖출 일곱 가지 법 • 174

6) 벗에게 해야 할 다섯 가지 일 • 174 | 7) 용렬한 사람 • 175

8) 습관에 물듦 • 175 | 9) 이간질하는 것을 살핌 • 176

19. 외신편畏愼篇 • 177

1) 늘 조심하고 삼가야 함 • 177 | 2) 구명대를 아끼고 지킴 • 178

3) 덕병을 깨뜨림 • 179 | 4) 재앙의 어머니를 사들임 • 180

5) 삵이 쥐를 삼킴 • 181

6) 솜으로 붉게 달아오른 철환을 싸다 • 182

7) 날마다 사용하는 절굿공이 • 183

8) 작은 물고기들이 충고를 잊어버림 • 183

9) 이리들의 간청을 거부함 • 184 | 10) 아홉 가지 횡액 • 185

11) 세속인의 집에 들어갈 때의 다섯 가지 법 • 187

12) 다섯 종류의 인색함을 버림 • 188

13) 세 가지 악을 제거함·189 | 14) 세 가지 위해를 그치게 함·189

15) 업신여김을 불러들이는 세 가지 법·190

16) 다른 사람들이 좋아하지 않게 되는 열 가지 법·191

17) 여덟 가지 경계해야 할 것·191

18) 승려로서 위의를 갖추는 네 가지 법·192

19) 시주를 받을 적에 양을 조절할 줄 알아야 함·193

20) 네 가지 성인의 씨앗·193 | 21) 경계·195

20. 근해편勤懈篇·196

1) 정진수행·196 | 2) 정진·197 | 3) 게으름·198

4) 방종·199 | 5) 마귀·200

21. 조정편躁靜篇·202

1) 탐심·202 | 2) 욕심·203 | 3) 출가인의 세 가지 욕심·204

4) 오욕·205 | 5) 괴로움·207 | 6) 다섯 가지 두려움·209

7) 칠정·210 | 8) 팔풍·210

9) 욕심이 적은 것과 만족함을 아는 것·211

10) 네 가지 환희법·212 | 11) 유식상분·213 | 12) 고요함·214

13) 삼매·215 | 14) 선·215 | 15) 좌선·216 | 16) 선대·217

17) 선진·218 | 18) 의판·218 | 19) 인체 골격·219

20) 선장·219 | 21) 선국·220 | 22) 연좌·220

23) 불법의 두 기둥·221

22. 인쟁편忍諍篇 • 222

1) 언쟁에는 네 종류가 있음 • 222

2) 언쟁의 근본에는 여섯 가지가 있음 • 223 | 3) 비유 • 224

4) 악한 과보 • 225 | 5) 언쟁에 다섯 가지 허물이 있음 • 227

6) 참음 • 227 | 7) 참음으로 언쟁을 그침 • 229

8) 화를 사라지게 하는 다섯 가지 관법 • 230

9) 참으면 생기는 다섯 가지 덕 • 231

10) 일체 번뇌를 다스리는 법 • 231

11) 재앙은 입으로부터 생겨남 • 233

12) 입을 다물고 마음을 삼가함 • 234

23. 입중편入衆篇 • 236

1) 인간 세상을 떠돌아다님 • 236 | 2) 비석 • 237 | 3) 해중 • 238

4) 대중과 어울리는 다섯 가지 법 • 238

5) 절에 들어가면 금지하는 규칙을 물음 • 239

6) 객 비구의 의발을 응접함 • 239

7) 법당에 들어갈 때의 다섯 가지 법도 • 240

8) 석장을 걸어놓음 • 241 | 9) 위의 • 242 | 10) 안거 • 242

11) 하랍 • 244 | 12) 자자 • 245 | 13) 가제 • 246

14) 걸어 다님 • 246 | 15) 대중 속에서 안락하게 행하는 법 • 247

16) 청소 • 248 | 17) 함께 힘 모아 수습함 • 251 | 18) 연등 • 251

19) 예배할 때의 금기 • 252

20) 불이 타는 것을 볼 때 생기는 일곱 가지 과실 • 253

21) 재채기 • 253 | 22) 손톱을 자름 • 254

23) 머리카락을 깎음 • 254 | 24) 눕는 법 • 255 | 25) 수면 • 256

26) 잠이 쏟아지는 인연 • 258 | 27) 낮잠 • 258

28) 평상에 앉았을 때 금기해야 할 일곱 가지 일 • 259

29) 소행 • 260 | 30) 측간 • 261 | 31) 깨끗하게 씻음 • 262

32) 선품궤칙 • 265 | 33) 여섯 종류의 화경 • 266

34) 선한 말 • 267 | 35) 대중 속에 있을 때의 나쁜 과보 • 268

24. 주지편住持篇 • 270

1) 선주지 • 270 | 2) 일을 주관하는 네 사람 • 273

3) 선 • 275 | 4) 선승이 수행하여 깨달음 • 278

5) 선문의 별호 • 279 | 6) 온 세상의 주지 • 281

7) 장로가 요사채를 순찰함 • 283 | 8) 시자 • 284 | 9) 보청 • 284

10) 승차 • 285 | 11) 계율의 주지 • 286 | 12) 포살 • 286

13) 산가지로 셈함 • 287 | 14) 일을 경영하는 비구 • 288

15) 힘을 쓰는 비구 • 289 | 16) 사찰을 지키는 비구 • 289

17) 승사 • 290 | 18) 상주물 • 291

19) 세속 사람들을 공대함 • 293

20) 승물을 아까워한 나쁜 과보 • 294

21) 쫓아내거나 다스림 • 295 | 22) 결계 • 296

23) 사찰 안에 사당을 세움 • 298 | 24) 업이 깨끗한 사람 • 300

25. 잡기편雜紀篇 • 302

1) 사원의 벽화 • 302 | 2) 오취생사륜 • 304

3) 형상을 그려 꾸밈 • 308 | 4) 가비라 신의 형상 • 308

5) 건추 • 309 | 6) 사원의 북을 침 • 311 | 7) 사원의 장생전 • 311

8) 우란분 • 313 | 9) 해하초 • 316 | 10) 긴 석 달 • 317

11) 기갈 • 318 | 12) 몸을 깨끗이 재계함 • 319 | 13) 법곡자 • 320

14) 버들가지와 깨끗한 물 • 320 | 15) 허공에 침 뱉기 • 321

16) 종이돈과 색지 • 323 | 17) 삼일재 • 324 | 18) 사십구재 • 326

19) 칠일재의 깃발 • 328 | 20) 무상종 • 329 | 21) 예수재 • 330

22) 성문 위의 천왕 • 331 | 23) 사바세계 • 332 | 24) 염부제 • 333

26. 첨병편瞻病篇 • 334

1) 병든 자를 간호하는 제도 • 334

2) 병든 자를 간호하는 사람의 다섯 가지 덕 • 335

3) 병든 자를 간호하는 사람의 여섯 가지 실책 • 335

4) 병이 생기는 열 가지 연유 • 336

5) 비명횡사하는 아홉 가지 법 • 337

6) 아픈 승려는 조금씩 자주 먹음 • 337

7) 술을 약으로 삼을 수 있음 • 338

8) 무상원 • 339 | 9) 무상당 안에 불상을 둠 • 339

10) 병든 사람을 위한 염불 • 340 | 11) 설법하고 지도함 • 342

12) 사타 • 343 | 13) 무상의 경쇠를 침 • 344 | 14) 칼바람 • 344

15) 죽을 때의 마음 • 345

16) 생기는 끊어졌으나 번민이 있는 상태 · 346

17) 죽음의 자리 · 347 | 18) 계를 버림에 대해 물음 · 348

19) 무상 · 349 | 20) 승려는 죽음을 두려워해서는 안 됨 · 349

21) 승려들은 적멸을 즐거움이라 여김 · 350

22) 미래의 과보를 증험함 · 351

27. 송종편送終篇 · 353

1) 초망 · 353 | 2) 감실 · 353 | 3) 감실에 넣는 널 · 354

4) 상복 제도 · 356 | 5) 지팡이 · 358 | 6) 두건 · 360

7) 곡 · 361 | 8) 제전 · 362 | 9) 조문을 행함 · 363

10) 조문을 받음 · 364 | 11) 상이 난 곳으로 달려감 · 365

12) 장사지내는 방법 · 366 | 13) 다비 · 367

14) 열반이 과보가 됨 · 368 | 15) 시신을 장지로 보냄 · 369

16) 사리 · 370 | 17) 탑을 세움 · 371 | 18) 지석 · 374

19) '고'라고 칭함 · 376 | 20) 창의 · 377

21) 무덤에 다시 가서 참배함 · 379

22) 스승의 무덤에 예를 올림 · 380 | 23) 기일 · 380

24) 소자 · 381 | 25) 한식날 산소에 올라감 · 382

26) 무덤에 혼백이 있고 없음에 대해 물음 · 383

발문 · 385 | 후서 · 387

교계신학비구행호율의敎誡新學比丘行護律儀 · 390

찾아보기 · 463

釋氏要覽 卷下

13. 은효편 恩孝篇

무릇 석씨들은 아침저녁으로 향불을 피우고 축원하며 예불禮佛하고 나아가 사소하더라도 좋은 일을 하여 모두 회향한다. 사은四恩[1] 삼유三有[2]는 대개 넓고 큰 마음으로 은혜에 보답하고 효성을 펼치는 지극한 일이다.

凡釋氏 晨昏祝香禮佛 乃至作一毫善事 皆廻向. 四恩三有者 盖是廣大心 報恩申孝之至也.

1) 은혜

은혜에는 4가지가 있으니, 첫째 부모의 은혜, 둘째 스승(師長)의 은혜,

---

[1] 사은四恩: 부모은·중생은·국왕은·삼보은.
[2] 삼유三有: 욕유欲有·색유色有·무색유無色有. 즉 욕계·색계·무색계 삼계를 말한다.

셋째 국왕의 은혜, 넷째 시주施主의 은혜이다.

○『대승본생심지관경』에서 부처가 말하였다. "세간의 은혜에는 4종류가 있으니, 첫째는 부모의 은혜, 둘째는 중생의 은혜, 셋째는 국왕의 은혜, 넷째는 삼보의 은혜이다. 이와 같이 4가지 은혜는 일체중생들이 평등하게 짊어지고 있다. 첫째, 부모의 은혜란 아버지에게는 자애로운 은혜가 있고, 어머니에게는 애처롭게 여기는 은혜가 있어서 만약 우리가 세상에 머무르는 일 겁 동안 다 말한다 해도 다 말할 수가 없다. 둘째, 중생의 은혜란 무시 이래로 일체중생들이 오도五道[3]를 윤회하며 서로 부모가 되어 각기 큰 은혜가 있기 때문이다. 셋째, 국왕의 은혜란 복덕이 가장 뛰어나서 비록 인간 세상에 살더라도 스스로 가지고 있는 큰 힘(大自在)을 가지고 있어서 33천의 항상 그 힘으로 국가의 경계를 보호하여 산하대지가 모두 국왕에게 속한다. 이 때문에 대성왕大聖王이 정법으로 교화시켜 중생으로 하여금 모두 편안하고 즐겁게 할 수 있다. 넷째, 삼보의 은혜란 불보·법보·승보가 무량한 신통변화를 구족하여 중생을 이롭고 안락하게 하며 잠시도 쉬지 않는다."

○『후역화엄경後譯華嚴經』에서 말하였다. "나라에는 군주가 있어서 일체중생이 편안할 수 있다. 그러므로 백성들의 왕은 일체중생들이 안락의 근본이 된다. 재가자나 출가자나 정성스런 마음으로 도를 검속함에 모두 바른 나라에 의지하여 주지住持해서 펼쳐 교화하고 유포할 수 있다. 만약 군왕의 힘이 없다면 노력(功)을 해도 이루어지지

---

[3] 오도五道: 각자 지은 업에 따라 태어나는 지옥地獄·아귀餓鬼·축생畜生·인간人間·천상天上 등 다섯 곳.

않고 법은 남김없이 사라질 것이니, 하물며 잘 제도할 수 있겠는가? 이 때문에 닦는 바의 일체 공덕을 6분의 1은 항상 국왕에게 속하게 하여서 왕의 복福이 산처럼 높고 견고하여 무너뜨리기 어렵게 되기를 바란다."

○『살차경薩遮經』에서 말하였다. "왕이란 백성들의 부모이니 법으로 중생들을 보호하며 안락하게 하기 때문이다."

○또 예불할 때에는 항상 제천諸天의 용신들에게 풍우가 때맞추어 내리길 바라며, 문무백관은 항상 녹을 받는 지위(祿位)에 있기를 기원한다. 『서역기』에서 말하였다. "대신大臣은 나라의 중요한 인물(重鎭)이고, 농부는 사람들의 목숨이 달린 음식을 담당하고 있으니 국가가 대신을 잃으면 위태롭게 되고, 사람은 음식을 끊으면 죽는다. 또 불법을 국왕과 대신들에게 위촉(付囑)하기 때문에 항상 모름지기 연계하여 축원한다."

○『정법념경正法念經』에서 말하였다. "여래는 삼계에서 가장 뛰어나기에 생사에서 벗어나게(度脫)[4] 하니, 이 은혜는 갚기 어렵다. 만약 불법의 깊은 마음에서 믿음을 무너뜨리지 않는다면 이것을 보은이라고 한다."

○『화엄경』의 게에서 말하였다.

여래는 무수한 겁 동안	如來無數劫
중생들을 위하여 부지런히 애쓰는데	勤苦爲衆生

---

[4] 도탈度脫: 속세의 속박이나 번뇌 등에서 벗어나 근심이 없는 편안한 경지이다.

| 어찌하여 세상의 여러 중생들은 | 云何諸世間 |
| 여래의 은혜를 갚지 않는가? | 不報大師恩 |

○『보은경』에서 말하였다. "부모의 은혜는 삼계의 가장 뛰어난 복밭이다."

○『비나야율』에서 말하였다. "부모는 자식에게 큰 노고를 겪으며 양육하고 보호하며 젖을 먹여 배부르게 한다. 가령 한쪽 어깨는 어머니를 부축하고, 한쪽 어깨는 아버지를 부축하는 것과 같으니, 백겁이 지나도록 헛되이 피로하기만 하다. 간혹 칠보七寶로 각종 공양을 하고 부와 즐거움을 가지게 한다 하더라도 부모의 은혜를 갚지 못한다. 그 부모가 불법을 믿지 못하는 사람이라면 신심을 일으키도록 하며, 그 부모가 계율을 지키지 않는 사람이라면 계율(禁戒)에 머물게 하고, 만약 성품이 인색한 사람이라면 은혜를 베풀도록 하며, 만약 지혜가 없는 사람이라면 지혜를 일으키도록 한다. 자식이 이와 같이 한다면 바야흐로 보은이라고 말한다."

○『불사의광경』에서 말하였다. "음식과 보배가 아니라도 능히 부모의 은혜를 갚을 수 있으니 양친을 바른 법으로 향하도록 인도하는 것이 곧 부모님을 공양하는 것이다."

○『미사색률』에서 말하였다. "부처가 '이제부터 비구들은 마음을 다하고 목숨을 다해 부모를 공양해야 하리니, 만약 공양하지 않으면 중죄를 얻게 될 것이다.' 하였다. 또 말하길 '나는 지금부터 오처五處(地獄·餓鬼·畜生·人間·天上)에서 제멋대로 계를 파괴한다 하더라도 이른바 아버지·어머니·친교사親敎師【수업화상受業和尙이다.】궤범사軌範

師 및 병든 사람들에게 공양하는 것은 들어준다.'고 하였고, 또 '출가인들이 부모에게 음식과 필요한 것을 공양해야 하는데, 삼의三衣 외에 자신의 남는 물건을 드리거나, 혹은 시주자에게 청하거나, 혹은 승려를 통해서 이익을 얻거나, 혹은 승려들이 항상 먹는 것에서 내 몫으로 나누어진 음식을 반으로 나누어드린다. 항상 걸식할 때에는 자기가 배를 채울 만한 음식 내에서 그 반을 드려 부모를 구제한다.'"

○ 『중심경』에서 말하였다. "부처가 말하였다. '스승의 은혜를 아는 사람은 스승을 뵈면 받들어 섬기고, 뵙지 못하면 가르쳐준 계율을 생각한다. 마치 효자가 부모를 생각하는 것과 같이하고 사람들이 음식 등을 생각하는 것과 같이한다.'"

○ 『대방광부사의경계경』에서 말하였다. "부모와 화상과 세상에 넉넉하게 이익을 끼쳐 이익을 받은 사람에게는 배로 더해서 은혜를 갚을 것을 생각해야 한다. 무엇 때문인가? 은혜를 아는 사람은 비록 생사의 갈림길에 있더라도 선근을 무너뜨리지 않지만, 은혜를 모르는 사람은 선근을 끊어버리기 때문에 모든 부처는 은혜를 알고 보은하는 이를 칭찬한다."

○ 혹자가 묻기를, "불교에서는 속인을 위하여 소(疏子)를 지으면서 '사은四恩을 받든다'는 말이 있는데 '국왕과 부모'에 대해서는 내가 이해할 수 있으나, 스승과 시주에게 한다는 말은 무엇입니까?" 답하였다. "경전에 '세간에 일찍이 이익을 주어서 그 은혜를 입은 자'라고 말하지 않았던가? 경서와 기술伎術과 사업事業을 가르쳐 준 사람과 악을 피하고 선을 따르게 해준 사람은 모두 스승이다. 무릇 스승이란 도로써 가르치는 사람을 일컫는 것이고, 재물을 빌려줌으로써 괴로움

에서 벗어나 즐겁게 해주는 자는 모두 시주이다. 대저 보시에는 3종류가 있다. 첫째는 재물을 베푸는 것이니 사람에게 재물을 주는 것이다. 둘째는 마음을 보시하는 것이니 자비심으로 사람에게 즐거움을 주는 것이다. 셋째는 법을 보시하는 것이니 설법을 하여 사람들을 이롭게 하는 것 등이다."

恩

有四焉 一父母恩 二師長恩 三國王恩 四施主恩. ○『大乘本生心地觀經』佛言 世間恩有四種 一父母恩 二衆生恩 三國王恩 四三寶恩. 如是四恩 一切衆生 平等荷負. 一[5]父母者 父有慈恩 母有悲恩 若我住世一劫 說不能盡. 二衆生恩者 無始已來 一切衆生 輪轉五道 互爲父母 各有大恩故. 三國王恩者 福德最勝 雖生人間 得大自在 三十三天 常以其力 護持國界 山河大地盡屬國王. 是故大聖王 以正法化 能使衆生 悉皆安樂. 四三寶恩者 佛法僧寶 具足無量神通變化 利樂有情 暫無休息.[6] ○『後譯華嚴經』云 國有君王 一切獲安. 是故人王爲一切衆生安樂之本. 在家出家 精心道撿 皆依王國而得住持演化流布. 若無王力 功行不成 法滅無餘 況能利濟? 是故所修一切功德 六分之一常屬國王 願王福山 崇固難壞. ○『薩遮經』云 王者民之父母 以法攝護衆生 令安樂故. ○又禮佛時 常爲諸天龍神 願風雨順時 文武百官 常

---

5 뒤의 내용에 二, 三이 나오는 것으로 볼 때 명판본에는 '一'이 결자缺字된 것이므로 보충하였다.

6 4번째 삼보은三寶恩에 대한 글은 아래 『서역기西域記』 문장 뒤에 착간되어 있는 것을 가져와 바로잡은 것이다.

居祿位者. 『西域記』云 大臣者 國之重鎭 農務者 人之命食 國失鎭則 危 人絶食則死. 又佛法付囑國王大臣故 常須繫心祝願也.[7] ○『正法念經』云 如來三界最勝 度脫生死 此恩難報. 若於佛法深心 得不壞信 是名報恩. ○『華嚴經』偈云 如來無數劫 勤苦爲衆生 云何諸世間 不報大師恩? ○『報恩經』云 父母者三界最勝福田. ○『毘奈耶律』云 父母於子 有大勞苦 護持長養 資以乳哺. 假使一肩持母 一肩持父 經於百劫 徒自疲勞. 或持七寶種種供養 令得富樂 亦未報父母恩. 若其父母無信者 令起信心 若無戒者 令住禁戒 若性慳者 令行惠施 若無智慧者 令起智慧. 子能如是 方曰報恩. ○『不思議光經』云 非飮食及寶 能報父母恩 引導向正法 便爲供二親. ○『彌沙塞律』云 佛言 從今聽比丘盡心盡壽 供養父母 若不供養得重罪. 又云 我聽五處 縱極破戒 應供養 所謂父母 親教師【受業和尙也.】[8] 軌範師及病人 又云出家人 於父母應供養供給 於三衣外自餘物 或從施主乞 或從僧得利 或僧所常[9]食之分 減半供給. 若常乞食 亦與己所滿腹食內 應取其半 濟其父母. ○『中心經』云 佛言 知師恩者 見師則承事 不見則思惟教誡. 如孝子之念父母 如人念飮食等. ○『大方廣不思議境界經』云 當供養父母和尙

---

7 명판본에는 이 문장 뒤에 '四三寶恩者 佛法僧寶 具足無量神通變化 利樂有情 暫無休息'이 들어 있으나, 이 글은 위의 『대승본생심지관경大乘本生心地觀經』에서 4가지 종류의 은혜를 말하면서 빠뜨린 4번째 삼보은에 대한 것이다. 이 글을 위로 보내어 바로잡았다.

8 명판본에는 이곳에 'O' 부호를 넣어 문장이 나뉨을 표시하였으나 이는 잘못이다. 앞의 문장과 뒤의 문장이 이어지는 내용이므로 삭제하였다.

9 명판본에는 '嘗'으로 되어 있으나 『석가여래행적송』(X.75, p.48c18)을 참조하여 '常'으로 바로잡았다.

及世間曾致饒益 賴其恩者 應念倍增報恩. 何以故? 知恩者 雖在生死 不壞善根 不知恩者 善根斷滅 是故諸佛稱讚 知恩報恩者. ○或問 釋氏爲俗人作疏子 亦有云 奉爲四恩者 其國王父母可知 其師長施主何耶? 答經不云及世間曾致饒益? 賴其恩者 若敎授經書伎術事業 或令避惡從善者 皆師長也. 夫師者 敎以道之稱也 若假借財本 拯[10]苦爲樂者 皆施主也. 夫施者 有三種. 一財施 謂與人財. 二心施 謂慈悲心與人樂. 三法施 謂說法利人等.

2) 효도

『이아爾雅』에서 말하길 "부모를 잘 섬기는 것을 '효'라 한다." 하였다.

○『시법諡法』에서 말하길 "자애로워 수고로움을 잊어버리는 것이 '효'이다." 하였다.

○『잡기雜記』에서 말하길 "덕을 함양하고 이치에 따라 그 시기를 거역하지 않는 것을 '효'라 한다." 하였다.

○『사천왕경』에서 말하였다. "부처가 여러 제자에게 말하였다. '너희들은 마음을 삼가하여 5욕欲을 받아들이지 말고, 욕정의 때를 씻어 없애고 요구하지 않음을 으뜸으로 삼아서 안으로는 마음을 청정하게 하고 밖으로는 효도를 다하여라.'"

○『범망경』에서 말하였다. "부처가 처음 보리수 아래 앉아 가장 높은 깨달음을 이루시고 최초로 보살들의 계본戒本(波羅提木叉)을 정하

---

10 명판본에는 '極'으로 되어 있으나 '拯'으로 바로잡았다.

면서 효로써 부모·사승師僧·삼보三寶에게 순종하는 것을 효순하는 지극한 도의 법으로 삼았으므로 효를 계戒라고 부르게 되었다."

○『우란분경』에서 말하였다. "부처가 비구들에게 영을 내리기를 '7세世 부모를 위하여 갖가지 음식을 동이에 담아 부처 및 자자自恣[11]하는 승려들에게 공양하라.' 하였다."【세상 사람들이 효를 행하는 것은 자기 한 몸에 그치나 석씨들이 효를 행하는 것은 7세 부모를 아울러 위해야 '효'라고 일컬을 만하다.】

○『법원주림』에서 말하였다. "계율을 지키는 것이 곧 효를 행하는 것이니, 일체중생이 모두 일찍이 내 부모와 종친이 되었다고 여기기 때문에 지금 계율을 지키고, 살생하지 않으며, 도둑질하지 않는 일들을 '효'라고 한다."

孝

『爾雅』云 善事父母[12]曰孝. ○『諡法』云 慈愛忘勞曰孝. ○『雜記』云 養德順理 不逆於時曰孝. ○『四天王經』云 佛告諸弟子. 愼汝心念 無受五欲 漱情去垢 無求爲首 內以淸淨 外當盡孝. ○『梵網經』云 佛初坐道樹 成無上覺 初結菩薩波羅提木叉 以孝順父母師僧三寶 孝順至道之法 孝名爲戒. ○『盂蘭盆經』云 佛令比丘 爲七世父母設盆 供養佛

---

11 자자自恣: 수의隨意라고도 한다. 음력 7월 15일에 수행승들이 모여서 안거 동안에 자신이 보고 듣고 의심한 것과 스스로 알지 못하는 허물, 이치에 맞지 않는 행동들을 서로 털어놓고 이야기하며 자유롭게 발언하는 참회의식이다.
12 명판본에는 '善父母日孝'로 되어 있으나 '事'자가 결자된 것이므로 『이아爾雅』를 참조하여 바로잡았다.

及自恣僧.【世人行孝 止於一身 釋氏行孝 兼爲七世父母 可謂孝矣.】○『法苑』云 持戒卽是行孝 謂一切衆生 皆曾爲我父母宗親 今持戒不殺不盜等 是名爲孝.

14. 계취편 界趣篇

1) 계

'계界'는 삼계를 말하며 '취趣'는 육취를 말한다.

○「우 법사祐法師의 서문」에서 말하였다. "대저 삼계의 정해진 지위(定位)와 육도의 구분은 추함과 묘함이 서로 모습이 다르고 고통과 즐거움이 그 자취가 다르다. 그 시원을 살펴보면 물질과 정신(色心)을 벗어나지 않고, 그 돌아가는 곳을 점검해 보면 생멸生滅 아닌 것이 없다. 생멸하며 윤회하니 이것을 무상無常이라 하고, 색심色心은 환영이니 이것을 고통의 뿌리(苦本)라 한다. 그래서 『열반경』에서는 이것을 대하大河에 비유하였고, 『법화경』에서는 화택火宅에 비유하였다.[1]

---

[1] 『법화경』「비유품」에 다음과 같은 삼계화택三界火宅의 비유가 나온다. 어느 마을에 나이 많은 억만장자가 있었다. 그는 넓고 큰 저택에 살고 있었는데 그 집은 낡아서 황폐해 있었다. 큰 저택이지만 무슨 까닭인지 출입구는 오직 하나뿐이었다. 어느 날 이 집에 불이나 순식간에 불바다가 되었다. 장자는 재빨리 문밖으로

성인은 삼계를 벗어난 깨달음으로 생멸의 멍에를 벗고 근원으로 돌아 갔으며, 삼계를 벗어난 뒤에야 도를 행하였다."

界

界謂三界 趣謂六趣. ○「祐法師序」云 夫三界定位 六道區分 麤妙異容 苦樂殊迹. 觀其源始 不離色心 撿其會歸 莫非生滅. 生滅輪廻 是曰無常 色心影幻 斯爲苦本. 涅槃以喩之大河 法華以喩之火宅. 聖人超悟 息駕反源 拔出三界 然後爲道.

2) 삼계

'계界'란 무슨 뜻인가? 『유가론』에서 말하였다. "종성種性[2]의 뜻이며,

뛰쳐나왔으나 그가 사랑하는 수많은 아이들은 불이 난 것도 모르고 집안에서 놀이에만 정신이 팔려있었다. 아버지 장자의 마음은 안타깝기 짝이 없었다. '위험하니 빨리 밖으로 나오너라!'고 밖에서 크게 소리쳤으나 아이들은 말을 듣지 않았다. 아버지는 어떻게 해서라도 아이들을 구해야겠다는 생각으로 평소에 그들이 원했던 "양이 끄는 수레, 사슴이 끄는 수레, 소가 끄는 수레가 문밖에 있으니 빨리 밖으로 나오너라!" 하고 소리쳤다. 아이들은 아버지의 말을 듣자 앞 다투어 하나뿐인 좁은 문을 통해 밖으로 나왔다. 그러나 그곳에는 아버지가 말한 수레는 없었다. 아버지는 아이들이 무사한 모습을 보고 안도의 숨을 쉬었으나 아이들은 '아버지가 거짓말을 했다'며 항의했다. 아버지는 약속한 수레보다 더 크고 훌륭한 흰 소가 끄는 수레를 아이들에게 전부 나눠주었고 아이들은 모두 만족해하였다.

2 종성種性: 중생이 본래 가지고 있는 성품. 법상교학法相敎學에서는 인간의 상태를 성문종성聲聞種性·독각종성獨覺種性·보살종성菩薩種性·부정종성不定種性·무성

원인(因)의 뜻이고, 머물러 지닌다(住持)는 뜻이다." 『바사론婆沙論』에서는 "분단分段의 뜻이다." 하였고, 『성론聲論』에서는 "취향(趣)의 뜻이다." 하였으며, 『구사론』에서는 "종족種族의 뜻이다."라고 하였다. 원인과 결과가 같지 않으므로 3가지 세계(욕계·색계·무색계)가 있다.

三界

界者何義? 『瑜伽論』云 種性義因義住持義. 『婆沙論』云 分段[3]義 『聲論』云 趣義 『俱舍論』云 種族義. 因果不同 故有三焉.

3) 욕계

'욕欲'에는 4종류가 있으니 첫째는 정욕情欲, 둘째는 색욕色欲, 셋째는 식욕食欲, 넷째는 음욕婬欲이다. 이것을 희구하는 것이 보통의 이치이니, 이 세계에서 4가지 욕구를 다 충족시키려는 것을 일컬어 욕계라고 한다. 여기에는 육천六天[4]이 있으니, 사왕천四王天[5]·도리천忉利天[6]·

無性의 오종성五種性(姓)으로 분류한다. 한편, 보살을 행위行位에 의해서 6종으로 분류하여 ①습종성習種性(10주住 보살), ②성종성性種性(10행行 보살), ③도종성道種性(10회향廻向 보살), ④성종성聖種性(10지地 보살), ⑤등각성等覺性(등각위等覺位 보살), ⑥묘각성妙覺性(묘각위妙覺位 보살)이라 한다.

[3] 명판본에는 '分叚義'로 되어 있으나 '分段義'로 바로잡았다.

[4] 육천六天: 사왕천은 수미산 중턱의 4면에 있고 도리천은 수미산의 정상에 있으므로 이 둘을 지거천地居天이라 하고, 나머지 넷은 수미산 위의 공중에 있으므로 공거천空居天으로 불린다.

[5] 사왕천四王天: 다문천多聞天·지국천持國天·증장천增長天·광목천廣目天.

염마천燄摩天[7]・도솔천兜率天[8]・화락천化樂天[9]・타화자재천他化自在天[10]
이 그것이다.

欲界

欲有四種 一情 二色 三食 四婬欲. 以希須爲義 謂此界四欲具足 故名

---

6 도리천忉利天: 도리천의 주인은 제석천帝釋天인데, 제석은 본래 무용武勇과 전투를 관장하는 인도 고유의 신인 인드라였다. 『장아함경』 권20 「도리천품」에 의하면, 수미산 꼭대기의 도리천에는 사방 8개씩 32천의 권속들이 있으며, 수미산 꼭대기 중앙에 선견천善見天 또는 선견성善見城이라는 궁전이 있다. 이 선견천 안에 제석천이 머무르면서 사방 32성의 신神을 지배한다. 사방 8성씩의 32성에 선견천을 더한 이 천상계를 33천이라 하니, 도리천은 곧 33천과 같은 말이다.

7 염마천燄摩天(야마천): 시간에 따라 쾌락을 받기에 시분천時分天이라고도 한다. 이곳의 하루는 인간 세계의 2백 년에 해당하고 신들의 수명은 2천 살이라 한다.

8 도솔천兜率天: 안팎으로 두 원이 있다. 외원은 천중의 욕락처이고, 내원은 미륵보살의 정토이다. 미륵은 여기에 있으면서 남섬부주에 하생하여 성불할 때를 기다리고 있다. 수미산의 꼭대기 24만 유순由旬의 높은 곳에 있는 하늘이며, 환락에 차 있고 천수天壽는 4천 살이고 이 하늘의 하루 낮밤은 인계人界의 4백 살에 해당한다. 미륵보살이 산다고 하고 미륵의 정토라고 한다. 이 하늘은 마음이 잠기지도 들뜨지도 않으면서 5가지 욕락에 만족한 마음을 내고 있다.

9 화락천化樂天: 오욕의 경계를 스스로 변화하여 즐기기 때문에 화락천이라고 한다. 이곳은 바라는 것이면 무엇이든 이루어져 즐겁고, 서로 마주보고 웃기만 하여도 성교의 목적이 이루어져 아이가 태어나며 그 아이는 인간의 5-6세와 같다. 인간의 8백 년이 하루이며 수명은 8천 살이다.

10 타화자재천他化自在天: 욕계의 왕인 마왕이 있는 곳이다. 이 하늘은 남이 나타내는 즐거움을 자유로이 자기의 쾌락으로 삼기에 타화자재천이라 한다. 이 하늘의 남녀는 서로 마주보는 것만으로 음행이 만족되고, 아들을 낳으려는 생각만 내면 아들이 무릎 위에 나타난다.

欲界. 此有六天 謂四王忉利燄摩兜率化樂他化自在.

4) 색계

『바사론』에서 말하였다. "명료하게 펼칠 수 있는 색이 있으므로 색계라고 하며, 십팔천이 있으니 초선初禪에 범중천梵衆天·범보천梵輔天·대범천大梵天 삼천이 있고, 이선二禪에 소광천少光天·무량광천無量光天·광음천光音天 삼천이 있으며, 삼선三禪에 소정천少淨天·무량정천無量淨天·변정천遍淨天 삼천이 있다. 그리고 사선에 복생천福生天·복애천福愛天·광과천廣果天·무상천無想天·무번천無煩天·무열천無熱天·선현천善現天·선견천善見天·색구경천色究竟天의 구천이 있다."

色界

『婆沙論』云 有色可了施設故 名色界 有一十八天 謂初禪有三天 梵衆梵輔大梵 二禪有三天 少光無量光光音 三禪有三天[11] 少淨無量淨遍淨. 四禪有九天 福生福愛廣果無想無煩無熱善現善見色究竟.

5) 무색계

○『바사론』에서 말하였다. "시설되어 있는 물질로써 파악할 수 없기 때문에 무색계라고 하며, 공처空處[12]·식처識處[13]·무소유처無所有處[14]·

---

11 명판본에는 '三禪有三'으로 되어 있으나 이는 '天'자가 결자된 것이다.
12 공처空處: 공무변처空無邊處라고도 한다. 끝없이 텅 비어 있는 곳.

비상비비상처非想非非想處[15]의 사천이 있다."【ㅇ『바사론』에서 말하였다. "'무엇 때문에 세존은 4무색(공처·식처·무소유처·비상비비상처)에 처處를 붙이셨습니까?' 답하기를 '외도들이 해탈(空)에 집착하는 것을 깨뜨리기 위해서이다. 그들은 공무변처(空處)를 몸이 없는 열반(無身涅槃)이라 집착하고, 식무변처(識處)를 끝없는 뜻(無邊意)의 열반이라 집착하고, 무소유처無所有處를 청정함의 무더기(淨聚) 열반이라 집착하고, 비상비비상처非想非非想處를 세간이 텅 빈 탑 같은 열반(世間空窣堵波)이라 집착한다. 그래서 부처는 4무색은 생겨나는 곳(生處)이지 참 해탈이 아니다.'라고 하였다."】

無色界

『婆沙論』云 無色可了施設故 名無色界[16] 有四天 謂空處識處 無所有處非想非非想處.【ㅇ『婆沙論』問 何故世尊 於四無色立處名? 答爲破外道. 執空處爲無身涅槃 執識處爲無邊意涅槃 執無所有處 名淨聚涅槃 執非想非非想處 名世間空窣堵波涅槃. 佛說爲生處 非眞解脫故.】

---

13 식처識處: 식무변처識無邊處라고도 한다. 9지地의 하나. 무색계의 제2천. 식지천識知天·식처천識處天이라고도 한다. 마음이 고정되어 움직이지 않는 선정 가운데 청정하고 적정寂靜한 상태.

14 무소유처無所有處: 9지地의 하나. 무색계의 제3천天.

15 비상비비상처非想非非想處: 비유상비무상처非有想非無想處라고도 한다. 무색계의 제4천. 이 하늘은 3계界의 맨 위에 있으므로 유정천有頂天이라고도 한다. 세밀한 생각이 없지 않으므로 비비상非非想 또는 비무상非無想이라 한다. 비유非有이므로 외도들은 진열반처眞涅槃處라 하고, 비무상非無想이므로 불교에서는 이것도 생사生死하는 곳이라 한다.

16 명판본에는 '名無色'으로 되어 있으나 '名無色界'로 바로잡았다.

6) 구지[17]

첫째는 오취가 섞인 경지(五趣雜居地)[18]이다.【욕계의 삼악도에 사주四洲[19]와 육천六天을 포함한다.】둘째는 오취에서 벗어나서 희락이 생기는 경지(離生喜樂地)[20]이다.【초선初禪의 삼천三天[21]을 포함한다.】셋째는 선정에서 생기는 희락을 얻는 경지(定生喜樂地)[22]이다.【이선二禪의 삼천三天[23]을 포함한다.】넷째는 희락에서 벗어나서 묘한 즐거움(離喜妙樂地)을 얻는 경지[24]

---

17 구지九地: 불교의 세계관에서 삼계는 28천으로 나뉘지만, 수행론과 번뇌론에서는 흔히 구지로 나뉜다. 삼계구지三界九地와 욕계: 1. 욕계欲界(=欲有) ① 오취잡거지五趣雜居地 2. 색계色界(=色有) ② 이생희락지離生喜樂地 ③ 정생희락지定生喜樂地 ④ 이희묘락지離喜妙樂地 ⑤ 사념청정지捨念清淨地 3. 무색계無色界(=無色有) ⑥ 공무변처지空無邊處地 ⑦ 식무변처지識無邊處地 ⑧ 무소유처지無所有處地 ⑨ 비상비비상처지非想非非想處地.

18 오취잡거지五趣雜居地(=欲界五趣地): 욕계 안에 있는 지옥취·아귀취·축생취·인간취·천상취(욕계 안의 것이므로, 3계의 28천 중 6욕천을 말함)의 오취를 합하여 1지지로 한 것으로 미혹한 생존의 상태이다.

19 사주四洲: 수미산의 사방에 있는 4개의 대주大洲. 남쪽을 섬부주贍部洲, 동쪽을 승신주勝身洲, 서쪽을 우화주牛貨洲, 북쪽을 구로주瞿盧洲라 한다.

20 이생희락지離生喜樂地: 구지 중 제2지이다. 색계의 초선천初禪天을 말하며, 욕계를 떠남(離)으로써 생기(生)는 기쁨(喜)과 즐거움(樂)을 느끼는 경지 또는 마음 상태이다.

21 초선初禪의 삼천三天: 범중천梵衆天, 범보천梵輔天, 대범천大梵天.

22 정생희락지定生喜樂地: 구지 중 제3지이다. 색계의 2선천二禪天을 말하며, 선정(定)으로부터 생기(生)는 기쁨(喜)과 즐거움(樂)을 느끼는 경지 또는 마음 상태이다.

23 이선二禪의 삼천三天: 소정천少淨天, 무량정천無量淨天, 편정천徧淨天.

24 이희묘락지離喜妙樂地: 9지地 중 제4지이다. 색계의 3선천二禪天을 말하며, 2선천二禪天의 기쁨(喜)을 떠나(離)는 경지로 마음이 안정되어 묘한 즐거움(妙樂)을 느끼

이다. 【삼선三禪의 삼천三天²⁵을 포함한다.】 다섯째는 생각을 버리고 청정해지는 경지(捨念淸淨地)²⁶이다. 【사선四禪의 구천九天²⁷을 포함한다.】 여섯째는 공처의 경지(空處地)²⁸이다. 일곱째는 식처의 경지(識處地)²⁹이다. 여덟째는 무소유처의 경지(無所有處地)³⁰이다. 아홉째는 비상비비상처의 경지(非想非非想處地)³¹이다. 지地에는 4가지 뜻이 있으니 그 경지에

는 경지 또는 마음 상태이다.

25 삼선三禪의 삼천三天: 소광천少光天, 무량천無量天, 광음천光音天.
26 사념청정지捨念淸淨地: 구지 중 제5지이다. 색계의 4선천二禪天을 말하며, 2선천二禪天의 묘한 즐거움을 떠나는 경지로, 마음이 평온하여 생각이 청정하고 평등한 경지, 또는 마음 상태이다.
27 사선四禪의 구천九天: 무운천無雲天·복생천福生天·광과천廣果天·무상천無想天·무번천無煩天·무열천無熱天·선견천善見天·선현천善現天·색구경천色究竟天.
28 공처지空處地(空無邊處地): 구지 중 제6지이다. 무색계의 제1천을 말하며, '무한한 공(空無邊)'을 체득하는 경지 또는 마음 상태이다. 무색계에서 색色의 속박을 싫어하는 마음을 내어 '색에 대한 생각(色想)'을 버리고 '무한한 공(空無邊)'을 관觀하는 선정을 닦아 체득하는 경지 또는 마음 상태이다.
29 식처지識處地(識無邊處地): 구지 중 제7지이다. 무색계의 제2천을 말하며, '마음의 작용이 무한함(識無邊)'을 체득하는 경지이다. 제6지에서 획득한 '무한한 공(空無邊)'이라는 생각을 버리고 마음(識)을 무한히 확장하는 관상觀想으로 선정을 닦아 '마음의 무한한 확장(識無邊)'을 체득하는 경지이다.
30 무소유처지無所有處地: 구지 중 제8지이다. 무색계의 제3천을 말하며, 식무변처지에서 다시 한 걸음 더 나아가 마음의 작용이 무한하다는 식상識想을 버리고, 심무소유(心無所有, 마음이 그 어디에도 존재하지 않음), 즉 마음(識)의 비존재를 관觀하는 선정을 닦아 심무소유心無所有를 체득하는 경지이다.
31 비상비비상처지非想非非想處地: 구지 중 제9지이다. 무색계의 제4천을 말하며, 유상有想을 버리는 '비상非想'의 선정과 무상無想을 버리는 '비비상非非想'의 선정을 함께 닦아 '비상과 '비비상'을 함께 체득하는 경지 또는 마음 상태이다. 유상有想

머무름·그 경지에 거처함·그 경지를 포괄함·그 경지를 다스림이다.

九地

一五趣雜居地【攝欲界三惡道四洲六天.】 二離生喜樂地【攝初禪三天.³²】三定生喜樂地【攝³³禪三天.】四離喜妙樂地【攝三禪三天.】五捨念淸淨地【攝四禪九天.】六空處地. 七識處地. 八無所有處地. 九非想非非想處地. 地有四義 謂住處攝治.

7) 삼유

『바사론』에서 말하였다. "첫째는 욕계(欲有), 둘째는 색계(色有), 셋째는 무색계(無色有)이다. '유有'란 무슨 뜻인가? 모든 유루법을 말한다. 부처는 '업이 후생에 이어지는 것이 유有다.'라고 하였고, 또 '생멸하기 때문에 유라 하고, 고성제와 집성제(苦集諦)³⁴에 떨어지는 것이 바로

은 앞의 제7지인 식무변처지識無邊處地를 말하는데, 식무변처지는 '마음(識)이 무한히 확장되는 것(無邊)'을 관하는 것이므로 유상有想이라 하고, 무상無想은 앞의 제8지인 무소유처지無所有處地를 말하는데, 무소유처지는 '마음(識)의 비존재(無所有)'를 관하는 것이므로 무상無想이라 한다. 비상비비상처지는 이들 유상과 무상을 다함께 버리고 떠나는 경지 또는 마음 상태이다. 이 상태에 머물러 있는 동안에는 욕계·색계의 거칠거나 미세한 생각은 없지만 아주 미세한 생각은 남아 있다. 이 상태를 넘어가면 곧 열반의 상태, 즉 부처의 상태가 된다.

32 명판본에는 '三天也'로 되어 있으나 '也'자는 연자衍字이다.
33 명판본에는 '三禪'으로 되어 있으나 '二禪'의 오자이다.
34 고집제苦集諦: 4제 가운데 고제苦諦와 집제集諦. 곧 미계迷界의 인과를 말한다.

유다.'라고 하였다."

三有

『婆沙論』云 一欲有 二色有 三無色有. 有者何義? 謂一切有漏法是. 佛言若業能 令後生相續是有 又云生滅故名有[35] 墮苦集諦中是有.

8) 이십오유

『아비담』에서 말하였다. "욕계에는 14가지가 있으니 4악취, 4주, 6욕천이다. 색계에는 7가지가 있으니 사선천과 초선천 가운데 대범천, 사선천 가운데 오정거천五淨居天 및 무상천을 합치면 7가지이다. 무색계에는 4가지가 있으니 4정처定處이다."

『법원주림』에서 말하였다. "'무엇 때문에 초선천 중에 대범천을 따로 해서 '유'라고 했는지 모르겠습니다.' 하고 묻자, 답하였다. '외도들은 항상 대범천이 만물을 만드는 주인이라 생각하여, 그 뜻을 어기면 생사의 고통을 받고, 거기에 순응하면 해탈을 얻는다고 여긴다. 또 대범왕 자신도 그렇게 생각하여 자신의 몸이 능히 조화의 주인으로서 자신은 바로 하나(一)요 상常이며, 진정한 해탈이라고 생각한다. 여래는 저들의 미혹된 생각(情見)을 깨뜨리기 위해 '유有'라고 말한 것이다.

또 무상천이라고 한 것은 무상천의 중생들이 정해진 수명인 오백 겁을 다 살며 무심無心(망념을 떠난 참된 마음)의 과보를 얻지만, 외도들

---

35 명판본에는 '生滅故名'으로 되어 있으나 '有'자가 결자된 것이다.

은 이것을 알지 못하고 참 열반이라고 생각한다. 여래는 저들의 정견을 깨뜨려 열반이 아님을 나타내려고 따로 '유'라고 하였다.

또 오정거천을 취했으니 저 마혜수라천왕摩醯首羅天王이 사는 곳이다. 외도들은 천왕을 조화의 주체라 하고, 그것에 귀의하면 해탈을 얻는다고 생각한다. 그래서 여래는 그 견해를 깨뜨리기 위해 따로 하나의 '유'를 말한 것이다. 또 인취의 사주四洲를 각기 '유'로 세운 것은 4취에는 고뇌가 많기 때문에 중생들이 집착하지 않고 거기 살 마음이 적으므로 따로 하나의 '유'를 세운 것이다. 인취人趣는 조금 낫기 때문에 중생들이 정착하기를 매우 좋아한다. 4주에서는 과보를 받는 것이 다르기 때문에 각기 '유'를 세웠다.'"

二十五有

『阿毘曇』云 欲界有十四 謂四惡趣 四洲六欲天. 色界有七 謂四禪天 又於初禪中取大梵天 第四禪中取五淨居天 幷無想天. 無色界有四 卽四定處也. 『法苑』[36]問云 未知何義 初禪中大梵天 別立爲有 答謂[37]外

---

[36] 『법원주림』권70, "問曰 未知以何義故 於初禪中 別取梵王 於第四禪中 別取無想天幷五淨居 立爲三有 別於初禪者 有何義耶 答曰 以以謂彼初禪大梵天者 外道人等 常計以爲能生萬物之本 違之則受生死 順之則得解脫 又彼梵王 亦復自計己身 能爲造化之主 是一是常 是眞解脫 如來爲欲破彼情見 是故別標說爲有也 第二無想天者 謂彼天中 悉得定壽 五百大劫無心之報 外道人等於此不達 而復計爲眞實涅槃 是故樂修無想之定 求生彼處 如來爲欲破彼情見 是故別標說爲有也 第三五淨居者 於中有彼摩醯首羅天王處 外道人等 亦復計彼天王 能爲造化之本 歸之則得解脫 爲破此見 是故如來別標說有 別說之意義顯斯也 問曰 未知於彼六趣之中 四種惡趣各立一有."

道人計常者 以大梵天王 爲能生萬物之主 違則受生死 順則得解脫. 又大梵天王[38] 亦自計己身 能爲造化之主 是常是眞解脫. 如來爲破彼情見故 立爲一有也. 又無想天者 爲彼天衆生 定壽五百劫 無心之報 外道計爲眞實涅槃. 如來爲破彼見 顯非涅槃故 別立爲一有. 又取五淨居天者 謂彼天王摩醯首羅. 彼外道計彼爲能造化主 歸之則得眞解脫. 爲破彼見故 別立爲一有. 又人趣四洲 各立爲有者 謂四趣苦多 衆生不樂著故 別立有. 人趣次勝衆生 樂著深重. 四洲受報不同故 各立一有.

9) 삼천대천세계

삼천대천세계는 곧 석가모니불의 교화를 받는 대상들이 사는 곳이다. 세계는 무슨 뜻인가? 『수능엄경』에서 말하였다. "'세世'는 움직이며 시간이 흐른다는 것(遷流)이고, '계界'는 방위方位이다." 또 말하였다. "동·서·남·북과 사유四維[39]와 상·하를 '계界'라 부르고, 과거·미래·현재를 '세世'라고 부른다."

ㅇ『문수문경』에서 말하였다. "2가지의 '세'가 있는데 첫째는 중생세이니 곧 모든 중생을 가리키는 것이고, 둘째는 행세行世이니 곧 중생들이 머무는 곳이다."

---

37 명판본에는 '令'으로 되어 있으나 '謂'자의 오자이다.
38 명판본에는 '大梵王'으로 되어 있으나 '天'자를 보충하였다.
39 사유四維: 유維는 모퉁이·네 구석이란 뜻으로 사우四隅를 말한다. 간艮(동북)·손巽(동남)·건乾(서북)·곤坤(서남).

○『장아함경』과『기세인본경』 등에서 말하였다. "사주四洲의 중앙(地心)이 곧 수미산이다.【범음으로는 "소미로蘇弥盧"이고, 중국에서는 "묘고妙高"라 한다.】수미산은 8개의 산이 밖을 두르고 있는데, 대철위산이 주위를 빙 두르고 있다. 아울러 한 개의 태양과 달이 밤낮으로 회전하며 사천하를 비추니 하나의 국토라 부르고, 일천의 국토가 쌓여 소천세계라 부르며, 천 개의 소세계가 쌓여 중천세계라 부르고, 일천의 중천세계가 쌓여 대천세계라 부른다. 천을 세 번 곱했기 때문에 삼천대천세계라 부른다."

三千大千世界

卽釋迦牟尼佛所化境也. 世界何義?『首楞嚴經』云 世爲遷流 界爲方位. 又云 東西南北四維上下名界 過去未來現在名世. ○『文殊問經』云 有二世 一衆生世 卽一切衆生也. 二行世 卽衆生住處. ○『長阿含經』云 幷『起世因本經』云 四洲地心 卽須彌山.【梵音蘇弥盧 此云妙高.】此山有八山遶外 有大鐵圍山 周廻圍繞. 幷一日月 晝夜廻轉 照四天下 名一國土 積一千國土 名小千世界 積千箇小界 名中千世界 積一千中千界 名大千界. 以三積千故 名三千大千世界.

10) 취

취는 곧 오취이다. 첫째는 천취天趣, 둘째는 인취人趣, 셋째는 지옥취地獄趣, 넷째는 축생취畜生趣, 다섯째는 아귀취餓鬼趣이다. 수라취修羅趣를 사악취(지옥·아귀·축생·아수라)에 아우르기 때문에 이제 하나의

취를 더하여 육취(지옥·아귀·축생·아수라·인간·천상)라고 한다. 취趣
는 무슨 뜻인가? 『비바사론』에서 말하였다. "가는 곳(所往)이라는
뜻인데, 모든 중생들이 가서 태어나는 곳이므로 '취'라고 한다."

○『비담론』에서 말하였다. "취는 '도착하다(到)'의 뜻인데, 저 선악의
업인業因이 중생들로 하여금 태어날 곳에 도착하게 하는 것이다. 또
'길(道)'의 뜻이기도 하다. 그래서 육도六道라고 부른다."

趣

卽五趣也. 一天 二人 三地獄 四畜生 五餓鬼. 謂修羅四趣皆攝故 今開
爲一趣 故云六趣也. 趣者何義?『毘婆沙論』云 所往義 是諸有情 所應
往結生之[40]處 故名趣也. ○『毘曇論』云 趣到義 謂彼善惡業因 能令有
情 到其生處. 又道義. 故名六道矣.

11) 천상세계

『비바사론』에서 말하였다. "여러 취趣 가운데 가장 뛰어나고, 빛이
밝게 비추기 때문에 천취天趣라 부른다."

○『지도론』에서 말하였다. "4종류의 천天이 있다. 첫째로 생천生天은
사천왕 이상의 천을 말한다. 둘째로 명천名天은 지금의 국왕을 말함이
니 천자를 일컫는다. 셋째로 정천淨天은 인간 가운데 사는 모든 성인을
말한다. 넷째로 생정천生淨天은 상계上界에 사는 모든 성인을 말한다."

---

40 명판본에는 '三'으로 되어 있으나 '之'의 오자이다.

天趣

『毘婆沙論』云 諸趣最勝故 光明照耀故 名天也. ○『智度論』云 有四種天. 一生天 謂四天王等 已上天也. 二名天 謂今國王稱天子. 三淨天 謂人中生諸聖人. 四生淨天 卽上界生諸聖人也.

12) 천상에 사는 인연

『업보차별경』에서 말하였다. "뛰어난 10가지 선행을 수행하여 완전히 갖추어지면 욕계의 산지천散地天[41]에 태어날 수 있고, 번뇌(有漏)[42]가 있는 10가지 선행을 수행하여 선정과 상응하면 색계천에 태어날 수 있으며, 색계를 떠나고 닦아서 신업과 구업에서 멀리 벗어나 선정과 상응하면 무색계천에 태어날 수 있다."

○『정법념처경』에서 말하였다. "계를 지키면서 살생하지 않고, 도둑질하지 않고, 음란하지 않으면 이 3가지 선으로 말미암아 천상에 태어날 수 있다."

○『변의장자자경』에서 말하였다. "5가지 일(五事)을 행하면 천상에 태어날 수 있으니, 첫째는 생물을 죽이지 않아 중생들로 하여금 안락할 수 있게 한다. 둘째는 어질고 착하여 남의 물건을 훔치지 않으며,

---

41 욕계의 산지천散地天: 욕계를 말한다. 색계·무색계는 선정의 경지이지만, 욕계는 마음이 흩어지는 경지란 뜻이다.
42 유루有漏: ↔ 무루無漏. 루漏는 누설이라는 뜻. 우리들의 6문門으로 누설하는 것, 곧 번뇌. 이 번뇌를 따라 늘어나는 뜻을 가진 법, 곧 고제苦諦·집제集諦를 유루라 한다.

탐욕 없이 보시하고 모든 궁핍한 자들을 구제한다. 셋째는 정결하여 외색外色의 남녀를 범하지 않으며, 계율을 지키고 재齋를 받들어 정진한다. 넷째는 정성과 신의로 남을 속이지 않고 입의 4가지 허물을 지킨다. 다섯째는 술과 고기를 먹지 않는다."

生天因

『業報差別經』[43]云 具修增上十善 得生欲界散地天 若修有漏十善 以定相應 生色界天 若雜色修遠離身口 以定相應 生無色界. ○『正法念處經』云 因持戒 不殺不盜不婬 由此三善得生天. ○『辯意長者子經』云 有五事得生天 一不殺物命 令衆生安樂. 二賢良不盜 布施無貪 濟諸貧乏. 三貞潔不犯外色男女 護戒奉齋精進. 四誠信不欺 護口四過. 五不飮酒食肉.

13) 인간세계

『대비바사론』에서 말하였다. "범어로는 '말노사末奴沙'라고 하니, 하는 일에 마음을 잘 써서 생각하고 관찰하여 일을 하기 때문이다. 혹은 교만이 많고 혹은 고요하게 하려는 뜻을 가지기 때문에 '인간세계'라 부른다."[44]

---

43 『불위수가장자설업보차별경』 권1, "復有十業能令衆生得欲天報 所謂具足修行增上十善 復有十業能令衆生得色天報 所謂修行有漏十善 與定相應."
44 교만이 많고~: 사람만큼 교만이 많은 자가 없고 사람만큼 뜻을 고요하게 하는 자가 없다는 말이다.

○『아비담론』에서 말하였다. "무슨 까닭으로 인도人道[45]를 '마누사摩㝹沙'라 부릅니까?' '여기에는 8가지 뜻이 있으니 첫째는 총명하기 때문이요, 둘째는 훌륭하기 때문이요, 셋째는 뜻이 미세하기 때문이요, 넷째는 바로 깨닫기 때문이요, 다섯째는 지혜가 점점 늘어가기 때문이요, 여섯째는 허와 실을 잘 구별할 수 있기 때문이요, 일곱째는 성인이 될 수 있는 바른 그릇이기 때문이요, 여덟째는 총명한 업에서 태어났기 때문이다.'"

人趣

『大毘婆沙論』云 梵云末奴沙 以能用意思惟觀察所作事故. 或多憍慢 或能寂靜意故名人. ○『阿毘曇論』云 何故人道名摩㝹沙? 此有八義 一聰明 二爲勝 三意微細 四正覺 五智慧增上 六能別虛實 七聖道正器 八聰明業所生故.

14) 사람이 되는 인연

『업보차별경』에서 말하였다. "하품下品의 신身(동작)・어語(언어)・의意(의지)의 오묘한 행실을 먼저 지어 증대시키기 때문에 인간세계(人道)에 태어나는 것이다."

○『변의경辯意經』에서 말하였다. "5가지 일을 하면 사람으로 태어나서 사람들의 존귀함을 얻을 수 있으니 첫째는 두루두루 보시함이요,

---

[45] 인도人道: 6도의 하나로, 인간계를 말한다.

둘째는 삼보 및 장자에게 예경함이요, 셋째는 욕됨을 참고 성내지 않는 것이요, 넷째는 부드럽고 온화하고 겸손한 것이요, 다섯째는 경전과 계율을 널리 듣는 것이다.

또 5가지 일을 하면 사람으로 태어나니 첫째는 가난한 사람들에게 보시함이요, 둘째는 계율을 지켜 십악을 범하지 않음이요, 셋째는 욕됨을 참고 마음을 어지럽히지 않음이요, 넷째는 정진精進[46]하고 남을 교화함이요, 다섯째는 한결같은 마음으로 효를 다하고 충성을 다함이다. 이 5가지 일을 하면 사람으로 태어나서 큰 부자가 되고 장수하며 단정하고 위엄과 덕망이 있어서 사람들이 우러러보게 된다.

다음의 5가지 일을 하게 되면 사람으로 태어나도 비천하게 되니 첫째는 교만함이요, 둘째는 부모님에게 거칠게 대해 삼감이 없음이요, 셋째는 방일하여 삼보를 예로 섬기지 않음이요, 넷째는 도둑질을 생계로 삼음이요, 다섯째는 빚을 지고 갚지 않음이다.

또 5가지 일을 하면 사람으로 태어나서 입의 기운이 향기롭고 깨끗하며 몸과 마음이 늘 편안하여 사람들에게 칭찬을 받을지언정 비방을 받지 않는다. 첫째는 지극히 성실하여 사람들을 속이지 않음이요, 둘째는 경전을 암송함이요, 셋째는 계를 지킴이요, 넷째는 악을 멀리하고 선에 나아가도록 사람들을 가르침이요, 다섯째는 사람들의 장점과 단점을 들추어내지 않음이다.

또 5가지 일을 하면 사람으로 태어나더라도 항상 비방을 받고 사람들에게 미움을 받으며, 모습이 추악하고 마음과 뜻이 불안하고 항상

---

[46] 정진精進: 세속의 인연을 끊고 재계하고 음식을 절제하면서 불도에 몸을 바치는 것.

공포심을 갖게 된다. 첫째는 지극히 정성스럽지 않고 사람들을 속이는 것이요, 둘째는 대중들 사이에서 설법하는 사람을 비방하는 것이요, 셋째는 여러 동학들을 얕잡아 보고 시험하는 것이요, 넷째는 다른 일은 보지 않고 허물이라고 여기는 것이요, 다섯째는 이간질하는 말로 싸우고 어지럽게 하는 것이다."

○인간 세상에는 3가지 뛰어난 것이 있으니 첫째는 용맹함이요, 둘째는 생각을 조심함(憶念)이요, 셋째는 청정한 행위梵行이다. 이 3가지가 뛰어나면 천인天人으로 태어난다.

人因

『業報差別經』云 由先造增上 下品身語意妙行故 生人道. ○『辯意經』云 有五事得生人中 得人尊貴 一施惠普廣 二敬禮三寶及長者 三忍辱無瞋 四柔和謙下 五博聞經戒. 又有五事 一布施貧窮 二持戒 不犯十惡 三忍辱不亂 四精進勸化 五一心奉孝盡忠. 此五事生人中 大富長壽 端正威德 爲人敬仰. 有五事 生人中[47]卑賤 一憍慢 二於二親剛强無恪 三放逸不禮事三寶 四竊盜以爲生活 五負債不償. 又有五事 生人中口氣香潔 身心安樂 爲人稱譽 不爲誹謗. 一至誠不欺於人 二誦經 三護戒 四敎人遠惡就善 五不求人長短. 又有五事 生人中常被誹謗 爲人所憎 形體醜惡 心意不安 常懷恐怖. 一常無至誠 欺詐於人 二衆中說法者 而誹謗之 三見諸同學 而輕試之 四不見他事 而爲作過 五鬪亂兩舌. ○人道三[48]勝 一勇猛 二憶念 三梵行. 此三[49]勝生天人.

---

47 명판본에는 '人中'으로 되어 있으나 '生'자가 결자된 것이므로 '生人中'으로 바로잡았다.

15) 인간 세상의 열 가지 괴로움

『보살장경』에서 말하였다. "사람은 10가지 괴로움으로 핍박을 받으니 첫째는 태어남의 고통이요, 둘째는 늙음의 고통이요, 셋째는 병의 고통이요, 넷째는 죽음의 고통이요, 다섯째는 근심의 고통이요, 여섯째는 원망의 고통이요, 일곱째는 접촉의 고통(苦受)이요, 여덟째는 걱정의 고통이요, 아홉째는 병으로 인한 번뇌요, 열째는 이런 고통이 돌고 도는 것이다."

○사람이 어머니의 태 안에 있을 때의 8가지 위치에 대해 『유가론』에서 말하였다. "첫째는 갈라람羯羅籃[50]이요 【태에 의탁하여 응결된 위치】 둘째는 알부담遏部曇[51]이요 【안팎이 락洛과 같음】 셋째는 폐시閉尸[52]요 【이미 육위肉位에 이르러 지극히 유연함】 넷째는 건남鍵南[53]이요 【단단하고

---

48 명판본에는 '二'로 되어 있으나 이는 '三'의 오자이다.
49 명판본에는 '二'로 되어 있으나 이는 '三'의 오자이다.
50 갈라람羯羅籃: 갈라람羯邏藍・갈랄람羯剌藍・가라라歌邏羅라고도 쓰고, 응활凝滑이라 번역한다. 태 안에서 생긴지 7일까지의 상태를 말한다.
51 알부담遏部曇: 알부담頞部曇・알부타頞部陀. 포결皰結・수포水泡라 번역한다. 탁태 후 8일부터 14일까지의 태아의 상태로 젖이 식을 적에 표면이 약간 엉키기 시작하는 것과 비슷하다.
52 폐시閉尸: 태내胎內 5위位의 하나. 폐시蔽尸・비시箄尸・비라시蜱羅尸라고 음역하고, 혈육血肉・육단肉團이라 번역한다. 태 안에 들어간 뒤 제3의 7일 동안을 말하며, 이때는 피와 살이 겨우 엉겨서 아직 굳어지지 않은 상태이므로 이렇게 말한다.
53 건남鍵南: 건남健男・蹇南・갈남羯南・가하나伽訶那. 견육堅肉・견후堅厚라 번역한다. 태내 5위位의 하나이고 모태母胎에 든 지 4주째 7일 동안을 말한다. 이

두터워짐】 다섯째는 발라사거鉢羅奢佉[54]요【사지가 나누어지고 드러남】 여섯째는 모발조위毛髮爪位[55]요, 일곱째는 근위根位요【육근이 드러남】 여덟째는 형위形位이다."【정신이 의지하고 있는 형체가 분명히 드러남】

○또 10가지 때가 있으니, 액체이던 때(膜時)・망울질 때(泡時)・표피가 생겼을 때(皰時)・살덩이가 생겼을 때(肉團時)・다섯 번째는 사지가 생겼을 때(枝時)【여기까지는 태중에 있을 때의 5시기】갓난아이 때(嬰孩時)・어린아이 때(童子時)・소년일 때(少年時)・장성했을 때(盛壯時)・노쇠했을 때(衰老時)이다.【사람으로 태어났을 때의 5시기이다.】

人道十苦

『菩薩藏經』云 人有十苦之所逼迫 一生苦 二老苦 三病苦 四死苦 五愁苦 六怨苦 七苦受 八憂苦 九病惱 十流轉大苦. ○人胎藏八位『瑜伽論』云 一羯羅籃【托胎凝結位.】二遏部曇【表裏如酪.[56]】三閉尸【已至肉位 仍極柔軟.】四鍵南【堅厚.】五鉢羅奢佉【支分相現.】六毛髮爪位 七根位【諸根顯現.】八形位.【所依處分明現.】○又十時 膜時泡時皰時肉團時五枝時【胎中五時.】嬰孩時童子時少年時 盛壯時衰老時.【人中五時.】

동안에 살이 엉기어 굳어진다.
54 발라사거鉢羅奢佉: 바라사카波羅奢佉, 바라사카婆羅捨佉・발라사카(鉢羅賒佉・鉢羅奢佉)라고도 쓰며, 지지支枝・지절支節・지분支分이라 번역한다. 태속에 들어간 뒤 제5의 7일부터 태에서 나올 때까지이다. 이 동안에 눈・귀・손・발 따위의 지분支分이 생긴다.
55 모발조위毛髮爪位: 모발조치위毛髮爪齒位라고도 한다.
56 명판본에는 '洛'으로 되어 있으나 '酪'으로 바로잡았다.

16) 범부

『대위덕다라니경』에서 말하였다. "생사에 미혹되어 유전流轉하며 바르지 않은 도에 머무르기 때문에 범부라고 한다. 범어로는 '바라婆羅'이고, 수나라 말로는 '모도毛道'이니, 행동과 마음이 정해지지 않아서 가벼운 털과 같이 바람 부는 대로 이리저리 왔다 갔다 하는 것을 말한다. 또 2종류가 있으니, 첫째는 영아嬰兒 범부이니 지혜가 없기 때문이다. 둘째는 어리석고 어두운(愚暗) 범부이니 완고하고 무디어 가르칠 수가 없기 때문이다."

○『불성론』에서 말하였다. "범부는 신견身見[57]을 본성으로 여긴다."

凡夫

『大威德陀羅尼經』云 於生死迷惑流轉 住不正道故 名凡夫. 梵云婆羅 隋言毛道 謂行心不定 猶如輕毛 隨風東西故. 又有二種 一嬰兒凡夫 謂無智惠故. 二愚暗凡夫 頑鈍不可教故. ○『佛性論』云 凡夫以身見 爲性.

17) 중생들이 가지는 네 가지 모습

『장아함경』에서 말하였다. "첫째는 태어나는 모습(生相)이니 오음五陰[58]이 흥기하여 이미 생명의 근원을 얻은 것을 일컬음이요, 둘째는

---

57 신견身見: 오견五見의 하나. 몸이 곧 나라 생각하고 아我에 속한 기구·권속 등을 나의 소유라고 여기는 잘못된 견해이다.

늙은 모습(老相)이니 생명이 끝날 때가 되어서 남은 목숨이 거의 없는 것을 일컬음이요, 셋째는 병이 든 모습(病相)이니 여러 가지 고통이 바짝 다가와서 살고 죽음에 기한이 없는 것을 일컬음이요, 넷째는 죽는 모습(死相)이니 목숨이 다한 것을 말한다. 숨길이 끊기고 열이 식어서 모든 감각기관이 무너지니 생사의 길을 달리하기 때문이다."

人有爲四相
『長阿含經』云 一生相 謂五陰興起 已得命根 二老相 謂生壽向盡 餘命無幾 三病相 謂衆痛迫切 存亡無期 四死相 謂盡也. 風先[59]火次 諸根敗壞 存亡異趣故.

18) 인간의 네 가지 일에는 반드시 이별이 정해져 있음

『정법념경』에서 말하였다. "첫째는 젊음이요, 둘째는 편안함이요, 셋째는 수명이요, 넷째는 구족함이다.【구족은 곧 부귀함이다.】이러한

---

58 오음五陰: 5취온取蘊·5온蘊·5중衆·5취聚라고도 한다. 온蘊은 모아 쌓은 것, 곧 화합하여 모인 것. 무릇 생멸하고 변화하는 것을 종류대로 모아서 5종으로 구별한다. ①색온色蘊: 스스로 변화하고 또 다른 것을 장애하는 물체. ②수온受蘊: 고苦·락樂·불고불락不苦不樂을 느끼는 마음의 작용. ③상온想蘊: 외계外界의 사물을 마음속에 받아들이고, 그것을 상상하여 보는 마음의 작용. ④행온行蘊: 인연으로 생겨나서 시간적으로 변천함. ⑤식온識蘊: 의식意識하고 분별함.
59 명판본에는 '風光'으로 되어 있으나 『장아함경』을 참조하여 '風先'으로 바로잡았다. 『장아함경』(T1, p.6c09), "死者 盡也 風先火次 諸根壞敗 存亡異趣 室家離別 故謂之死."

4가지 법은 반드시 이별이 정해져 있어서 지혜로운 자는 항상 마땅히 관찰해야 한다."

人間四事必定別離

『正法念經』云 一少年 二安穩 三壽命 四具足. 【具足卽富貴也.】 如是四法 必定別離 智者常須觀察.

19) 지옥세계

『입세론』에서 말하였다. "범음으로는 '니리야泥黎耶'이고, 중국에서는 '즐거움이 없다(無喜樂)'라고 한다."

○『비바사론』에서 말하였다. "'니리가泥犁迦'라 하고, 진나라 말로는 '갈 곳이 없다(無去處)'[60]라고 한다."

○『대비바사론』에서 말하였다. "'나락가捺洛迦'라 하고, 중국에서는 '즐거울 수가 없다(不可樂)'라고 한다. 논하여 묻기를 '무엇 때문에 '나락가'라 하는가?' 하니, 답하기를 '이것은 나락가로 가기 때문이다.' 이 가운데 '나락가'가 있기 때문에 '날락가'라 했다. 그곳의 모든 중생들은 기쁨이 없고(無悅)・사랑이 없고(無愛)・맛이 없고(無味)・이익이 없고(無利)・기쁨과 즐거움이 없기(無喜樂) 때문에 '나락가'라 부른다. 이제 지옥이라고 부르는 것은, '지地'는 밑바닥이고, 아래이며 만물 가운데 가장 아래에 있음을 말하는 것이다. '옥獄'이란 '구획'이니 한정

---

60 무거처無去處: 갈 곳이 없고, 의지할 곳이 없고, 구할 것이 없기 때문에 무거처라 한다.

된 지역이라서 자유로울 수가 없음을 말하는 것이다."

○『삼법도인경』에서 말하였다. "지옥에는 3가지 종류가 있으니 첫째는 뜨거운 지옥으로 열여덟 곳이 있다. 둘째는 차가운 지옥으로 열여덟 곳이 있다. 【이것이 기본이다.】 셋째는 변두리 지옥이니, 경계輕繫라고도 하고 고독孤獨이라고도 한다. 여기에는 3가지 구별이 있으니 첫째는 산간山間 지옥이요, 둘째는 수중水中 지옥이요, 셋째는 광야曠野 지옥이다."

地獄趣

『立世論』云 梵音泥黎耶 此云 無喜樂. ○『毘婆沙論』云 泥犁迦 秦言 無去處. ○『大毘婆沙論』云 捺洛迦 此云不可樂. 論問 何故名捺洛迦? 答是那洛迦所趣故. 是中有那洛迦 故名捺洛迦. 彼諸有情 無悅無愛 無味無利無喜樂故 名那洛迦也. 今稱地獄者 地底也下也 謂萬物之中 最在底下也. 獄者局也 謂拘局不得自在故. ○『三法度人經』云 地獄 有三種 一熱 有一十八所. 二寒 有一十八所.【此是[61]根本.】三邊 又名 輕繫 又名孤獨. 此有三別 一山間 二水中 三曠野.

20) 지옥에 떨어지는 인연

『바사론』에서 말하였다. "저들은 옛날에 몸과 말과 뜻으로 더 심하게 사나운 악행을 지은 것 때문에 그곳에 태어난다."

---

61 명판본에는 '見'으로 되어 있으나 이는 '是'의 오자이다.

○『변의경』에서 말하였다. "5가지 일을 행하면 죽어서 지옥에 들어가니, 첫째는 삼보를 믿지 않고 성인의 도를 비방하고 업신여기며 훼손시키는 것이다. 둘째는 불사를 파괴하는 것이다. 셋째는 사부대중들을 번갈아 비방하고 헐뜯으며 재앙을 생각하지도 않고, 공경하고 순종하는 마음이 없는 것이다. 넷째는 군신과 부모의 관계를 무시하는 것이다. 다섯째는 이미 도를 얻었다고 하면서 스승의 가르침을 따르지 않고 스스로 잘난 체하며 스승을 업신여기고 비방하는 것이다."【지옥의 인과에 대해서는 광범위하게 많으니, 이것은 다만 대강의 줄거리일 뿐이다.】

落地獄因

『婆沙論』云 由先時造作增上暴惡 身語意惡行生彼. ○『辯意經』云 有五事 死入地獄 一不信三寶 而行誹謗 輕毁聖道. 二破壞佛寺. 三四輩轉相誹謗 不計殃罪無敬順意. 四無有君臣[62]父母. 五已得爲道 不順師敎 而自貢高 輕慢謗師.【地獄因果 廣有章門 此但梗槩耳.】

21) 축생세계

『입세론』에서 말하였다. "범어로는 '저율차底栗車'이고 중국에서는 '축생'이라고 한다."

○『대바사론』에서 말하였다. "축생(傍生)은 그 모습이 옆으로 누이고 다니기 때문이다."

---

62 명판본에는 '無君臣'으로 되어 있으나 '無有君臣'으로 바로잡았다.

畜生趣

『立世論』云 梵語底栗車 此云畜生. ○『大婆沙論』云 傍生謂其形傍故.

22) 축생이 되는 인연

『업보차별경』에서 말하였다. "10가지 업을 지으면 축생으로 태어나니 첫째는 몸으로 짓는 악이요, 둘째는 입으로 짓는 악이요, 셋째는 뜻으로 짓는 악이요, 넷째는 탐심 때문에 일어나는 악이요, 다섯째는 성냄 때문에 일어나는 악이요, 여섯째는 어리석음 때문에 일어나는 악이요, 일곱째는 중생들을 헐뜯고 욕하는 것이요, 여덟째는 중생들을 괴롭히고 해치는 것이요, 아홉째는 깨끗하지 않은 물건을 보시하는 것이요, 열째는 음란한 행위(邪婬)를 하는 것이다."

○『변의경』에서 말하였다. "5가지 일을 하면 축생으로 태어나니 첫째는 계를 범하고 도둑질하는 것이요, 둘째는 빚을 지고 갚지 않는 것이요, 셋째는 살생하는 것이요, 넷째는 경법經法을 기쁘게 받아들이지 않는 것이요, 다섯째는 항상 인연 때문에 재계齋戒와 법회法會를 힘들고 괴롭게 여기는 것이다."

畜生因

『業報差別經』云 具造十業 生畜生. 一身惡 二口惡 三意惡 四從貪起惡 五從瞋起惡 六從癡起惡 七毀罵衆生 八惱害衆生 九施不淨物 十邪婬. ○『辯意經』云 有五事作畜生 一犯戒私竊 二負債不還 三殺生 四不喜聽受經法 五常以因緣艱難齋會.

23) 삼도

『서역기』에서 말하였다. "세속의 책인 『춘추春秋』에 화도·혈도·도도(三塗)[63]라는 위험한 곳이 있는데 여기에서 이름을 빌린 것이다. 도塗는 도道와 같으니, 도탄의 뜻이 아니다. 범어로는 '아바나가저阿波那伽低'라 말하고, 중국에서는 '악도惡道'[64]라고 한다. 도道는 '원인'의 뜻이니, 행위로 인해 가는 것이다."

三塗

『西域記』云 俗書『春秋』有三塗危險之處 借此名也. 塗猶道 非謂塗炭之義. 若依梵語 云阿波那伽低 此云惡道. 道是因義 由履而行.[65]

---

63 삼도三塗: 지옥·축생·아귀의 세계에서 중생이 겪는 길. 맹화로 타오르고 있는 지옥의 화도火塗, 서로 잡아먹고 잡아먹히는 축생의 혈도血塗, 칼에 의해 핍박당하고 있는 아귀의 도도刀塗.

64 악도惡道: 삼악취三惡趣. 지옥·아귀·축생. 죄악을 범한 결과로 태어나서 고통을 받는 악한 곳을 말한다.

65 『일체경음의』와 『조정사원』에 다음과 같은 내용이 나온다. 『일체경음의』(T54, p.538b20), "三塗者 俗書春秋有三塗危險之處 借此爲名 塗猶道也 非謂塗炭之義 若依梵本 則云阿波那伽低 此云惡趣 不名惡道 道是因義 由履而行 趣是果名 已到之處 故不名惡道也." 『조정사원』(X.64, p.385c21), "西域記曰 儒書春秋有三塗危險之處 借此名也 塗 道也 謂惡道也."

24) 여덟 가지 환난

첫째는 지옥이요, 둘째는 아귀요, 셋째는 축생이요, 넷째는 북주北洲[66]요, 다섯째는 무상천無想天[67]이요, 여섯째는 불전불후佛前佛後[68]요, 일곱째는 세지변총世智辯聰[69]이요, 여덟째는 장님으로 태어나거나 벙어리가 되는 것(生盲瘖瘂)[70]이다.[71]

---

66 북주北洲: 북구로주北瞿盧洲·북구로주北俱盧洲라고도 쓰고, 울다라구루鬱多羅拘㝹 등으로 음역한다. 수미산의 북방 제칠금산第七金山과 대철위산大鐵圍山 사이에 큰 바다가 있고, 바다 가운데 있는 섬(洲)에 인취人趣 등이 산다. 중간에 일찍 죽지 않고 쾌락이 끝이 없어 사주四洲 중에서 중생·처소·재물·물품들이 모두 수승하다고 한다.
67 무상천無想天: 오백 겁의 긴 수명을 누리면서 살지만, 아무런 생각도 일으키지 않기 때문에 불법을 배울 마음을 내지 못한다.
68 불전불후佛前佛後: 부처가 세상에 출현하기 전이나 부처의 법이 그 세상에 없을 때 태어나므로 부처를 만나지 못하는 불우한 인연이다.
69 세지변총世智辯聰: 세속의 지혜로 총명하기는 하지만 출세간의 정법正法을 믿으려 하지 않는 불우한 인연이다.
70 생맹음아生盲瘖瘂: 업보가 아주 무거워서 불법을 접하지 못하고 부처 재세 시에 난다고 해도 부처를 만날 수 없고 법을 들을 수 없는 불우한 인연이다.
71 첫째·둘째·셋째는 고통에 시달려 수행할 수 없기 때문이고, 넷째는 사주四洲 가운데 가장 살기 좋은 곳이기 때문이고, 다섯째는 수명이 길고 편안하여 불법佛法을 구하지 않기 때문이고, 여섯째는 가르침을 설할 부처가 없기 때문이고, 일곱째는 세속의 지혜는 있어도 그릇된 견해에 빠져 바른 가르침을 구하지 않기 때문이고, 여덟째는 눈이 멀고 귀먹고 말 못하기 때문에 팔난이라고 하는 것이다.

八難

一地獄 二餓鬼 三畜生 四北洲 五無想天 六佛前佛後 七世智辯聰 八生盲瘖瘂.

25) 수라세계

또는 "아수륜阿須倫"이라고 한다.

○『해룡왕경』에서는 "중국에서는 '선신이 없음(無善神)'이라 한다." 하였다.

○『대비바사론』에서 말하였다. "아소락阿素洛이라고 하며, 중국에서는 '천상의 세계가 아님(非天)'이라 한다. '소락素洛'은 '단정하다'는 뜻이고 '아阿'는 의롭지 않음이니, 모습이 단정하지 않은 것을 말한다."

○『능엄경』에서 말하였다. "만약 귀신의 길에서 법을 지킨 힘으로 신통을 부려서 허공에 들어간다면 이 아수라는 알로 태어나서 귀신의 갈래에 포함된다. 만약 하늘의 길에서 복덕이 감량되어 아래로 떨어져서 사는 곳이 일월과 가깝다면 이 아수라는 태로 태어나서 사람의 갈래에 포함된다. 만약 아수라의 왕이 세계를 붙들어 쥐고 힘이 넘쳐서 두려움이 없는 가운데, 능히 범왕·제석천·사천왕과 패권을 다툰다면 이 아수라는 변화로 태어나서 하늘의 갈래에 포함된다. 한 종류의 열등한 아수라가 큰 바다 한복판에 태어나 물이 빠지는 곳(水穴口)에 잠겨 있는 가운데, 아침에는 허공에서 놀다가 저녁에는 물로 돌아와서 자는 경우가 있으니 이 아수라는 습기로 태어나서 축생의 갈래에 포함된다."

修羅趣

又云 阿須倫. ○『海龍王經』此云無善神. ○『大毘婆沙論』云 阿素洛 此云非天. 又素洛 是端正義 阿是非義 謂身形不端正故. ○『楞嚴經』[72] 云 若於鬼道 以護法力 成通入空 從卵而生 鬼趣攝. 若天中降德 貶墜 其所卜居[73]鄰於日月 從胎而生 人趣所攝. 若執持世界 力同[74]無畏 能與梵王及天帝釋 四天爭權 因變化有 天趣所攝. 有一類下劣 生大海心 沈水穴口 旦遊虛空 暮歸水宿 因濕氣生 畜生趣攝.

26) 아수라가 되는 인연

여러 경론에서는 성냄과 게으름과 의심 때문에 3가지 종류의 인연으로 태어나는 경우가 많다고 한다.

修羅因

諸經論 多由瞋慢及疑 三種因生.

---

72 『수능엄경권』권9, "阿難 是三界中復有四種阿修羅類 若於鬼道 以護法力成通入空 此阿修羅從卵而生 鬼趣所攝 若於天中降德貶墜 其所卜居鄰於日月 此阿修羅從胎而出 人趣所攝 有修羅王執持世界力洞無畏 能與梵王及天帝釋 四天爭攉 此阿修羅因變化有 天趣所攝 阿難 別有一分下劣修羅 生大海心沈水穴口 旦遊虛空 暮歸水宿 此阿修羅因濕氣有 畜生趣攝."

73 명판본에는 '十居'로 되어 있으나 '卜居'의 오자이다.

74 명판본에는 '間'으로 되어 있고, 『능엄경의소주경』(T39, p.946b19)에는 '洞'으로 되어 있다. 이것을 참조하여 '同'으로 바로잡았다.

27) 염라왕

범음으로는 "염마왕閻摩羅"이라 하고 중국에서는 "막음遮"이라 하니, 나쁜 짓을 하지 못하도록 막기 때문이다.

○『유가론』에서 말하였다. "'염마왕은 능히 손해를 끼칠 수 있기도 하고 능히 이익을 줄 수 있기도 한데, 왜 법왕이라고 부릅니까?' 하고 묻자, 답하기를 '중생들에게 이익을 주기 때문이다. 만약 중생들이 잡혀서 염마왕이 있는 곳에 오면 기억나게 하려고 마침내 그와 비슷한 몸을 나타내어 고하기를, '너희들 스스로 지은 업이니 마땅히 그 과보를 받아야 한다.'라고 한다. 이로 말미암아 지옥(那洛迦)에 떨어질 새로운 업이 다시 쌓이지도 않으며 옛 업이 다하면 지옥에서 벗어난다. 이런 까닭으로 염마는 모든 중생들을 이롭게 하기 때문에 법왕이라고 부른다.'"

閻羅王

梵音閻摩羅 此云遮 謂遮令不造惡故. ○『瑜伽論』[75]問 閻摩王 爲能損害 爲能饒益 名法王? 答由饒益衆生故. 若諸衆生 執到王所 令憶念故 遂現彼相似之身 告言 汝等自作 當受其果. 由感那洛迦新業 更不積

---

[75] 『유가사지론』 권58, "問 何故焰摩名爲法王 爲能損害諸衆生故 爲能饒益諸衆生故 若由損害衆生名爲法王 不應道理 若由饒益衆生 今應當說云何饒益 答 由能饒益 不由損害 何以故 若諸衆生執到王所 令憶念故 遂爲現彼相似之身 告言 汝等自所作業當受其果 由是因緣 彼諸衆生 各自了知自所作業還自受果 便於焰摩使者衆生 業力增上所生 猶如變化 非衆生所 無反害心 無瞋恚心 不懷怨恨 乃由此故 感那落迦新業更不積集 故業盡已 脫那落迦趣 是故焰摩由能饒益諸衆生故 名爲法王."

集 故業盡已 脫那[76]洛迦. 是故馟摩 由能饒益諸衆生故 名法王.

28) 중생

범어로는 '복호선나僕呼善那'라 하고 중국에서는 '중생'이라 하니 많은 인연으로 생겨나기 때문에 일컫는 것이다.

  ○우 법사祐法師가 말하였다. "여러 사람이 함께 세상에 태어났기 때문에 중생이라 한다."

  ○당나라 삼장三藏의 번역에는 '유정有情'이라고 하였으니, 일체 무정無情한 것들이 모두 많은 인연을 빌려 태어나기에 일컫는 것이며, 지금은 간략하게 무정을 없애고 '유정'이라고 한다.

  ○『증계대승경』에서 말하였다. "'중생이란 무슨 뜻입니까?' 하자, 부처가 말하길 '이것은 감정(情)과 생각(想)이 합쳐진 것이다. 이른바 지·수·화·풍·공·식·명·색·육입의 연기와 인·업·과보가 서로 짝으로 모여서 생기기(會對而生)때문이다.'하였다."

  ○『능가경』에서 말하였다. "일체중생들은 무명無明을 근본으로 애착에 집착하여 업에 따라 윤회한다."

衆生

梵云 僕呼善那 此云衆生 謂衆緣所生故. ○祐法師云 衆共生世 故名衆生. ○唐三藏譯 名有情 謂一切無情物 皆假衆緣生 今簡去無情 故

---

76 명판본에는 '耶'로 되어 있으나 '那'의 오자이다.

云有情. ○『證契大乘經』云 衆生者何義? 佛言 是情想和合. 所謂地水火風空識名色界入[77]緣起 及因業果 會對而生故. ○『楞伽經』云 一切衆生 無明爲根 住於愛 隨業流運.

29) 마음

범어로는 질다質多・즐다喞多라고 하고, 중국에서는 사물을 보고 생각함(緣慮)의 뜻이다. 『유식론』에서 말하였다. "모여 일어나는 것을 심心이라 하니, 즉 제8식[78]이다."

○『중음경』에서 게로 말하였다.

---

77 명판본에는 '所謂地水火風空識名色界入緣起'로 되어 있으나 다음의 경전을 참조하여 '界入'을 '六入'으로 바로잡았다. 『대승동성경』(T16, p.642b01), "佛言 '楞伽王 衆生 衆生者 衆緣和合名曰 衆生, 所謂地水火風空識名色六入因緣生.'"

78 제8식: 초기불교에서는 마음 작용을 안식・이식・비식・설식・신식・의식의 6식識으로 분류했다. 그런데 유식론자들은 마음의 심층에서 6식에 영향을 미치는 아뢰야식阿賴耶識을 발견했고, 또 6식과 아뢰야식 사이에서 매개 역할을 하는 제7식인 말나식末那識을 자각해서 마음 작용을 8가지로 분류했다. ①안식 ②이식 ③비식 ④설식 ⑤신식〈전5식前五識〉 ⑥의식〈제6식〉 ⑦말나식〈제7식〉 ⑧아뢰야식〈제8식〉. 전5식은 눈・귀・코・혀・몸의 감각기관으로 각각 형상・소리・냄새・맛・감촉의 대상을 지각하는 마음 작용이다. 제6식은 의식 기능으로 의식 대상을 인식하는 마음 작용이다. 제7말나식은 끊임없이 분별하고 생각하고 헤아리고 비교하는 마음 작용으로, 아치我癡・아견我見・아만我慢・아애我愛의 네 번뇌와 항상 함께 일어나는 자의식이다. 제8아뢰야식은 과거에 경험한 인식・행위・학습 등을 저장하고 있는 마음 작용으로, 심층에 잠재하고 있다. 과거의 경험들이 아뢰야식에 잠복 상태로 저장되어 있는 잠재력을 종자種子 또는 습기習氣라고 한다.

사람에게는 마음이 독의 근본이어서	心爲人毒本
선악은 그 모양을 따른다.	善惡隨其形
선을 행하면 곧 선을 향해 나아가고	行善卽趣善
악을 행하면 곧 악을 향해 나아간다.	行惡卽趣惡

○『정법념경』에서 말하였다. "일체법을 행하는 주인은 이른바 저 마음이다." 또 말하길 "일체 선·악의 법은 마음을 근본으로 한다." 하였다.

○마음의 바탕(心地)이란, 부처가 말하길 "삼계 가운데 마음이 주인이 되니, 중생의 마음은 대지와 같아서 오곡五穀과 오과五果가 대지로부터 생겨나는 것과 같다. 이와 같이 마음의 법은 세간과 출세간의 선과 악의 5취趣와 3승乘을 내는 것이다. 이러한 인연으로 3계界는 오직 마음이 주인이 된다. 그러므로 '심지心地'라고 하는 것이다." 하였다.

心

梵云質多又喞多 此是緣慮義.『唯識論』云 集起名心 卽第八識也. ○『中陰經』偈云 心爲人毒本 善惡隨其形 行善卽趣善 行惡卽趣惡. ○『正法念經』云 一切法行主 所謂彼心是. 又云 一切善不善法 心爲根本. ○心地者 佛言 三界之中 以心爲主 衆生之心 猶如大地 五穀五果 從大地生. 如是心法 生世出世 善惡五趣三乘. 以是因緣 三界唯心. 故名心地.[79]

---

[79] 명판본에는 '故心名地'로 되어 있으나 '故名心地'의 잘못이다.

15. 중식편 中食篇

1) 정식

『사분율』에서 말하였다. "범어의 포사니蒲闍尼를 중국에서는 '정식正食'이라 한다."

○『기귀전』에서 말하였다. "반자포선니半者蒲善尼[1]를 당나라 말로는 5가지 '오물거리고 먹을 수 있는 음식(噉食)'이라고 하며, 반飯·병餅·초麨 등을 일컫는 말이다."

○『남산초』에서 말하였다. "시약時藥은 목숨을 유지하기 위해 먹는 것이라 하였으니, 약을 지나치게 먹어서는 안 된다. 다만 기갈은 주병主病(병을 주도하는 것)이라 부르기도 하고 고병故病(병의 원인)이라 부르기도 하는데, 매일 항상 먹는 것이기 때문에 음식을 약으로 삼는 것이다."

---

[1] 반자포선니半者蒲善尼: 정식. 비구들이 끼니로 먹는 5가지 부드러운 음식. 밥·죽·보릿가루·생선·고기.

○『순정리론』에서 말하였다. "몸은 음식과 집에 의지하고, 생명은 음식에 의탁하니 음식이 있어야 몸과 마음을 즐겁고 편안하게 하기 때문이다."

○『승기율』에서 말하였다. "시식時食은 때에 맞을 적에 먹을 수 있고, 때가 아니면 먹을 수 없는 것을 말한다. 지금은 중식中食이라고 말하는데, 하늘 가운데 해가 정남쪽에 왔을 때 먹는 것이니 해가 하늘 가운데에 해당하므로 중식中食이라고 말한다."

正食

『四分律』云 梵語 蒲闍尼 此云正食. ○『寄歸傳』云 半者蒲善尼 唐言 五噉食 謂飯餅麨等. ○『南山鈔』云 時藥 謂報命支持 勿過於藥. 但飢渴 名主病亦名故病 每日常有故 以食爲藥醫之. ○『順正理論』云 身依食住 命托食 有食已能令身心 適悅安泰故. ○『僧祇律』云 時食謂時得食 非時不得食. 今言中食 以天中日午時得食 當日中故 言中食.

2) 부정식

『사분율』에서 말하였다. "범어 구사니佉闍尼를 중국에서는 '부정식不正食'이라 한다."

○『기귀전』에서 말하였다. "범어 반자가단니半者珂但尼[2]를 중국에서는 5가지 '씹어 먹는 음식(嚼食)'이라 하니, 뿌리(根)·줄기(莖)·잎(葉)·

---

2 반자가단니半者珂但尼: 부정식. 비구들이 간식으로 씹어 먹는 5가지 음식. 뿌리·가지·잎·꽃·열매.

꽃(花)·열매(果) 등을 말한다."

『기귀전』에서 말하였다. "만약 앞에 이미 5가지(담식, 정식)를 먹었다면 반드시 뒤의 5가지(작식, 부정식)를 먹지 말아야 하고, 뒤의 5가지를 먼저 먹었다면 앞의 5가지는 생각나는 대로 먹어야 한다."【지금 승려들이 재를 지낸 뒤에 과일과 나물 요리 등을 먹지 않는 것은 이것 때문이다.】

不正食

『四分律』云 佉闍尼 此云不正食. ○『寄歸傳』云 半者珂但尼 此云五嚼食 謂根莖葉花果等. 傳云 若已食前五 必不食後五 若先食後五 則前五隨意噉之.【今僧齋後 不食果菜等是.】

3) 재

『기세인본경』에서 말하였다. "'오포사타烏脯沙陀'를 수나라 말로는 '증장增長'이라 하니, 재계하는 법을 받아 지녀 선근을 키워나가기 때문에 일컫는 말이다. 불교에서는 정오(日中)가 지나면 먹지 않는 것을 재齋라고 한다."

齋

『起世因本經』云 烏脯沙陀 隋言增長 謂受持齊法 增長善根故. 佛教以過中不食 名齋.

4) 재공의 바른 시간

『비라삼매경』에서 말하였다. "부처가 법혜보살을 위하여 4종류의 식사 시간[3]에 대해서 설명하였다. 첫째 아침 시간을 천식天食이라 하고, 둘째 정오 시간을 법식法食이라 하였다. 당시 부처는 6취趣를 끊었으므로 삼세의 부처와 동등하기에 정오를 규정하여 법식하는 정시正時로 정한 것이다."

○『승기율』에서 말하길 "정오 때의 해그림자가 눈 깜짝할 시간만큼만 지나가도 곧 정시가 아니다." 하였다.

齋正時

『毗羅三昧經』云 佛爲法慧菩薩 說四食時. 一旦時爲天食 二午時爲法食. 時佛斷六趣 因令同三世佛故 制日午爲法食正時也. ○『僧祇律』云 午時日影 過一髮一瞬 卽是非時.

5) 죽

죽도 부정식不正食에 포함된다.

○『승기율』에서 말하길 "죽粥이 처음 가마에서 나왔을 적에 그어서 글자를 이룰 정도면 범하는 것이다. 처음에는 부정식이라고 불렀다." 하였다.

---

3 4종류의 식사 시간: 아침은 천인들이 먹는 때, 정오는 승려들이 먹는 때, 저물녘은 축생이 먹는 때, 밤은 귀신이 먹는 때이다.

○『증휘기』에서 말하길 "소식小食이란 바로 죽粥이다." 하였다.

○오부五部[4]의 율문을 읽어보면, 죽의 연기緣起에는 3가지가 있다. 처음은『승기율』에서 말하였다. "부처가 사위국에 머무를 적에 난타의 어머니가 가마솥에 밥을 짓다가 밥이 끓어오르기에 위에 뜬 국물을 마셨더니, 몸의 바람기가 없어지고 먹은 것이 소화되는 것을 느꼈다. 이에 생각하기를 '스님(闍梨)[5]은 하루 한 끼만 먹는 사람이니 마땅히 죽을 먹는 것이 좋겠다.' 하고는 이에 물을 많이 붓고 쌀을 조금 넣고 10분의 2를 끓여 없애고, 그런 뒤에 후추(胡椒)와 필발蓽發(조미료로 사용하는 식물 이름)을 넣었다. 항아리에 가득 차지 않도록 담아서 부처가 있는 곳으로 가지고 가서 부처에게 '세존이시여, 여러 비구들이 죽을 먹을 수 있도록 허락하여 주십시오.' 하였더니, 부처가 허락하였다." 이에 게를 설하였다. 【게는 뒤의 글에 있다.】

○다음은『사분율』에서 말하였다. "부처가 나빈두국那頻頭國에 있을 적에 누사毹沙가 죽을 보시하려고 하자, 부처가 허락하였다."

○뒤에는『십송률』에서 말하였다. "아기달阿耆達 바라문왕이 8가지 죽[6], 타락죽·검은깨죽(胡麻粥)·콩죽·마사두죽麻沙豆粥·들깨죽(荏粥)·차조기죽(蘇粥) 등을 보시하겠다 말하자, 부처가 허락하였다."

---

4 오부五部: 불멸 후 100년에 우바국다의 제자 다섯 사람이 계율에 견해를 달리하여 나뉜 5개의 파. 곧 담무덕부曇無德部·살바다부薩婆多部·미사색부彌沙塞部·가섭유부迦葉遺部·독자부犢子部를 말한다.

5 사리闍梨: 모범이 되어 제자의 행위를 교정하며 그의 사범이 되어 지도하는 큰스님을 말한다. 출가 아사리·갈마 아사리·교수 아사리·수경 아사리·의지 아사리가 있다.

6 8가지 죽: 유죽油粥·검은깨죽(胡麻粥)·우유죽(乳粥)·팥죽(小豆粥)·마사두죽麻沙豆

粥

亦不正食攝. ○『僧祇律』⁷云 粥出釜 劃⁸不成字. 始名不正食. ○『增輝記』云 小食者 粥是. ○讀五部律文 粥之緣起有三. 初『僧祇律』云 佛住舍衛國 難陀母 令⁹作釜飯 逼上汁自飮 覺身中風除食消. 便作念 闍梨是一食人 應當食粥 乃取多水少米 煎去二分 然後入胡椒蓽發. 未盛滿罌 持詣佛所 白言 唯願世尊 聽諸比丘食粥 佛許. 仍爲說偈【偈在後文.】○次『四分律』云 佛在那頻頭國 因毱沙施粥 佛許之. ○後『十誦律』云 婆羅門王 阿耆達 施八般粥 謂乳酪胡麻豆摩沙荏蘇等 佛許之.

6) 죽 먹는 바른 시간

『사분율』에서는 "먼동이 뜰 때(明相)¹⁰ 죽을 먹을 수 있다. 나머지는 모두 먹을 때가 아니다." 하였다.

○『파사론』에서 말하였다. "먼동이 뜰 때는 3가지 종류가 있다. 첫째는 해가 염부수(剡部樹)¹¹의 몸을 비추는데 하늘은 흑색일 때이다. 둘째는 해가 염부수 잎을 비추는데 하늘이 청색일 때이다. 셋째는

粥·마자죽麻子粥·청죽淸粥으로 말하기도 한다.

7 『마하승기율』 권16, "若粥初出釜 畫成字者犯 若不成字者不犯."
8 『마하승기율』(T22, p.354a20)에는 '畫'자로 되어 있다. "若粥初出釜 畫成字者犯."
9 명판본에는 '人作'으로 되어 있으나 '令作'의 오자이다.
10 명상明相: 사물이 보이기 시작하는 이른 아침이다.
11 염부수剡部樹: 혹은 '염부수閻浮樹' 인도에 널리 분포된 교목. 잎 길이는 4~5촌. 엽맥葉脈이 가늘고, 엽면葉面은 미끄럽고 광택이 있다. 4~5월경에 누르스름한 작은 꽃이 피며, 과일은 새알만 하고, 익으면 자색이 되고 맛은 떫고 시다.

해가 염부수를 지나면서 하늘이 백색이 될 때이다. 3가지 색 가운데 백색을 취한 것이 정시이다. 모름지기 손바닥을 펴고 손금이 분명하게 보이면 비로소 죽을 먹을 수 있다."

粥正時

『四分律』云 明相出始得食粥. 餘皆非時. ○『婆沙論』云 明相有三.[12] 初日照剡部樹身天作黑色. 二日照樹葉 天作靑色. 三日過樹 天作白色. 三色中 取白色爲正時. 須舒手 見掌文分明 始得食粥.

7) 음식의 실체

음식은 향기·맛·촉감의 3가지를 실체로 한다.

食體

用香味觸 三法爲體.

8) 음식의 형상

음식의 형체는 변하여 바뀌는 것(變壞)을 상으로 삼는데, 뱃속으로 들어가 형체가 변하여 온몸의 여러 기관들을 이롭게 함으로써 음식의 형상이 이루어진다.

---

[12] 명판본에는 '二'로 되어 있으나 이는 '三'의 오자이다.

食相

以變壞爲相 謂入腹變壞 能資益 諸根大種 方成食相.

9) 음식을 먹는 일

『파사론』에서 말하였다. "음식 먹는 두 때二時(정식·부정식)에 밥 짓는 일을 할 수 있는데, 처음은 먹을 때 기갈이 사라지고, 다음은 소화되면서 몸의 여러 기관을 이롭게 한다."

食事

『婆沙論』云 食於二時 能作食事 一初食時 能消飢渴 二消化時 能益諸根大種.

10) 음식 먹는 의리

『불지론』에서 말하였다. "몸을 잘 지켜 보호하는 것을 '음식(食)'이라 하니, 능히 몸을 보호하도록 잘 지켜서 무너지거나 끊어지지(斷壞) 않게 함으로써 선법善法을 길이 길러내기 때문이다. 또 몸을 도와서 이익되게 하는 의리가 있으니, 만약 씹지 않거나 배에 들어가서 소화되지 못하여 근심을 만들게 되는 것은 모두 음식 먹는 의리가 성립되지 않아서이다. 입을 거쳐 배에 들어가서 소화되고 오장五臟에 유입되어 팔다리에 가득 기운을 보충하여 피부를 충실하게 해야 음식의 의리가 성립된다."

食義

『佛地論』云 任持名食 謂能任持色身 令不斷壞 長養善法. 又資益義 若未噉及入腹未消化 并爲患者 皆不成食義. 至經口入腹消化 流入五臟 充浹四肢[13] 補氣益肌 方成食義.

11) 음식의 세 가지 덕

가볍고 부드러우며, 정결하고, 법에 맞아야 한다.

食三德

輕軟淨潔如法.

12) 여섯 가지 맛

단맛·매운맛·짠맛·쓴맛·신맛·담백한 맛.

六味

甘辛鹹苦酸淡.

---

13 명판본에는 '充益四胚'로 되어 있으나 다음의 인용문을 참고하여 '充浹四肢'로 바로잡았다. 『번역명의집翻譯名義集』(T54, p.1172b18), "佛地論云 任持名食 謂能任持色身令不斷壞 長養善法 身依食住 命託食存 流入五臟 充浹四肢 補氣益肌 身心適悅."

13) 여덟 가지 맛

위의 6가지 맛에 떫은맛과 뒷맛이 덧붙는다.

八味
加上澀味 不了味.

14) 음식을 보시하는 다섯 가지 보답

『오복덕경』에서 말하였다. "부처가 말하기를, 사람들이 먹을 것을 승려들에게 보시하면 5종류의 이익이 있게 된다. 첫째는 색신(色)이요, 둘째는 힘(力)이요, 셋째는 수명(命)이요, 넷째는 편안함(安)이요, 다섯째는 말솜씨(辯)이다."【경전에 자세히 설명한 글이 있는데, 이 오상五常은 복의 보답이다. 보시하는 사람은 내세에 과보를 받을 것이고, 받은 사람은 현재에 즐거움을 얻을 것이다.】
　만약 상좌가 시식하면 응하여 게偈를 읊는다.

베푸는 자 받는 자	施者受者
함께 오상을 얻어	俱獲五常
색신과 힘과 수명과 편안함	色力命安
걸림 없는 말솜씨 얻으리라.	得無礙辯

施食五常報

『五福德經』佛言 人持食施僧 有五種利. 一色 二力 三命 四安 五辯. 【彼經廣有說文 此五常福報. 若施者得當來報 受者獲現在樂.】 若上座施食 應誦偈云 施者受者 俱獲五常 色力命安 得無礙辯.

15) 죽의 열 가지 이익

『승기율』에 난타의 어머니가 여러 승려들에게 죽을 베풀자 부처가 게로 말하였다.

계율을 청정하게 지켜 사람들이 받드나니	持戒清淨人所奉
공경하여 때에 맞추어 죽을 보시하네.	恭敬隨時以粥施
행하는 자들은 열 가지 이익이 있으리니	十利饒益於行者
색신, 힘, 장수, 안락함, 말소리가 맑고, 언변이 유창하고	色力壽樂辭清辯
소화 잘되고, 풍증 없어지고, 배고픔 사라지고, 갈증 없어지리.	宿食風除飢渴消
이것을 좋은 약이라고 부처께서 말씀하였으니	是名良藥佛所說
인천에 나서 항상 즐거움을 풍족하게 받으려면	欲得人天長受樂
응당 여러 스님들에게 죽을 보시해야 하리라.	應當以粥施衆僧

【지금 10가지 이익을 분석하여 보면, 첫째는 색신, 둘째는 힘, 셋째는 수명, 넷째는 안락함, 다섯째는 말소리가 맑음이다. 『구사론』에서는 "말씀

(辭)은 의미를 해석하는 것을 말한다."하였다. 여섯째는 언변이 유창하고, 『구사론』에서는 "변辯은 말에 막힘이 없이 펼치는 것을 말한다."하였다. 일곱째는 먹은 음식이 소화 잘되고, 여덟째는 풍증을 없애고, 아홉째는 배고픔이 사라지고, 열째는 갈증이 사라진다.】

粥十利

『僧祇律』因難陀母 施衆僧粥 佛說偈云 持戒淸淨人所奉 恭敬隨時以粥施 十利饒益於行者 色力壽樂辭淸辯 宿食風除飢渴消 是名良藥佛所說 欲得人天長受樂 應當以粥施衆僧.【今析十利者 一色 二力 三壽 四樂 五辭淸.『俱舍』云 辭謂訓釋言詞也. 六辯『俱舍』云 辯謂展轉 言無滯礙. 七宿食消 八風除 九消飢 十消渴.】

16) 먹기 전에 주문을 외움

외도外道의 제자 시리국다尸利鞠多는 수제가樹提伽 장자의 자부姊夫이다. 독을 음식에 넣고 부처와 여러 승려들을 재회에 청하였다. 부처는 알면서도 그것을 허락하였다. 부처가 대중들에게 승발僧跋[14]을 외치기를 기다린 다음에 먹을 수 있다고 하였다. 그러자 여러 독들이 사라져 마침내 해치는 것이 없게 되었다.

---

14 승발僧跋: 삼발라카다三鉢羅佉哆라 음역하고, 선지善至·정지正至·시지時至·등시等施라 번역한다. 스님들이 식사할 때 유나維那가 소리 지어 부르는 말이다. 이를 혹은 시주가 여러 스님들에게 평등하게 보시하는 뜻을 여쭙는 말이라 하며, 혹은 음식의 독毒을 없애는 주문呪文이라고도 한다.

○『범마난국왕경』에서 말하였다. "대저 먹을 것을 보시하고자 하는 사람은 모두 큰스님, 작은 스님을 따지지 말고 평등하게 하는 것이 좋다. 이에 부처는 아난에게 '밥을 먹기에 앞서 승발을 외치고 먹어라.' 하였다." '승발'이라고 하는 것은 '승려들의 밥은 모두 평등하다'는 뜻이다.

○『기귀전』에서는 '삼발라가다三鉢羅佉多'라 하였고, 옛날에 '승발'이라 한 것은 와전된 것이다.

食前唱密語

外道弟子 尸利鞠多 卽樹提伽長者姊夫也. 以毒和食請佛 及衆僧齋. 佛知亦許之. 佛語大衆 待唱僧跋 然後可食. 由是衆毒 竟無所害. ○『梵摩難國王經』云 夫欲施食者 皆當平等不問大小. 於是佛令阿難 臨飯唱僧跋. 僧跋者 衆僧飯皆平等. ○『寄歸傳』云 三鉢羅佉多 舊云 僧跋訛也.

17) 밥 먹을 때의 다섯 가지 관법[15]

【대체로 죽을 먹을 때에는 먼저 생각을 단정하게 하여 외우고 마치면 그제야

---

15 오관五觀: 식사할 때 비구가 생각하는 5종의 관문觀門. ①공이 얼마나 든 것인가를 헤아려 음식이 오는 곳을 생각함. ②자기의 덕행이 공양을 받을 만한가 못한가를 헤아려 생각해 봄. ③마음을 방비하고, 허물을 여의는 데는 3독毒보다 지닐 것이 없는 줄을 관함. ④밥 먹는 것을 약으로 여겨 몸이 여윔을 치료함에 족한 줄로 관함. ⑤도업道業을 성취하기 위하여 이 공양을 받는 줄로 관함.

먹으니, 대개 스스로 경계함이다.】

첫째는 공력이 얼마나 들었는지 그 음식이 온 곳이 어딘지 헤아린다.
【『지도론』에서 말하였다. "이 음식은 개간하여 심고 수확하고, 방아 찧고 맷돌에 갈고, 일어서 쓸데없는 것을 버리고, 불 피우고 익혀서 완성하기까지 공이 매우 많이 든 것이다. 이렇게 한 발우의 밥이라도 일하는 사람들이 땀을 흘린 것이니, 먹거리는 적더라도 흘린 땀은 많다." ○『승기율』에서 말하였다. "시주하는 사람은 그 처와 자식들의 몫을 덜어내어 복을 구하기 때문에 보시라 한다."】

둘째는 자기의 덕행이 온전히 공양을 받기에 모자람이 없는가를 헤아린다.【○『비니모』에서 말하였다. "만약 좌선도 하지 않고 경전도 읽지 않으면서 삼보의 일을 경영하거나, 계율을 지키지도 않으면서 사람들의 신시信施(신앙심이 발로하여 절에 기부하는 것)를 받으면 보시 때문에 삼악도에 떨어진다. 하나라도 모자라면 공양을 받기에 적절하지 않고, 온전하면 공양을 받아도 된다."】

셋째는 탐·진·치의 과오에서 벗어나도록 마음을 방지하는 것을 으뜸으로 삼는다.【○『명료론소』에서는 다음과 같이 말하였다. "출가한 사람은 먼저 3가지 마음의 허물을 방비하여야 하니, 제일 맛있는 음식을 먹을 때 탐심을 일으키고, 제일 맛없는 음식을 먹을 때 화를 내고, 보통 맛의 음식을 먹을 때 어리석은 마음을 일으키는 것을 말한다. 이것을 부끄러워할 줄 모르면 삼악도에 떨어지기 때문이다."】

넷째는 좋은 약으로 올바르게 섬겨 몸을 치료하는 음식이라 생각한다.【형체의 고통은 배고프고 목마른 것이 병의 원인인 경우가 많고, 404가지 병病[16]은 부차적인 병(客病)이다. 그러므로 먹는 것을 약으로 삼아서

몸을 부지하는 데 사용해야 한다. 죽을 먹는 것은 부정식의 좋은 약이라고 할 수 있다.】

다섯째는 도업道業을 성취하기 위하여 이 음식을 받아먹어야 마땅하다.【먹지 않아 병이 나면 도업을 어떻게 따르겠는가? 그러므로 단식段食[17]을 빌어 와서 몸의 힘을 돋우는 것이다. 옛사람은 '밥 먹기 전에는 먼저 결가부좌하는 모양을 짓고, 먹고 나서는 도 닦는 것을 잊어서는 안 된다.'라고 하였다.】

五觀

【凡喫粥食 先須端想 誦之訖方食 蓋自警也.】一計工多少 量彼來處.【『智度論』云 此食墾植收穫 春磨淘汰 炊煮及成 用工甚多. 一鉢之飯 作夫流汗 食少汗多. ○『僧祇律』云 施主減其妻子之分 求福故施.】二忖己德行 全缺應供.【○『毗尼母』云 若不坐禪誦經 營三寶事 不持戒 受人信施 爲施所墮. 缺則不宜 全則可也.】三防心離過 貪等爲宗.【○『明了論疏』云 出家先須防心三過 謂於上味食起貪 下味食起嗔 中味食起痴. 以此不知慚愧 墮三惡道.】四正事良藥 爲療形苦.【形苦者 飢渴多主病 四百四病 爲客病. 故須以食爲醫療 用扶持之. 若食粥 可云不正良藥.】五爲成道業故 應受此食.【不食成病 道業何從? 故假段食資身也. 古人云 先結款狀

---

16 404가지 병病: 사람의 몸에 생기는 병의 총수이다. 우리의 몸은 지地·수水·화火·풍風의 4대四大 요소로 구성되었다. 이 4대가 잘 조화되지 않고, 어느 1대大가 너무 증대하면 한寒·열熱 등의 병이 생긴다고 하는데, 4대가 각각 101종의 병이 있으므로 모두 404병病이다.

17 단식段食: 사식四食의 하나. 밥·국수·나물·기름·장 따위와 같이 형체가 있는 음식이다.

旣食不可忘於修道.】

18) 음식을 먹는 법

『범마난국왕경』에서 말하였다. "음식을 먹는 것은 사람의 몸에 병이 들었을 때 약을 복용하는 것과 같은데, 빨리 낫게 하려고 욕심내서는 안 된다."

　○『마덕가론』에서 말하였다. "음식을 얻었을 때 한 입 한 입마다 묵념하라. 무릇 밥은 세 숟가락을 한정하여 한 입으로 하는데, 첫 번째 숟가락에는 속으로 일체의 악을 끊기를 바란다고 하고, 두 번째 숟가락에는 일체의 선을 닦기 바란다고 하며, 세 번째 숟가락에는 닦은 선근을 중생들에게 회향하여 다함께 성불하리라 한다."【『마덕가론』에 의거하여 모름지기 숟가락 한 입 한 입마다 각각 다 묵념해야 하지만, 번잡한 것을 생략하려면 처음 먹으려 할 때 첫 숟가락질에 한꺼번에 묵념해도 된다.】

食法

『梵摩難國王經』云 夫欲食 譬如人身病服藥 趣令其愈 不得貪著. ○『摩德伽論』云 若得食時 口口作念. 凡食限三匙爲一口 第一匙默云 願斷一切惡 第二匙云 願修一切善 第三匙云 所修善根迴向衆生 普共成佛.【准論 須口口作念 若省繁 但初口一匙 總念亦得.】

19) 먹는 양

『증일아함경』에서 말하였다. "만약 지나치게 배부르게 먹으면 숨이 차고 몸이 무거워 모든 맥이 조화롭지 않으며, 마음이 옹색해져 앉거나 누워도 편안하지 않다. 만약 너무 적게 먹으면 몸이 여위고 심장이 두근거리면서 생각이 견고하지 못하게 된다. 게에서 말하였다.

많이 먹으면 배가 아픈 우환이 생기고	多食致苦患
적게 먹으면 기력이 쇠해지네.	少食氣力衰
적당히 먹는 사람은	處中而食者
저울대처럼 높고 낮음이 없네.	如秤無高下

○경전에서 말하였다. "많이 먹는 사람은 5가지 고통이 있다. 첫째는 자주 대변이 마렵다. 둘째는 자주 소변이 마렵다. 셋째는 잠이 많아진다. 넷째는 몸이 무거워 수행을 견디지 못한다. 다섯째는 소화가 되지 않아 근심이 많아진다."

○『대살차경』의 게에서 말하였다.

음식을 지나치게 많이 먹는 사람은	噉食太過人
몸이 무겁고 게으르나니	身重多懈怠
현재와 미래세에	現在未來世
큰 이익을 잃게 되리.	於身失大利

졸음 때문에 스스로 괴롭고	睡眠自受苦
다른 사람에게도 괴로움을 주며	亦惱於他人
번뇌가 많아 자나 깨나 어려우니	迷悶難寢寤
때와 양을 알고 먹어야 하리.	應時籌量食

食量

『增一阿含經』云 若過食飽食 則氣急身滿 百脈不調 令心壅塞 坐臥不安. 若限少食 則身羸心懸 意慮無固. 偈云 多食致苦患 少食氣力衰 處中而食者 如秤無高下. ○經云 多食人有五苦. 一大便數 二小便數 三多睡 四身重不堪修業 五多患不消化. ○『大薩遮經』云 噉食太[18]過人 身重多懈怠 現在未來世 於身失大利 睡眠自受苦 亦惱於他人 迷悶難寢寤 應時籌量食.

20) 음식 먹을 때의 계율

『소실지경』에서 말하였다. "하루에 한 번 먹어야지 두 번 먹어서는 안 된다. 단식하지 말고, 음식물에 의심이 생기거든 모름지기 먹지 않아야 한다."

食戒

『蘇悉底經』云 一日一食 不得再食. 不應斷食 於食有疑不須食.

---

[18] 명판본에는 '衣'로 되어 있으나 이는 '太'의 오자이다.

21) 중생식을 내어놓음

계율에서는 "중생식衆生食[19]은 귀자모鬼子母[20]를 위한 것이다." 하였다. 『비나야』에서 말하였다. "가리제모訶利帝母[21]가 사랑하는 자신의 아이를 찾게 되자 부처가 그녀를 위해 삼귀오계를 받게 하였는데, 마치고 나서 부처에게 아뢰기를 '지금부터 무엇을 먹어야 됩니까?' 하자, 부처가 '근심하지 말라. 섬부주의 내 제자들이 매번 밥을 먹을 때마다 중생식을 떠내어 너희에게 보시할 것이니 모두 배부를 것이니라.' 하였다."

○초鈔에서 말하였다. "자기 밥에서 중생에게 줄 밥을 떠내는 것(出生)은 평등 공양하기 전후에 형편에 따라 내어놓는다. 이제 살펴보면 밥이나 면으로 만든 것이라야 내어놓을 만하고, 혹 채소와 같은 것은 사용하지 않는다. 사물에 따라서는 먹지 않아서 오히려 버리기도 하기 때문이다. 『애도경』에서 "중생식으로 내놓는 떡(餠)은 손톱만한 크기이다."라고 말한 것과 같다. 또 「출생게」에서는 이렇게 말했다.

---

19 중생식衆生食: 승려가 밥을 먹기 전에 귀신에게 주려고 먼저 한술 떠 놓는 밥을 말한다.

20 귀자모鬼子母: 노귀신왕老鬼神王 반사가般闍迦의 아내로, 1만이나 되는 자식을 두고도 항상 남의 어린애를 잡아먹으므로 사람들이 부처께 호소하였다. 이에 부처께서 그의 막내 빈가라嬪伽羅를 감추어 버리니, 그는 이레 동안 찾지 못하다가 마침내 부처께 있는 곳을 물었다. 이때 부처가 어린애를 먹지 않도록 맹세케 하고, 삼귀三歸 오계五戒를 일러주고 그 막내를 돌려보냈다. 이 인연으로 불도에 들어왔다고 한다. 해산解産·육아 등의 신으로 숭배된다.

21 가리제모訶利帝母: 귀자모신鬼子母神.

너희 귀신들에게	汝等鬼神衆
내가 지금 공양을 베푸노라.	我今施汝供
일곱 개의 밥알을 시방에 고루 미치게 하니	七粒遍十方
일체 귀신들과 함께할지어다.	一切鬼神共

중생식을 내어놓을 적에 묵묵히 이 게를 외운다.

出生

律云 衆生食 卽爲鬼子母也.『毗奈耶』云 訶利帝母 爲求愛兒 佛爲受三歸五戒已 白佛言 從今何食? 佛言勿憂. 於剡部洲 有我弟子 每食次 出衆生食施汝 皆令飽滿. ○鈔云 出生 或在等供前後 隨情安置. 今詳 若食是米麵所成者 方可出之 或蔬茹不用. 緣物類不食 翻成棄也. 如『愛道經』云 出生餠 如指甲大. 又出生偈云 汝等鬼神衆 我今施汝供 七粒遍十方 一切鬼神共. 凡食出生時 默誦此偈.

22) 시식

『열반경』에서 말하였다. "부처가 광야의 귀신들을 교화하여 오계를 받게 하고 마치자 귀신들이 부처에게 아뢰었다. '나와 권속들은 오직 고기와 피를 먹고 살았는데, 이제 부처께서 살생하지 말라는 계율을 주시니, 무엇을 먹고 살아야 합니까?' 부처가 말하였다. '이제부터 성문 제자들에게 수행하는 곳에서 너희에게 항상 음식을 주라고 영을 내리겠다.' 이에 계율을 제정하였다. '이제부터 비구들은 항상 광야의 귀신들에게 먹을 것을 베풀어야 하고, 만약 머무는 곳에서 보시하지 않는 자는 내 제자가 아니다."【시식施食[22]에는 2가지 종류가 있다. 광야의 귀신에게 베푸는 것은 사원에서 베푸는 것과 같다. 부처가 2개의 공양할 자리를 만들라 하니, 하나는 광야의 귀신 자리이고, 또 하나는 귀자모의 자리였다. 승려들의 먹을거리를 취하여 이름을 부르면서 그들에게 베풀었다. 비구들이 각자 시식할 1곡斛(10말)의 음식을 준비하는 것은 『초면대사경』에 의거하여 아귀에게 베푸는 것이다.】

施食

『涅槃經』云 佛化曠野鬼神 爲受五戒訖 白佛言. 我及眷屬 惟食腥血 今佛戒我不殺云 何存濟? 佛言 從今當敕聲聞弟子 隨有修行處 悉令施汝飮食. 於是制戒. 從今比丘 常當施曠野鬼神食 若有住處 不能施者 非我弟子.【施食有二種. 若施曠野鬼神者 卽是同食寺院. 佛令設二供養位 一曠野鬼神 一鬼子母. 並取僧食 呼名施之. 若比丘各自備一斛食施者 卽依『焦面大士經』 施與餓鬼也.】

23) 걸식

『선견』에서 말하길 "'분위分衛'는 중국에서는 '걸식'이라고 한다." 하였다.

---

22 시식施食: 죽은 친속을 위하여 천도薦度하는 재齋를 올린 끝이나, 4명일明日 때에 선망부모先亡父母 또는 일체 고혼孤魂에게 법식法食을 주면서 법문을 일러주고, 경전을 읽으며 염불하는 등의 의식을 행하는 법식法式.

○『승기』에서 말하였다. "'걸식'은 승려와 호위護衛하는 자들에게 도업을 닦도록 하는 것이므로 '분위'라고 한다."

○『법집』에서 말하였다. "출가는 도를 이루기 위함이니, 걸식하는 것은 일체의 교만함을 깨뜨리기 위한 것이다."

○『십이두타경』에서 말하였다. "식사에는 3가지가 있다. 첫째는 청을 받고 가서 먹는 것(受請食), 둘째는 대중이 함께 먹는 것(衆僧食), 셋째는 항상 걸식하는 것(常乞食)이다. 앞의 수청식과 중승식은 번뇌를 일으키는 인연이 된다. 무슨 까닭일까? 수청식은 만약 청을 받게 되면 자기는 복덕이 좋은 사람이라 할 것이고, 청을 받지 못하면 그 사람을 원망하거나, 혹은 스스로 비루하게 느끼니 탐심과 근심을 일으키는 법이라서 도의 수행을 막을 수 있다. 승려들이 함께 음식공양을 받는 것이란, 마땅히 대중의 법을 따라서 물리쳐야 할 사람은 깔끔하게 승려로서의 일대로 처리하고 따르게 하면 되지만, 마음이 산란하게 되면 수행하는 데 방해된다. 이러한 등등으로 번뇌가 어지럽게 생겨나기 때문에 마땅히 걸식하는 법을 지켜야 하는 것이다."

○『보운경』에서 말하였다. "무릇 걸식을 하면 4등분으로 나눈다. 1/4은 함께 수행하는 사람들에게 주고, 1/4은 궁핍한 걸인에게 주고, 1/4은 귀신들에게 주고, 1/4은 자신이 먹는다."

○『보우경』에서 말하였다. "10가지 법을 성취할 수 있기 때문에 걸식이라고 한다. 첫째는 중생들이 주는 모든 것을 받는다. 둘째는 차례대로 걸식을 한다. 셋째는 피곤해하거나 싫증내서는 안 된다. 넷째는 만족할 줄을 알게 된다. 다섯째는 베풀 줄을 알게 된다. 여섯째는 탐하고 집착하지 않게 된다. 일곱째는 자신이 먹는 양量을 알게

된다. 여덟째는 선한 품성이 드러난다. 아홉째는 선근을 원만하게 한다. 열째는 아집을 버리게 된다."

○승조 법사가 말하였다. "걸식에는 대략 4가지 뜻이 있다. 첫째는 많은 중생들을 복되고 이익되게 하는 것이요, 둘째는 교만한 마음을 꺾음이요, 셋째는 몸에 괴로움이 있음을 알게 됨이요, 넷째는 탐욕과 집착을 제거함이다."

乞食

『善見』云 分衛 此云乞食. ○『僧祇』云 乞食 分施僧尼 衛護令修道業 故云分衛. ○『法集』云 出家爲成道 行乞食者 破一切憍故. ○『十二頭陀經』云 食有三種. 一受請食 二衆僧食 三常乞食. 若前二食 起諸漏因緣. 所以者何? 若得請 便言我有福德好人 若不請 則嫌恨彼 或自鄙薄 是貪憂法 則能遮道. 若僧食者 當隨衆法 斷事擯人 料理僧事 心則散亂 妨廢行道. 有如是等 惱亂因緣 應受乞食法. ○『寶雲經』云 凡乞食分爲四分. 一分奉同梵行者 一與窮乞人 一與鬼神 一分自食. ○『寶雨經』云 成就十法名乞食. 一爲攝受諸有情 二爲次第 三爲不疲猒 四知足 五爲分布 六爲不耽嗜 七爲知量 八爲善品現前 九爲善根圓滿 十爲離我執. ○肇法師云 乞食略有四意. 一爲福利群生 二爲折伏憍慢 三爲知身有苦 四爲除去滯著.

24) 출가자를 위한 음식

『마득륵가』에서 말하였다. "속인(白衣)들이 집에서 일찍 일어나 밥을 지어 익히고서 먼저 먹지 않고 출가한 사람들의 몫을 남겨두는 것을 '장식長食'이라고 한다."

　○『우바새계경』에서 말하였다. "어떤 사람이 날마다 승려들에게 먼저 보시한 뒤에 자기가 먹겠다고 서원을 세워 그 말을 어기지 않는다면, 그것은 곧 미묘한 지혜의 인연이므로 이와 같이 시주한 사람은 모든 시주자 중에서 최상이니, 이 사람을 '으뜸가는 시주(上施主)'라고 부른다. 【범어로는 "타나발저陀那鉢底"라 하고, 당나라 말로는 "시주"라 한다. 지금 "단나"라고 부르는 것은 곧 '타陀'가 와전되어 '단檀'이 되었고, '발저鉢底'를 빼고 '나那'만 남겨둔 것이다. ○『섭대승론』에서 말하였다. "아까워하는 마음과 질투하는 마음과 가난하고 신분이 낮은 고통을 깨뜨릴 수 있기 때문에 '타陀'라 한다. 뒤에 큰 재산을 얻을 수 있고 복덕과 자량을 가질 수 있기 때문에 '나那'라 한다. 또 '단월'이라고 부르는데 '단檀'은 '베풂'이니, 이 사람들이 보시하여 능히 가난의 바다를 뛰어넘기 때문에 부르는 말이다." ○군자라고 하는 것은 『예기』「곡례」에서는 "두루두루 보고 들어서 잘 알고 겸손한 사람을 군자라 한다." 하였다. ○장자長者라고 하는 것은 『한비자韓非子』에서는 "자신의 처신을 중후하게 하는 자를 장자라고 한다." 하였다. 인도에서는 큰 부자를 이렇게 부른다. ○거사居士는 『지도론』에서는 "바라문(四姓, 승려계급)을 제외한 사람을 통틀어 거사라 부른다." 하였다.】

長食

『摩得勒伽』云　白衣舍早起作食熟　未食先留出家人分　是名長食. ○『優婆塞戒經』云 若有人能日日立要 先施僧食 然後自食 如其不違 卽是微妙智慧因緣 如是施主 施中最上 亦得名爲上施主.【梵語 陀那

鉢底 唐言施主. 今稱檀那者 卽訛陀爲檀 去鉢底 留那故也. ○『攝大乘論』云 能破慳悋嫉妒 及貧窮下賤苦故稱陀. 後得大富 及能引福德資糧故稱那. 又呼檀越者 檀者施也 謂此人行檀 能越貧窮海故. ○君子者『禮記』云 博聞强識而讓 曰君子. ○長者『韓子』云 重厚自居曰長者. 若天竺皆是大富者稱之. ○居士『智度論』云 除四姓外 通名居士.】

25) 부청[23]

【선 율사가 말하였다. "아랫사람이 윗사람에게 달려가는 것을 '부赴'라 하고, 윗사람이 아랫사람에게 가는 것을 '부訃'라 한다."】 오늘날의 부청의식은 향을 나누고(行香)[24] 좌석을 정하는(定座)[25] 일이니, 모두 도안 법사가 제정한 일이다. 『남산초』에 「부청설칙편訃請設則篇」이 있으나 글이 많아서 기록하지 않는다. 대체로 시주자의 집에 도착하여 살펴보고서 불상이 안치되지 않았거나 성승聖僧의 자리가 마련되지 않았으면 그것을 바른 자리에 놓도록 알려 주어야 한다. 비구들에게는 각기 도착하는 대로 나이를 묻고【나이는 곧 하랍夏臘이다.】 많고 적은 차례대로 그곳에 앉게 한다.

---

23 부청赴請: 부청訃請·수청受請이라고도 한다. 비구들이 재가자의 초청에 응하여 가서 공양을 받는 것을 말한다.
24 행향行香: 향을 나누어준다는 뜻. 시주자가 승가에게 공양 올릴 때 먼저 스님들에게 향단으로 안내하여 향을 나누어주는 의식이다.
25 정좌定座: 법회에서 불좌佛座의 주위를 도는 행도行道를 할 때에 향로를 받들고 앞에 가는 사미를 말한다. 법사 모양으로 차린 두 어린 사미가 한다. 이를 정자사미定者沙彌라고도 한다.

○『승기율』에서 말하였다. "다 앉으면 상좌는 시주자의 생활 등에 대해 위로하며 묻는 것이 마땅하다."

○『십송률』에서 말하였다. "주가상좌住家上座는【부청하는 무리 가운데 상좌를 '주가'라고 부른다.】자신의 무리들을 보기 좋게 하고 육근이 산만하거나 장난치지 못하도록 해야 하고, 위의를 항상 깨끗하게 유지하여 단월들이 좋은 마음을 일으키도록 해야 한다. 재가 끝나면 음식을 찬탄하고 법대로 주문을 외워 단월에게 감사의 말을 하되 '법과 같이 크게 베푸시니, 빈도들이 무슨 덕으로 감당하리까?' 한다."

○『승기율』에서 말하였다. "청請에는 2종류가 있다. 첫째는 승차僧次[26]요, 둘째는 사청私請(별청)이다. 종종 잡다한 물건을 시주 받았을 경우에 승차는 승단에 귀속시키고, 사청은 자기에게 귀속시킨다."【이것은 중요한 것은 아니지만 부청을 갑자기 물어보는 경우가 있을까 하여 모자란 부분을 보충한다.[27]】

訃請

【宣律師云 下之赴上曰赴 上之訃下曰訃.】今之訃請儀式 行香定座之事 皆道安法師布置也.『南山鈔』有「訃請設則篇」文多不錄. 大凡若到 施主家視之 或未安佛像 及聖僧座 應告安置之. 諸比丘 各須詢[28]問年

---

26 승차僧次: 스님들께 공양함에 승차僧次와 별청別請이 있다. ①승차: 시주가 어느 한 스님을 지정하지 않고, 스님들의 좌석 차례대로 청하는 공양. ②별청: 대중 가운데서 특히 한 스님이나 몇 스님만 지정하여 대접하는 공양.

27 명판본에 이 세주는 위의 「長食」조목의 맨 끝에 있었으나 내용상 「赴請」에 있어야 하므로 이와 같이 바로잡았다.

歲【年歲卽夏臘也.】大小次第坐之. ○『僧祇律』云 坐訖 上座須勞問施主生活等. ○『十誦律』云 住家上座【訐請衆上座名住家.】應好觀自徒衆 莫令諸根散亂調戲 當淨持威儀 令生檀越善心. 齋訖應爲讚歎飮食 如法呪願 應謝施主云 厚施如法 貧道何德堪之? ○『僧祇律』云 請有二種 一僧次 二私請. 或得種種雜物施者 若僧次歸僧 若私請歸己.【此非所要 恐訐請忽有顧問 亦補闕如也.】

26) 피해야 할 말

계율에서 말하였다. "어떤 장자가 선대에 기름을 짜는 것을 생업으로 삼았는데, 선법비구를 청하여 재를 지내다가 조금 만족스럽지 못하였다. 비구가 '음식은 아주 좋지만 참깻묵(胡麻滓)이 적구나.' 하고 싫어하는 말을 범하였다. 장자는 결코 좋아하지 않았다. 부처가 이에 대해 계를 만들었다."【무릇 부청할 적에 반드시 단월의 집에서 꺼리는 바를 먼저 물어야 한다.】 하였다.

○『승기율』에서 말하였다. "재를 올리는 집에서는 삼가하여 시끄럽게 웃지 말고, 머리를 서로 맞대어 잡담하지 말며, 헛되이 세상일을 말하지 말라."

○『법원주림』에서 말하였다. "슬퍼하는 효자를 보고도 비구들이 대자리 위에서 마음 놓고 말하고 웃으며 세상일을 이야기하는 것은 실로 세속의 웃음거리가 되니 어진 사람은 마땅히 그것을 꺼려야 한다."

---

28 명판본에는 '詣'로 되어 있으나 '詢'의 오자이다.

言語避諱

律云 有長者 先世壓油爲業 請善法比丘[29]齋 有小不愜. 便諷云 食味甚好 唯少胡麻滓 旣觸[30]諱. 長者遂不悅. 佛於是制戒【凡[31]赴請 必先問賓宅中所諱.】○『僧祇律』云 齋家愼勿喧笑 及交頭雜說 妄談世事. ○『法苑』云 今見哀孝之家 比丘筵上 放情語笑談說世事 實爲俗嗤 仁者宜忌之.

27) 청하지 않은 재에 굳이 감

오늘날에는 "철재掇齋"라고 한다. 『비나야』에서 말하였다. "부처가 왕사성에 머무를 때 몇몇 장자들이 간혹 한두 비구들만 재에 청하였는데, 청하지 않았음에도 스스로 간 자가 네댓 명이 있자 장자들은 꺼려 나무랐다. 음식이 부족했기 때문이었다. 부처가 계를 만들어 '재에 청하지 않았는데 가는 자는 바일제波逸提를 범하는 것이다.' 하였다."

齋不請强往

今時云 掇齋也. 『鼻奈耶』[32]云 佛遊王舍城 諸長者 或請一二比丘齋 其不請自往者有四五 諸長者譏嫌. 以食不足故也. 佛制戒云 不請强往者 犯波逸提.

---

29 명판본에는 '法比丘'로 되어 있으나 대정장을 참조하여 '善法比丘'로 바로잡았다.
30 명판본에는 '能'으로 되어 있으나 '觸'의 오자이다.
31 명판본에는 '元'으로 되어 있으나 '凡'의 오자이다.
32 명판본에는 '鼻奈卽'으로 되어 있으나 이는 '鼻奈耶'의 오자이다.

28) 향을 나누어 줌

『남산초』에서 "이 의식은 도안 법사로부터 시작되었다."고 했다.

○『현우경』에서 말하였다. "뱀을 위하여 금을 보시하여 재를 베풀었고, 사람들을 시켜 승려들에게 향을 나누어주어 피우게 하였다."

○『증일경』에서 말하였다. "재를 열려고 시주하는 사람이 있다면, 손에 향로를 들고 가서 '식사할 시간이 되었습니다.'라고 하여라. 부처가 말하길 '향은 부처의 사자使者이다. 그러므로 향을 사루어라.'[33] 하였다."

○『보달왕경』에서 말하였다. "부처는 옛날에 마하문摩訶文 집안의 아들이었는데, 아버지를 위하여 '삼보에게 공양하고 아들에게 향을 전하라.' 명하였다."【그러므로 향을 피우는 것이 오늘에서야 시작된 것이 아님을 알 것이다.】

○『대유교경』에서 말하였다. "비구들은 음식을 먹을 때 시주자를 위하여 향을 피우고 범패로 세 번 외워 보시를 찬양하는 것이 좋다."【지금 '염여래念如來 묘색신妙色身' 세 마디 글은『승만경勝鬘經』에 나오며, 오늘날에는 '향을 피우고 범패로 찬양함(行香梵)'이라 부른다.】

○계율에서는 승려들에게 향을 나누어줄 때 앉아서 받는 것을 허락하지 않는다.

○『삼천위의경』에서 말하였다. "여인들이 향을 나누어줄 적에 손에 닿아 더럽게 될까 염려되기 때문에 앉아서 받는 것을 허락하였다."[34]

---

33 『제경요집』권5, "增一經云 '若有供者 手執香鑪 而唱時至 佛言 香爲佛使 故須燒香.'"
34 『제경요집』권5, "三千威儀經云 '坐受香亦得 爲女人行香 恐觸手染著故開坐受

○「수향게」에서 말하였다.

계향·정향·혜향·해탈향·해탈지견향	戒定慧解知見香
시방세계에 항상 향기로워라.	遍十方界常芬馥
원컨대 이 향의 연기도 이와 같이	願此香煙亦如是
무한하게 끝없이 불사 짓기를.	無量無邊作佛事

【오분법이 갖추어진 것을 '향'이라 부르는 것은, 『증일경』에서 부처가 "묘향妙香에는 3가지 종류가 있는데, 계향戒香·문향聞香·시향施香이다."라고 말한 것 때문이다. 이 3가지 향은 역풍이어도 향이 나고 순풍이어도 향이 나며 역풍이나 순풍이나 언제나 향기로우니, 이 세상의 모든 향기 중에서 가장 훌륭하여 더불어 비교할 만한 것이 없다. 이제 살펴보면 계향을 '인因'이라 하여 정향·혜향의 두 향을 생겨날 수 있게 하고, 해탈향과 해탈지견향 두 향은 곧 '인'에 따라 '과'라 이름 붙인 것이다.】

行香

『南山鈔』云 此儀自道安法師布置. ○『賢愚經』云 爲蛇施金設齋 令人行香僧手中. ○『增一經』云 有施主設供者 手執香爐 白言時至. 佛言香爲佛使. 故須然也. ○『普達王經』云 佛昔爲大姓家子 爲父供養三寶 父命子傳香.【故知行香非始今世.】○『大遺敎經』云 比丘欲食時 當爲施主 燒香三唄 讚揚布施.【若今念如來 妙色身三節文 出『勝鬘經』今呼爲

若恐譏慢令懸放下亦得男子行香女人受香翻前卽是."

行香梵.】○律中行香 不許坐受. ○『三千威儀經』云 爲女人行香 恐觸手生染 故許坐受. ○受香偈云 戒定慧解知見香 遍十方界常芬馥. 願此香煙亦如是 無量無邊作佛事.【五分法具 名香者 『增一經』云 佛言有妙香三種 謂戒香聞香施香. 此三種逆風順風皆香 最爲殊妙 無與等者. 今詳戒香爲因 能生定惠二香 解脫解脫知見二香 卽果從因以名之.】

29) 범음

범어로는 "패닉唄匿"이라 하고, 중국어로는 "중단시킴(止斷)"이라 한다. 이로 말미암아 바깥일이 이미 멈추고 끊어져서 이때 적정寂靜한 상태가 되므로 법사를 뜻하는 대로 진행한다. 또 "제천諸天이 범패 소리를 듣고 마음에 환희로 가득 찼기 때문에 반드시 해야 한다."고 하였다.

○『십송률』에서 말하였다. "비구 발제跋提[35]의 소리는 범패 중에 으뜸이다."

○『장아함경』에서 말하였다. "범성에는 5가지 종류가 있다. 첫째는 그 소리가 바르고 곧음이요, 둘째는 그 소리가 온화하고 우아함이요, 셋째는 그 소리가 맑고 투철함이요, 넷째는 그 소리가 깊고 충만함이며, 다섯째는 그 소리가 두루 퍼져 멀리까지 들리는 것이다."

---

35 발제跋提: 다섯 비구의 한 사람. 발제리가跋提梨迦・바제리가婆帝利迦・발제리가跋提唎加라고도 쓴다. 소현小賢・선현善賢・안상安詳・유현有賢・인현仁賢이라 번역한다. 석가국 출신. 곡반왕의 아들이라고도 하며, 백반왕의 둘째 아들, 혹 감로왕의 아들이라고도 전한다. 석존 성도 후에 녹야원에서 교화를 받고, 부처의 맨 처음 제자가 되었다.

○『법원주림』에서 말하였다. "패는 찬탄하는 소리이다. 청아하면서 약하지 않고, 웅장하면서 사납지 않으며, 유창하되 다른 음을 범하지 않고, 응결되면서도 막히지 않게 하여 멀리서 들으면 끝없이 넓음으로써 높고 우아하며, 가까이서 들으면 조용하면서도 온화하고 엄숙하니 이것이 대략의 운치이다."

○옛날에 위나라의 진사왕陳思王인 조자건曹子建(조식)이 어산魚山에서 노닐다 홀연히 공중에서 범천의 소리를 들었는데, 맑은 소리가 서글프고 부드러워 그 소리가 마음을 움직였다. 혼자 한참 동안 그 소리를 듣고 이에 그 박자를 본떠서 범패를 베껴서 글을 짓고 소리를 만들어 전하여 후대의 법식이 되었으니 범음이 여기에서 시작되었다.

○개경開經[36]에서는 범어로 "어떻게 하면 이 경전을 통해 피안에 이를 수 있습니까? 원컨대 부처께서는 미묘한 법을 열어서 널리 중생들을 위하여 말씀해 주소서." 하였다【『열반경』 제4권, 가섭보살이 게로 부처에게 질문한 것에 나온다.】

○세간에 처하시되 허공과 같고, 연꽃이 물에 젖지 않은 것과 같네. 마음이 청정함은 그보다 더 뛰어나니, 무상존에게 머리 조아려 예를 표하나이다.【『초일경超日經』에 나온다. 수도(京師)의 승재僧齋(승려들을 초대하여 음식을 대접하는 것)에서 시주를 마친 뒤나 또는 강講하고 흩어질 적에 두 번 분향하고, 이 게를 창하고 마치고서 스님이 바야흐로 일어나면 사람들에게 선한 마음을 지극히 생겨나게 한다.】

○개율을 시작할 때에는 범어로 "우바리 비구가 으뜸이 되고 나머지

---

36 개경開經: 부처가 본경本經을 설하기 전에 그 예비로 설한 서설序說로서의 경문經文을 말한다.

몸소 깨친 여러분들이 지금 계율의 중요한 뜻을 설하리니, 제현들은 다 함께 와서 들으시오." 하였다. 【『사분율』제3권의 게偈에 나온다.】

○다섯 가지 신통을 얻은 선인들은 주문을 만들고 설행하지만, 계를 어겨 부끄러워하는 자와 부끄러워할 줄 모르는 자들을 거둬주기 위해 여래가 계를 제정하고 보름씩 나누어(半月)[37] 계를 말하였네. 계율의 이익에 대해 말하고 나서 제불에게 머리 숙여 예배합니다. 【『사분율』게 끝에 나온다.】

梵音

梵云唄匿 華言止斷也. 由是外事 已止已斷 爾時寂靜 任爲法事. 又云 諸天聞唄 心則歡喜 故須作之. ○『十誦』云 比丘跋提 於唄聲中第一. ○『長阿含經』云 其梵聲有五種. 一其音正道[38] 二和雅 三淸徹 四深滿 五周遍遠聞. ○『法苑』云 夫唄者 讚詠之音也. 當使[39]淸而不弱 雄而不猛 流而不越 凝而不滯 遠聽則汪洋以峻雅 近屬則從容以和肅 此其大致也. ○昔魏陳思王[40] 曹子建游魚山 忽聞空中 梵天之音 淸響哀婉 其聲動心. 獨聽良久 乃摹其節 寫爲梵唄撰文製音 傳爲後式 梵音茲 爲始也. ○今開經梵 云何於此經 究竟到彼岸? 願佛開微密 廣爲衆生 說.【出涅槃經第四[41]卷 迦葉菩薩問偈.】○處世界如虛空 如蓮華不著水

---

37 반월半月: 한 달을 둘로 나누어 계명을 설법할 때 1일부터 15일까지, 또는 16일부터 그믐날까지의 동안.
38 명판본에는 '道'로 되어 있으나 '直'의 오자이다.
39 명판본에는 '便'으로 되어 있으나 이는 '使'의 오자이다.
40 명판본에는 '魏思王'으로 되어 있으나 이는 '陳思王'의 오자이다.

心淸淨超於彼 稽首禮無上尊.【出『超日經』 京師僧齋畢嚫後 亦如講散
再焚香 唱此偈了 僧方起 極生人善.】 ○開戒律梵云 優波離爲首 及餘身
證者 今說戒要義 諸賢咸共聽.【出『四分律』第一卷[42]偈.】 ○神仙五通
人 造設於呪術 爲彼慚愧者 攝諸不慚愧 如來立禁戒 半月半月說. 已
說戒利益 稽首禮諸佛.【出『四分律』偈末.】

30) 표백

『승사략』에서는 "창도唱導"[43]라고 한다. 서역의 상좌들이 부청䛼請에
응하여 시주자의 집에 가서 주문을 외워 시주자의 마음을 기쁘게
하면서 시작되었다. 사리불舍利弗[44]은 말솜씨가 좋아서 일찍이 상좌가
되어 찬양하여 인도하는 노래(讚導頌)가 자못 아름답기에 중생들이
크게 기뻐하였다. 이것이 표백表白(시작하면서 대중들에게 그 취지를 알리

---

41 명판본에는 4권으로 되어 있고, 일판본과 대정장에는 2권으로 되어 있으나
 『대반열반경』제3권 「수명품」에 나온다.
42 명판본에는 '三卷'으로 되어 있으나 '一卷'의 오자이다.
43 창도唱導: 교법을 먼저 주창하여 사람들을 교화 인도하는 것. 또 경문 등을
 먼저 읽는 것.
44 사리불舍利弗: 부처 제자 가운데 지혜가 제일이며, 사리불다라舍利弗多羅·사리보
 달라奢利補怛羅라 음역하고 사리자舍利子·추로자鷲鷺子·신자身子라 번역한다.
 또 아버지가 실사室沙이기 때문에 별명을 우바실사優婆室沙라고도 한다. 마갈타
 국 왕사성 북쪽의 나라那羅 촌에서 태어났다. 이웃의 목건련과 함께 외도 사연沙然
 을 스승으로 섬기다가, 뒤에 마승馬勝 비구로 인하여 석존께 귀의하였다. 자기의
 수행에 정진함과 동시에 남을 교화하기에 노력, 불교 교단에서 중요한 위치를
 차지한 인물로 부처보다 먼저 죽었다.

는 것)의 시작(推輪)이 되었다.

○『양고승전』에서 말하였다. "대체로 창도에서 귀한 것은 4가지이니, 첫째는 목소리요(聲), 둘째는 말솜씨요(辯), 셋째는 재능이요(才), 넷째는 박식함(博)이다. 목소리가 아니면 중생들을 깨우칠 방법이 없고, 말솜씨가 아니면 당시 상황에 맞추어 말할 수가 없고, 재주 있는 말이 아니면 분변할 수가 없고, 박식하지 않으면 말에 근거가 없다."【진陳나라 전당錢塘(지금의 항주)의 고승인 정관貞觀에게 8가지 능력이 있었는데, 창도를 잘하는 것이 그 하나이다.】

表白

『僧史略』云 亦曰唱導也. 始則西域上座 凡詶請呪願 以悅檀越之心. 舍利弗多辯才 曾作上座讚導頗佳 白衣大歡喜. 此爲表白之推輪也. ○『梁高僧傳』云 夫唱導所貴者 其事四焉 一聲 二辯 三才 四博也. 非聲無以警衆 非辯無以適時 非才言無可采 非博語無依據.【陳錢塘 高僧 貞觀有八能 則唱導一也.】

31) 소자

소疏는 곧 부처에게 축원하는 글이다. 대개 시주자의 지금 생각을 전달하는 의도가 담겨 있다. 축사는 작은 일을 감히 크게 부풀리지 않는다. 그러므로 글을 짓는 사람은 반드시 사실만을 말해야 하니, 헛되이 속이는 말로 자랑해서 스스로 화를 자초하지 말아야 한다.

○『남산초』에서 말하였다. "세상에 유포시키는 말을 경쟁하듯 화려

한 말로 수식하게 되면 사실을 과장해서 말하게 된다. 평범한 사람을 귀족으로 추켜세우기도 하고, 빈천한 사람을 정식鼎食[45]의 집안이라 찬양하니 허망하게 일을 거론해서 아첨하는 말만 더할 뿐이다."【'청언제자淸言弟子'란, 양 무제가 말하길 "안팎이 모두 깨끗하여 더럽고 미혹한 세계를 함께 없애버리며 올바른 것을 믿고 삿된 것을 믿지 않는 사람들이다." 하였다.】

疏子

卽祝佛之文也. 盖疏通施主令辰之意也. 夫祝辭不敢以小爲大.[46] 故修辭者 必須確實 則不可誇誕詭妄 自貽伊戚. ○『南山抄』云 比世流布 競飾華辭 言過其實. 凡堅褒成貴族 貧賤讚踰鼎食 虛妄擧事 惟增訕詔.【淸言弟子者 梁武帝云 表裏俱淨 垢穢惑[47]累俱盡 信正不信邪故.】

32) 깨끗한 손으로 행함

『승기율』에서 말하였다. "경전을 읽고 음식을 받을 때에는 오직 깨끗한 손을 사용하여 행하도록 한다."

---

45 정식鼎食: 솥을 쫙 벌여 놓고 먹는다는 뜻으로, 아주 귀한 사람의 밥 먹음, 또는 그 진수성찬을 비유하는 말이다.
46 명판본에는 '小爲大故'로 되어 있으나 대정장에는 '故'자가 없다. 이를 참고하여 바로잡았다.
47 명판본에는 '戒'로 되어 있으나 이는 '惑'의 오자이다.

行淨水

『僧祇律』云 讀經受食 唯用行之淨手.

33) 시줏돈

범어로는 "달친나達嚫拏"라고 하고, 중국에서는 "재물 보시(財施)"라고 한다. 지금은 줄여서 "달나達拏"라고 하거나 그냥 "친嚫"이라고 한다.
　○『오분율』에서 말하였다. "음식 공양한 뒤에 옷과 일상용품(衣物)을 보시하는 것을 '달친'이라고 한다."
　○『전륜오도경』에서 말하였다. "전경轉經은 사람을 고용해서 할 수 없으며, 나아가 재식齋食에서 보시하는 것을 평소의 법으로 삼으면 복을 얻을 것이다."

嚫錢

梵語 達嚫拏 此云財施. 今略達拏 但云嚫. ○『五分律』云 食後施衣物名達嚫. ○『轉輪五道經』云 轉經不得倩人 乃至齋食 以達嚫爲常法得福.

34) 주문으로 복을 기원함

지금은 "염송念誦"이라고 부르니 회향하여 베푸는 것(廻施)이다.『십송률』에서 말하였다. "부처는 '시주자를 위하여 여러 가지를 찬탄하고 주문을 외는 것'이라고 하였다." 만약 상좌가 할 수 없으면 다음 상좌 가운데 잘하는 사람이 한다.

呪願

今呼念誦 廻施也.『十誦律』云 佛言應爲施主 種種讚歎呪願. 若上座 不能 卽次座能者作.

35) 설법

『비바사론』에서 말하였다. "음식 공양을 끝내고 상좌가 설법하면 4가지 이익이 있다. 첫째는 신심 있는 시주물을 소화하게 된다. 둘째는 보은하게 된다. 셋째는 설법을 하여 환희를 일으켜 청정한 선근을 성취하게 된다. 넷째는 재가인들은 응당 재물로써 보시하고 출가인들은 응당 법으로써 보시한다."【○『지도론』에서 말하였다. "부처들이 말한 묘하고 선한 가르침을 사람들을 위하여 설법하는 것이 바로 법보시이다. 또 항상 좋은 말로 이익되는 바가 있는 것, 이것을 법보시라고 부른다. 또 부처의 말씀만으로 하는 것이 아니기에 법보시라고 부른다. 만약 항상 깨끗한 마음과 좋은 생각으로 모든 것을 가르친다면 법보시라고 한다. 가령 보시(財施)를 선한 마음으로 하지 않으면 '복덕'이라고 부르지 않는 것과 같다."】

　○『증일경』에서 말하였다. "아난이 가섭존자에게 '하나의 게偈에 곧 37품과 제법이 모두 나옵니다.' 하자, 가섭이 물었다. '어떤 게인가?' 아난이 말했다. '어떤 악도 짓지 말고 온갖 선을 받들어 행하여 스스로 그 마음을 깨끗하게 하는 것, 이것이 모든 부처의 가르침입니다. 왜냐하면 어떤 악도 짓지 말라는 것은 계율을 갖춘 청정한 행이요, 온갖 선을 받들어 행하라는 것은 마음과 뜻이 청정함이며, 스스로 그 마음을

깨끗이 하는 것이란 모든 그릇된 착각을 제거함이요, 이것이 모든 부처의 가르침이란 어리석고 미혹한 생각을 버리는 것입니다. 대저 계율이 청정한 사람이라면 그 뜻이 어찌 청정하지 않겠습니까? 뜻이 청정함이란 곧 착각하지 않는다는 것이니, 착각이 없음으로써 어리석고 미혹한 생각이 사라져 37품의 과과를 성취하는 것입니다. 그 도의 과를 성취하는 것이 어찌 제법이 아니겠습니까?"【음식 공양한 뒤의 설법은 그 의식이 오래전에 없어졌고, 지금은 절강(항주)의 승려들이 음식 공양을 끝낸 다음에 『반야심경』1권을 외우니 이것도 설법의 법보시이다.】

說法

『毘婆沙論』云 食竟 上座說法 有四事益. 一爲消信施 二爲報恩 三爲說法 令歡喜淸淨 善根成就 四在家人應行財施 出家人應行法施. 【○『智度論』云 以諸佛語妙善之法 爲人說是法施. 又云 常以好語 有所利益 是名法施. 又云 非但言說 名爲法施. 若常以淨心善思 以敎一切 是名法施. 譬如財施 不以善心 不名福德.】○『增一經』阿難云 一偈之中便出三十七品 及諸法. 迦葉問曰 何者一偈? 阿難云 諸惡莫作 衆善奉行 自淨其意 是諸佛敎. 所以然者 諸惡莫作 戒具之禁 淸白之行 衆善奉行 心意淸淨 自淨其意 除邪顚倒 是諸佛敎 去愚去想. 夫戒淨者 意豈不淨 意淨者 則不顚倒 以無顚倒 愚惑想滅[48] 三十七品 果便成就.

---

[48] 명판본에는 '則不顚倒 愚惑想滅'로 되어 있었으나『증일아함경』(T2, p.551a19)을 참조하여 '則不顚倒 以無顚倒 愚惑想滅'로 바로잡았다. "迦葉 戒淸淨者 意豈不淨乎? 意淸淨者 <u>則不顚倒 以無顚倒 愚惑想滅</u> 諸三十七道品 果便得成就 以成道果 豈非諸法乎."

以成道果 豈非諸法乎?【食後說法 其儀久亡 今浙僧食次 誦一卷『般若心經』亦是說法法施也.】

36) 음식 공양한 뒤의 양치질

『근본백일갈마』에서 부처가 말하였다. "더러운 것이 묻은(有染) 비구에게는 예를 차리지 않는 것이 마땅하고, 더러운 것이 묻은 비구도 다른 사람의 예에 응대하지 않아야 하니, 어긴 자는 월법죄越法罪[49]를 얻을 것이다. 우바리가 부처에게 아뢰었다. '무엇을 더러운 것이 묻었다 하는 것입니까?' 부처가 말하였다. '더러움에는 2종류가 있다. 첫째는 더러운 것으로 인해 오염(不淨染)되는 것이요, 둘째는 음식물로 인해 오염(飮食染)되는 경우이다. 음식물로 인해 오염되는 경우라고 하는 것은 음식을 먹고 양치질하지 않았거나 양치질을 했는데도 여전히 찌꺼기가 남아 있는 것을 '더러움이 있다'고 한다. 상호간의 예에서 허물을 초래하는 것이므로 음식 공양한 뒤에는 마땅히 양치질을 해야 한다.'"

食後漱口

『根本百一羯磨』佛言 不應禮有染苾芻 有染苾芻亦不應禮他 違者得

---

49 월법죄越法罪: 월삼매야죄越三昧耶罪. 삼매야에 위반하는 죄이다. 평등平等·서원誓願·제장除障·경각警覺 등의 뜻이 있다. 이것은 서원의 뜻으로 비법秘法을 주지 말아야 할 사람에게 주며, 비서秘書를 읽을 자격이 없는 사람에게 읽게 하는 등의 죄를 말한다.

越法罪. 優波梨白佛云何名有染? 佛言染有二種. 一不淨染 二飮食染. 且飮食染者 若食噉未漱口 設漱刷尙有餘津膩 是名有染. 若互禮招愆 故食後 事須漱刷口齒.

37) 버드나무 가지를 씹음

『승기율』에서 말하였다. "치목齒木이라 부르는데, 한쪽 끝을 씹어 부수어서 치아 사이에 끼인 음식물을 털어내는 것이다."

○『비나야』에서 말하였다. "버드나무 가지를 씹으면 5가지 이익이 있으니 첫째는 입이 괴롭지 않으며, 둘째는 입에 냄새가 나지 않으며, 셋째는 풍치를 다스리며, 넷째는 열을 제거하며, 다섯째는 가래를 제거한다."

○또 5가지 이익은 첫째는 풍을 제거하며, 둘째는 열을 제거하며, 셋째는 입에서 맛을 느끼게 하며, 넷째는 음식이 소화되게 하며, 다섯째는 눈을 밝게 한다.

○『승기율』에서 말하였다. "만약 입에 열기가 있거나 종기가 생기게 되면, 버드나무 가지를 씹어서 즙을 삼켜야 한다."

○『백일갈마』에서 말하였다. "버드나무 가지를 씹을 때에는 가려진 곳에서 해야지 드러난 곳에서 해서는 안 되고 깨끗한 곳에 가서 하고 돌아온다. 혹은 치목을 버리고 먼저 물로 씻고 이에 헹군다. 또 손가락을 튕겨 경고하고 나서 바야흐로 가려진 곳에 버려야 하며, 만약 다르게 하면 월법죄를 얻는다."

嚼楊枝

『僧祇律』名齒木 嚼一頭碎用剔刷牙齒中滯食也. ○『毘奈耶』云 嚼楊枝 有五利 一口不苦 二口不臭 三除風 四除熱 五除痰癊. ○又五利 一除風 二除熱 三令口滋味 四消食 五明目. ○『僧祇律』云 若口有熱氣 及生瘡 應嚼楊枝咽[50]汁. ○『百一羯磨』云 嚼楊枝須在屏處 不得顯露 及往還潔淨處. 或棄齒木先以水洗 乃謦欬. 或彈指警覺 方可棄於屏處 若其異者 得越法罪.

38) 하루에 한 번 먹는 제도

『승기율』에서 말하였다. "여래는 하루에 한 번 먹었기 때문에 몸이 가볍고 편하여 안락하게 머무를 수 있었다. 너희 비구들도 응당 하루에 한 번만 먹어야 한다. 한 번 먹게 되면 몸이 가볍고 편안하여 안락하게 머무를 수 있다."

○부처가 하루에 한 번 먹는 제도를 만든 데에는 4가지 뜻이 있다. 첫째는 스스로 굶는 외도들을 깨뜨리기 위해서이다. 둘째는 몸에 살고 있는 벌레들을 기르기 위해서이다. 셋째는 시주를 위해 음식을 받음으로써 복을 짓는 것이다. 넷째는 육체인 대종大種(지·수·화·풍)을 잘 길러서 장차 도에 나아가기 위해서이다.

---

50 명판본에는 '呵'로 되어 있으나 '咽'으로 바로잡았다.

制一食

『僧祇』云 如來以一食故 身體輕便 得安樂住. 汝等比丘 亦應一食. 一食故 身體輕便 得安樂住. ○又佛制一食而有四意. 一爲破自餓外道 二爲養身中蟲 三爲施主 受用作福 四爲資養色身大種 將進道故.

39) 정오가 지나서 먹지 않으면 오복을 얻음

『처처경』에서 말하였다. "부처가 말하길 '정오가 지나서 먹지 않으면 오복을 얻을 것이다. 첫째는 음욕이 적어지고, 둘째는 잠이 적어지며, 셋째는 한결같은 마음을 얻을 수 있으며, 넷째는 아랫도리에 바람이 없어지며, 다섯째는 몸이 편안해져서 병이 생기지 않는다.' 하였다." 그러므로 사문들은 정오가 지나면 먹지 않는 것이 복임을 안다.

中後不食得五福

『處處經』云 佛言中後不食有五福. 一少淫 二少睡 三得一心 四無下風 五身得安樂 亦不作病. 是故沙門知福不食.

40) 음식을 먹지 않음

『불본행집경』에서 말하였다. "만약 음식을 끊어서 큰 복을 얻는 것이라면, 저 들짐승들도 큰 복을 얻었을 것이다."【경장에도 곡식을 끊는 방법이 있으니 대개 비구들이 어려운 일이 생길 것을 대비하기 때문이지만, 음식을 먹지 않는다면 스스로 굶는 외도들과 같은 무리가 될 것이다.】

絶食

『佛本行集經』云 若因斷食 當得大福者 其野獸等 應得大福.【藏中亦有休糧方法 盖防比丘有難事故 若不食則爲自餓外道同儔也.】

41) 중식론

남제南齊 때 사람 심약沈約[51]의 자는 휴문休文인데, 『홍명집弘明集』[52]에 그가 지은 「술승중식론述僧中食論」이 있다. "사람들이 도를 얻을 수 없는 까닭은 심신心神이 혼미한 데서 말미암고, 혼미한 이유는 외물에 흔들리는 데서 말미암는다. 크게 흔들리게 하는 데에는 3가지가 있다.

---

51 심약沈約(441~513): 자는 휴문休文. 오흥군吳興郡 무강武康(지금의 浙江省 德清) 사람이다. 관직은 상서령까지 이르렀다. 박학다식하고 특히 사학史學에 뛰어났다. 여러 종류의 역사서를 저술했는데, 그중 『송서宋書』는 24사史 가운데 하나이다. 그의 시풍은 화려하고 수식에 치중했으며, 음운의 조화를 꾀했고, 정교한 대구를 사용했다. 시가의 성률론聲律論, 즉 '4성8병설四聲八病說'을 제창했으며, 사조謝朓 등과 함께 '영명체永明體'를 창시했다. 후대 율시律詩의 형성과 변려문騈儷文의 발전에 중요한 영향을 끼쳤다.

52 『홍명집弘明集』: 중국 양나라의 승우僧祐(445~518)가 불교를 수호할 목적으로 찬술한 책이다. 14권으로 구성되어 있다. 주로 동진 시대로부터 6조의 제와 양 시대에 걸쳐 황제·왕·사대부·승려들이 불교의 가르침을 뚜렷이 드러낸 문장 57편을 모으고, 권말에 전체를 개관하는 「홍명론」을 덧붙였다. 불교가 중국에 전래된 이후 출가자가 늘어나 국가의 인재와 재원이 불교로 쏠리게 되자 이런 현상이 정치적 문제로 제기되기도 하고, 유교와 도교 측에서는 불교를 배척하거나 왜곡·경시하는 풍조도 일게 되었다. 이런 상황에서 승우는 만년에 불법을 수호하고 삼보를 이롭게 하고자 이 책을 엮었다.

첫째는 영예로운 이름과 권세와 이익이며, 둘째는 곱고 부드러운 미색이며, 셋째는 달고 맛있고 기름진 음식이다. '이름을 영예롭게 하려는 것'은 비록 날마다 마음을 쓰더라도 짧은 시간 동안에 쌓이는 것이 아니다. 곱고 부드러운 미색이 만연하면 바야흐로 더욱 깊어지고, 달고 맛있고 기름진 음식이 많아지면 누를 끼침이 더욱 심하다. 온갖 일들을 말하더라도 모두 이 3가지 일의 지엽일 따름이다. 성인은 이 3가지 일을 끊지 아니하면 도를 구하더라도 얻을 수 없음을 알았기에 어쩔 수 없이 법도를 세워서 간편하게 하여 따르기 쉽게 하였다. 3가지 일이 미혹의 근본이라고 곧바로 말한다면 모두 다 근절하는 것이 마땅하지만, 이 3가지 일은 인정이 매우 심하게 미혹되는 것이라서 생각으로 버리기 어려움을 염려하고 비록 금지하는 뜻이 있다 하더라도 그 일을 갑자기 따르기가 어렵기에 방주方舟를 타고 강을 건너는 것에 비유된다.

어찌 곧바로 피안에 이르기를 바라지 않겠는가마는 강물의 물살이 이미 급하여 반드시 곧바로 건널 도리가 없으니, 흐름을 따르되 삿되지 않으면 오래 걸리더라도 그 지극함을 얻게 된다. 빠르게 가는 것을 원하지 않는 것은 아니나, 일이 어렵기 때문이다. 이 3가지를 금지하자면 거기에 단서가 있어야 한다. 왜냐하면 음식을 사람에게 단박에 먹지 못하게 할 수가 없기 때문이다. 그 마음씨와 성질(情性)에 해로움이 되는 것이 그보다 심한 것이 없기 때문에 이러한 상황을 고려하여 저녁밥을 정오 이전에 두도록 하였고, 정오 이후부터는 깨끗한 마음으로 아무 일이 없게 하였다.

이와 같이 별다른 일이 없으므로 인해 생각이 간결해질 수 있고,

처음에는 전일하지 못했던 것도 오래되면 스스로 익숙해져서 이에 팔지八支를 단속하고 금지된 계율로 매어 놓으니, 만연한 욕심이라도 앞에 것을 얻을 빌미가 없게 되고, 영예로운 이름의 온갖 해로움도 일에 따라 점차 없어진다. 그러므로 옛날부터 제불은 정오가 지나면 먹지 않았으니, 이것은 허물을 없애는 요령이며 도의 길로 가는 지름길이다. 하지만 혹자는 먹지 않는 것에서 그치기만 하니, 이는 나아갈 바에 미혹되어 그 길을 알지 못하는 자이다."

中食論

『弘明集』南齊沈約 字休文. 撰論曰 人所以不得道者 由於心神昏惑 心所昏惑 由於外物擾之. 擾之大者 其事有三. 一則榮名勢利 二則妖姸靡曼 三則甘旨肥濃. 榮名雖日用於心 要無晷刻之累 夭姸靡曼 方之已深 甘旨肥濃 爲累甚切. 萬事云云[53] 皆三者之枝葉耳. 聖人知不斷此三事 求道無從可得 不得[54]不爲之立法 使簡而易從也.[55] 若直言

---

53 명판본에는 '紜紜'로 되어 있으나 이는 '云云'의 오자이다.
54 명판본에는 '不得'이 생략되어 있어서 다음에 인용한 「述僧中食論」 일부를 참조하여 교감하였다. 『광홍명집』「술승중식론」(T52, p.273a20), "人所以不得道者 由於心神昏惑 心神所以昏惑 由於外物擾之. 擾之大者 其事有三. 一則勢利榮名 二則妖姸靡曼 三則甘旨肥濃. 榮名雖日用於心 要無晷刻之累 妖姸靡曼方之已深 甘旨肥濃爲累甚切 萬事云云 皆三者之枝葉耳. 聖人知不斷此三事 求道無從可得 <u>不得</u>不爲之立法 使簡而易從也. 若直云三事惑本 並宜禁絶 而此三事是人情所甚惑. 念慮所難遣 雖有禁<u>止</u>之旨 事難卒從. 譬於方舟濟河 豈不欲直至彼岸?…"
55 명판본에는 '使而易從也'로 되어 있으나 앞의(각주 54) 「술승중식론」을 참조하여 '使<u>簡</u>而易從也'로 바로잡았다.

三事惑本 幷宜禁絶 而此三事 是人情所惑甚 念慮所難遣 雖有禁止之
旨 事難卒從[56] 譬於方舟濟河. 豈不欲直至彼岸 河旣急 會無直濟之理
不得不從邪流 靡久而獲至. 非不願速 事難故也. 禁此三事 宜有其端.
何則食之於人 不可頓息 於其情性 三累莫甚故. 以此晚食 倂置中前
自中之後 淸虛無事. 因此無事 念慮得簡 在始未專 在久自習 於是束
八支 紆以禁戒 靡曼之欲 無由得前 榮名衆累稍從事遣. 故云 往古諸
佛 過中不食 盖是遣累之筌罤 適道之捷徑 而惑者 謂止於不食 此乃迷
於向方 不知厥路者也.

---

56 명판본에는 '雖有禁之之旨'로 되어 있으나 앞의(각주 54) 「술승중식론」을 참조하
여 "雖有禁止之旨"로 바로잡았다.

16. 지학편 志學篇

1) 배움

배움은 본받음이다. 『백호통』에서는 "배움은 깨우침이다. 몰랐던 것을 깨우치는 것이다."라고 하였다.

○『중론』에서 말하였다. 옛날의 군자들은 덕을 이루어 입신立身하고, 몸이 없어져도 이름이 사라지지 않았으니 그 까닭은 무엇 때문이냐? 배움이다. 배움이란 정신을 탁 트이게 하고 생각을 통달하게 하며 감정을 편안하게 하고 성품을 다스리기 위한 것이니, 성인들이 최상으로 힘쓰는 일이다. '배움'은 '꾸밈'과 같아서 그릇을 꾸미지 않으면 아름답게 만들 수가 없고, 사람은 배우지 않으면 좋은 덕성(懿德)을 가질 수가 없다. 뜻(志)이란 배움의 스승이다. 배우는 사람들이 뜻을 세우지 못할까 우려되어 이 편목篇目을 지학志學이라고 했다.

○『승사략』에서 말하였다. "대저 배우는 사람들은 두루 배우기를 싫증내지 않으며, 모르는 것이 있으면 대개 빼놓은 듯했다. 이 땅의

고승들이 다른 종파를 능히 포섭할 수 있었던 것은 대체로 박학다식했기 때문이다."

學

效也. 『白虎通』云 學 覺也. 覺悟所不知也. ○『中論』云 昔之君子 成德立身 身沒而名不朽 其故何也? 學也. 學者 所以疏神達思 怡情治性 聖人之上務也. 學猶飾也 器不飾 則無以爲美觀 人不學 則無以有懿德. 志者 學之師也. 學者 患志之不立故 篇目志學焉. ○『僧史略』云 夫學不厭博 有所不知 盖闕[1]如也. 此土高僧 能攝異宗者 率由博學之故也.

2) 두 가지 배움

『비나야』에서 말했다. "부처가 말했다. '학업에는 2종류가 있으니, 첫째는 경전을 암송하는 것이요, 둘째는 선정(禪思)에 드는 것이다.'"
　○『초초』에서 말하였다. "출가하여 5년(五夏) 이내에는 사람에게 의지하여 율장을 배우고, 5년 이후에는 응당 배움에 있어서 너와 나를 구별하는 법이 없어야 한다."

二學

『毘奈耶』云 佛說 有二種學業 一讀誦 二禪思. ○『鈔』云 五夏已前

---

[1] 명판본에는 '闆'로 되어 있으나 이는 '闕'의 오자이다.

依人受學律藏 五夏已後 應學無人我法.

3) 세 가지 배움

『승기율』에서 말하였다. "배움에는 3가지 종류가 있으니, 첫째는 계戒를 증가시키는 배움이요, 둘째는 정定을 증가시키는 배움이요, 셋째는 혜慧를 증가시키는 배움이다."【또 경經·율律·론論을 배우는 것을 삼학이라고 한다.】

三學
『僧祇律』云 學有三種 一增上戒學 二增上定學 三增上慧學.【又學經律論爲三學.】

4) 외도의 학문을 열어 놓음

『비나야』에서 말하였다. "사리자舍利子로 말미암아 후세의 외도들을 뽑아내어 없애기 위해 부처는 비구들이 외도들의 이론(外論)을 배우는 것을 허락하였다. 그런데 모름지기 밝은 지혜와 좋은 기억력을 가진 사람이라야 되고, 하루를 세 때로 나누어 아침·점심 두 번은 불경을 독송하게 하고, 저녁이 되어서야 외서外書를 읽도록 하였다. 이 때문에 기원정사에는 서원書院이 있게 되었는데, 그곳에 대천세계와 다른 문서를 모두 비치해 두었다. 부처가 비구들에게 두루 책을 읽도록 허락한 것은 외도들을 굴복시키기 위해서이므로, 그 견해에 의지하는 것은 허락하지 않았다."

○『지지론』에서 말하였다. "만약 총명하고 뛰어난 지혜를 가진 사람으로서 빨리 배울 수 있는 사람이라면 그런 사람은 하루나 한 달 가운데서 항상 2/3는 나누어 불법을 배우고, 1/3은 외전外典을 배우도록 하라."

開外學

『毘奈耶』云 因舍利子 降伏撥無後世外道 佛聽比丘學外論. 仍須是明慧 强記者方可 於一日分三時 初中二分 讀誦佛經 至晚讀外書. 是故祇垣中有書院 其中置大千界內不同文書. 佛許比丘遍讀 爲降外道故 不許依其見解. ○『地持論』云 若聰明上智 能速受學者 於日月中 常以二分學佛法 一分學外典.

5) 글을 배움

『오분율』에서 말하였다. "비구 차차가 글을 쓸 줄 모르자, 부처는 글씨를 배울 것을 허락하였다. 그러나 '글씨를 잘 쓰려고 도 닦는 일을 그만두어서는 안 된다.'고 하였다."【○위魏나라 위탄韋誕[2]의 자는

---

2 위탄韋誕(179~253): 중국 후한 말기~조위 때의 관료이자 서예가이다. 각종 서체에 뛰어났으며, 먹 속에 진주나 사향 등 향료를 넣어 가늘게 빻은 후 철 절구에 넣어 다시 3만 번을 빻아 질이 아주 좋은 먹을 만들었다고 한다. 『사체서세四體書勢』에는 "위나라 보물이니, 그릇의 제명題銘은 모두 위탄의 글씨로 쓰였다."라고 했다.

중장仲將인데, 자손들에게 경계하여 말하였다. "글씨는 다만 성명만을 쓸 줄 알면 될 뿐이다."】

學書
『五分律』云 比丘差次 不知書記 佛聽學書. 不得爲好 而廢道業.【○魏 韋誕 字仲將 誠³子孫曰 書但記姓名而已.】

6) 두 가지 지혜

『반야경』에서 말하였다. "선학禪學은 열린 지혜(開智)라 하고, 강학講學은 연설하는 지혜(演智)라 한다."⁴

二智
『般若經』云 禪學謂之開智 講學謂之演智.

7) 고깃덩어리

『법원주림』에서 말하였다. "장자莊子는 '사람이 배우지 않으면 그를

---

3 명판본에는 '誠'으로 되어 있으나 이는 '誡'의 오자이다.
4 『대반야바라밀다경』권440, "善現 能持法者成就開智不樂廣說 能學法者成就演智 不樂略說 兩不和合." 선현아, 법을 지닌 이는 열린 지혜(開智)를 성취하여 자세히 말해주기를 좋아하지 않고, 법을 배우는 이는 연설하는 지혜(演智)를 성취하여 간략한 말을 좋아하지 않으므로 두 부류가 화합하지 못한다.

시육視肉(고깃덩어리)이라 하고, 배우고서도 행하지 않으면 그를 촬낭撮囊(묶어 놓은 주머니)이라 한다.' 하였다."

視肉

『法苑』云 莊子曰 人而不學 謂之視肉 學而不行 謂之撮囊.

8) 창고

제齊나라 고승 승범은 여러 책들을 잘 해석하였으므로 "창고(府庫)"라 불렸다.

府庫

齊高僧僧範[5] 善解群書 號府庫.

9) 지혜 주머니

오吳나라 지겸支謙의 자는 공명恭明이고, 호는 지낭智囊이다. 『고승전』(속고승전)에서는 "기원정사에 삼천 명의 승려들은 모두 장 법사(현장 법사)를 '지혜 주머니'라고 불렀다." 하였다.

---

5 명판본에는 '范'으로 되어 있으나 이는 '範'의 오자이다.

智囊

吳支謙 字恭明 號智囊. 『高僧傳』云 祇洹寺 三千僧 皆號奘法師爲智囊.[6]

10) 의룡

진陳나라 고승 혜영惠榮은 종횡으로 강학하였으므로 "의룡義龍"이라 불렸다.

義龍

陳高僧惠榮 講學縱橫 號義龍.

11) 의호

고승 도광道光은 강동江東에 있을 적에 의리를 궁리하였으므로 "의호義虎"라 불렸다.

義虎

高僧道光 在江東研窮義理 號義虎.

---

6 명판본에는 '皆號智囊 奘法師爲智囊'으로 되어 있으나 앞의 '智囊'은 연자衍字여서 바로잡았다.

12) 계율의 호랑이

수隋나라 고승 법원法願은 율장을 크게 밝혔다. 말솜씨가 고상하고 맑으며 꽉 찬듯하여 상대하기 어려웠으므로 '계율의 호랑이(律虎)'라 불렀다.

律虎

隋高僧法願 大明律藏. 詞辯高亮 彭亨難敵 號律虎.

13) 승영

고승 지염智琰은 안 법사安法師와 변지 삼장遍知三藏과 서로 교분을 맺었는데, 지혜와 견해로 서로 상대가 되었으므로 "승영僧英"이라 불렀다.【재주가 백 사람에 맞먹는 사람을 '영英'이라 한다.】

僧英

高僧智琰 與安法師 及遍知三藏結交 慧解相敵 號僧英.【才兼百人曰英.】

14) 승걸

고승 승혜僧慧가 창 법사暢法師와 함께 오래도록 삼장을 강론하였으므로 "두 호걸(二傑)"이라 불렀다.

○수隋나라 고승 경탈敬脫은 "승걸僧傑"이라고 불렀다. 【재주가 만 사람에 맞먹는 사람을 '걸傑'이라 한다.】

僧傑

高僧僧慧 與暢法師 長講三藏 號二傑. ○隋高僧敬脫 號僧傑.【才兼萬人曰傑.】

15) 미천의 석도안

도안 법사가 양양襄陽에 있을 때에 습착치習鑿齒가 와서 아뢰길, "온 세상의 습착치입니다." 하자, 답하기를 "하늘에 가득한 석도안釋道安입니다." 하였다.

彌天釋

道安法師 在襄陽 因習鑿齒來謁云 四海習鑿齒 答云 彌天釋道安.

16) 석문의 천리마

장안의 상변(常辯, 法常·僧辯) 두 법사는 장안의 법장法匠(불법에 통달한 사람)이었다. 현장 법사(奘法師)를 보고 감탄하며 칭찬하여 말하였다. "당신은 석문의 천리마라고 할 만합니다."

釋門千里駒

長安常辯 二法師 爲上京之法匠. 嗟賞 奘法師曰 汝可謂釋門千里駒也.

17) 의천

『파사론』에서 말하였다. "모든 법의 뜻을 잘 풀이하였고, 모든 법공法空[7]의 뜻을 드러내었으므로 '의천'이라 불렀다."

義天

『婆沙論』云 能解諸法義 見一切法空義 名義天.

18) 학해

고승 담현曇顯은 산동과 강표江表(양자강의 동남 지역)에서 "학해學海"라 불렀다.

學海

高僧曇顯 山東江表 號爲學海.

---

7 법공法空: '모든 법인 만유萬有는 모두 인연이 모여 생기는 가짜 존재로서 실체가 없음'이라는 말이다.

19) 경사 법장

5인도印度(오천축)에서 학인들은 현장 법사를 일컬어 "경사 법장"이라 하였다.[8]

經笥法將
並五印土[9]學人 稱奘法師也.

20) 석문 호련

수隋나라 호구산虎丘山의 혜취 법사惠聚法師가 여남汝南의 주홍정周弘正[10]을 가리켜 항상 가상히 여기고 감탄하며 "석문의 호련"[11]이라 하였다.

---

8 인도에서는 현장 법사를 '걸어 다니는 경전 상자(경사經笥)', '불법의 장군(法將)'이라 고 불렀다.
9 '印土'는 '印度'를 가리키는 말이다.
10 주홍정周弘正(496~574): 자는 사행思行, 여남군汝南郡 안성安城 사람이다. 양·진 시대의 학자이며 시인이다. 10세에 『노자老子』, 『주역』을 깨우쳤다.
11 호련瑚璉: 오곡을 담아 신에게 바칠 때 쓰던 제기祭器로 고귀한 인격을 가진 사람이나 학식과 능력이 뛰어난 사람을 비유적으로 이르는 말이다. 『논어』 「공야장」의 다음 인용문에서 '호련瑚璉'을 따온 것이다. "子貢問曰 賜也何如? 子曰女器也. 曰 何器也? 曰 瑚璉也." 자공이 "저는 어떻습니까?"라고 여쭈니, 공자께서 "너는 그릇이니라."라고 하였다. "어떤 그릇입니까?"라고 여쭈니, "호련이니라." 하였다.

釋門瑚璉

隋虎丘 惠聚法師 汝南周弘正 常嘉歎也.

21) 혜원 임랑

수나라 고승 지염志念은 당시에 학문으로 떨친 명성이 있어서 "혜원 임랑"이라 불리었다.

慧苑琳瑯

隋高僧志念 有學名當時號也.

22) 병의 물을 다른 병으로 옮김

경전에서 말하였다. "아난이 불법을 받은 것은 병의 물(瀉瓶)[12]을 다른 병으로 옮긴 것과 같아서 다시 남은 것이 없었으니, 병은 비록 다르지만 물은 다르지 않다."

寫瓶傳器

經云 阿難領受佛法 如瀉瓶水 傳之別器 更無遺餘 瓶器雖殊 水則無別.

---

12 사병寫瓶: 사병瀉瓶이라고도 쓴다. 한 병의 물을 그대로 다른 병에 쏟아붓는 것이니, 스승이 제자에게 교법을 전할 적에 조금도 남김없이 그대로 전해주는 데 비유한다.

23) 불법을 전함

승조 법사僧肇法師(384~414)[13]가 말하였다. "스스로 불법을 행하여 저들을 교화시키면 공덕은 날이 갈수록 늘어나고, 법광이 끊어지지 않으므로 '전등'이라 하고 '무진등無盡燈'이라고도 한다."

傳燈
肇云 自行化彼 則功德彌增 法光不絶 亦名無盡燈.

24) 바늘을 던짐

『서역기』에서 말하였다. "인도의 15조 가나제바迦那提婆[14]가 처음 용맹보살龍猛菩薩(용수보살)을 뵈었을 적에 용맹보살은 제자를 시켜 발우에 물을 가득 담아 그에게 보여주게 하였다. 가나제바가 그것을 보고 잠자코 바늘을 던지자 제자가 집어서 돌아갔다. 용맹보살이 묻기를

---

13 승조 법사: 위나라의 왕필(226~249)과 더불어 중국 사상계의 천재로 통했다. 일찍이 노장 이론에 밝았으나 『유마경』을 읽고 불가의 길을 택했다. 구마라집의 제자가 되어 불경 번역에 전념하였는데, 그의 재능을 탐낸 후진의 왕 요흥姚興이 국사國事에 쓰려고 벼슬을 주었으나 일언지하에 거절하였다. 이에 화가 난 왕은 그를 죽였다.
14 가나제바迦那提婆: 남인도 출생이다. 한 눈이 멀어 애꾸라는 뜻의 '가나'라는 이름이 붙었다. 용수보살과 함께 삼론종의 시조에 해당한다. 처음에 복업福業을 구하여 변론을 즐겼으나 용수보살에게 불교를 배워 공종空宗의 깊은 뜻을 깨닫고 법을 전해 받았다. 이교도들과 논쟁하여 100여만 명을 개종시켰다고 한다.

'이건 무슨 뜻이냐?' 하자, 침묵으로 답하면서 바늘을 던질 뿐이었다. 용맹보살이 '지혜롭구나. 그 사람이여, 마땅히 이 모임에 들이도록 명해야겠다.' 하였다."

投針
『西域記』云 西天十五祖迦那提婆 初謁龍猛菩薩 猛以鉢滿盛水 令弟子持示之. 提婆見 默以針投之 弟子持返. 猛問 彼何辭乎? 答默 但投針. 猛曰智矣 若人也 宜速命入 於斯際會.

25) 세 가지 뛰어난 재주

고승 법안法安은 키가 8척이었고 3가지 뛰어난 재주를 가지고 있었으니, 첫째는 풍채가 특출났으며, 둘째는 글의 뜻을 풀어서 밝히는(解義) 실력이 뛰어났으며, 셋째는 몸을 깨끗이 하는 데에 정진하였다.

三絶
高僧法安 身長八尺 有三絶 一風儀挺特 二解義窮深 三精進潔己.

26) 네 가지 뛰어난 재주

고승 홍언洪偃은 불경과 외도의 경전에 박학하여 무릇 저술한 책들이 모두 비각祕閣에 봉입封入되었으므로 당시 사람들은 "사절四絶"이라 불렀다. 첫째는 용모, 둘째는 해의, 셋째는 시, 넷째는 글씨이다.

四絶

高僧洪偃 博學內外 凡所著述 皆封入祕閣 時號四絶. 一貌 二義 三詩 四書.

27) 다섯 가지 자질을 갖춤

구마라집이 원 법사遠法師(여산 혜원 법사)에게 답하는 글에 말하였다. "자질(才)에는 5가지를 갖추어야 하니 복福·계戒·박문博聞·변재辯才·심지深智이다. 그것을 겸비한 자는 도가 융성해질 것이고, 갖추지 못한 자는 막힐 것이나, 어진 사람은 그것을 다 갖춘다."【성인이 경지에 이르고 사물을 감화시키는 데 사용하는 것이므로 '재물(財)'이라고 부른다.】

五備

羅什答遠法師書云 夫才有五備 謂福戒博聞辯才深智. 兼之者道隆 未具者凝滯 仁者備之.【成聖化物之資用 故名財也.】

28) 여덟 가지 갖추어야 할 것

수나라 언종 법사彦琮法師(557~610)가 말하였다. "번역에 참여하는 데에는 8가지 갖추어야 할 것과 10가지 조목이 있다. 첫째는 정성스런 마음으로 법을 받고 사람들에게 이익이 되게 하는 데에 뜻을 둔다. 둘째는 장차 뛰어난 경지에 들어가기 위해서 먼저 계戒와 정定을 견고히 한다. 셋째는 글로 삼장을 설명하고 뜻으로 오승五乘[15]을 꿰뚫는다. 넷째는 문학과 역사를 두루 섭렵하여 말로 잘 꾸미되, 너무 치졸하지 않게 한다. 다섯째는 품은 생각이 평온하고 기량이 겸허하여 고집하기를 좋아하지 않고, 불법에 침잠하여 명예와 이익에 담박하고, 고상한 경지를 뽐내지 않는다. 여섯째는 범어를 알아야 한다. 일곱째는 외도들의 학문에 떨어지지 않아야 한다. 여덟째는 예스러운 고전을 널리 보고 옛 글자를 대충 알아 이 글에 어둡지 않아야 한다.

○열 가지 조목은 첫째는 구의 운(句韻)이요, 둘째는 문답이요, 셋째는 개념(名義)이요, 넷째는 경에 대한 논의(經論)요, 다섯째는 노래로 칭송함(歌頌)이요, 여섯째는 주술의 공덕(呪功)이요, 일곱째는 사물의 단계를 구분함(品題)이요, 여덟째는 학업에 전념함(專業)이요, 아홉째는 글자의 형태(字部)요, 열째는 글자의 소리(字聲)이다."

---

15 오승五乘: 해탈의 경지를 얻게 하는 불타의 교법을 수레 타는 것에 비유해서 승乘이라고 한다. 여기에 5가지 구별을 세운 것을 오승五乘이라 하니, 즉 인승人乘·천승天乘·성문승聲聞乘·연각승緣覺乘·보살승菩薩乘 등이다. ①인승: 오계五戒를 지키면 그 과보로 인간의 세계에 태어난다는 가르침. ②천승: 십선十善을 행하면 그 과보로 천상의 세계에 태어난다는 가르침. ③성문승: 성문을 깨달음에 이르게 하는 부처의 가르침. 성문의 목표인 아라한의 경지에 이르게 하는 부처의 가르침. ④연각승: 연기緣起의 이치를 주시하여 깨달은 연각에 대한 부처의 가르침. 연각의 경지에 이르게 하는 부처의 가르침. ⑤보살승: 자신도 깨달음을 구하고 남도 깨달음으로 인도하는 자리自利와 이타利他를 행하는 보살을 위한 부처의 가르침.

八備

隋彦琮法師云 夫預翻譯 有八備十條. 一誠心受法 志在益人 二將踐勝場 先牢戒定 三文詮三藏 義貫五乘 四傍涉文史 工綴典詞 不過魯拙 五襟抱平恕 器量虛融 不好專執沈[16]於道術 淡於名利 不欲高衒 六要識梵言 七不墜彼學 八博閱蒼雅 粗諳篆隸 不昧此文. ○十條者 一句韻 二問答 三名義 四經論 五歌頌 六呪功 七品題 八專業 九字部 十字聲.

29) 사람으로 인하여 이름을 드러냄

진晉나라 길우 법사吉友法師가 영가永嘉[17] 연간에 강동(江左)에 오자, 승상 왕도王導가 그를 보고 기이하게 생각하며 내 무리라고 말하였다. 이로 인해 이름이 드러났다.

因人顯名

晉吉友法師 永嘉中到江左 丞相王導 一見奇之 以爲吾之徒也. 因此名顯.

30) 종이가 옥처럼 귀해짐

고승 무구안無垢眼[18]은 또 청안靑眼 율사라고도 한다. 처음에 『십송

---

16 명판본에는 '況'으로 되어 있으나 이는 '沈'의 오자이다.
17 영가永嘉: 진晉 회제懷帝의 연호(307~313).

률』을 번역하자 수도의 승려들이 다투어 베끼니, 당시 속담으로 "사람들이 모두 베끼니 종이가 옥처럼 귀해졌네."라고 하였다.

紙貴如玉

高僧無垢眼 又云靑眼律師. 初譯出『十誦律』京師僧尼競寫 諺云 都人繕寫[19] 紙貴如玉.

31) 본보기

승예僧叡는 나이 22세에 경론과 좌선하는 관법(禪觀)을 두루 이해하였으며 강설을 잘하므로 사도司徒 요숭姚崇[20]이 그를 소중히 여겼다. 당시 요흥姚興[21]은 승예를 잘 몰랐을 때였으므로 요숭에게 묻기를

---

18 고승 무구안無垢眼: 계빈국 사람이다.
19 명판본에는 '都人善繕寫'로 되어 있으나 '善'은 연자衍字이다. 혹은 '喜'로 볼 수도 있다.
20 요숭姚崇(?~?): 강족 사람이며 요장姚萇의 아들이자 요흥姚興의 동생이다.
21 요흥姚興(366~416): 중국 5호 16국 시대 후진의 제2대 황제(재위 394~416)로 자는 자략子略이다. 요장姚萇의 장자이며 요장이 부견苻堅의 휘하에서 복무할 때 요흥은 태자의 사인舍人이었다. 384년에 요장이 후진을 건국하자 요흥은 장안을 탈출하여 요장에게 왔고, 요장은 그를 태자에 책봉하였다. 요장이 전진前秦의 부등苻登과 전쟁을 벌일 때 요흥은 장안을 지키면서 후방을 안정시켰다. 393년 말, 요장이 병으로 사망하자 요흥은 요장의 상을 숨기고 지방의 동요를 막기 위해 힘을 기울였다. 얼마 후인 394년, 요장의 사망 소식을 들은 부등은 총력을 기울여 후진을 공격하였으나 패배하였다. 부등을 물리친 요흥은 요장의 상喪을 발표하고 황제에 즉위하였다. 요흥은 불교에 심취하여 401년 후량

"승예는 어떻소?" 하자, 요숭이 답하였다. "업위鄴衛(후조後趙의 수도)의 송백松栢입니다." 요흥은 승예를 만나 이야기를 나누어 보고서 그의 재주와 그릇을 알고서 말하길, "네가 바로 사해의 본보기(標領)로구나." 하였다.

標領
僧叡年二十二 博解經論禪觀 能誦說 司徒姚崇重之. 時姚興猶未識 問崇曰叡也如何? 崇曰 可謂鄴衛松栢. 及興相見[22]語論 觀之才器 興曰 乃是四海標領.

32) 영수

고승 혜약慧約이 불경과 외도의 경전에 통달하니 시중侍中 하상지何尚之가 그를 중요하게 여겼다. 경릉 문선왕竟陵文宣王[23]이 회계會稽(지금의 소흥紹興) 지방에 수령으로 나갔을 때 이름난 승려들이 자리에 있었고, 혜약은 법랍이 아직 적은 상태였다. 왕이 혜약을 보고 몸을 추슬러 예를 극진히 하였다. 승려들이 기뻐하지 않자 왕이 말하길 "이 상인上人(혜약)은 바야흐로 석문의 영수가 될 것이다." 하였다.

머물고 있던 구마라집의 신병을 확보하여 장안으로 데려왔다. 요흥은 구마라집을 국사로 삼고 각지에 사원을 건설하였다. 또한 불경을 번역하게 하고 대승정大僧正으로 임명하기도 하였다.

22 명판본에는 '相視'로 되어 있으나 '相見'으로 바로잡았다.
23 경릉 문선왕竟陵文宣王(459~493): 남제南齊 때의 소자량蕭子良을 말한다.

領袖

高僧慧約 學窮內外 何尙之所重. 竟陵文宣王 出鎭禹穴 時有名僧在座 約年夏未隆. 王見斂躬盡禮. 衆不悅王曰 此上人方爲釋門領袖.

33) 여덟 가지에 통달함

고승 지효룡支孝龍은 불경과 외도의 경전에 널리 통달하였다. 완담阮膽 등의 명사들이 "팔달"이라 부르면서 더불어 지기지우知己之友로 삼았다.

八達

高僧支孝龍 博通內外. 阮膽等名士 並爲知己 呼爲八達.

34) 여덟 가지에 능통함

고승 진관眞觀은 의義(경전의 의미를 잘 앎)·도導(잘 이끌어 줌)·서書(글씨)·시詩·변辯(말솜씨)·모貌(모습)·성聲(소리)·기棋(바둑) 등 8가지에 능통하였다.

八能

高僧眞觀 有八能 謂義導書詩辯貌聲棋.

35) 정鼎의 글자를 해석함

도안 법사道安法師의 호를 미천석彌天釋이라 하였는데, 불경과 외도의 경전에 통달하였다. 부견符堅[24]이 남전藍田에게 큰 솥을 1개 얻었는데, 가장자리에 전자篆字가 있었다. 조정에 있는 대신들이 알지 못하자 이에 도안에게 물었다. 도안이 말하길 "노나라 양공이 주조한 것입니다." 하였다. 부견은 삼관三館에 칙령을 내려 의문이 있으면 모두 도안 법사에게 묻도록 하였다.

辯鼎

道安號彌天釋 學瞻內外. 符堅於藍田 獲一大鼎 邊有篆字. 朝廷人不識乃問於安. 安曰 魯襄公所鑄. 堅敕三館 有疑皆問安師.

36) 붓을 지고 다님

고승 경탈敬脫이 배우러 다닐 적에 붓 한 자루를 메고 다녔는데 길이가 석 자나 되었고, 굵기가 팔뚝만 했다. 글을 써달라고 하는 사람이 있으면 크고 작은 글자를 붓 가는대로 써서 완성하였는데, 꾸밈이

---

24 부견符堅(338~385): 5호 16국 시대 전진前秦(351~394)의 제3대 황제이다. 문옥文玉이라고도 한다. 자는 영고永固이다. 저족氐族 출신으로 다재다능하고 박학다식했으며, 한족 문화에 대한 교양이 풍부했다. 처음에는 동해왕東海王에 봉해졌으나, 357년에 스스로 황제에 올라 대진천왕大秦天王이라 하고 연호를 영흥永興(357~385)으로 바꾸었다. 372년에 승려 순도順道를 시켜 고구려에 불경과 불상을 보내어, 우리나라에 처음으로 불교를 전했다.

없었고 보는 사람들도 싫증나지 않았다.

擔筆

高僧敬脫 游學時 擔一筆 長三尺 大如臂. 有人乞書 大小字隨筆而成 曾無修飾 觀者無厭.

37) 담소談笑 자리의 좌장

지둔支遁의 자는 도림道林이다. 진晉나라 애제哀帝 때 동안사東安寺에 머물 것을 청하였다. 극초郗超와 손작孫綽 등 한 시대의 명사들과 모두 속세 밖의 교류를 하였는데, 날마다 그 방을 찾아가서 담소 나누는 자리의 좌장으로 추대하였다.

談諧上首

支遁 字道林. 晉哀帝 請住東安寺. 郗超孫綽 一代名士 皆爲塵外之交 日造其室 皆推遁談諧爲上首.

38) 글의 뜻을 풀이하는 것으로 이름이 알려짐

고승 법개法開는 글의 뜻을 풀이하는 것으로써 천하에 이름이 알려졌다. 사안謝安[25]·왕문도王文度[26] 등과 더불어 문학의 벗이 되었다. 손작孫

---

25 사안謝安(320~385): 동진東晉의 재상宰相으로 자는 안석安石이다. 행서行書를 잘 썼다. 환온桓溫의 사마司馬가 되어, 효무제孝武帝 때에 전진前秦의 부견符堅이

綽이 "빛나는 재주 불경과 외도의 경전에 깊이 통달하니 풍부하고 빼어난 재주는 법개에게 다 있구나." 하였다.

義解名知
高僧法開 以義解知名天下. 與謝安 王文度等 爲文學之友. 孫綽曰 深通內外[27] 才華瞻逸 其在開乎.

39) 겨울 소나무

혜륭慧隆은 이치와 의리(理義)를 배우고 궁리하여 송宋대의 명현들과 많이 교유하였고, 절개와 지조, 용모가 겨울 소나무와 같았다. 당시 주과周顒가 "혜륭 법사는 시원시원하고 치밀하면서도 탁 트여 마치 서리 내린 뒤의 송죽과 같다." 하였다.

寒松
慧隆 學窮理義 宋代名賢多爲交友 而節操容貌 有若寒松. 時周顒謂 曰 隆法師蕭散森疏 若霜下松竹.

처들어오자, 총수總帥가 되어 이를 비수淝水에서 쳐부수었다(淝水大戰, 383년). 시호는 문정文靖이다.
26 왕문도王文度: 동진 때 사람 왕탄지王坦之(330~375)를 가리킨다. 자는 문도文度, 지금의 산서성山西省 태원현太原縣 사람이다.
27 명판본에는 '深通內'로 되어 있으나 대정장을 참조하여 '深通內外'로 바로잡았다.

40) 벽운

혜휴慧休의 성은 탕湯이요, 풍아風雅[28]를 잘하였다. 일찍이 시를 읊조리기를 "날 저물자 푸른 구름 모이는데, 아름다운 사람은 아주 안 오려나." 하였다. 【『문선』 가운데 승려(沙門)의 시는 혜휴의 것이 유일하다.】

碧雲

慧休姓湯 工於風雅. 嘗吟詩曰 日暮碧雲合 佳人殊未來.【『文選』中 沙門詩 惟休一也.】

41) 눈 속에 서 있음

중국 제2조의 본래 이름은 신광神光인데, 혜가惠可로 이름을 고쳤다. 처음에 달마를 만나러 갔다가 눈 속에 서 있었다.

立雪

此土第二祖 本名神光 更名惠可. 初參達磨 立在雪中.

42) 이불을 펼쳐 적음

고승 혜소惠韶[29]는 작공綽公에게 배웠다. 대중들 중에서 제일 가난하여

---

28 풍아風雅: 『시경詩經』의 풍風과 아雅. 곧 시詩를 말한다.
29 혜소惠韶(774~850): 신라 스님으로 속성은 최崔씨이고 전주全州 금마金馬(익산)

이불을 펼쳐 논論을 베껴 적고 추위를 참고 강의를 들으면서 글의 뜻을 크게 깨우쳤다.

撒被

高僧惠韶 學於綽公. 獨貧于衆 撒被寫論 忍寒聽講 大曉文義.

43) 먼지가 에워싸고 있음

도초道超는 고생스럽게 배웠다. 홀로 방에 있으면서 유가와 불가의 경전에 둘러싸여 앉아 손에서 책을 놓지 않았고, 먼지가 방안을 뒤덮도록 내버려두었다. 오군吳郡의 중서 장솔張率이 묻기를 "벌레가 울고 먼지도 가득 쌓였는데 거슬리는 것이 없는가?" 하자, 도초가 말하길 "벌레 소리는 퉁소와 피리 소리를 대신할 만하고, 먼지는 방에 가득 찼지만 청소할 겨를이 없네." 하였다.

사람이다. 부모를 일찍 여의었고, 불법을 구하려는 뜻이 간절하였다. 804년 배를 타고 당나라 창주滄州에 가서 신감神鑑에게 출가하니, 얼굴이 검다 하여 흑두타黑頭陀라 불렀다. 910년 숭산 소림사에서 구족계를 받고, 앞서 당나라에 가 있던 도의道義를 만나 함께 다녔다. 신라 문성왕 12년에 나이 77세, 법랍 41년으로 입적하였다. 헌강왕이 시호를 진감선사眞鑑禪師라 하였다. 정강왕 때 옥천사를 쌍계사라 고치고, 최치원으로 하여금 글을 짓도록 하였다. 국보 제47호 쌍계사진감선사대공탑비雙磎寺眞鑑禪師大空塔碑가 경상남도 하동군 화개면 운수리 쌍계사에 있다.

擁塵

道超苦學. 獨居一室 以儒釋經典環座 手不釋卷 任塵擁室. 時中書吳郡張率[30]問曰 虫鳴塵擁 安得無忤? 超曰 虫聲足代簫管 塵土滿室 未暇[31]掃也.

44) 글의 뜻을 견줌

고승 법아法雅가 불법과 세속의 여러 학문에 박학다식하자 많은 세속 선비들이 경전의 난해한 것들을 물어왔다. 법아가 장차 그것을 외서 들과 비교하면서 불법을 해석하는(生解) 사례를 만드니 그것을 "격의 格義"[32]라고 불렀다.

擬書

高僧法雅 善內外學 多俗士咨稟 以經義難解. 雅將彼擬外書 爲生解之例 謂之格義.

---

30 명판본에는 '時中書吳郡'으로 되어 있으나『석씨요람교주』에는 문장의 내용을 고려하여 '時中書吳郡 張率'로 교감하였다. 명판본도 이를 참조하여 보충하였다.
31 명판본에는 '睱'로 되어 있으나 이는 '暇'의 오자이다.
32 격의格義: 4세기경 여러 종교에 박학다식한 축법아가 사용하기 시작했다. 불교 수용 초기에 불교 교리를 널리 이해시키기 위해서 유교·도교 등 중국 고유의 사상에서 비슷한 관념이나 용어를 빌려 왔다.

45) 덕향

『증일경』에서 말하였다. "묘향妙香에는 3가지 종류가 있으니, 다문향 多聞香과 계향戒香, 시향施香이다. 이 3가지 종류는 역풍이나 순풍에도 다 향내를 맡을 수 있으니 최상등급의 향이다."

德香
『增一經』云 有妙香三種 謂多聞香戒香施香. 此三種 逆風順風 無不聞之 最勝無等.

46) 도풍

『보림전』에서 말하였다. "조사 난제難提가 마갈국摩竭國에 이르렀을 때, 하루는 바람이 서쪽에서 불어왔다. 점쳐 말하기를 '이것은 도풍이다. 반드시 도인 한 사람이 올 것이다.' 하였는데, 과연 가야사다伽耶舍多[33]가 왔다."

道風
『寶林傳』云 祖師難提至摩竭國 一日有風西來. 占曰 此道風也. 必有道人至 果得伽耶舍多至.

---

33 가야사다伽耶舍多: 선종의 33조사 중 18조이다. 마제국摩提國 출신으로 아버지는 천개天蓋, 어머니는 방성方聖이다. 19조 구마라다에게 법을 전수하고 화광삼매火光三昧에 들어가 스스로 몸을 태워 입적했다고 한다.

47) 변하여 염교가 됨

『법원주림』에서 말하였다. "홍시 3년(401년)에 요흥姚興의 정원에 파를 심었는데, 어느 날 모두 변해서 염교(薤)가 되어버렸다. 점치기를 지혜로운 사람이 올 것이라고 하였는데, 과연 구마라집 법사가 왔다."

變薤

『法苑』云 弘始三年 姚興園中植蔥 一日皆變爲薤. 占之 合有智人至 果得羅什法師來.

48) 학자의 두 가지 근심

승조 법사가 말하였다. "비록 깊은 뜻을 이해했다 하더라도 마음이 따라가지 않으면 자기를 높이고 사람들을 업신여겨 가르쳐도 유익할 수가 없으니, 이것이 학자의 외환外患이다. 그 이해한 것으로 말미암아 상相을 취하여 분별하면 비록 이해했다 하더라도 참된 이해에는 합치되지 아니하니, 이것이 학자의 내환內患이다."

學者二患

肇法師云 雖解深義 未爲心用 尊己慢人 不能誨益 此學者之外患也. 因[34]其所解 而取相分別 雖曰爲解未合眞解 此學者之內患也.

---

34 명판본에는 '同'으로 되어 있으나 이는 '因'의 오자이다.

49) 돈 없이 물건을 사려 함

『법원주림』에서 말하였다. "『논형論衡』[35]에 '수중에 돈 없이 시장에 나가 물건 값을 결정하더라도 물건 주인은 결코 물건을 주지 않을 것이다. 대개 가슴 속에 배움이 없는 것 역시 수중에 돈이 없는 것과 같다.' 하였다."

無錢決貨

『法苑』云 論衡曰 手中無錢之市決貨 貨主必不與也. 夫胸中無學 亦猶手中無錢也.

50) 촛불을 밝힘

『설원』에서 말하였다. "진晉나라의 평공平公이 사광師曠(맹인 악사)에게 '내 나이 일흔이라. 지금 배우고 싶지만 이미 날이 저문 것이 두렵구나.' 하였다. 답하기를 '날이 저물었다면 어찌 불을 밝히지 않으십니까? 제가 듣건대 젊었을 때의 배움은 해가 뜰 때의 볕과 같고, 장년의 배움은 한낮의 햇빛과 같으며, 늙어서의 배움은 촛불의 밝음과 같다 하였습니다. 어두운 길 가는 것보다 낫지 않겠습니까?' 하자, 평공이 '좋다.' 하였다."

---

[35] 『논형論衡』: 중국 후한 때에 왕충王充이 지은 시국을 비판한 책. 불우한 가운데 한 생을 마친 그가 합리·실증주의 정신으로 당시의 풍조인 유가·도가·법가의 사상을 비판한 것. 87~88년에 완성. 85편 30권.

炳燭

『說苑』[36]云 晉平公 問師曠曰 吾年七十 欲學恐已暮矣. 對曰 暮何不炳燭乎? 臣[37]聞少而學者 如日出之陽 壯而學者 如日中之光 老而學者 如炳燭之明. 孰與昧行乎? 平公曰善哉.

51) 경계

『법원주림』에서 말하였다. "오늘날 학문이 얕은 사람들이 무리들 중에 자신이 지혜가 뛰어나다 하며 크게 교만하게 구는 경우가 있다. 턱없이 허튼소리와 자세로 일체를 업신여기고, 천지를 농락하며 웃어른 앞에서 두 다리를 뻗어 걸터앉고, 존자 옆에서 큰소리로 꾸짖기도 한다. 도의 근본에 화합하고 공순한 사람을 '승려'라 하는데, 이런 사람은 이미 마음과 외형이 그것과 어긋나니 어찌 승보僧寶가 되겠는가? 삼가야 할 것이다."

誡

『法苑』云 今有淺學之人 自謂智出於衆 起大憍慢. 放誕形容 陵滅一切 籠罩天地 箕踞[38]於師長之前 叱吒尊者之側. 道本和合 恭順爲僧

---

36 명판본에는 '法苑'으로 되어 있으나 이는 '說苑'의 오자이다. 『설원說苑』은 중국 한나라 때 유향劉向(B.C 77~6)이 편찬한 교훈적인 설화집으로 이 이야기는 권3에 나온다.
37 명판본에는 '以'로 되어 있으나 이는 '臣'의 오자이다.
38 명판본에는 '其踞'로 되어 있으나 이는 '箕踞'의 오자이다.

旣心貌乖返 豈成寶也 愼之哉.

17. 설청편說聽篇

1) 설함

『비나야율』에서 말하였다. "설說이라는 것은 드러내어 밝히고 깨우쳐 이끈다는 뜻이다." 오늘날 강講이라고 하는 것은, 『설문』에서 "강講은 종합한 뒤 풀어 논의함이다." 하였고, 『광아』에서는 '읽음(讀)'이라고 했으며, 고야왕顧野王[1]의 옥편에서는 "해解는 설명이고, 담談은 의논하는 것이며, 훈訓은 깨우침이다."라고 했다.

說

『毘奈耶律』云 說者彰表 開導之義也. 今稱講者『說文』云 講和解論議 『廣雅』云 讀也 顧野王云 解說談議也 訓詁也.

---

[1] 고야왕顧野王(519~581): 중국 남북조南北朝 시대의 학자로 자는 희빙希憑이다. 양梁나라와 진陳나라에서 벼슬하였으며, 천문·복서卜書·기자奇字에 능통하였다. 많은 저서 가운데 『옥편玉篇』 30권은 특히 유명하다.

2) 들음

『유식론』에서 말하였다. "이근耳根이 인식 작용을 일으켜 받아들이는 것이므로 '들었다(聞)'라 하는 것이니, 즉 생각을 가라앉히고 뜻을 고요히 하여 법에 귀를 기울이는 것이다."

○『법원주림』에서 말하였다. "삼품이 있으니 정신으로 듣는 것을 상품이라 하고, 마음으로 듣는 것을 중품이라 하고, 귀로 듣는 것을 하품이라 한다."

聽

『唯識論』云 謂耳根發識 領受曰聞也. 即沈思靜意 屬耳於法也. ○『法苑』云 有三品 以神聽爲上 以心聽爲中 以耳聽爲下.

3) 설법하고 설법 듣는 두 가지 어려움

『중관론』에서 말하였다. "참된 법을 설명하는 경지에 이른 사람이나 그것을 듣는 사람을 얻기 어렵다."[2]

○『열반경』에서 말하였다. "첫째는 설법하는 것을 즐기는 것이 어렵고, 둘째는 설법 듣는 것을 즐기는 것이 어렵다."

---

2 참된~어렵다: 눈 밝은 스승(正師), 바른 교법(正教), 바른 가르침(正學)이 갖추어질 때 중생은 득도한다. 그래서 참된 법과 그것을 설법하는 것은 청자가 듣기 어렵다. 그러므로 정사와 정교와 정학을 갖추면 생사의 끝이 있고, 갖추지 못하면 끝이 없다.

說聽二難

『中觀論』云 眞法及說者 聽者難得故. ○『涅槃經』云 一樂說難 二樂聞難.

4) 법사가 높은 자리에 오를 때

『십주파사론』에서 말하였다. "높은 자리에 오르고자 할 때 먼저 응당 대중들에게 공경 예배한 뒤에 자리에 오른다."

法師升高座

『十住婆沙論』云 欲升高座 先應恭敬禮拜大衆 然後升座.

5) 법사의 마음

『대법거다라니경』에서 말하였다. "법사는 항상 이와 같이 오직 내가 지금 앉아 있는 곳이 바로 여래의 사자좌이다. 마땅히 묵묵히 참으며 자비심과 사랑스런 말을 하면서 겸손히 낮추며 중생들의 마음을 보호해야 한다. 성내거나 질투하는 마음을 품어서 이기고 지는 마음을 간직하면 크고 중한 죄를 얻는다. 자비심으로 설법하면 큰 공덕을 이루어서 부처의 법을 오래도록 세상에 머물게 할 수 있으며, 무릇 태어나는 곳마다 항상 부처를 만나서 세상의 갖가지 공양물을 소진한다. (법사는 이런 것을 받는다 하더라도) 응당 부끄럽게 여기면서 탐내는 마음을 일으키지 말아야 하고 아만我慢[3]을 부리지 말며, 시주자의 선한 마음을 소멸되게 해서는 안 된다."

法師心

『大法炬陀羅尼經』云 夫法師者 常應如是 思惟我今所處 卽如來師子之座. 宜應忍默慈悲 愛語謙下 將護衆心. 若懷嗔妒 心存勝負 獲大重罪. 慈心說法 成大功德 能令佛法 久住於世 凡所生處 常得値佛 能消種種供養. 應當慚愧 勿生貪心 不得我慢 無令消滅施主善心.

6) 법사의 여덟 종류의 말씀

『유가사지론』에서 말하였다. "첫째는 기뻐하고 즐거워할 만한 말씀, 둘째는 개발을 잘 시키는 말씀, 셋째는 어려운 불법을 잘 풀이한 말씀, 넷째는 잘 분석된 말씀, 다섯째는 순조롭게 잘 이해되는 말씀, 여섯째는 불법을 인용하고 증언하는 말씀, 일곱째는 걸림 없이 뛰어난 말씀, 여덟째는 종지(宗旨)를 따르는 말씀이다.

法師八種言

『瑜伽論』云 一可喜樂言 二善開發言 三善釋難言 四善分析言 五善順入言 六引餘證言 七勝辯才言 八隨宗言.

---

3 아만我慢: 나를 믿으며 스스로 높은 체하는 교만.

7) 부처의 여덟 가지 말씀

『현양성교론』에서 말하였다. "첫째는 아름답고 미묘한 말씀(美妙語), 둘째는 분명히 드러나는 말씀(顯了語), 셋째는 알기 쉬운 말씀(易解語), 넷째는 듣기 좋은 말씀(樂聞語), 다섯째는 요구함이 없는 말씀(無依語)이다.【'바라는 것이 없음(無望)'을 일컫는다.】여섯째는 거스르지 않는 말씀(不逆語)이다.【분수를 알기 때문이다.】일곱째는 한정이 없는 말씀(無邊語)이다.【좋은 기교(善巧)⁴가 많기 때문이다.】여덟째는 으뜸가는 말씀(上首語)⁵이다."【열반궁으로 나아가기 때문이다.】⁶

語有八支

『顯揚論』云 一美妙語 二顯了語 三易解語 四樂聞語 五無依語【謂無望也.】六不逆語【知量故.】⁷七無邊語【善巧多故.】八上首語【趣涅槃宮故.】

---

4 선교善巧: 선권곡교善權曲巧의 뜻으로 변통에 능하고 능수능란한 것을 말한다. 부처가 중생을 제도할 적에 그 근기에 맞추어 수단 방법을 쓰는 것이 공교롭고 묘하다.

5 상수어上首語: 최상의 경지를 보여주는 말이기 때문이다.

6 『현양성교론』 권12, "上首語者 趣涅槃宮 爲先首故 美妙語者 淸美音故 顯了語者 文辭善故 易解語者 巧辯說故 樂聞語者 引法義故 無依語者 不依希望他信己故 不逆語者 言知量故 無邊語者 善巧多故." '상수어'란 열반의 궁에 나아감으로 첫머리를 삼기 때문이다. '미묘어'란 맑고 아름다운 음성이기 때문이다. '현요어'란 글과 말이 좋기 때문이다. '이해어'란 교묘한 변재로 연설하기 때문이다. '낙문어'란 법과 의를 이끌어 말하기 때문이다. '무의어'란 남이 자기를 믿어 주기를 희망함에 의한 것이 아니기 때문이다. '불역어'란 말이 정도를 알기 때문이다. '무변어'란 선교가 많기 때문이다.

8) 설법하는 사람의 죄

『불장경』에서 말하였다. "자신이 아직 법을 증득하지 못했으면서 높은 자리에 앉아 사람들에게 설법하는 사람은 지옥에 떨어진다."

○『십송률』에서 말하였다. "자신은 깨달았으나 불법에 의심이 있어 환하게 밝지 못한 사람은 다른 사람을 위해 설법할 수가 없다. 잘못 전하게 될까 두려운 것이니, 그렇게 하면 피차 죄를 짓게 된다."

○『화엄경』에서 말하였다. "깊고 깊은 법에 대해 인색한 마음을 내어 교화 받을 이에게 법을 말하지 않고, 재물을 얻기 위해 공경하고 공양하면 비록 법기는 아니라도 구태여 법을 말함이 죄이다."[8]

說者過罪

『佛藏經』云 自未證法 而在高座 爲人說者 法墮地獄. ○『十誦律』云 若自解未明於法有疑者 則不得爲人說. 恐有傳錯之失 彼此得罪. ○『華嚴經』云 於甚深法 心生慳悋 有堪化者 而不爲說 若得財利 恭敬供養 雖非法器 而強爲說.

---

[7] 명판본에는 '知故量'로 되어 있으나 이는 '知量故'의 오자이다.
[8] 『화엄경』(T10, p.307c17), "於甚深法 心生慳悋 有堪化者 而不爲說 若得財利 恭敬供養 雖非法器 而強爲說 是爲魔業." 깊은 법에 대하여 인색한 마음을 내고 교화 받을 사람에게 법을 말하지 않으며, 만일 이끗으로 공경하고 공양하면 법 그릇이 아니라도 구태여 법을 말함이 마의 업이다.

9) 스스로 크다고 여겨 사람에게 교만함

『미증유경』에서 말하였다. "조금 덕이 있는데 스스로 큰 체하면서 남들에게 교만하면, 이것은 장님이 촛불을 들고 있지만 남은 비추어도 자기는 어두운 것과 같다."

自大憍人
『未曾有經』云 若多少有德 自大以憍人 如彼盲執燭 照彼不自明.[9]

10) 강설의 세 가지 이익

『십지론』에서 말하였다. "설법하여 타인을 이롭게 하면 3가지 경우에 이로움이 있다. 첫째는 법을 들었을 때요, 둘째는 수행할 때요, 셋째는 다시 태어날 때이다."

講說三益
『十地論』云 說法利他 有三時益. 一聞時 二修行時 三轉生時.

---

9 명판본에는 '照彼自不明'으로 되어 있으나 의미를 바로잡기 위해 '照彼不自明'으로 바로잡았고, 『불설미증유인연경』 하권에는 "若多少有聞 自大以憍人 是如盲執燭 照彼不自明"으로 되어 있다.

11) 설법하는 사람이 받는 다섯 가지 복

『현자오복경』에서 말하였다. "설법하는 사람은 오복을 받게 된다. 첫째는 태어날 때마다 장수할 것이니 법을 들은 이들이 살생하지 않기 때문이다. 둘째는 큰 부자가 될 것이니 들은 이들이 도둑질하지 않기 때문이다. 셋째는 단정할 것이니 들은 이들이 온화한 기운이 있기 때문이다. 넷째는 명예를 얻을 것이니 들은 이들이 삼보에게 귀의하기 때문이다. 다섯째는 총명함을 얻을 것이니 들은 이들이 묘한 지혜를 환히 깨닫기 때문이다."

說者五福報

『賢者五福經』云 說法得五福. 一當生長壽 由聽者不殺故. 二得大富 由聽者不盜故. 三得端正 由聽者和氣故. 四得名譽 由聽者歸依三寶故. 五得聰明 由聽者曉了妙慧故.

12) 강당의 제도

『불본행경』에서 말하였다. "이때 비구들이 하나의 법당에 모여 있는데, 비구 두 사람이 설법하고 있었다. 이 때문에 서로 방해되자 즉시 법당을 하나 더 지었다. 그런데 가까운 곳에 지은 까닭에 대중들이 서로 번갈아 왔다갔다 왕래하며 뒤섞여 대중들 사이에 혼란이 일어났다. 부처는 지금부터는 한 법당 안에서 함께 설법하지 말며, 법당이 서로 가깝더라도 사람들이 이 법당에서 저 법당으로 가거나 저 법당에서 이 법당으로 와서도 안 되며, 비교하면서 법문을 듣고 싫어하지 못하도록 하였다."【마치 오늘날 삼학三學¹⁰이 서로 옳고 그름을 따지는 것과 같다.】

講堂制

『佛本行經』云 時諸比丘 集一堂內 有二¹¹比丘說法. 是故相妨 卽造二堂. 以此近故 迭相誘引 往來交雜亂衆. 佛制今後不得共一堂 及二堂相近 亦不得彼堂來此堂 此堂詣彼堂 不得憎惡法門.【若今三學 迭相是非也.】

13) 강당에 불상을 둠

『대법거다라니경』에서 말하였다. "법사가 설법할 때에 '애욕愛欲'이라고 하는 나찰녀羅刹女¹²가 있었는데 항상 와서 법사를 유혹하고 마음을 산란하게 하였다. 이 때문에 설법하는 곳에 여래의 형상을 두고 향과 꽃을 끊이지 않게 공양하자, 나찰녀가 그것을 보고 즉시 스스로 혼란에 빠져 장애가 되지 않았다."

---

10 삼학三學: 불교를 배워 도를 깨달으려는 이가 닦는 3가지 배움을 말한다. ①계학戒學: 행위와 언어에서 나쁜 짓을 하지 않고, 몸을 보호하는 계율. ②정학定學: 심의식心意識의 흔들림을 그치고, 고요하고 편안한 경지를 나타내는 법. ③혜학慧學: 번뇌를 없애고, 진리를 철견徹見하려는 법.
11 명판본에는 '一'로 되어 있으나 내용상 '二'의 오자이다.
12 나찰녀羅刹女: 힌두 신화에 나오는 악마나 악귀의 전형이다.

講堂置佛像

『大法炬陀羅尼經』云 法師說法時 有羅刹女名愛欲 常來惑法師 令心散亂. 是故說法處 常須置如來像 香華供養 勿令斷絶 彼羅刹女見已 卽自迷亂 不能爲障.

14) 강설하는 곳에서 경전을 욈

양나라 승민 법사僧旻法師가 강설할 자리에 올라 대중들에게 말하였다. "옛날 미천彌天 도안道安[13] 스님이 강설할 때마다 정해진 자리에 앉은 뒤 항상 함께 외도록(都講) 하였고, 모든 중생(含靈)[14]들을 위하여 경經을 전하도록(轉經)[15] 하였는데, 이 일은 오래도록 폐기되었습니다. 이미 선현들이 했던 훌륭한 일인지라 대중들은 수고롭지만 각자『관음경』1권을 읽으시길 바랍니다." 이에 자리를 함께 하니 사람들은 기뻐하며 원근의 승려들이 서로 익혔다. 지금도 염불하는 것은 이것 때문이다.

講處念經

梁僧旻法師 講次謂衆曰 昔彌天道安每講 於定座後 常使都講 爲含靈

---

13 도안道安: 진晉나라 스님이다. 도안이 중국 양양襄陽에 있을 적에 재사才士 습착치가 와서 "나는 사해四海 습착치習鑿齒오." 하니, 도안은 "나는 미천彌天 석도안釋道安이오." 하였다.
14 함령含靈: 중생. 마음 작용을 지니고 있는 부류를 일컫는다.
15 전경轉經: 경문의 글자를 처음부터 끝까지 한 자 한 자 다 읽는 것이 아니고, 권마다 처음과 가운데와 끝에서 몇 줄씩만을 읽고, 나머지는 책장만을 넘겨서 읽는 시늉을 하는 것이라고 하는데, 여기서는 경전을 전파한다는 뜻으로 쓰였다.

轉經 此事久廢. 旣是前修勝業欲屈大衆 各誦『觀音經』一卷.¹⁶ 於是合座忻然遠近相習耳. 今亦念佛是也.

15) 학사

'사肆'란 파는 상품 등의 물건을 늘어놓는 곳이다. 후한 장해張楷의 자는 공초公超인데, 학도들이 그를 따라다니며 거처하는 곳에 장이 생겼기 때문에 지금 배우는 곳을 일컬어 "학사"라고 부른다.

學肆

肆者 所以陳鬻貨之物也. 因後漢張楷 字公超 學徒隨之 所居爲市故 今學處稱肆焉.

16) 학원

석씨들이 학원學院을 '성省'이라고 부르는 것은, 『고승전』에서 불타야사¹⁷가 처음 왔을 때에 요흥이 소요원에 별도로 새로운 성(新省)을 지어주고, 그를 기다렸다." 하여서이다. 운서韻書의 주석에서 '성省'은

---

16 명판본에는 '旣是前修 欲屈大衆'으로 되어 있으나 다음 인용문을 참조하여 보충하였다. 『속고승전』(T50, p.461c23), "此事久廢 旣是前修勝業 欲屈大衆 各誦觀世音經一遍."
17 불타야사: 바라문 종족으로 계빈국 사람이며, 각명覺名이라 번역한다. 처음은 외도를 섬기다가 13세에 불교에 귀의하여 대승·소승 경전을 읽고 27세에 비구계를 받았다.

'서署'라고 하였다.

省

釋氏呼學院爲省者『高僧傳』云 佛陀耶舍初至 姚興別立新省 於逍遙園待之. 韻注云 省 署也.

17) 적색 휘장

강강絳은 적색이다. 범엽范曄(398~445)이 쓴『후한서』에서 말하였다. "마융馬融[18]은 삶의 이치에 통달(達生)해서 본성에 맞게 유자의 법도에 구속되지 않았다. 항상 높은 당에 앉아 적색 휘장을 쳐서 앞은 생도들에게 앉게 하고 뒷줄은 여자 악공樂工들에게 앉게 하니, 마융의 장막(馬帳)이라 불렀다."

○또 『진서晉書』에서 말하였다. "선문군宣文君 송씨는 즉 전진前秦 위영韋逞의 어머니이다. 강당을 세우고 적색 비단 휘장을 쳐서 학도들을 가르쳤다."【오늘날 석씨들이 "강장絳帳"[19]이라 부르는데, 적당치 않으므로 지혜 있는 사람들은 잘 생각해봐야 한다.】

絳帳

絳 赤色也. 范曄『後漢書』云 馬融達生任性 不拘儒者之節. 常[20]坐高堂

---

18 마융馬融(79~166): 중국 후한의 학자로 많은 고전에 주석을 가하였다. 그의 문하에 정현鄭玄·노식盧植 등의 유명한 학자가 있다.
19 강장絳帳: 붉은 빛깔의 휘장을 말하며, 학자의 서재 등의 뜻으로 쓰인다.

施絳帳 前授生徒 後列女樂 稱馬帳. ○又『晉書』宣文君宋氏 卽韋逞母也. 立講堂 隔絳紗幔授學徒.【今釋氏稱絳帳等 有所不宜 智者思之.】

18) 용문

고승 혜지慧持는 곧 원 법사遠法師의 제자이다. 성격이 고고하고(淸峻) 아울러 지해와 수행(解行)²¹이 높아 무리 천 명을 거느렸다. 무릇 당에 올라 그의 방으로 들어가는 자들은 모두 "등용문"이라 불렀다.

龍門

高僧慧持 卽遠法師之弟也. 性格淸峻 解行並高 領徒千人. 凡有升堂 入室者 皆號登龍門.

---

20 명판본에는 '堂'으로 되어 있으나 이는 '常'의 오자이다.
21 해행解行: 지해知解와 수행修行을 아울러 일컫는 말이다. ①불교의 인식적 부문, 곧 수행하는 사람이 지력智力에 의하여 이론 교의를 밝게 이해하는 것을 해 또는 해문解門이라 하고, 밝게 이해한 것을 몸소 실천에 옮기는 실천적 부문을 행 또는 행문行門이라 한다. 이 둘은 수행하는 이가 반드시 갖추어야 할 것이므로 예로부터 해를 눈, 행을 발에 비유하였다. 바른 길을 걸어가려면 눈과 발이 서로 떨어지지 않고 반드시 함께 해야 하므로 지목知目·행족行足이라고도 한다. ②안심安心과 기행起行. 곧 신앙과 함께 일어나는 행동이다.

19) 주실[22]

『보림전』에서 말하였다. "인도의 제5조 우바국다優波鞠多에게는 석실이 있었는데, 세로 18주肘이고【주肘는 길이가 1자 8치이니, 남북으로는 1장 2자 4치】 넓이는 12주이다.【동서로 2장 1자 6치】 그에게 가르침을 받은 사람들이 한 사람씩 득도할 때마다 4치 되는 산가지 하나를 석실 안에 던졌는데 산가지가 마침내 석실에 가득 찼다. 우바국다가 열반하자 석실 안에 있는 산가지로 다비하였다."

籌室

『寶林傳』云 西天第五祖 優波鞠多 有石室 縱十八肘【肘長尺八 南北三丈二尺四寸.】廣十二肘.【東西二丈一尺六寸.】受學者 有一得道 則擲一四寸籌於室中 籌遂滿室. 至鞠多滅度 將室中籌 茶毗之.

20) 함장

『예기』「곡례」에서 말하였다. "음식 대접할 손님이 아니라면 자리와 자리 사이에 1장丈 정도 간격을 둔다."【주석에는 '함函은 받아들임이다(容)'하였다. 따져 물으며(講問) 상대하려면 1장丈(10자) 정도는 되어야 손가락으로 짚으며 가르치기에 충분하다.】

---

22 주실籌室: 우바국다 존자의 이 일화로 인해 수행인을 교화 지도하는 방장화상을 주실이라 하게 되었는데, 우리나라에서는 '조실祖室'로 변하여 불리게 되었다.

函丈

『曲禮』云 非飮食之客 席間函丈.【注函 容也. 謂講問宜相對容丈 足以指劃也.】

21) 대표 강사

대표 강사는 곧 법사에 대양對揚하는 사람[23]이다. 양나라 무제는 강경할 때마다 지원사祗園寺의 법표法彪 스님을 대표 강사로 삼았다. 황제가 준비하고 있다가 법표에게 질문을 하니 묻는 대로 거침없이 답하였다. 진晉나라의 지둔支遁[24]이 월越에 왔을 때 왕희지가 『유마경』을 강해주길 청하자 허순許詢을 대표 강사로 삼았다. 허순이 한 가지 질문을 하면 대중들은 지둔이 대답하지 못할 것이라고 생각하고, 지둔이 하나의 의미를 답변하면 대중들은 허순이 따져 물을 게 없으리라 생각하였다. 오늘날 대표 강사는 경문만을 들어서 거창擧唱[25]을 할 뿐 질문을 할 줄 모른다.

---

23 대양對揚하는 사람: 법회에서 산화의 의식이 끝난 뒤에 불법과 세법의 상주와 안온을 비는 게구偈句를 외우는 사람을 말한다.

24 지둔支遁(314~366): 중국 동진東晉 스님. 자는 도림道林, 속성은 민閔씨이다. 진류 또는 하동 임려 사람이다. 25세에 출가하여 명사들과 사귀었고, 뒤에 섬剡의 앙산·석성산에서 수도하면서 승려들을 가르치며 여러 논을 지었다. 동진 애제哀帝가 즉위하자 동안사에 가서 『도행반야경』을 강하고, 태화 1년 오산塢山에서 53세를 일기로 입적하였다. 저서로는 『즉심유현론卽心遊玄論』·『성불변지론聖不辨知論』 등이 있다.

25 거창擧唱: 고칙古則, 공안公案 등을 제창하는 것.

都講

卽法師對揚之人也. 梁武帝每講經 詔枳園寺法彪爲都講. 彪先擧一問 帝方鼓舌端 載索載徵 隨問隨答. 晉支遁至越 王羲之請講『維摩經』以[26]許詢爲都講. 詢發一問 衆謂遁無以答 遁答一義 衆謂詢無所難. 今之都講 但擧唱經文 而亡擊問也.

22) 경전을 강의하는 승려의 시초

경전을 강의하는 것은 조위曹魏[27] 때 주사행朱士行[28]이 『도행반야경』을 강의한 것이 시초이다. 비구니의 강의는 동진東晉의 도형道馨이 『법화경』과 『유마경』 두 경전을 강의한 것이 시초이다. 율법을 강의한 것은 원위元魏[29] 때 법총法聰이 시작하였다. 법총은 손으로 책을 열고 눈으로 읽으면서 『사분율四分律』을 두루 알렸는데, 문인 가운데 도복道覆이

---

26 명판본에는 '請'으로 되어 있으나 의미상 '以'로 교감하였다.
27 조위曹魏: 조조曹操를 시조로 한다는 뜻에서 삼국 중의 하나인 위魏를 달리 이르는 말이다.
28 주사행朱士行: 중국 동진 스님으로 어려서 출가하여 오직 경전 연구에 힘썼다. 축불삭竺佛朔이 번역한 『도행경道行經』을 낙양에서 강의하다가 그 경이 깊은 이치를 완벽하게 이해하지 못하고 있는 자신을 개탄하고, 스스로 범본梵本을 구하기 위하여 260년(조위 감로 5년)에 유사流沙를 거쳐 우전국에 들어가 범본 90장章을 얻어서 제자를 시켜 낙양으로 가져가게 하였으니, 이것이 『방광반야경放光般若經』이다. 우전국에서 80세로 입적하였다.
29 원위元魏: 중국 후위後魏(386~534)의 별칭別稱으로 중국 북조北朝 정권 가운데 하나이다. 선비족鮮卑族인 탁발규拓跋珪가 강북에 세운 나라로 후에 동위東魏와 서위西魏로 분열되었다.

듣자마자 초록하며, 점차 소疏를 완성하여 갔다. 강론講論은 구마라집이 숭 법사嵩法師에게 『성실론成實論』을 전수한 것이 시초이다.

講僧始

講經卽曹魏時 朱士行講『道行般若』爲始也. 尼講以東晉道馨 講『法華』『維摩』二經爲始也. 講律卽元魏世法聰爲始. 聰但手披目閱 敷揚『四分律』有門人道覆 旋聽旋抄 漸成疏焉. 講論卽羅什授嵩法師『成實論』爲始也.

23) 법기

『광백론』에서 말하였다. "삼덕을 갖추어야 법기라고 한다. 첫째는 성품이 부드럽고 온화하여 치우친 생각이 없고 항상 자신을 살피어 자기의 이익을 탐하지 않는다. 둘째는 항상 뛰어난 견해(勝解)를 희망하며 법을 구하는 데 싫증내지 않고, 자신의 신분을 지켜서 만족스럽게 여기지 않는 것이다. 셋째는 성품이 총명하고 슬기로워 좋은 말과 나쁜 말을 바르게 분명히 알아 공덕과 허물의 차별을 잘 판단하는 것이다. 만약 이와 같은 3가지 덕이 없다면 비록 훌륭한 스승과 제자의 인연이 있더라도 끝내 수승한 이익이 없다."

法器

『廣百論』云 要具三德名法器. 一稟性柔和 無有偏黨 常自審察 不貪己利. 二常希勝解 求法無厭 不守己分 而生喜足. 三爲性聰慧 於善惡

言 能正了知 得失差別. 若無如是三德 雖有師資 終無勝利.

24) 스승 중의 스승

『치선경治禪經』의 후서後序에서 말하였다. "천축의 대승大乘 사문인 불타사나佛陀斯那[30]는 천부적인 재주가 특별히 빼어나 여러 나라 중에서도 독보적이었다. 불경과 외도의 경전을 두루 익히지 않은 책이 없었으므로 세상 사람들이 모두 '스승 중의 스승이다.' 하였다."

人中師子

『治禪經』後序云 天竺大乘沙門 佛陀斯那 天才特拔 諸國獨步. 內外綜博 無籍不練 世人咸曰 人中師子.

25) 법장

제齊나라 고승 승인僧印(434~499)은 경론經論을 잘 강의하여 "법장法匠"[31]이라 불렀다.

法匠

齊高僧僧印 善講經論稱法匠.

---

30 불타사나佛陀斯那: 5세기경 계빈국 출신의 인물로 '설일체유부'의 논사였다.
31 법장法匠: 불법의 스승. 덕망이 높은 스승이 제자를 잘 양성하는 것을, 세간의 장인匠人이 기구를 잘 만드는 데 비유한 말이다.

26) 뜻을 잘 풀이하는 젊은이

법안法安이 나이 18세에 『열반경』을 강의하자 장영張永이 몇 살인지를 물어보고, 장영은 감탄하면서 말하였다. "옛날 부풍扶風의 주발朱勃이 12세에 글을 읽자 사람들이 '재간둥이(才童)'라고 불렀다. 지금 법안은 '의소'라 부를 만하구나."

義少
法安年十八 講『涅槃經』張永問年幾 永歎曰 昔扶風朱勃 年十二能讀書 人號才童. 今安公可曰義少.

27) 사해의 논주

수나라 고승 경탈을 "사해의 논주"라 불렀다.

四海論主
隋高僧敬脫稱也.

28) 삼국의 논사[32]

제나라 승찬僧粲을 "삼국의 논사"라 불렀다.【삼국은 제齊·진陳·주周를

---

[32] 논사論師: 삼장三藏 가운데 특히 논장論藏의 뜻에 통달한 사람, 또는 이론을 만들어 불법을 드날리기에 노력한 사람.

말한다.】

三國論師
齊僧粲號也.【三國謂齊陳周.】

29) 비담[33]공자

서진西秦의 혜숭惠嵩은 아비담론阿毗曇論을 잘 알아서 당시 사람들이 존중하여 그를 "비담공자"라 불렀다.

毘曇孔子
西秦惠嵩 善阿毗曇論 時重號之.

30) 수광전의 학사

양나라 혜초惠超는 경론을 배웠는데, 분명하게 이해하고 크게 통달하여 불경과 외도의 경전에 박식하였다. 양 무제가 칙령을 내려 수광전壽光殿의 학사로 삼았다.

---

33 비담毘曇: 아비담阿毘曇의 준말. 무비법無比法・대법對法이라 번역. 3장藏 중에 논장論藏의 총칭. 보통 소승 살바다부의 논장인 『발지론』・『육족론』・『바사론』・『구사론』 등을 말한다.

壽光學士

梁惠超學經論 明解宏達 博瞻[34]內外. 武帝敕爲壽光殿學士.

31) 경론의 원장

양나라의 승성僧盛은 여러 경론을 강의하였기에 당시 사람들이 "으뜸 가는 역경가(元匠)"라 불렀고, 특별히 외도의 경전(外典)에 정밀하여 많은 유학자들이 그를 꺼렸다.

經論元匠

梁僧盛 講衆經 爲時元匠 特精外典 爲群儒所憚.

32) 보살계菩薩戒[35]의 스승

혜약은 양 무제의 계사戒師[36]가 되었다.

菩薩戒師

惠約爲梁武帝戒師.

---

34 명판본에는 '瞻'으로 되어 있으나 '瞻'으로 바로잡았다.
35 보살계菩薩戒: 대승의 보살들이 받아 지니는 계율. 통틀어 삼취정계 가운데의 섭률의계攝律儀戒에 해당한다. 유가품승瑜伽稟承은 『유가사지론』의 보살지품인 『선계경』에 의한 것으로서 섭률의계는 소승 비구가 받아 지니는 250계이다.
36 계사戒師: 계戒에 대한 법을 가르치는 스승을 말한다.

33) 경전을 강의할 때에 꽃비가 내림

양나라 법운이 강의하려고 자리에 오르자 하늘에서 꽃비가 내렸다. 또 당나라 서경西京의 승광사勝光寺에서 도종道宗이 강의할 때 하늘에서 꽃비가 내렸는데, 강당을 돌며 날아 문 안으로 흘러 들어와서는 바닥에 떨어지지 않더니 한참 있다가 도로 없어졌다.

講經天花墜
梁法雲講次 天華散墜. 又唐西京勝光寺道宗講時 天華旋遶講堂 飛流戶內 但不委地 久之還無.

34) 율법을 강의하자 산봉우리가 가라앉아버림

지문智文은 율법 강의를 잘하였는데, 강의할 때 불자(塵尾)[37]를 들어올리자 두 산봉우리가 함께 푹 가라앉아버렸다.

說律山峰落
智文善講律 方擧塵尾 兩箇山峰俱落.

---

37 진미塵尾: 불자拂子의 다른 이름으로 주미麈尾라고도 쓴다. 가늘고 기다란 나무 끝에 큰 사슴(麀)의 꼬리털을 달아 부채 비슷하게 만든다. 처음에는 먼지떨이 파리채로 썼으나, 뒤에는 위의를 정돈하는 도구가 되었다.

35) 총명한 불제자

구마라집이 요흥姚興에게 말하였다. "도융道融은 바로 총명한 불제자입니다."

聰明釋子
羅什謂 姚興曰 融公是聰明釋子.

36) 표표 도인

요흥은 담영曇影[38]이 많은 사람들 중에서도 특별히 뛰어난 것을 보고 예의바르게 대접하였다. 구마라집이 요흥에게 매양 말하기를 "담영 법사는 진실로 이 나라에서 풍류가 확연히 드러나는 도인입니다." 하였다.

摽表道人
曇影姚興禮重 見其超拔群士. 每謂羅什曰 影法師眞此國風流摽表之

---

38 담영曇影: 동진東晉 때 승려로 구마라집의 제자이다. 일찍이 도안道安을 도와 『비나야鼻奈耶』를 번역했다. 『정법화경正法華經』과 『광찬반야光讚般若』를 강의했는데, 듣는 사람이 천 명을 넘어 요흥姚興이 크게 예우했다. 구마라집이 장안에 오자 그를 따라 역경을 도왔고, 『성실론成實論』 제품諸品을 정리하여 오취五聚라는 과목科目을 설정했다. 구마라집이 입적한 뒤 산림에 숨어 살았다. 동진 의희義熙(405~418) 말년에 입적했고, 세수世壽는 70세다. 저서에 『법화의소法華義疏』 4권, 『중론中論』에 주소註疏를 단 『중론의소中論義疏』 등이 있다. 『양고승전梁高僧傳』 권6에 그의 전기가 나온다.

道人也.

37) 상을 줌

『서역기』에서 말하였다. "1부를 널리 강의할 수 있는 사람은 잡역(知事)[39]을 면해주고【오늘날 절강성의 서쪽 지역(浙右)[40] 율사律寺에서는 배워서 명성을 이룬 비구가 있으면 곧 잡역을 면했으니 이것으로 증거를 삼는다.】 2부를 강의할 수 있는 사람은 좋은 방과 살림도구를 더해주었으며, 3부를 강의할 수 있는 사람은 시자가 딸려서 일을 해주며, 4부를 강의할 수 있는 사람은 정인淨人[41]을 부릴 수 있게 하였으며, 5부를 강의할 수 있는 사람은 수레를 탈 수 있게 하였다."[42]

---

39 지사知事: 지원사知院事라고도 한다. 절에서 승가대중의 잡사를 전체적으로 관장하는 사람이다.

40 절우浙右: 절강성의 서쪽 지역. 지금의 절강성浙江省 서쪽에 위치한 구주시衢州市에 해당한다.

41 정인淨人: 절에 있으면서 스님을 받들어 섬기는 속인을 말한다.

42 『대당서역기』 권2, "隨其衆居 各製科防 無云律論 經是佛經 講宣一部 乃免僧知事 二部 加上房資具 三部 差侍者祇承 四部 給淨人役使 五部 則行乘象輿 六部 又導從 周衛 道德旣高 旌命亦異." 부파들은 각자 모여 살고 있는 곳에 따라 각기 규칙을 만들었는데, 율과 논을 운운하지는 않지만 그 큰 줄기는 부처의 경전이다. 1부를 널리 강의할 수 있는 자는 승가의 지사知事를 벗어나게 되고, 2부는 좋은 방과 가구가 더해지며, 3부는 시자가 딸려서 일을 해주고, 4부는 정인淨人을 부려서 일을 하게 할 수 있으며, 5부는 외출할 때 코끼리 가마를 탈 수 있으며, 6부는 외출할 때 앞뒤로 시종이 에워싸서 호위한다. 도와 덕이 높아지면 그에 대한 대우 또한 달라진다.

優賞

『西域記』云 講宣一部乃免知事【今浙右⁴³律寺 有比丘所學成名 便免知事 以此爲證.】講二部加上房資具 講三部差侍者秖承 講四部給淨人 講五部乘輿.

38) 금사자좌

구마라집을 진진나라에서는 "동수童壽"라 부른다. 옛날 구자국龜茲國에 있을 때 왕이 금사자좌金師子座를 만들어 대진의 비단 요를 가져다 깔고, 구마라집에게 앉아서 설법할 것을 청했다.

金師子座

鳩摩羅什 秦云童壽. 昔在龜茲 王爲造金師子座 以大秦錦褥鋪之 請什坐說法.

39) 학자들은 네 가지 일로 타락함

『법률삼매경』에서 말하였다. "첫째는 배우고서도 선권방편善權方便⁴⁴을 모르고 스승과 벗을 경시하며 한마음으로 전심하지 못하여 그 마음을 자주 바꾸는 것이다. 둘째는 배우되 정진하지 않아 도력이 없고, 단지 명예만을 탐하며 남들이 공경해 주기만을 바란다. 셋째는

---
43 명판본에는 '方'으로 되어 있으나 '右'의 오자이다.
44 선권방편善權方便: 방편을 권도에 맞게 잘 펼치는 것이다.

스승을 섬기면서 배우지만 부지런히 수행할 것을 생각하지 않아 허위와 가식을 성취한다. 넷째는 외도의 학문을 배우기 좋아하고 도리어 신이한 잡술을 지니고 부처의 심오한 경전과 비교하며 동등하다고 말한다."

○『보살계경』에서 말하였다. "명예를 위하여 무리를 모으는 것을 '마귀의 제자'라고 부른다."

學者爲四事墮落

『法律三昧經』云 一學不知善權方便 輕慢師友 無有一心 其意數轉. 二學不精進[45] 無有道力 但貪名譽 望人敬待.[46] 三學所事師 不念勤苦 當得成就 虛飾貢高. 四好學外道 [47]反持異術 比佛深經 言道同等.
○『菩薩戒經』云 爲名譽聚徒 名魔弟子.

---

45 명판본에는 '文特進'으로 되어 있으나 이는 '不精進'의 오자이다.
46 명판본에는 '敬侍'로 되어 있으나 '敬待'의 오자이다.
47 명판본에는 '好學道'로 되어 있으나 다음의 인용문을 참조하여 '好學外道'로 하였다. 『불설법률삼매경』(T15, p.459a19), "佛言 用四事故 一者學本 不知善權 方便 輕慢師友 無有一心 其意數轉 二者學不精進 無有道力 但貪名譽 望人敬待 三者學所事師不念勤苦 當得成就 虛飾貢高 無有至心 四者好學外道 習邪見人 反持異術比佛深經 言道同等."

18. 택우편 擇友篇

1) 벗을 택함

『순정론』에서 말하길 "좋은 벗은 능히 모든 행동의 근본이 될 수 있다." 하였다. 『환예경』에서 말하였다. "현명한 벗은 만복의 기초이다. 현세에서는 왕의 감옥을 벗어나게 해주고, 죽어서는 지옥·아귀·축생(三塗)[1]의 문을 막아준다. 하늘에 오르고 도를 얻는 것이 모두 현명한 벗의 도움이다."

○『대장엄론경』에서 말하였다. "만약 사람들이 지혜 있는 좋은 벗을 가까이하면 몸과 마음이 안팎으로 모두 맑아질 수 있으니, 이것을 참되고 선한 대장부라고 부른다."

○『비나야』에서 말하였다. "아난이 부처에게 아뢰길 '선지식의 힘은 범행梵行이 반입니다. 여러 수행자들은 좋은 벗을 가진 힘 때문에

---

1 삼도三塗: 화도火塗(지옥)·혈도血塗(축생)·도도刀塗(아귀)의 3도를 말한다.

바야흐로 맑고 깨끗한 행실을 성취(成辦)합니다.' 하였다. 부처는 '선지식의 힘은 범행이 전부이니, 만약 좋은 도반道伴을 얻어서 그와 더불어 같이 있으면 열반에 이르기까지 해내지 못할 일이 없을 것이기 때문에 범행이 전부(全梵行)라고 하는 것이다.' 하였다."

擇友

『順正論』云 善友者 能爲衆行本故. 『歡豫經』云 賢友者 乃是萬福之基也. 現世免王之牢獄 死則杜三塗之門戶. 升天得道 皆賢友之助矣. ○『大莊嚴論』云 若人親近有智善友 能令身心 內外俱淸 斯則名爲眞善丈夫. ○『毘奈耶』云 阿難白佛言 善知識者 是半梵行. 諸修行者 由善友力 方能成辦. 佛言 是全梵行 若得善伴 與其同住 乃至涅槃 無事不辦 故名全梵行.

2) 네 등급의 벗

『패경』에서 말하였다.【패孛란 즉 부처가 인지因地 중에서 남달국藍達國의 왕사王師를 할 때 이름이다.】"패가 왕에게 말하길 '벗에는 4등급이 있습니다. 첫째는 꽃과 같은 벗이니, 좋을 때는 머리에 꽂고 시들었을 때는 땅에 버리는 것처럼 부귀한 것을 보면 붙어 있다가 빈천해지면 버리는 것이 이것입니다. 둘째는 저울과 같은 벗이니, 물건이 무거우면 머리가 내려가고 물건이 가벼우면 쳐드는 것처럼 주는 것이 있으면 공경하고 주는 것이 없으면 업신여기는 것이 이것입니다. 셋째는 산과 같은 벗이니, 마치 금산金山에 조수들이 모여들면 깃털이 빛을 받는 것처럼 그 귀함이 남을 영광되게 하고 부의 즐거움으로 함께 기뻐하는 것이 이것입니다. 넷째는 땅과 같은 벗이니, 온갖 곡식과 재물이 모두 그를 우러러보는 것처럼 베풀고 기르고 보호하며 그 은혜가 두터워 경박하지 않는 것이 이것입니다.' 하였다."【앞의 두 벗과는 친하게 지내지 않는 것이 좋다.】

四品友

『孛經』云【孛者 卽佛因中 爲藍達國王師時名也.²】孛謂王曰 友有四品. 一如花友 謂好時揷頭 萎時捐棄於地 見富貴則附 貧困則捨是也. 二如秤友 謂物重頭低 物輕則仰 有與則敬 無與則慢是也. 三如山友 譬如金山 鳥獸集之 羽毛蒙光 貴能榮人 富樂同歡是也. 四如地友 百穀財物 一切仰之 施給供護 恩厚不薄是也.【前二友 不可親厚.】

3) 벗의 세 가지 긴요한 법

『인과경』에서 말하였다. "바라문婆羅門³인 우타이優陀夷⁴는 총명하고

---

2 명판본에는 '國王時師名也'로 되어 있으나 '國王師時名也'로 바로잡았다.
3 바라문婆羅門: 인도 4성姓의 하나이다. 정행淨行·정지淨志·정예淨裔·범지梵志라 번역한다. 인도 4성의 최고 지위에 있는 종족으로 승려 계급이다. 바라문교의 전권을 장악하여 임금보다 윗자리에 있으며, 신의 후예라 자칭하고, 정권의 배심陪審을 한다. 사실상의 신의 대표자로서 권위를 떨친다. 그들의 생활에는 범행梵行·가주家住·임서林棲·유행遊行의 네 시기가 있다. 어렸을 때는 부모 밑에 있다가 좀 자라면 집을 떠나 스승을 모시고 베다를 학습, 장년에 이르면 다시 집에 돌아와 결혼하여 살다가, 늙으면 집안 살림을 아들에게 맡기고 숲에 들어가

지혜가 많았다. 정반왕이 태자의 벗이 되라 명을 내리니, 우타이가 태자에게 말하길 '벗에게는 요긴한 3가지 법이 있습니다. 첫째는 잘못이 있으면 그때마다 서로 깨닫도록 충고하고, 둘째는 좋은 일이 있으면 마음속 깊이 같이 기뻐하고, 셋째는 괴롭고 힘든 일이 있더라도 서로 버리지 않는 것입니다.' 하였다."

朋友三要
『因果經』云 婆羅門優陀夷 聰明多智. 淨飯王敕爲太子友 白太子言 朋友有三要法. 一者見有失 輒相曉諫 二見好事 深生隨喜 三在苦厄 不相棄捨.

4) 좋은 벗을 얻는 데 항상 행해야 하는 네 가지 법

『용왕형제경』에서 말하였다. "첫째는 업신여기지 않고 아첨하지 않으며 항상 공경하는 것이요, 둘째는 부드럽게 잘 어울리면서도 조심스럽게 말하는 것이요, 셋째는 잘난 체하지 않는 것이요, 넷째는 항상 말을 잘 받아들이는 것이다."

고행 수도한 뒤에 숲을 나와 사방으로 다니면서 세상의 모든 일을 초탈하여 남들이 주는 시물施物로써 생활한다.
4 우타이優陀夷: 오타이(烏陀夷·鄔陀夷)라 음역하고, 출현出現이라 번역한다. 가비라성 국사의 아들로 정반왕에게 뽑혀 실달다 태자의 학우學友가 된다. 변론을 잘하여 태자의 출가를 막으려던 사람이다. 후에 출가하여 부처의 제자가 된다.

得善友常行四法

『龍王經』云 一不慢不謟 常加恭敬 二柔和愼言 三不自大 四常受言敎.

5) 친한 벗을 삼을 때 갖출 일곱 가지 법

『사분율』에서 말하였다. "7가지 법을 갖추어야 비로소 친한 벗이 될 수 있다. 첫째는 하기 어려운 일을 해줄 수 있어야 한다. 둘째는 주기 어려운 것을 줄 수 있어야 한다. 셋째는 참기 어려운 것을 참을 수 있어야 한다. 넷째는 비밀을 서로 터놓고 말할 수 있어야 한다. 다섯째는 서로 잘못을 덮어줄 수 있어야 한다. 여섯째는 어려운 일을 당하더라도 버리지 않아야 한다. 일곱째는 가난하더라도 업신여기지 않아야 한다."

親友七法

『四分律』云 具七法 方成親友. 一難作能作 二難與能與 三難忍能忍 四密事相告 五互相覆藏 六遭苦不捨 七貧窮不輕.

6) 벗에게 해야 할 다섯 가지 일

『불설시가라월육방예경』에서 말하였다. "첫째는 나쁜 일을 하는 것을 보거든 남이 안 보는 곳으로 데리고 가서 알아듣게 충고하여 그만두게 한다. 둘째는 급한 일이 생기면 달려가서 당연히 도와준다. 셋째는 개인적으로 했던 말을 다른 사람에게 말하지 않는다. 넷째는 항상 서로 공경하고 어렵게 대한다. 다섯째는 좋은 일이 생기면 가지고 있는 물건을 얼마간 나누어 쓴다."

視朋友五事
『尸迦越經』云 一見作惡 往屛處 曉諫訶勸止. 二所有急事 當奔赴救護. 三所有私語 不得說向他人. 四常相敬難 五所有好事 當多少分與之.

7) 용렬한 사람

『음의』에서 말하였다. "항상 어리석고 부족하여 마음을 절제하고 신중하지 못하며, 입으로는 법어를 말하지 않고 나쁜 사람을 벗으로 삼으니, 이런 사람을 용렬한 사람(庸人)이라 한다."

庸人
『音義』云 謂常愚短 心不節愼 口無法言 惡人爲友 此名庸人.

8) 습관에 물듦

『불본행경』에서 말하였다. "세존이 난타 비구와 함께 생선가게(魚肆)에 이르렀을 때 부처가 난타에게 생선을 쌌던 짚을 손에 잠깐 쥐고 있다가 버리고 오도록 했다. 손을 냄새 맡도록 하고는 그에게 무슨 냄새가 나냐고 묻자, 난타가 '비린내가 납니다.' 하였다. 또 향을 파는 가게에 가서 향을 쌌던 종이를 잠깐 움켜쥐었다가 조금 뒤 버리고 오도록 하고는 다시 무슨 냄새가 나냐고 묻자, 난타가 대답하였다. '오직 좋은 향기만 납니다.' 부처가 난타에게 말했다. '좋은 벗과 나쁜 벗은 서로 물들기를 이와 같이 하는 것이니, 만약 좋은 벗과 친하면 반드시 명성이 널리 퍼지게 될 것이다.'"

染習

『佛本行經』云 世尊與難陀比丘至魚肆 佛令難陀 取少籍魚草 握少時棄之. 令嗅手問之 難陀曰 唯有腥臭之氣. 又至香店 令取裹香紙 掬少時棄之 復問難陀 答唯聞香氣. 佛語難陀 善友惡友相染習 亦復如是 若親善友 必定當得 廣大名聞.

9) 이간질하는 것을 살핌

【중간에서 이간질하는 말로 인하여 싸우는 것을 말한다.】『근본비나야』에서 말하였다. "다른 사람의 말로 인하여 친한 벗을 버려서는 안 된다. 만약 다른 사람의 말이 들리거든 잘 살펴봐야 한다. 【그 말에 대해 캐물어서 죄가 있는지를 살피는 것을 일컫는다.】

察間諜

【謂被中間言語鬪亂.】『根本毘奈耶』云 朋友不得因他語 便相棄捨. 若聞他語 當善觀察【謂徵其詞 察有罪也.】

19. 외신편 畏愼篇

1) 늘 조심하고 삼가야 함

『잡아함경』에서 말하였다. "부처가 여러 비구들에게 말하였다. '마땅히 공경히 머물러야 하고, 항상 마음을 잡아매고 늘 두려워하며 삼가야 한다. 왜냐하면 만일 어떤 비구가 공경하지 않고, 마음을 잡아매지 않으며, 두려워하고 삼가지 않으면서 위의를 완전히 갖추고자 한다면 그렇게 될 리가 없다. 위의를 갖추지 않고 법을 배워 원만해지기를 바라는 자도 그렇게 될 리가 없고, 법을 배워 원만해지지도 않았는데 오분법신五分法身[1]을 완전히 갖추려고 하는 자도 그렇게 될 리가 없으며, 오분법신이 원만하게 갖추어지지 않았는데 무여열반無餘涅槃[2]을

---

[1] 오분법신五分法身: 부처와 아라한이 갖추어 가진 5종류의 공덕으로 계신戒身·정신定身·혜신慧身·해탈신解脫身·해탈지견신解脫知見身을 말한다. 다시 말해 계율의 몸·선정의 몸·지혜의 몸·해탈의 몸·해탈지견의 몸이다.

[2] 무여열반無餘涅槃: 2종 또는 4종 열반의 하나이다. 생사의 괴로움을 여읜 진여眞如의

얻으려고 하는 것도 그렇게 될 리가 없다." 그러므로 비구들은 마땅히 부지런히 배우고 공경하며, 마음을 잡아매고 늘 두려워하며 삼가야 한다.

畏愼

『雜阿含經』云 佛告諸比丘 當恭敬住 當常繫心 常畏愼. 所以者何 若比丘不恭敬不繫心不畏愼而欲令威儀足者 無有是處. 不備威儀 欲令學法滿者 無有是處 學法不滿 欲令五分法身具足者 無有是處 五分法身不具足 欲得無餘涅槃者 無有是處. 是故比丘 當勤學恭敬 繫心畏愼.

2) 구명대를 아끼고 지킴

『열반경』에서 말하였다. "어떤 사람이 바다를 건너려고 구명대(浮囊)[3]를 빌렸다. 한 나찰羅刹이 따라 건너려고 그 구명대를 빌려 달라고 하였다. …(중략)… 나찰은 바늘만큼이나 눈만큼이라도 빌려달라고 하였으나, 바다를 건너려는 사람은 빌려줄 수가 없었다." 이 비유는 계율을 수호하고 지키는 것은 바다를 건너려는 구명대와 같아서 조금이라도 뚫려 새지 않아야만 바야흐로 삶과 죽음의 큰 바다를 건널 수 있다는 것이다.

경지로, 번뇌장을 끊고 얻는 것이고 이숙異熟의 고과苦果인 현재의 신체까지 멸해 없어진 곳에 나타나는 것이므로 이같이 부른다.
3 부낭浮囊: 바다를 건너는 사람이 빠지지 않도록 물 위에 떠우는 큰 주머니로 경전에서는 계율戒律에 비유한다.

護惜浮囊

『涅槃經』云 有一人渡海 假於浮囊. 一羅剎隨渡者 乞其浮囊. 乃至一針眼許 渡者不得. 此喻持戒人 守護戒法 如渡海浮囊 不得少許穿漏 方渡生死大海.

3) 덕병[4]을 깨뜨림

또는 "길상병吉祥瓶"이라고 부른다. 『지도론』에서 말하였다. "비유하면 다음과 같다. 어떤 사람이 가난을 근심하여 제천諸天에게 부자가 되게 해 달라고 공양하였다. 12년 만에 천신이 그의 뜻을 불쌍히 여겨 병 하나를 주며 말하였다. '이것은 덕병이니 그대가 얻고자 하는 것은 모두 이 병에서 나올 것이다.' 그 사람은 오랫동안 가난하였는데 갑자기 부자가 되자 사람들이 모두 이상히 여겨 물었다. 마침내 병을 꺼내어 보여주니 사람들은 갖가지 물건들이 병에서 나오는 것을 보게 되었다. 그 사람은 교만한 생각이 나서 병에 올라서서 춤을 추었고. 병은 곧 깨지면서 여러 물건이 다 사라져 버렸다." 이 비유는 계를 지키는 사람은 천상에 태어나 쾌락을 즐기게 되는데 교만하거나 방자해지면 병이 깨지고 모든 물건을 잃어버리는 것과 같다는 말이다.

毀破德瓶

又名吉祥瓶. 『智度論』云 譬如有人患貧 供養諸天求富. 滿十二年 天

---

4 덕병德瓶: 현병賢瓶·천병天瓶·길상병吉祥瓶이라고도 한다.

愍其志 賜與一瓶. 告曰 此名德瓶 凡有所須 皆自瓶出. 其人久貧乍富 人皆怪問. 遂出其瓶示人 見種種物 從瓶涌出. 其人憍逸 登瓶舞蹈 其瓶卽破 諸物皆失. 此喩持戒人 應生天上 受自然樂 若憍逸自恣 亦 如瓶破 一切皆失.

4) 재앙의 어머니를 사들임

『잡비유경』에서 말하였다. "옛날에 어떤 나라가 있었는데 오곡이 풍성하고 전쟁도 없으며 전염병도 없어서 백성들이 항상 즐거워하였다. 어느 날 왕이 신하들에게 문득 물었다. '내가 사방에 재앙(禍)이 있다는 소리를 들었는데 어떤 것인가?' 대답하기를 '신도 알지 못합니다.' 하자, 왕이 사람을 보내어 구해오도록 하였다. 신하가 마침내 뜻을 받들고 구하러 갔다. 이때 천신은 사람으로 변하여 돼지와 비슷하게 생긴 물건을 만들어 시장에서 팔고 있었다. 신하가 이름이 무엇인지를 묻자 '이것은 화모禍母입니다. 세상의 모든 재앙은 여기에서 생겨납니다.' 하였다. '무엇을 먹는가?' 하고 묻자 '날마다 바늘 한 되를 먹습니다.' 하였다. 마침내 사서 왕에게 바치자 기르라 명을 내렸는데, 먹이로 주는 바늘이 나라에 모자랐다. 이에 백성들에게 바늘을 실어 나르도록 하자 견딜 수 없는 사람들은 다른 나라로 도망가 버렸다. 지혜로운 신하가 죽이기를 청하자 …(중략)… 칼로 베고 찔러도 다치거나 죽지 않았다. 마침내 불을 지르자 몸이 불과 하나가 되어 성 안으로 뛰어 내달리며 모든 것을 다 태워버렸다." 이것은 화모를 샀기 때문에 벌어진 일이다. 이 비유는 비구들이 계율을 지키지 않으면 욕심이 불같이 일어나 타버려서 몸과 명예를 한꺼번에 다 잃게 되는 것과 같다는 말이다.

市買禍母

『雜譬喩經』云 昔有一國 五穀豐熟 絶兵無疫 人民常樂. 其王忽問群臣曰 我聞四方 有禍何似? 對曰臣亦未識 王遣人 求覓要見. 臣遂推求. 是時天神 化作一物似猪賣於市. 其臣問名曰 是禍母. 四方之禍 皆由此生也. 問食曰 日食針一升. 遂買進王 敕令畜養 飼針國乏. 乃率於民 民輸不堪 逃移他土. 有智臣請殺 乃至斫刺 無能傷害. 遂焚之身 亦同火躍走入城 一切燒盡. 此買禍母所致也. 喩比丘不護戒身 欲火所燒 身名俱失.

5) 삵이 쥐를 삼킴

경전에서 말하였다. "옛날 삵 한 마리가 입을 벌리고 쥐를 엿보고 있었다. 쥐가 구멍에서 나오자 삵은 곧 그것을 삼켜버렸다. 쥐가 뱃속으로 들어가서 여전히 살아 반대로 삵의 내장을 갉아 먹어버리자 삵은 고통을 견디지 못해 미쳐 날뛰다 드디어 죽고 말았다." 이 비유는 비구들이 촌락 근처에 살면서 육근의 문(根門)[5]을 보호하지 못하고 욕심으로 마음을 상하게 하여 미혹과 번민으로 미쳐 돌아다니다 절을

---

5 근문根門: 6가지 감각기관六根, 즉 눈·귀·코·혀·몸·마음 등을 말하는데, 이것은 번뇌를 만들어 낼 뿐만 아니라 온갖 허망한 대상들을 받아들이는 문과 같으므로 일컫는 말이다.

좋아하지 않고 계를 버리고 속세로 돌아가 마침내 죽음에 이르게 되는 것과 같다는 말이다.

狸呑鼠子

經云 昔有一狸 張口伺鼠. 有鼠子出穴 狸卽吞之. 鼠子入腹猶活 反食狸臟腑 患痛迷悶狂走 遂至命終. 此喻比丘 依聚落住 不護根門 被欲損心 迷悶狂走 不樂精舍 捨戒還俗 遂至于死.

6) 솜으로 붉게 달아오른 철환을 싸다

경전에서 말하였다. "비유컨대 붉게 달아오른 철환을 완전히 솜으로 감싸면 솜이 빨리 타지 않겠느냐?' 하자, 비구들이 '빨리 탈 것입니다.' 하였다. 부처가 말하길 '어리석은 사람이 촌락 근처에 살면서 계를 잘 지키지 않고 마음으로는 바른 생각을 하지 않으면, 욕심이 불같이 일어나서 마음을 태워 계를 버리고 속세로 돌아가게 될 것이다. 이 때문에 너희들은 육근의 문을 잘 지켜야만 한다.' 하였다."

綿裹鐵丸

經云 譬燒赤鐵丸 裹劫貝綿中 綿速燃否? 比丘言速燃. 佛言愚癡之人 依聚落住 不善護戒 心不正念 欲火燒心 捨戒還俗. 是故汝等 應護根門也.

7) 날마다 사용하는 절굿공이

『잡아함경』에서 말하였다. "비유하면 절굿공이를 매일 사용하며 그만두지 않으면서 닳아 없어지는 것을 깨닫지 못하는 것과 같다. 이와 같이 비구들이 처음부터 여섯 감각기관을 지키지 않고, 선법을 부지런히 닦아 익히지 않으면 이런 무리들은 온종일 선법이 감소하기만 하고 늘어나지 않는다는 것을 알아야 한다."

日用木杵

『雜阿含經』云 譬喩木杵 日用不止 不覺消減. 如是比丘 從本已來 不守根門 不勤覺悟修習善法 當知是輩 終日減損.

8) 작은 물고기들이 충고를 잊어버림

『대어사경』에서 말하였다. "옛날 어떤 못에 물고기들이 많이 살고 있었다. 어느 날 큰 물고기들이 작은 물고기들에게 다른 곳에 가면 반드시 사람들에게 잡힐 테니 가지 말라고 주의를 주었다. 그러나 작은 물고기들은 그 충고를 잊어버리고 곧 다른 곳으로 나갔다가 거의 그물에 잡힐 뻔하였다. 살던 곳으로 돌아오자 큰 물고기가 '너희들은 무엇을 보고 왔느냐?' 하자, 작은 물고기들이 '오직 기다란 줄이 있는 것을 보았습니다.' 하였다. 큰 물고기가 '우리의 조상들이 모두 이 줄 때문에 죽었으니 삼가하여 다시는 가지 말라.' 하였다. 뒷날 작은 물고기들은 충고를 듣지 않고 다시 갔다가 모두 잡혀버렸다."

이는 비구들이 선한 가르침을 받지 않았다가 뒤에 뜻하지 않은 재앙을 당한 것에 비유한 것이다.

小魚忘敎

『大魚事經』云 昔有一池 多有諸魚. 尒時大魚誡諸小魚 莫往他處 必爲人捕. 時諸小魚 忘其敎誡 便往他處 幾被網獲. 洎歸本所 大魚問曰 汝何所見? 小魚曰 唯有長線. 大魚曰 我之祖父 皆死此線 愼勿再往也. 後時小魚 忘敎復往 盡爲所捕. 此喩比丘 不受善敎 後罹橫禍.

9) 이리들의 간청을 거부함

『승기율』에서 말하였다. "옛날에 어떤 바라문이 광야에 행인들이 사용할 우물을 만들었다. 날이 저물자 이리(野干)[6] 떼가 우물로 몰려와 물을 마시는데, 이리떼의 우두머리가 두레박에 머리를 넣고 물을 마시고는 다 마시면 머리를 높이 쳐들고 박을 깨뜨리고 가버렸다. 작은 이리들이 우두머리에게 간청하기를 '나뭇잎도 쓸 만한 것이면 아끼고 보호하는데, 하물며 이렇게 사람들을 이롭게 하는 도구를 어찌하여 깨버리십니까?' 하자, 우두머리가 말하길 '나는 다만 재미로 하는 것뿐이다.' 하였다. 깨진 것이 이미 많게 되자 시주자들이 원망을 품게 되었다.

이에 나무로 두레박을 만들되, 머리는 넣기 쉽고 빼낼 수는 없게

---

6 야간野干: 이리·여우와 비슷한 종류이다. 빛은 청황색이고, 개와 비슷하다. 떼를 지어 다니며 밤에 우는 소리가 이리와 같다고 한다.

하여 우물 곁에 갖다 두고, 막대기를 들고 으슥한 곳에 숨어서 엿보았다. 날이 저물자 이리가 우물에 와서 두레박에 머리를 넣고 물을 마시고 과연 장난삼아 처음과 같이 깨뜨리려 하였으나 벗겨지지 않았다. 바라문이 막대기로 이리를 때려 죽였다. 이때 공중에서 어떤 신령이 게偈로 말하였다."

지혜롭고 인자한 말	知識慈心語
괴팍스럽게 받아들이지 않더니	恨戾不受諫
미련한 고집 이 재앙을 불러들여	守頑招此禍
스스로 목숨을 잃어버렸네.	自喪其身命

野干拒諫

『僧祇律』云 過去有一婆羅門 於曠野造井 以給行人. 至暮有群野干 趣井飲水 其野干主 便內頭汲罐中 飲已戴起高擧撲破而去. 諸小野干 諫主曰 若樹葉可用者 猶護惜之 況此利濟之具 何忍壞也? 主曰 我但戲樂耳. 損壞旣多 施者懷恨. 乃作木罐用機 故頭可入不可出 置于井側 執杖屛處伺之. 及暮果至作戲如初 內頭入罐 求撲不脫. 婆羅門以杖打死. 時空有神說偈曰 知識慈心語 恨戾不受諫 守頑招此禍 自喪其身命.

10) 아홉 가지 횡액

『구횡경』에서 말하였다. "부처가 비구들에게 말하기를 '9가지 인연 때문에 수명을 다 마치지 못하고 갑자기 죽게 된다. 첫째는 밥을 먹지 않아야 하는데 먹는 것이다.【밥 생각이 없거나 혹은 배부른데도 조절하지 않고 다시 먹는 것을 말한다.】둘째는 양을 헤아리지 않고 먹는 것이다.【절제하지 않는 것이다.】셋째는 평소에 안 먹는 것을 먹는 것이다.【다른 곳에 갔을 때 음식의 성질을 모르고 억지로 먹는 것을 말한다.】넷째는 배출되지 않았는데 먹는 것이다.【먹고 소화되지 않았는데 다시 먹는 것을 말한다.】다섯째는 배설을 멈추는 것이다.【대소변을 억지로 제어하는 것을 말한다.】여섯째는 계를 간직하지 않는 것이다.【오계를 범하여 병이 되거나 관아의 법을 만나게 되는 것을 말한다.】일곱째는 악지식을 가까이하는 것이다. 여덟째는 불시에 마을에 들어가는 것이다.【때가 아닌데 성이나 인가人家 등에 들어가는 것을 말하니 너무 이른 아침이거나 너무 늦은 밤이다.】아홉째는 피해야 할 것을 피하지 않는 것이다.'라 하였다.【달리는 소, 달아나는 말, 달리는 수레, 술 취한 사람, 사나운 개 등을 말한다.】"

九橫

『九橫經』云 佛告比丘 有九因緣 命未盡便橫死. 一不應飯而飯【謂食不可意 或滿腹不調 更食.】二不量食【不節.】三不習食【謂往他處 未知食性 便强食.】四不出食【謂食未消復食.】五止熟【謂强制大小便.】六不持戒【謂犯五戒成疾 又遭官法等.】七近惡知識. 八入里不時【謂非時入城市 及人家等 太早太夜.】九可避不避【謂奔牛 逸馬馳車醉人惡犬等.】

11) 세속인의 집에 들어갈 때의 다섯 가지 법

계율에서 말하였다. "첫째는 문에 들어가서 작은 소리로 말한다. 둘째는 신구의身口意를 잘 단속한다. 셋째는 몸을 낮춘다. 넷째는 육근을 잘 지킨다. 다섯째는 위의를 엄숙하게 하여 사람으로 하여금 선이 생겨나게 한다."

○『화수경』의 게에서 말하였다.

비구가 다른 집에 들어가서	比丘入他家
교만한 마음을 품거나	不應懷憍慢
잘난 체하는 마음을 먹지 말며	自大自高心
있더라도 마땅히 없애야 하리.	若有皆當滅
사랑하고 어여삐 여기는 마음으로	當以慈愍心
탐내지 말고 요구하지도 말고	無欲無所求
법문을 말하여 널리 이익되게 하며	說法廣饒益
행하여 세간을 깨끗하게 하라.	淨行於世間

入俗舍五法

律云 一入門小語 二攝身口意 三卑躬 四善護諸根 五威儀庠序 令人生善. ○『華首經』偈云 比丘入他家 不應懷憍慢 自大自高心 若有皆當滅 當以慈愍心 無欲無所求 說法廣饒益 淨行於世間.

12) 다섯 종류의 인색함을 버림

『성실론』에서 말하였다. "마땅히 5종류의 인색함(五慳)[7]을 버려야 한다. 첫째는 재물에 인색함(財物慳)이요, 둘째는 법에 인색함(法慳)이요, 셋째는 집에 인색함(家慳)이요,【문도의 집을 가르쳐 주는 것을 아까워하여 다른 승려가 알지 못하게 하는 것이니, 자기의 이익을 잃어버릴까 두려워하는 것을 말한다.】넷째는 주처에 인색함(住處慳)이요,【방을 가지고 있으면서 다른 사람이 거처하지 못하게 하는 것을 말한다.】다섯째는 찬탄에 인색함(讚歎慳)이다."【다른 사람의 좋은 일을 칭찬하지 않음을 말하는 것이니 자기보다 나은 것을 두려워하는 것을 말한다.】

捨五慳

『成實論』云 當捨五慳 一財物慳 二法慳 三家慳【謂惜門徒家 不欲別人識 恐失已利故.】四住處慳【謂有房舍 不欲人居.】五讚歎慳【謂不揚人美事 恐勝已故.】

---

[7] 오간五慳:『성실론』 10권에서는 또 다르게 설명한다. ①주처간住處慳: 자기만 그 처소에 있고, 다른 사람을 들어오지 못하게 하는 것. ②가간家慳: 자기만이 그 집에 출입하고, 다른 사람은 쓰지 못하게 하는 것. 설사 다른 사람에게 허락하더라도 자기가 우선권을 가지는 것. ③시간施慳: 자기만 그 시물施物을 받으며, 설사 다른 사람에게 주더라도 자기보다 적게 주는 것. ④칭찬간稱讚慳: 자기만을 칭찬케 하고, 설사 다른 사람을 칭찬케 하여도 자기 이상으로 하지 못하게 하는 것. ⑤법간法慳: 자기만 경의 깊은 뜻을 알고, 다른 사람은 모르게 하는 것.

13) 세 가지 악을 제거함

『대법거다라니경』에서 말하였다. "부처가 말하였다. '사람의 몸은 얻기가 어려운데, 비록 얻었다 하더라도 수명을 다시 재촉하여 단명하는 이유 중에 곧 3가지 악이 있다. 첫째는 심성이 사나워 좋은 말을 받아들이지 않는 것이요, 둘째는 항상 시기하는 마음을 품고 남이 나보다 뛰어남을 미워하는 것이요, 셋째는 나보다 뛰어난 줄을 알면서도 부끄러워 묻지 않는 것이다."

除三惡

『大法炬陀羅尼經』云 佛言人身難得 雖得其壽復促 於短命中 更有三惡. 一心性狠弊 不受善言 二常懷慳嫉 懼他勝己 三設知勝己 恥而不問.

14) 세 가지 위해를 그치게 함

『승기율』에서 말하였다. "'몸의 해로움'이라는 것은 비구들이 인가에 들어가서 어린아이들을 끌어내어 치고·때리고·밀며 기물을 파손하고, 송아지의 다리를 부러뜨리고 염소의 눈을 찌르기도 하며, 쌀·콩·보리 등 갖가지 곡식을 서로 섞어버리는 것이다. 밭 가운데 물이 필요한 곳에는 다른 곳으로 터서 흘러가게 하고, 하지 말아야 할 곳에는 수로를 열어 물이 들어가게 하는 것 등이다. '입의 해로움'이라는 것은 왕과 신하 앞에 나아가 어질고 선한 사람을 참소하는 것이다. '몸과 입의 해로움'이라는 것은 으슥한 곳에 몸을 숨겨서 이상한 소리를 만들어 사람들을 놀라게 하는 것 등이다."

息三暴害

『僧祇』云 身暴害者 比丘入人家 牽拽小兒 打柏推撲 破損器物 斫牛脚 刺羊眼 將他穀米豆麥和雜. 若田中須水 決破令去 不須者 開竇放入 等. 口暴害者 詣王臣前 讒佞[8]良善. 身口暴害者 於屛處藏身 作異聲怖人等.

15) 업신여김을 불러들이는 세 가지 법

『비나야율』의 게에서 말하였다.

일은 없는데 말은 많고	無事多言語
몸에는 때 묻은 낡은 옷을 걸치고서	身著垢弊衣
청하지 않았는데 다른 집에 가는 것	不請往他家
이 3가지가 사람을 천하게 만드는 것이라네.	此三被人賤

招輕賤三法

『毗奈耶律』偈曰 無事多言語 身著垢弊衣 不請往他家 此三被人賤.

---

8 명판본에는 '佞'으로 되어 있으나 '佞'의 오자이다.

16) 다른 사람들이 좋아하지 않게 되는 열 가지 법

『승기율』에서 말하였다. "첫째는 서로 익숙하게 가까이 지내지 않는 것. 둘째는 경망스럽게 자주 익혀 가까이 지내는 것. 셋째는 이익을 위해서 가까이 지내는 것. 넷째는 남이 좋아하는 것을 좋아하지 않는 것. 다섯째는 남이 좋아하지 않는 것을 좋아하는 것. 여섯째는 진실된 말을 받아들이지 않는 것. 일곱째는 남의 일에 참견하는 것을 좋아하는 것. 여덟째는 실제로 위엄과 덕망도 없으면서 사람을 업신여기는 것. 아홉째는 다른 사람과 으슥한 곳에서 사적인 말하기를 좋아하는 것. 열째는 욕심이 많은 것. 이 10가지 법은 다른 사람으로 하여금 좋아하지 않는 마음을 일으키게 한다."

得人不可愛有十法

『僧祇』云 一不相習近 二輕數習近 三爲利習近 四他愛者不愛 五他不愛者愛 六諦言不受 七好預他事 八實無威德 而欲陵人 九好與人屛處私語 十多所求欲. 此十法 能令他起不愛心也.[9]

17) 여덟 가지 경계해야 할 것

『분별선악소기경』에서 말하였다. "멀리 전하고 소통하되 너무 자세히

---

9 『마하승기율摩訶僧祇律』(T1425, p.277c09)의 원문은 다음과 같다. "佛告諸比丘 有十事法爲人所不愛 何等爲十 不相習近 輕數習近 爲利習近 愛者不愛 不愛者愛 諦言不受 好豫他事 實無威德而欲陵物 好屛私語 多所求欲 是爲十事起他不愛."

살핌을 경계하고, 독실하게 믿어 한결같이 지키되 막히는 것을 경계하고, 용맹하고 굳세게 하되 난폭함을 경계하고, 인자하고 어질되 결단하지 못함을 경계하고, 넓은 마음으로 포용하되 여우 같은 의심을 경계하고, 침착하고 편안히 하되 뒤로 미룸을 경계하고, 분명하고 바빠 하되 너무 빠름을 경계하고, 많은 사람에게 길게 말하되 진실이 없음을 경계하라."

八誡

『分別善惡所起經』云 傳遠疏通 誡於太察 篤信守一 誡於壅弊 勇猛剛毅 誡於暴亂 仁愛溫良 誡於不斷 廣心浩大 誡於狐疑 沈靜安舒 誡於後時 刻削隘急 誡於懆疾 多人長辭 誡於無實.

18) 승려로서 위의를 갖추는 네 가지 법

『십주단결경』에서 말하였다. "첫째는 삼계(三有)에 물들지 않고 그것이 고통임을 안다. 둘째는 나와 저 사람의 즐거움과 괴로움은 함께한다고 여긴다. 셋째는 항상 인욕忍辱[10]을 행하여 나쁜 마음을 일으키지 않는다.[11] 넷째는 위에 있을 때에는 교만하지 않고 아래에 있을 때에는

---

10 인욕忍辱: 10바라밀의 하나이다. 욕됨을 참고 안주安住하는 뜻으로 온갖 모욕과 번뇌를 참고 원한을 일으키지 않는 것이다.

11 명판본에는 '一不染三有 知之爲苦 二我與彼人 苦樂俱然 三常行忍辱 四在上無慢 在下不恥'로 되어 있으나 『십주단결경』(T10, p.1043c16) 원문을 참조하여 교감하였다. "一者不染三有 知之爲苦 二者我與彼人 苦樂俱然 三者恒行忍辱 不興惡心

부끄러이 여기지 않는다."

成就威儀四法

『十住斷結經』云 一不染三有 知之爲苦 二我與彼人 苦樂俱然 三常行忍辱 不興惡心 四在上不慢 在下不恥.

19) 시주를 받을 적에 양을 조절할 줄 알아야 함

『지도론』에서 말하였다. "부처가 말하였다. '속인이 옷과 먹을 것을 보시할 적에는 마땅히 양을 조절할 줄 알아야 하나니, 그의 재물이 고갈되지 않게 한다면 시주자는 기뻐하고 신심도 끊어지지 않을 것이며 승려도 궁핍하지 않을 것이다.'"

受施知節量

『智度論』云 佛言白衣給施衣食 當知節量 不令他罄竭 則檀越歡喜 信心不絶 受者不乏.

20) 네 가지 성인의 씨앗

『구사론』에서 말하였다. "첫째, 옷은 얻는 대로 입는다. 둘째, 음식은 얻는 대로 먹는다. 셋째, 침구는 얻는 대로 써도 모두 기쁘게 생각하며

四者在上無慢 居下不恥."

만족히 여긴다. 넷째, 불도를 닦기 좋아하고 번뇌를 끊기 좋아한다.
【앞의 3가지는 탐심을 대하여 다스림이요, 뒤의 1가지는 제멋대로 하는
것에 대하여 다스리는 것이다.】

출가자들은 2가지 인연이 있으므로 성인이 될 씨앗(聖種)이라 한다.
첫째는 의요意樂(목적을 향해 나가려는 마음)이고, 둘째는 수용受用이다.

앞의 이 4가지는 능히 무루(번뇌에서 벗어남)의 선善을 생성하여
이어지게 할 수 있으므로 성인이 될 씨앗이라 부른다. 또 부처의
말씀을 '사성보장四聖寶藏'이라고 부르니, 능히 부처의 말을 지니는
자로 하여금 바라는 바를 만족시킬 수 있기 때문이다."

『본생심지관경』에서 말하였다. "4무구성無垢性은 비구들이 사용하
는 의복·음식·침구·탕약을 거칠든지 곱든지 마음에 맞추어 탐하고
구하는 마음을 멀리 여읨을 말함이니, 37가지 보리분법菩提分法[12]이
모두 이것으로부터 생겨나기 때문이다."

四聖種

『俱舍論』云 一隨所得衣 二隨所得食 三隨得臥具 皆生喜足 四樂修樂
斷.【前三對治貪 後一對治放逸.】以出家者 有二因緣 故名聖種. 一意樂
二受用. 此四能生無漏善相續 故名聖種. 又佛說名四聖寶藏 能令住
者 意望滿足故.『本生心地觀經』云 四無垢性 謂比丘於衣食臥具湯藥
隨其麤細稱心 遠離貪求 三十七菩提分法 皆從此生故.

---

12 37보리분법菩提分法: 또는 37조도품助道品. 열반의 이상경理想境에 나아가기 위하
여 닦는 도행道行의 종류. 4념처念處·4정근正勤·4여의족如意足·5근根·5력力·7
각분覺分·8정도분正道分.

21) 경계

『육도집경』에서 말하였다. "부처가 땅 때문에 가난한 사람이 생겨나는 것을 보고 말하였다. '나는 차라리 도를 지키다가 빈천하게 죽을지언정 도 없이 부귀하게 살지는 않을 것이다.'"

○『좌전』에서 정나라의 자장子張이 말하길 "'살아가는 일은 경계警戒함에 달려 있지 부유함에 있는 것이 아니다.' 하니, 군자가 '좋은 경계로다.' 하였다."

警誡

『六度集經』云 佛因地作貧人云 吾寧守道 貧賤而死 不爲無道 富貴而生. ○『左傳』鄭子張曰 生在警戒 不在富也. 君子曰 善戒.

20. 근해편 勤懈篇

1) 정진수행

근勤은 정근正勤을 말하는 것으로 4가지가 있다. 즉 4종류의 정진이니 2가지 불선법不善法을 차단하고 2가지 선법을 모으는 것으로, 이미 생긴 불선법은 끊도록 하고, 아직 생기지 않은 불선법은 생겨나지 않도록 하며, 아직 생기지 않은 선은 생기도록 노력하고, 이미 생긴 선은 더욱 늘어나도록 하는 것이다.

　○『지도론』에서 말하였다. "4가지 정진은 마음이 용맹하게 발동發動하여 착오가 생길까 두려워하는 까닭에 정근이라 말한다."

　○『순정리론』에서 말하였다. "무시 이래로 사성제四聖諦를 관찰하지 못한 까닭은 모두 태만함으로 말미암은 것이니, 부지런하여야 그것을 다스릴 수 있다. 사성제의 이치를 즐거이 듣기 좋아하게 하고 이치대로 사유하게 하면 신속하게 보리를 얻게 된다."

勤

謂正勤也. 有四焉. 卽四種精進 遮二[1]不善法 集二善法 謂已生不善法 令斷 未生者令不生故 未生善令生 已生者令增長故. ○『智度論』云 四種精進 心勇發動 畏錯誤故 言正勤也. ○『順正理論』云 無始時來 所以不能見四聖諦 都由懈怠 勤能治彼. 令樂聽聞 如理思惟 四聖諦理 速證菩提.

2) 정진

정진은 곧 마음이 법으로 삼는(心所法)[2] 11가지 선善 가운데 두 번째 법이다.

○『유식론』에서는 "용맹하게 막아내는 것을 '성性'이라고 한다." 하였고, 소疏에서는 "용맹해서 겁이 없는 것은 스스로 채찍질하고 격려하는(策發) 것이요, 막아내면서 두려움이 없는 것은 피곤하고 권태로운 것을 견디어 내는 것이다." 하였다.

○『승가타경』에서 말하였다. "열반에 들고자 하면 부지런히 정진하는 것이 마땅하다."

○『십송률서』에서 말하였다. "여러 대덕들은 도를 구하려고 하였기 때문에 일심으로 부지런히 정진하였다. 무슨 이유 때문인가? 여러

---

1 명판본에는 '一'로 되어 있으나 '二'의 오자이다.
2 심소법心所法: 심소유법心所有法의 준말. 의식 작용의 본체를 심왕心王이라 하고, 객관 대상을 인식할 때에 그 일반상一般相(總相)을 인식하는 심왕의 종속從屬으로 일어나는 정신 작용을 말한다. 구사종에서는 46법, 유식종에서는 51법을 세운다.

부처들은 일심으로 부지런히 정진했기 때문에 지혜(阿耨菩提)를 얻었다. 하물며 나머지 선행과 불법佛法임에랴?"

○『지도론』에서 말하였다. "정진에는 2가지가 있다. 첫째 몸으로 하는 정진은 조그만 것(小)이고, 둘째 마음으로 하는 정진은 큰 것(大)이다. 부처가 '생각으로 짓는 업(意業)이 크다고 말했기 때문이다.'하였다."

精進

卽心所法 善十一中 第二法也. ○『唯識論』云 勇捍爲性 疏云 勇而無怯 自策發也 捍而無懼 耐勞倦也. ○『僧伽吒經』云 欲求涅槃 當勤精進. ○『十誦律』序云 諸大德爲道故 當一心勤精進. 所以者何? 諸佛一心勤精進故 得阿耨菩提. 何況餘善道法? ○『智度論』云 有二精進. 一身精進爲小 二心精進爲大. 佛說意業大故.

3) 게으름

『보살본행경』에서 말하였다. "대체로 게으름이란 모든 행동의 폐단이다. 집에 있으면서 게으르면 옷과 음식이 공급되지 않고, 생업이 이루어지지 않으며, 출가하고도 게으르면 생사의 고통에서 벗어날 수가 없다."

○『석론』에서는 "출가하고 나서 나태하면 법보를 잃게 된다." 하였다.

懈怠

『菩薩本行經』云 夫懈怠者 衆行之累. 在家懈怠 則衣食不供 産業不擧

出家懈怠 則不能出離生死之苦. ○『釋論』云 出家懶墮 則喪於法寶.

4) 방종

『정법념처경』에서 말하였다. "방종의 허물은 모든 허물 가운데 가장 나쁘다. 게偈로 말하였다."

어리석게 방종을 즐기다	愚癡樂放逸
항상 모든 고뇌를 받게 되리.	常受諸苦惱
함부로 하지 않는다면	若離放逸者
항상 안락을 얻으리라.	則得常安樂
일체의 모든 괴로움의 나무들은	一切諸苦樹
방종을 근본으로 삼으니	放逸爲根本
이 때문에 고통에서 벗어나려면	是故欲離苦
함부로 하지 않는 것이 마땅하다네.	應當捨放逸
또 말하였다.	又云
법에 따라 행하고	順法而行
함부로 하지 않는다면	遠離放逸
모든 악도의 문을	則閉一切
닫게 되리라.	惡道之門

放逸

『正法念處經』云 此放逸過 一切過中 最爲勝上. 又偈云 愚癡樂放逸 常受諸苦惱 若離放逸者 則得常安樂. 一切諸苦樹 放逸爲根本 是故 欲離苦 應當捨放逸. 又云 順法而行 遠離放逸 則閉一切 惡道之門.

5) 마귀[3]

『지도론』에서 말하였다. "범어 마라魔羅는 진진秦나라 말로는 '목숨을 빼앗음(奪命)'이다."【『지도론』에서는 "오직 사마死魔만이 실제로 목숨을 빼앗을 수 있고, 나머지 것은 목숨을 빼앗을 수 있는 인연(奪命因)이 될 수 있으며, 또한 지혜의 목숨을 빼앗을 수 있다." 하였다.】

○『유가론』에서 말하였다. "온마蘊魔[4]는 두루 모든 것을 뒤쫓아 따라 간다는 뜻이고, 천마天魔는 장애의 뜻이다. 사마死魔와 번뇌마煩惱魔는 중생들을 죽이고 살리면서 고통의 그릇(苦器)을 만든다."

○『마역경』에서 말하였다. "대광 부인이 문수에게 아뢰길 '마귀 짓거리(魔事)는 어느 곳에 머뭅니까?' 하자, 문수가 답하기를 '정진에 머무

---

3 마귀(魔): 장애자障礙者・살자殺者・악자惡者라 번역한다. 몸과 마음을 요란케 하여 선법善法을 방해하고, 좋은 일을 깨뜨려 수도에 장애가 되는 것을 말한다. 구역舊譯의 경론에서는 마磨라 하였으나, 양梁나라 무제 때부터 마魔로 썼다. 여기에는 3마・4마・8마・10마 등의 구별이 있다. 10마는 번뇌마煩惱魔・오온마五蘊魔・사마死魔・천마天魔・업마業魔・심마心魔・선근마善根魔・선지식마善知識魔・삼매마三昧魔・보리법지마菩提法智魔이다.

4 온마蘊魔: 오온마五蘊魔와 같은 말이다. 색色・수受・상想・행行・식識의 오온은 여러 가지 번뇌를 지어 우리들을 괴롭히므로 마라 한다.

릅니다.' 또 묻기를 '무엇 때문에 정진에 머뭅니까?' 하자, 문수가 말하길 '정진하는 사람은 이에 마귀를 위해서 편의를 제공합니다. 만약 게으른 자들이라면 저 마귀가 어찌하겠습니까?' 하였다."【부지런함과 게으름을 밝힘으로써 이에 마귀가 머무는 곳을 서술한 것이다.】

○『유가론』에서 말하였다. "마귀 짓거리라는 것은 세상의 명예와 이득(名聞利養)[5]과 공경, 칭찬을 향해 달려가기를 좋아하고, 또는 방종하거나 인색하거나 욕심이 너무 커서 기쁘고 만족할 줄을 모르거나 원한과 괴로움·교만·속임 등 이런 것이 모두 마귀 짓거리이다."

魔

『智度論』云 梵語魔羅 秦言奪命.【論云 唯死魔實能奪命 餘者能爲奪命因 亦[6]能奪智慧命故.】○『瑜珈論』云 由蘊魔遍一切隨逐義 天魔障礙義. 死魔煩惱魔 能與死生衆生 作苦器故. ○『魔逆經』云 大光夫人白文殊言 其魔事住於何處? 文殊言 住於精進. 又問何故住於精進? 文殊言 其精進者 乃爲魔求其便. 若懈怠者 彼當奈何?【因明勤懈 乃述魔住.】○『瑜珈論』云 魔事者 若於利養 恭敬稱譽 心樂趣入 或放逸慳悋 廣大希欲 不知喜足 忿恨 惱覆 憍詐等 皆是魔事.

---

5 명문이양名聞利養: 명리名利와 같다. 자기의 명예가 세상에 널리 알려지기를 원하며, 또 재물이 많아지기를 탐내는 것을 말한다.

6 명판본에는 '以'로 되어 있으나 인용문을 참고하여 '亦'으로 바로잡았다. 『대지도론』(T25, p.534a06), "魔 秦言能奪命者 雖死魔實能奪命 餘者亦能作奪命因緣 亦奪智慧命 是故名殺者."

21. 조정편 躁靜篇

1) 탐심

『유가론』에서 말하였다. "여러 경계에서 깊이 탐착을 일으키는 것을 '탐심(貪)'이라고 하니, 여러 번뇌 가운데 탐심이 가장 세다."

○『아비달마론』에서 말하였다. "탐심이라는 것은 삼계三界에서 사랑을 체體로 하여 중생의 고통을 만들어 내는 것을 업業으로 삼는다." 【업은 작용이다.】

○『법온족론』에서 말하였다. "부처가 말하였다. 너희들이 만약 일법一法을 영원히 끊고 너희들의 선정을 보전할 수 있다면 불환과不還果[1]를 얻을 것이다. 일법이란 탐욕이다."

○『육도집경』에서 말하였다. "부처는 (전생의) 인연(因地) 중에 일

---

[1] 불환과不還果: 4과果의 하나로 아나함阿那含이라 음역한다. 욕계의 9품 수혹修惑을 다 끊고, 남은 것이 없으므로 다시 욕계에 돌아와서 나지 않는 지위에 도달한 성자聖者이다.

찍이 비둘기의 왕이었던 적이 있다. 비둘기들에게 경계하기를 '불경의 많은 계율 중에 탐심이 으뜸인데, 탐심으로 영화롭게 되는 것은 마치 굶주린 사람이 독이 든 음식을 얻은 것과 같으니, 뜻을 얻은 즐거움은 번갯불 번쩍하는 잠깐이고, 숱한 괴로움이 몸을 괴롭히는 것은 억년이나 될 것이다.' 하였다."

貪

『瑜伽論』云 於諸境界 深起耽著名貪 諸煩惱中 貪爲最勝. ○『阿毗達磨論』云 貪者 三界愛爲體 生衆苦爲業【業用也.】○『法蘊足論』云 佛言 汝等若能永斷一法保汝定 得不還果. 一法者貪也. ○『六度集經』云 佛因中曾作鴿王. 誡諸鴿曰 佛經衆戒 貪爲元首 貪以致榮者 猶餓夫獲毒饍 得志之樂 其久若電 衆苦困己 其有億載.

2) 욕심

욕심은 '바란다'는 뜻이다. 『잡아함경』에서는 "부처는 '중생들이 가지고 있는 괴로움은 모든 것이 다 욕심이 근본이다.' 하였다."

○『증일경』에서는 "욕심은 온갖 번뇌를 일으키니 욕심은 괴로움을 생기게 하는 근본이다." 하였다.

○『유가론』에서 말하였다. "모든 번뇌 가운데 탐심이 가장 센데, 탐심 중에서 욕탐欲貪[2]을 가장 세다고 하는 것은 여러 가지 괴로움을

---

2 욕탐欲貪: 욕욕欲欲이라고도 하여 욕계의 탐애하는 번뇌이다. 오욕락 바깥 경계를 반연하여 일어나는 것이다.

일으키기 때문이다."

『집론』에서 말하였다. "이 욕심의 법이 생겨날 때 모양이 고요하지 못하면 이같이 생겨나는 것에 연유해서 몸과 마음이 서로 이어지면서 고요하지 못하게 변하는 것이다."【이런 뜻으로 말미암아 이 2가지 법을 묶어 '부산스럽다(躁)'라고 부르니, 대체로 '편안하지 않다'는 뜻을 취한 것이다.】

欲

希須爲義. 『雜阿含經』云 佛言 若衆生所有苦生 彼一切皆以欲爲本. ○『增一經』云 欲生諸煩惱 欲爲生苦本. ○『瑜伽』云 諸煩惱中 貪爲最勝 於貪中欲貪爲勝 生諸苦故. 『集論』云 此法生時 相不寂靜 由此生故 身心相續 不寂靜轉.【由是義故 束此二法名躁 盖取不安之義也.】

3) 출가인의 세 가지 욕심

『열반경』에서 말하였다. "첫째는 나쁜 욕심(惡欲)이다. 비구가 모든 대중의 우두머리가 되고자 하여 모든 승려가 자신을 따르게 하고, 사부대중(四衆)[3]이 모두 자신을 공양 공경하게 하며, 자신을 찬탄하고 존중하게 한다. 설법을 하면 모두 믿고 받아들여서 자신이 의복·음식·주택 등을 많이 얻으려 한다. 둘째는 큰 욕심(大欲)이다. 비구가 욕심을 내어 사부대중이 '내가 초주初住에서부터 사무애지四無礙智[4]까지 얻은

---

3 사중四衆: 또는 사부중四部衆·사부제자四部弟子라 한다. 비구·비구니·우바새·우바이. 또는 비구·비구니·사미·사미니를 말한다.

줄을 알게 하리라.' 하여 이익(利養)만 생각한다. 셋째는 욕망의 욕심(欲欲)이다. 비구가 범천이나 왕족(刹利)⁵의 집안에 태어나 자유로움을 얻고자 하는 것이다."

出家人三欲
『涅槃經』云 一惡欲. 若比丘 欲爲一切大衆上首 令一切僧隨我 令四衆皆供養恭敬 讚歎尊重我. 若爲說法皆信受 令我大得衣食屋宅等. 二大欲. 若比丘生欲心 當令四衆知我得初住 乃至四無礙智 爲利養故. 三欲欲. 若比丘 欲生梵天 乃至刹利家 得自在故.

4) 오욕

오욕은 색色·성聲·향香·미味·촉觸을 일컫는다. 『지론』에서 말하였다. "오욕을 '화전花箭'이라고도 부르고, '오전五箭(오욕의 화살)'이라고도 부르는데, 종종 좋은 일을 깨뜨리기 때문이다. 수행자는 이렇게 꾸짖어야 한다. '가엾구나! 중생들은 항상 오욕에 시달리면서도 구하여 그만두지 않아 장차 큰 구덩이에 빠지는 데도 얻을수록 더 심해져 불로 종기를 뜸뜨는 것과 같구나. 오욕은 이로움이 없으니 개가 뼈다귀

---

4 무애지無礙智: 부처의 지혜. 어떤 것에도 거리낌 없이 모든 사리事理를 다 알아 통달 자재한 지혜이다.
5 찰리刹利: 인도 4성姓의 하나로 찰제리刹帝利의 준말이다. 토지의 주인(土田主)이라 번역한다. 관리가 되어 나라를 다스리기도 하고, 또는 왕이 될 수 있으므로 왕족이라고도 한다.

를 핥는 것과 같고, 오욕은 다툼을 더하니 새들이 고기를 다투는 것과 같다. 오욕은 사람을 태우니 역풍에 횃불을 든 것과 같고, 오욕은 사람을 해롭게 하니 마치 독사를 밟는 것 같고, 오욕은 실체가 없으니 꿈에서 얻은 것과 같고, 오욕은 오래가지 않으니 잠깐 빌린 것과 같은데, 이런 오욕을 잠깐 즐기느라 큰 고통은 잊어버린다.'"

○『잡아함』에서 말하였다. "문타 범지聞陀梵志가 아난에게 물었다. '너는 어떤 뜻을 가지고 불교에 출가했느냐?' 답하기를 '악을 끊고 선을 생겨나게 하기 위해서입니다.' 하였다. 또 물었다. '어떻게 하면 악을 끊을 수 있느냐?' 답하기를 '탐욕과 성냄과 어리석음을 끊는 것입니다.' 하였다. 물었다. '여기에는 어떤 잘못된 병통(過患)이 있느냐?' 답하기를 '애욕에 물들고 집착하면 번뇌를 낳게 되어서 현세에 악법이 더 증가하게 되고 근심과 슬픔, 괴로움이 그것 때문에 생겨나므로 미래 세상에서도 마찬가지입니다.' 하였다."

五欲

謂色聲香味觸也.『智論』云 五欲名花箭 又名五箭 破種種善事故. 行者當呵云 哀哉衆生 常爲五欲所惱 而求不已 將墮大坑 得之轉劇 如火炙疥. 五欲無益 如狗咬骨 五欲增諍 如鳥競肉. 五欲燒人 如逆風執炬 五欲害人 如踐毒蛇 五欲無實 如夢所得 五欲不久 如假借須臾 此五欲 得暫時樂 失時大苦矣. ○『雜阿含』云 聞陀梵志 問阿難言. 汝以何義 於佛敎出家? 答云 爲斷惡生善故. 又問斷何惡? 答斷貪欲瞋癡. 問此有何過患? 答欲愛染著 能生惱亂 於現在世 增長惡法 憂悲苦惱 由之而生 而未來世中 亦復如是.

5) 괴로움

고통은 핍박하는 것을 본성으로 하니, 저 탐욕으로 인해 괴로움이 생겨나기 때문이다.

○『불지론』에서 말하였다. "나쁜 일에는 2종류가 있다. 첫째는 중생이요, 둘째는 토지이다. 첫째, 중생에게는 8가지의 괴로움(八苦)이 있다. 첫째는 태어나는 고통이요, 둘째는 늙는 고통이요, 셋째는 병드는 고통이요, 넷째는 죽는 고통이요, 다섯째는 사랑하는 사람과 헤어지는 고통이요, 여섯째는 구하는 것을 얻지 못하는 고통이요, 일곱째는 원수와 만나서 살아야 하는 고통이요, 여덟째는 근심과 슬픔에 대한 고통이다.

둘째, 토지는 예컨대 국토가 너무 춥거나 더워서 많은 기근과 병을 구제하지 못하는 경우이다."

○『법구경』에서 말하였다. "세상에서 몸보다 더 괴로운 것은 없다. 배고프고 목마른 것과 추위와 더위, 미워하고 성내는 것, 놀랍고 두려운 것, 색욕과 원한은 모두 몸에서 생겨난다. 무릇 몸이란 온갖 괴로움의 근본이고 모든 재앙의 근원이니, 마음을 괴롭히고 생각하고 근심하고 두려워하는 등 온갖 것이 단서이다. 삼계의 모든 살아 있는 것들이 서로 해치는 것과 우리를 옭아매어 생사가 그치지 않는 것이 모두 이 몸에서 생겨나기 때문이다. 그러므로 이 세상에서 벗어나고자 하면 적멸을 구하는 것이 마땅하니, 마음을 거두어 잡고 바른 길을 지켜, 말끔하게 아무 생각이 없어야 열반(泥洹)을 얻을 수 있을 것이다. 이것이 최고의 즐거움이다."

○고신게苦身偈로 말하였다.

말 타고 가더라도 너무 피곤하기 때문에	乘騎疲極故
머물러 설 곳을 찾게 되고	求索住立處
서 있는 것이 너무 피곤하기 때문에	住立疲極故
앉아서 쉴 곳을 찾게 되네.	求索坐息處
오래 앉아 있는 것이 너무 피곤하기 때문에	坐久疲極故
편안히 누울 곳을 찾게 되네.	求索安臥處
숱한 고통은 짓는 데 따라서 생겨나니	衆苦從作生
처음에는 즐겁지만 뒤에는 괴로움이라네.	初樂後則苦
보고 눈을 깜빡이고 숨을 들이쉬고 뱉는 것	視瞬息出入
몸을 굽혀 앉았다가 눕고 일어나는 것	屈身坐臥起
가다 서고 또 오고 가는 것까지	行立及往來
이런 일들이 고통 아닌 것이 없다네.	此事無不苦

苦

逼迫爲性 由彼貪欲 乃生苦故. ○『佛地論』云 惡事有二種 一者衆生 二者土地. 且衆生有八苦 一生苦 二老苦 三病苦 四死苦 五愛別離苦[6] 六所求不得苦 七冤憎會苦 八憂悲苦. 二土地者 如說國土 多寒多熱 無救護 多飢多病苦等. ○『法句經』云 天下之苦 莫過有身. 飢渴寒熱

---

6 명판본에는 '恩愛別離苦'로 되어 있으나 '恩'은 연자衍字이다.

瞋恚驚怖 色欲怨禍 皆由於身. 夫身者 衆苦之本 禍患之源 勞心極慮 憂畏萬端. 三界蠕動 更苦殘害 吾我縛著 生死不息. 皆由於身. 與欲離世 當求寂滅 攝心守正 泊[7]然無想 可得泥洹. 此最爲樂. ○苦身偈云 乘騎疲極故 求索住立處 住立疲極故 求索坐息處 坐久疲極故 求索安臥處 衆苦從作生 初樂後則苦 視瞬息出入 屈身坐臥起 行立及往來 此事無不苦.

6) 다섯 가지 두려움

『불지론』에서 말하였다. "첫째는 살지 못할까 하는 두려움(不活畏)이요, 둘째는 나쁘다는 소문이나 평판을 듣게 되는 두려움(惡名畏)이요, 셋째는 죽음에 대한 두려움(死畏)이요, 넷째는 삼악도에 떨어질 것에 대한 두려움(惡趣畏)이요, 다섯째는 겁이 많은 두려움(怯衆畏)이다."【외畏는 두려움이다.】

○『묘색삼경』에서 말하였다. "애착 때문에 근심이 생겨나고, 근심 때문에 두려움이 생겨나니, 애착에서 벗어난 자는 근심도 없고 두려움도 없다네."

五畏

『佛地論』云 一不活畏 二惡名畏 三死畏 四趣畏 五怯衆畏【畏亦怖也.】
○『妙色三經』云 由愛故生憂 由憂故生怖 別離於愛[8]者 無憂亦無怖.

---

7 명판본에는 '怕'으로 되어 있으나 이는 '泊'의 오자이다.
8 명판본에는 '憂'로 되어 있으나 '愛'의 오자이다.

7) 칠정

칠정은 기쁨·노여움·근심·두려움·애착·증오·욕심이다.【정情은 옳고 그름의 주인이며, 이로움과 해로움의 뿌리이다.】

七情

喜怒憂懼愛憎欲.【情者 是非之主 利害之根.】

8) 팔풍

이로움(利)·손해(衰)·훼방(毁)·명예(譽)·칭송(稱)·꾸지람(譏)·괴로움(苦)·즐거움(樂)이다.【또 세상의 팔법이라고 말한다.】

○『불지론』에서 말하였다. "마음에 만족하게 이익이 생긴 것을 '이로움(利)'이라 하고, 마음에 모자라게 잃은 것을 '손해(衰)'라 하고, 뒤에서 비방하는 것을 '훼방(毁)'이라 하고, 뒤에서 찬미함을 '명예(譽)'라 하고, 앞에서 찬미함을 '칭송(稱)'이라 하고, 앞에서 비방하는 것을 '꾸지람(譏)'이라 하고, 몸과 마음을 괴롭히는 것을 '괴로움(苦)'이라 하고, 몸과 마음이 유쾌하고 즐거운 것을 '즐거움(樂)'이라 한다."

八風

利衰毁譽稱譏苦樂【又云 世八法.】○『佛地論』云 得可意事名利 失可意事名衰 不現前誹撥名毁 不現前讚美名譽 現前讚美名稱 現前誹撥名譏 逼惱身心名苦 適悅身心名樂.

9) 욕심이 적은 것과 만족함을 아는 것

사자후보살이 물었다. "욕심이 적은 것(少欲)과 만족할 줄 아는 것(知足)은 어떤 차이가 있습니까?" 부처가 말하였다. "욕심이 적은 것은 구하지도 취하지도 않는 것이며, 만족할 줄 아는 것은 적게 얻어도 원망하는 마음이 없는 것이다."

  ○『정법념처경』에서 말하였다. "사문들의 법 가운데 제일 뛰어난 것은 이른바 만족함을 아는 것이다."

  ○『바사론』에서 말하였다. "부처의 법은 욕심을 적게 가지는 것을 근본으로 하니, 세속의 이익(俗利)을 따르면 불법의 이익(道利)이 이루어지지 않는다."

  ○『유교경』에서 말하였다. "비구들은 마땅히 알아야 하니, 욕심이 많은 사람들은 많은 이익을 구하기 때문에 고뇌도 많다. 욕심이 적은 사람들은 구하는 것도 없고 취하는 것도 없으므로 이런 근심이 없다. 욕심이 적으면 모든 공덕을 생겨나게 할 수 있으니, 아첨함으로써 남의 마음을 사려고 하지 않는다. 욕심이 적은 사람은 마음이 편안하여 근심과 두려운 것이 없고 일마다 여유가 있다. 비구들아! 모든 고뇌를 벗어버리고 만족할 줄 아는 법을 마땅히 관찰해야 하니, 이것이 곧 부유하고 즐거우며 안온한 곳이다."

少欲知足

師子吼菩薩問云 少欲知足 有何差別? 佛言 少欲者 不求不取 知足者 得少不悔恨. ○『正法念處經』云 沙門法中 第一勝者 所謂知足. ○『婆

沙論』云 佛法以少欲爲本 爲俗利故 則道利不成. ○『遺教經』云 比丘 當知 多欲之人 多求利故 苦惱亦多. 少欲之人 無求無取 則無此患. 少欲能生諸功德 則無諂曲 以求人意. 少欲者 心則坦然 無所憂懼 觸事有餘. 比丘爲脫諸苦惱 當觀知足之法 則是富樂 安穩[9]之處.

10) 네 가지 환희법

첫째는 검소환희儉素歡喜이니 욕심이 적을수록 즐겁다. 둘째는 범행梵行[10]을 쌓고 모으는 환희이니 음욕에서 멀리 떨어질수록 즐겁다. 셋째는 후회함이 없는 환희(無悔歡喜)이니 삼매三昧에 들수록 즐겁다. 넷째는 즐거이 괴로움을 끊으면서 수행하기를 좋아하는 환희이니 삼보리三菩提[11]로 즐거움을 잘 이끈다.

四歡喜法

一儉素歡喜 能引少欲樂. 二積集梵行歡喜 能引遠離樂. 三無悔歡喜 能引三摩地樂. 四樂斷樂修歡喜 能引三菩提樂.

---

9 명판본에는 '隱'으로 되어 있으나 '穩'의 오자이다.
10 범행梵行: 범은 청정·적정의 뜻이니, 맑고 깨끗한 행실이다. 정행淨行과 같다. 더럽고 추한 음욕을 끊는 것을 범행이라 한다. 곧 범천의 행법이란 말이다.
11 삼보리三菩提: 불교 최고의 이상理想인 불타 정각正覺의 지혜로, 보리는 '도道'라 번역한다.

11) 유식[12]상분[13]

무릇 부귀와 빈천과 미추와 득실은 모두 과거 스스로 지은 선업과 악업의 종자로 만들어진 것이라서 바른 과보(正果)에 의지하여 모두 나누어지고, 모두 제8식識[14]으로 말미암아 각자의 상분相分으로 변하여 나타난다. 그러므로 상이 이미 정해지면 귀신도 바꿀 수가 없다고 하는 것이다.

○『우바새계경』에서 말하였다. "지혜로운 사람은 이 업의 과보를 알거늘, 어떻게 시간과 장소를 자재천이 만든 것이라고 말하는가? 만약 시간과 장소의 인연으로 말미암는 것이라면 세상에는 같은 시간과 장소가 많이 있는데, 어떻게 다시 한 사람은 괴로움을 받고 한 사람은 즐거움을 받으며, 한 사람은 남자이고 한 사람은 여자일 수 있는가?"

○『정법념경』에서 말하였다. "선업과 불선업은 중생들이 스스로 지은 것이지, 별자리가 지은 것이 아니다."

---

12 유식唯識: 삼라만상은 심식心識 밖에 실존한 것이 아니어서, 다만 심식뿐이라고 하는 말이다.

13 상분相分: 심법心法 4분分의 하나이다. 심식心識이 인식 작용을 일으킬 때, 그와 동시에 인지認知할 그림자를 마음 가운데 떠오르게 하여 대상을 삼는 것이다.

14 8식識: 안식眼識・이식耳識・비식鼻識・설식舌識・신식身識・의식意識・말나식末那識・아뢰야식阿賴耶識.

唯識相分

凡富貴貧賤好醜得失 皆是過去自造善惡業種子 總別依正果也 皆由第八識相分所變. 故云 相分已定 鬼神不能移也. ○『優婆塞戒經』云 智者了知是業果 云何說言 時節星宿 自在天作耶? 若是時節星宿因緣者 天下有同時同宿生 云何復有一人受苦 一人受樂 一人是男 一人是女耶? ○『正法念經』云 善不善業 衆生自作 非星宿作.

12) 고요함

『능단금강론』에서 말하였다. "선정(定)을 고요한 상태(寂靜)라 하니, 선의 경지를 얻은 사람(得禪者)을 적정자寂靜者라고 부른다. 적정에는 2종류가 있으니 첫째는 마음의 적정(心寂靜)이요, 둘째는 몸의 적정(身寂靜)이다. 지금 4구로 해석(料簡)[15]하면, 첫째는 몸은 고요하고자 하나 마음은 고요하지 못함이니 탐욕스런 비구가 나무 밑에서 좌선하는 것을 말한다. 둘째는 마음은 고요하나 몸은 고요하지 못함이니 탐욕과 성냄의 경지를 벗어난 비구가 왕과 대신을 가까이하는 것을 말한다. 셋째는 몸과 마음이 모두 고요한 것이니 여러 성인들을 말하는 것이다. 넷째는 몸과 마음이 모두 고요하지 못한 것이니 범부를 말하는 것이다."

---

15 요간料簡: 간략하게 해석하는 것.

靜

『能斷金剛論』云 定名靜 以得禪者 說名寂靜. 寂靜有二種 一心寂靜 二身寂靜. 今以四句料簡 一有身欲寂靜 而心不寂靜 謂貪欲比丘 林下坐禪. 二有心寂靜 而身不寂靜 謂無貪瞋比丘 親近王臣. 三有身心俱寂靜 謂諸聖人. 四身心俱不寂靜 謂凡夫.

13) 삼매

『지론』에서 말하였다. "일체의 선정禪定은 마음을 가다듬는 것이므로 모두 삼매(三摩提)[16]라 한다. 진나라 말로는 바른 마음이 시행되는 경지(正心行處)라 하고, 이러한 마음은 무시 이래로 항상 단정하지 못하게 굽어 있는데, 이 정심행처를 얻으면 마음은 단정하고 곧아지게 되어 마치 뱀이 죽통 안에 들어가는 것과 같다."

三摩提

『智論』云 一切禪定攝心 皆名三摩提. 秦言正心行處 謂是心從無始已來 常曲不端 得是正心行處 心則端直 如蛇入竹筒內.

14) 선

『아비담론』에서 말하였다. "왜 '선禪'이라고 합니까? 답하였다. '마음

---

16 삼마지三摩提: 정정이라 번역하며, 마음을 한곳에 모아 산란치 않게 하는 정신 작용을 말한다.

을 바르게 관찰하여 번뇌를 끊어버리므로 선이라 부른다.'"

禪

『阿毗曇論』云 何名禪? 答謂以斷結正觀名禪.

15) 좌선

『삼천위의경』에서 말하였다. "좌선할 때에는 10가지 조건이 있다. 첫째는 마땅히 때를 따라야 하니 사계절을 말하는 것이다. 둘째는 편안한 평상이 있어야 하니 선상禪床을 말하는 것이다. 셋째는 부드러운 자리가 있어야 하니 털방석이다. 넷째는 한적한 곳이 있어야 하니 산속의 나무 아래를 말한다. 다섯째는 선지식이 있어야 하니 좋은 도반을 말한다. 여섯째는 좋은 시주자가 있어서 밖에서 구하지 않음을 말한다. 일곱째는 좋은 의지가 있어야 하니 잘 판단할 수 있는 것을 말한다. 여덟째는 좋은 약이 있어야 하니 능히 조복하는 것을 말한다. 아홉째는 약을 먹을 수 있어야 하니, 온갖 사물을 생각하지 않는 것이다. 열째는 선조善助가 있어야 하니 선대禪帶[17]를 보유하는 것을 말한다."

坐禪

『三千威儀經』云 坐禪有十事. 一當隨時 謂四時也. 二得安床 謂禪床

---

17 선대禪帶: 좌선할 때 배가 차지 않도록 허리를 감거나 두 무릎을 묶어서 기운을 돕도록 하는 끈을 말한다.

也. 三軟座 毛座也. 四閑處 謂山間林下也. 五得善知識 謂好伴也. 六善檀越 謂不外求也. 七善意 謂能觀也. 八善藥 謂伏意也. 九能服藥 謂不念萬物也. 十得善助 謂畜禪帶也.

16) 선대

이것은 좌선할 때의 도구이다. 경전에서 말하였다. "가죽을 사용하여 그것을 만든다.【가죽을 무두질하여 만든 것을 '위韋'라 한다.】너비는 1자, 길이는 8자이며, 머리 쪽에 갈고리가 있어서 뒤에서 앞쪽을 향하도록 돌려 두 무릎이 움직이지 못하게 구속하여 버릇이 되게 한다. 좌선할 때는 게을러지기 쉽기 때문에 이것을 사용하여 몸을 단속하고 기운을 도우므로 '선조善助'라 부른다. 쓰고 나면 가려진 곳에 보관한다."

禪帶
此坐禪資具也. 經云 用韋[18]爲之【熟皮曰韋.】廣一尺長八尺頭有鉤 從後轉向前 拘兩膝令不動 故爲作習. 坐禪易倦 用此撿身助力 故名善助. 用罷屏處藏之.

---

18 명판본에는 '葦'로 되어 있으나 '韋'의 오자이다.

17) 선진

목판으로 만들며 모양과 크기는 홀笏과 비슷한데 가운데 구멍을 만들고 그 안에 가는 줄을 꿰고 귀에 걸어 머리에 이되, 이마에서부터 네 손가락쯤 거리를 둔다. 좌선하는 사람이 만약 졸다가 머리가 기울어지면 이것이 떨어지므로 스스로 경계하는 것이다.

禪鎭

木版爲之 形量似笏 中作孔 施細串於耳下頭戴 去額四指. 坐禪人 若昏睡頭傾 則墮以自警.

18) 의판

지금은 선판禪版[19]이라고 부른다. 『비나야』에서 송으로 말하였다. "의판은 피로를 제거해 주므로 승려 개개인이 모두 준비하도록 허락하였다."【승은 곧 '대중'이고, 사는 곧 '자신'이다.】

倚版

今呼禪版. 『毗奈耶』攝頌曰 倚版爲除勞 僧私皆許畜.【僧卽衆 私卽己.[20]】

---

19 선판禪版: 좌선할 적에 피로를 없애기 위하여 스님들이 가지는 판이다. 넓이 약 2촌, 길이 약 1척 8촌. 이 판 위에 구멍을 뚫고 끈을 꿰어 승상繩床의 뒤에 걸어 매되, 판면을 좀 경사지게 하여 몸을 기대도록 하는 판목이다.

19) 인체 골격

『지도론』에서 말하였다. "인체 골격(骨人)을 보여주어 좌선하는 사람들이 그것을 관觀하도록 하는 것이니, 즉 지금 그림으로 그린 백골탱화가 이것이다."

骨人
『智度論』云 更與骨人 令坐禪者觀之 卽今畫作枯骨幀子是也.

20) 선장[21]

대나무나 갈대로 만드는데 물건으로 한쪽 끝을 감싼다. 아랫사람을 시켜서 가지고 다니게 하다가 좌선할 적에 졸면 부드러운 곳으로 그를 찌른다.

禪杖
以竹[22]葦爲之 用物包一頭. 令下座執行 坐禪昏睡 以軟頭點之.

---

20 명판본에는 '僧私卽 衆卽己'로 되어 있으나 이는 '僧卽衆 私卽己'의 오자이다.
21 선장禪杖: 좌선할 때 혼침에 빠진 사람을 경책하기 위해 사용하는 것이다. 대나무나 갈대로 만들고 그 끝을 연하고 둥글게 하여 다치거나 아프지 않게 한다.
22 명판본에는 '生'으로 되어 있으나 '竹'의 오자이다.

21) 선국

털 뭉치이니, 좌선할 때 조는 사람이 있으면 그것을 던져 깨어나게 하는 것이다.

禪鞠

毛毯也 有睡者 擲之令覺.

22) 연좌

또 연좌燕坐라고도 하니 편안함이요, 편안히 쉬는 모양이다.

　○『월등삼매경』에서 말하였다. "선정(宴坐)에 들면 10가지 이익이 있다. 첫째는 마음이 혼탁해지지 않게 된다. 둘째는 방일하지 않은 데에 머무른다. 셋째는 여러 부처가 사랑하고 생각한다. 넷째는 정각正覺[23]의 행을 믿게 된다. 다섯째는 부처의 지혜(佛智)[24]에 대해 의심이 없어진다. 여섯째는 은혜를 알게 된다. 일곱째는 바른 법을 비방하지

---

23 정각正覺: 등정각等正覺의 준말로 여래 10호號의 하나이다. 부처는 무루정지無漏正智를 얻어 만유의 실상實相을 깨달았으므로 정각이라 부른다.

24 불지佛智: 우주의 진리를 깨달은 부처의 지혜이다. 공간적으로는 시방十方을 다하고, 시간적으로는 삼세三世를 다하는 완전하고 원만한 지혜이다. 이 지혜를 근본으로 하고, 무한한 자비 동정同情을 일으켜 법계를 거두어 교화하는 큰 사업을 일으키니, 이 지혜가 진리를 나타낸 방면으로 보아 이理와 지智가 둘이 아닌 지혜라 하고, 또 대자비심을 일으키는 점으로 보아 비悲와 지智가 둘이 아닌 지혜라 한다. 이 불지를 2지智·3지·4지·5지 등으로 나눈다.

않게 된다. 여덟째는 금지하는 계율을 잘 지키게 된다. 아홉째는 조절하여 억제하는(調伏)[25] 경지에 이르게 된다. 열째는 막힘없는 지혜(無礙智)[26]를 증득하게 된다."

宴坐
又作燕坐 安也安息貌也. ○『月燈三昧經』云 住於宴坐 有十利益 一其心不濁 二住不放逸 三諸佛愛念 四信正覺行 五於佛智不疑 六知恩 七不謗 八善防禁 九到調伏地 十證無礙智.

23) 불법의 두 기둥

『비바사론』에서 말하였다. "불법에는 두 기둥이 있어서 불법을 지킬 수 있도록 하는데 첫째는 학문이요, 두 번째는 좌선이다."

佛法二柱
『毘婆沙論』云 佛法有二柱 能持佛法 一者學問 二者坐禪.

---

25 조복調伏: 몸·입·뜻의 3업을 조화롭게 하여 모든 악행을 굴복시킨다.
26 무애지無礙智: 어떤 것에도 거리낌이 없이 모든 사리事理를 다 알아, 통달 자재한 부처의 지혜이다.

22. 인쟁편 忍諍篇

1) 언쟁에는 네 종류가 있음

『십송률』에서 말하길 "첫째는 다툼으로 인한 언쟁, 둘째는 편들어주는 언쟁, 셋째는 범죄로 인한 언쟁, 넷째는 일상적인 일에 대한 언쟁이 있다." 하였다.

　○『비니모』에서 말하였다. "두 사람이 다투는 것을 '투鬪'라 하고, 같은 편끼리 서로 도와주는 것을 '쟁諍'이라 하며, 가서 대중들을 소통시키는 것을 '언言'이라 하고【승은 '대중'이다.】 각기 그 이치를 설명하는 것을 '송訟'이라 한다."

諍有四種

『十誦律』云 一鬪諍 二助諍 三犯罪諍 四常所行事諍. ○『毗尼母』云 二人共競名鬪 徒黨相助名諍 往徹僧者名言【僧衆也.】各說其理名訟.

2) 언쟁의 근본에는 여섯 가지가 있음

『비니모』에서 말하였다. "첫째는 성냄이니 얼굴색이 달라지면서 사람을 두렵게 만드는 것이다. 둘째는 번뇌이니 다른 사람을 해쳐서 번민하는 것을 말한다. 셋째는 속임수이니 거짓으로 일을 만드는 것을 말한다. 넷째는 인색하고 질투함이니 자기 물건에 집착하여 다른 사람에게 주지 않는 것을 '인색함(慳)'이라 하고, 다른 사람이 이득이 있는 것을 보고 번뇌가 생기는 것을 '질투(嫉)'라 한다. 다섯째는 견해에 집착하는 것이니 자기의 생각과 자기가 한 일은 모두 옳고, 다른 사람의 생각과 다른 사람이 한 일은 모두 그르다고 하는 것을 말한다. 【지금 사람들은 견취見取[1]를 다른 사람과 내가 다투는 것이라고 하는데 이것은 잘못이다. 견취라고 하는 것은 모든 견해들 중에 내 생각이 가장 뛰어나다고 집착하는 것을 말한다.】 여섯째는 변견邊見과 사견邪見이다. 계속되는 것을 보고는 '항상한다(常)'라 하고, 없어진 것을 보고는 '끊어짐(斷)'이라 말하니 이것이 변견邊見이다. 인과가 없다고 비방하는 것, 이것이 바로 사견邪見이다."

諍根本有六

『毗尼母』云 一瞋恚 謂面色變異 令人可怖. 二惱害 謂害他生惱故. 三幻僞[2] 謂詐作事. 四慳嫉 謂貪己物 不與人曰慳 見他有得生惱曰嫉.

---

1 견취見取: 견취견見取見의 약어로 잘못된 것을 진실이라고 착각하고 집착하는 견해이다.
2 명판본에는 '幻爲'로 되어 있으나 '幻僞'의 오자이다.

五見取[3] 謂己所見 所作皆是 他所見 所作不是.【今人呼爲爭人我者非也. 言見取者 取諸見解爲最勝故.】六邊邪二見. 謂見續爲常 見滅爲斷 是邊見也. 謗無因果 是邪見.

3) 비유

『법구경』에서 말했다. "부처가 말하길 '사문이 되었지만 정진할 생각을 않으면 신身·구口·의意 삼독을 포함하여 더러움(垢穢)만 가슴에 가득 찰 것이니, 발 씻은 물과 같이 다시는 사용할 수가 없다."【음식을 만들 때 사용할 수 없다는 말이다.】 또 "비록 사문이 되었으나 입에는 진실한 말이 없고, 심성은 거칠고 고집이 세어 일찍이 나쁜 이름을 받았기 때문에 대야(澡槃)에 음식을 담을 수 없는 것과 같다." 하였다.【'조반澡槃'은 발을 씻는 대야이다.】

鄙喩

『法句經』云 佛言 爲沙門不念精進 攝身口意三毒 垢穢充滿胸懷 如洗足水 不可復用.【謂不可用饌食.】又云 雖爲沙門 口無誠信 心性剛强 曾受惡名 亦如澡盤 不堪盛食.【澡槃 卽洗足器.】

---

3 명판본에는 '耻'로 되어 있으나 '取'의 오자이다.

4) 악한 과보

『근본비나야』에서 말하였다. "비구 두 사람이 있는데 의리를 결택決擇[4] 할 때에 작은 사람이 큰 사람을 꾸짖었다. 큰 사람은 물러나 방에 들어가 성냄의 불길에 불타 곧 죽어버렸고 몸이 변해 독사가 되어 작은 사람을 쏘고자 하였다. 이때 부처가 대비심으로 그 방에 이르러 작은 사람으로 하여금 참회하게 하며 '너는 옛날 비구를 생각하면서 예를 행해야 되겠다.'라고 하였다. 부처가 독사에게 설법하기를 '현수야, 너는 내가 있는 곳에서 이미 청정한 수행(淨行)을 닦았으니 천상에 태어나는 것이 합당하나, 성냄의 불길에 타버렸기 때문에 지금 독사가 되었다. 너는 응당 알아야 하리라. 제행은 항상함이 없는 것이요, 제법에는 내가 없는 것이니 열반은 고요한 것이다.' 하였다. 뱀은 법문을 다 듣고 곧 목숨이 다하자 하늘에 태어났다."

○ 『서응경』에서 말하였다.

애통하여라, 세상 사람들이여!	痛哉世間人
급하지 않은 일로 다투더니	共爭不急事
여기 극악도에서	於此極惡中
괴롭게 일에 시달리네.	勤身苦營務

---

4 결택決擇: 도리道理의 옳고 그름을 판단하여 결정하는 것.

아무리 구해도 이룰 수 없고	雖求不能得
노동으로 심신이 괴롭기만 하네.	徒役身心勞
죽어 고통의 바다에 떨어져도	死墮苦海中
스스로 감당해야지 대신할 것이 없네.	自當無代者

○『남산초』에서 말하였다.

무릇 다른 사람을 책망하려면	凡欲責他
먼저 자신을 헤아려 보라.	先量自己
기쁨과 노여움을 마음속에 간직하면서	內心喜怒
싫어하고 원망하는 마음이 있다면	若有嫌恨
다만 스스로 억누르고 참아내어라.	但自抑忍
불이 안에서부터 나온다면	火從內發
먼저 자신을 불사를 것이로다.	先自焚身

惡報

『根本毗奈耶』云 有苾芻二人 決擇義理 小者訶大者. 大者退入房中 瞋火所燒 尋卽命終 身變爲毒蛇 欲螫小者. 時佛以大悲心至其房 令小者懺悔 汝可作昔日苾芻想作禮. 佛爲蛇說法云 賢首汝於我所 已修淨行 合生天上 由瞋火所燒 今作毒蛇. 汝應知. 諸行無常 諸法無我 涅槃寂靜. 蛇聞法已 卽命終生天. ○『瑞應經』云 痛哉世間人 共爭不急事 於此極惡中 勤身苦營務 雖求不能得 徒役身心勞 死墮苦海中 自當無代者. ○『南山鈔』云 凡欲責他 先自量己[5] 內心喜怒 若有嫌恨

但自抑忍 火從內發 先自焚身.

5) 언쟁에 다섯 가지 허물이 있음

『오분율』에서 말하였다. "첫째는 성격이 나빠진다. 둘째는 후회하고 뉘우치게 된다. 셋째는 많은 사람들이 좋아하지 않게 된다. 넷째는 나쁜 이름이 널리 퍼지게 된다. 다섯째는 죽어서 악도에 떨어지게 된다."[6]

諍有五過

『五分律』云 一兇惡 二後悔恨 三多人不愛 四惡聲流布 五死墮惡道.

6) 참음

『유가론』에서 "무엇을 참음(忍)이라 합니까?' 하자 '스스로 발끈 성내지 않고 다른 사람에게 원한을 갚지 않기 때문에 참음이라 한다. 2가지 인연으로 말미암아 출가자들은 힘써 수행하며 속히 사문의 도리와 이익(義利)을 증명한다.' 하였다. '무엇을 2가지 인연이라고 합니까?' 첫째는 치욕을 잘 참는 것이고, 둘째는 부드럽고 온화(柔和)

---

5 명판본에는 '先量自己'로 되어 있으나 '先自量己'로 바로잡았다.
6 이 내용은 『오분율』이 아니라 『사분율』에 나온다. 『사분율』(T22, p,1005b28), "不忍辱人 有五過失 一凶惡不忍 二後生悔恨 三多人不愛 四惡聲流布 五死墮惡道 是爲五. 能忍辱人有五功德卽反上句是."

한 것이다. 치욕을 잘 참는다고 하는 것은 다른 사람에게 원한이 있으나 끝내 보복하지 않는 것을 말하고, 부드럽고 온화하다는 것은 마음에 성냄이 없어서 본성에 다른 번뇌가 없는 것을 말한다.'"

○『섭론』에서 말하였다. "참으면 나와 남이 모두 평화로울 수 있으니, 자신이 성내는 잘못에 물들지 않도록 하는 것, 이것은 스스로 평화로운 것이요, 성냄과 원한이 없어서 다른 사람의 괴로움을 만들지 않는 것, 이것은 다른 사람이 평화로운 것이다."

○『육도집경』에서 말하길 "무릇 참음이란 만복의 근원이다." 하였다.

○『정법념처경』에서 말하였다. "참음이란 가장 좋은 법(善法)이요, 가장 청정한 것이라고 부처가 찬탄하였다. 참음에는 2종류가 있으니 첫째는 법인法忍[7]이다. 불도 수행을 인연으로 해서 선법(白法)[8]을 생각하는 것이고, 선도善道의 뛰어남을 생각하여 잘 참기 때문에 인내라 하는 것이다. 둘째 생인生忍은 일어나는 화를 잘 참아서 일어나지 않게 하는 것이니 성냄의 허물을 알기 때문이다."

---

7 법인法忍: 인忍은 인허忍許의 뜻이고, 지금까지 믿기 어렵던 이치를 잘 받아들이고, 의혹이 생기지 않도록 하는 것이다. 4제諦의 이치를 관하여 인가忍可하는 것을 법인이라 한다. 이 인허에 의하여 점점 의혹에서 벗어났을 적에 일어나는 4제의 진리를 비춰 보는 지혜를 법지法智라 하니, 법인은 법지를 얻기 전에 일어나는 인가忍可를 결정하는 마음이다.

8 백법白法: 흑법黑法의 반대. 결백 청정한 법. 곧 선법을 말한다. 계·정·혜의 3학學과 보시·지계·인욕·정진·선정·지혜의 6바라밀 등의 선근 공덕이다.

忍

『瑜珈論』云何名忍? 自無憤勃 不報他怨故名忍. 由二因緣 諸出家者 力勵受行 速能證沙門義利. 何等爲二因緣? 一忍辱 二柔和. 言忍辱者 謂於他怨 終無返報 柔和者 謂心無憤 性不惱他. ○『攝論』云 忍能生自他和平事 謂自身不爲嗔恚過失所染 卽是自平和 旣不憤恨 不生他苦 卽是他平和. ○『六度集經』云 夫忍者 萬福之源也. ○『正法念處經』云 忍者 第一善法 第一淸淨 佛所讚歎. 忍有二種 一法忍. 緣法道行 思惟白法 善道勝故能忍. 二生忍. 謂欲起嗔恚 忍令不起 知嗔過故.

7) 참음으로 언쟁을 그침

『중아함경』에서 말하였다. "부처가 비구들에게 말하길 '만일 언쟁을 언쟁으로 막으려고 한다면 끝내 막지 못할 것이다. 오직 참는 것만이 언쟁을 막을 수 있으니 이 법은 참으로 존귀하다 할만하다.' 하였다."

○『장아함경』에서 말하였다. 천제석天帝釋[9]이 게로 말하였다.

| 내가 항상 말하노니 지혜로운 사람은 | 我常言智者 |

---

9 천제석天帝釋: 불교의 수호신으로 불법佛法과 이에 귀의하는 자를 수호하며, 아수라의 군대를 정벌한다고 하는 하늘의 임금이다. 음역하여 석가제환인다라釋迦提桓因陀羅라 하며, 줄여서 석제환인釋提桓因·석가제파釋迦提婆라고도 한다. 또한 천제석天帝釋·천주天主·인다라因陀羅라고도 한다. 원래는 힌두교의 신으로서 고대 인도에서는 인드라Indra라고 했으며, 불교에 들어온 이후 제석천으로 불리게 되었다.

어리석은 사람과는 언쟁하지 않나니	不應與愚諍
어리석은 사람이 욕해도 지혜로운 사람이 침묵하면	愚罵而智默
저 어리석은 사람을 이기는 것이다.	則爲勝彼愚

以忍止諍

『中阿含經』云 佛告比丘 若以諍止諍 至竟不見止. 唯忍能止諍 是法眞尊貴. ○『長阿含經』云 天帝釋偈云 我常言智[10]者 不應與愚諍 愚罵而智默 則爲勝彼愚.

8) 화를 사라지게 하는 다섯 가지 관법

『섭론』에서 말하였다. "5가지 뜻(義)을 관하는 것으로써 화를 사라지게 하는 방법이 있다. 첫째는 일체중생이 무시 이래로 나에게 베푼 은혜가 있다는 것을 관하는 것이다. 둘째는 일체중생은 항상 찰나(念念)[11]에 사라진다는 것을 관하는 것이다. 셋째는 오직 법만 있고 중생은 없음을 관하는 것이니, 누가 손해를 끼치고 누가 손해를 보는 것이 있겠는가. 넷째는 일체중생이 모두 스스로 고통을 받고 있다는 것을 관하는 것이니, 어떻게 다시 여기에 괴로움을 더하고 싶겠는가. 다섯째는 일체중생은 모두 내 자식이라고 관하는 것이니, 어떻게 이들에게 손해를 끼치고 싶겠는가."

---

10 명판본에는 '云'으로 되어 있으나 '智'의 오자이다.
11 염념念念: 극히 짧은 시간을 말한다. 1념에 60찰나가 있다.

滅瞋五觀

『攝論』云 由觀五義 以滅瞋恚. 一觀一切衆生 無始以來 於我有恩. 二觀一切衆生 常念念滅. 三觀唯法 無有衆生 何者能損所損. 四觀一切衆生 皆自受苦 云何復加之以苦. 五觀一切衆生 皆是我子 云何欲生損害.

9) 참으면 생기는 다섯 가지 덕

『잡보장경』에서 말하였다. "만약 사람들이 참는다면 5가지 덕이 생긴다. 첫째는 원한이 없게 된다. 둘째는 책망함이 없게 된다. 셋째는 많은 사람들의 사랑을 받게 된다. 넷째는 좋은 이름이 나게 된다. 다섯째는 선도善道를 일으킨다."[12]

行忍五德

『雜寶藏經』云 若人行忍 則有五德 一無恨 二無訶 三衆人愛 四有好名 五生善道.

10) 일체 번뇌를 다스리는 법

『현우경』에서 말하였다. "비구는 12처處[13]에 들어가서 한량없는 생사

---

12 이 내용은 『잡보장경』에는 나오지 않고 『섭대승론석』(T31, p.217a12), 『제경요집』(T54, p.143b06), 『법원주림』(T53, p.867c04)에 나온다. "若行忍者則有五德 一無恨 二無訶 三衆人所愛 四有好名聞 五生善道 此之五德名平和事."

와 무상을 생각한다. 또 지옥의 고통과 온갖 축생이 서로 해치고 죽이는 것과, 아귀들이 배고픔과 갈증과 같은 온갖 고통에 핍박받는 것을 생각한다. 사람들이 사방으로 달려가면서 (애초부터 안락함이라고는 없었던 것을 생각하며) 천상의 즐거움이 허물어질 때의 괴로움을 생각한다.[14] 이와 같은 오도五道[15]에서는 몸과 마음이 괴로울 뿐, 즐거운 곳이라고는 없다. 이렇게 보면 오음五陰[16]이 무상無常하여 괴롭고 공하며, 내 것이 없어서 실체가 없다(無常苦空無我)[17]는 것을 관하나니,

---

13 12처處: 6가지의 감각 기관인 6근根과 이 기관의 각각에 대응하는 6가지의 대상인 6경境을 모두 합쳐서 12처處라고 부른다. 안이비설신의眼耳鼻舌身意라는 6근을 6내처內處라고 하고, 색성향미촉법色聲香味觸法이라는 6경境을 6외처外處라고 한다. 따라서 주관의 면인 동시에 내적인 여섯 조건(6근)과 객관의 면인 동시에 외적인 여섯 조건(6경)에는 그 각각이 서로 대응 관계가 있음을 묶어 표현한 것이 12처이다. 즉 눈은 색깔과 형체에, 귀는 소리에, 코는 향기에, 혀는 맛에, 피부는 접촉되는 것에, 마음은 생각되는 것에 각기 대응한다. 원시불교에서 12처는 세계의 모든 것인 일체를 의미하는 것으로 설명된다. 대상 세계를 인식하는 감각 기관인 6근은 곧 인간이라는 존재를 가리키고, 6경은 인간을 둘러싼 자연 환경을 가리킨다고 이해된다.

14 『아육왕경』 권3 원문에 "思惟人中四方馳走 初無安樂 思惟天上 壞敗之苦."로 되어 있다.

15 오도五道: 또는 5취趣라고 한다. 도는 중생이 업인에 따라 왕래하는 곳으로, 지옥·아귀·축생·인도·천도로 나뉜다.

16 오음五陰: 오온五蘊.

17 무상고공무아無常苦空無我: 비상非常·고苦·공空·비아非我라고도 한다. 고제苦諦의 경계를 관찰하여 일어나는 4종의 지해智解로서 이를 고제의 4행상行相이라 한다. 이 세상의 사물은 중생의 몸과 마음을 핍박하여 괴롭게 하므로 고苦, 만유는 모두 인연의 화합으로 생기는 것이어서 하나도 그 실체나 성품이 있는 것이 아니므로 공空, 만유는 인연이 흩어지면 문득 없어지므로 무상無常, 모두

비유하자면 이것은 마치 텅 빈 마을에 거주하는 백성이라고는 하나도 없는 것과 같다. 이렇게 오음은 모두 텅 비어 내것이 없다는 무상의 불길이 세상을 태우고 있는 것이다. 부처의 제자들이 항상 이렇게 관찰하면 어떻게 번뇌가 일어날 수 있겠는가?"

治一切煩惱法

『賢愚經』云 比丘於十二入 思惟無量生死無常.[18] 又思惟 地獄之苦 及諸畜生更相殘害 餓鬼飢渴 衆苦所逼. 思惟人中 四方馳求 天上敗壞. 如是五道身心之苦 無有樂處. 觀此五陰 無常苦空無我不實 譬如空村 無有居民. 如是五陰 皆空無我 以無常火燒諸世間. 諸佛弟子 常作此觀 云何得起一切煩惱.

11) 재앙은 입으로부터 생겨남

『보은경』에서 말하였다. "인간이 사는 세상에서 재앙은 입으로부터 생겨나니 마땅히 입조심하기를 사나운 불길보다 더하여야 한다. 사나운 불길은 능히 한 세상을 태우나 나쁜 말 하는 입은 무수한 세상을 불태우고, 사나운 불길은 훨훨 타서 세상의 재물만을 태우지만 나쁜 말 하는 입은 훨훨 타서 7가지 거룩한 재물(七聖財)[19]을 태운다. 이

공하고 무상하여 나라든가 나의 소유물이라고 고집할 것이 없으므로 곧 무아無我라 관찰함을 말한다.

18 이 내용은 『아육왕경』(T50, p.142a14)에 다음과 같이 나온다. "出家比丘於十二入 思惟無量生死無常. 云何而得起煩惱耶. 又復思惟地獄之苦 及諸畜生更相殘害."

때문에 일체중생들아, 재앙은 입으로부터 생겨나니 입과 혀는 몸을 찍는 도끼이다."【7가지 거룩한 재물이란 첫째는 믿음이요, 둘째는 정진이요, 셋째는 계율이요, 넷째는 부끄러워함이요, 다섯째는 잘 들음이요, 여섯째는 버림이요, 일곱째는 정혜이다. 『영락경』에서 말하였다. "불성을 이루는 데 사용하므로 '재財'라고 부른다."】

禍從口生
『報恩經』云 人生世間 禍從口生 當護於口 甚於猛火. 猛火能燒一世 惡口能燒無數世 猛火燒世間財 惡口燒七聖財. 是故 一切衆生 禍從口生 口舌者鑿身斧也.【七聖財者 一信 二精進 三戒 四慚愧 五聞 六捨 七定慧. 『瓔珞經』云 資用成佛 故名財.】

12) 입을 다물고 마음을 삼가함

『법원주림』에서 말하였다. "다른 사람을 원망하고 비방하는 죄는 스스로 자신을 도탄에 빠뜨리는 것이다. 또한 입에서 나오는 말은 활이 되고, 마음의 생각은 활시위가 되며, 말소리는 화살과 같아서 긴 밤 동안에 함부로 쏘면 한갓 몸과 입만 더럽힐 뿐이니, 다만 스스로 반성하여 입을 다물고 마음을 삼가야 할 것이다."

---

19 칠성재七聖財: 칠덕재七德財·7재財라고도 한다. 7가지 재물(七財)은 신信·시施·계戒·문聞·혜慧·참慚·괴愧인데, 이것을 바탕으로 해서 잘 쓰면 성불할 수 있기 때문에 재물이라고 한다.

緘口愼心

『法苑』云 恨他起謗 自加塗炭. 且脣口爲弓 心慮爲弦 音聲是箭 長夜空發 徒染身口 特[20]須自省 緘口愼心也.

---

[20] 명판본에는 '時'로 되어 있으나 '特'의 오자이다.

23. 입중편 入衆篇

1) 인간 세상을 떠돌아다님

오늘날에는 "행각行脚"이라 부르는데 경전에는 보이지 않는다. 『비나야율』에서 말하였다. "부처의 말대로 한다면 오법을 성취하고 5년을 이미 채웠으면 의지사依止師를 떠나 사람들 사이를 떠돌아다닐 수 있다. 오법이라는 것은 첫째는 범하는 것을 아는 것(識犯)이다. 둘째는 범하지 않는 것을 아는 것(識非犯)이다. 셋째는 가벼운 죄를 아는 것(識輕)이다. 넷째는 무거운 죄를 아는 것(識重)이다. 다섯째는 『별해탈경』에서 통하고 막힘을 잘 알아서 잘 간직하고 잘 암송하는 것이다." 【『별해탈경』은 곧 계본戒本이다.】

우바리가 부처에게 물었다. "4년을 채워 오법을 잘 성취한 사람이 있다면 행각할 수 있지 않습니까?" 부처가 말하였다. "안 된다. 5년을 정해진 햇수로 삼기 때문이다." 또 물었다. "5년을 채웠는데도 오법에 능숙하지 못하다면 어떻게 됩니까?" 부처가 말하였다. "안 된다. 오법을 성취하는 것을 정해진 양으로 삼기 때문이다."

遊行人間

今稱行脚 未見其典.『毘奈耶律』云 如世尊言 五法成就 五夏已滿 得離依止 遊行人間. 五法者 一識犯 二識非犯 三識輕 四識重 五於『別解脫經』善知通塞 能持能誦.【『別解脫經』卽戒本也.】優波離問佛 有滿四夏¹ 善五法 得遊行否? 佛言 不得以五夏爲定量. 又問有滿五夏 未閑五法得否? 佛言不得 以五法成就爲定量故.

2) 비석

요즘 승려들이 떠돌아다니는 것을 좋게 말하여 "비석飛錫"이라고 부른다. 이것은 고승 은봉隱峰으로 말미암은 것인데, 오대산五臺山을 유람하고 회서淮西로 출발할 적에 지팡이를 던져 공중에 날게 하여 타고 갔기 때문이다. 인도에서는 도를 얻은 승려들이 왕래할 때 지팡이를 많이 타고 다닌다.

飛錫

今僧遊行 嘉稱飛錫. 此因高僧隱峰 遊五臺出淮西 擲錫飛空而往也. 若西天得道僧 往來多是飛錫.

---

1 명판본에는 '四夏滿'으로 되어 있으나『근본설일체유부백일갈마』(T24, p.484b11)를 참조하여 바로잡았다. "大德 若五法成就五夏已滿 得離依止遊歷人間者 大德 有滿四夏善閑五法 此人亦得離依止不?"

3) 해중[2]

『증일경』에서 말하였다. "많은 승려들이 마치 저 큰 바다와 같이 여러 갈래 강물이 흘러 바다로 들어가면 곧 본래의 이름은 없어지고, 다만 큰 바다라는 이름만 있게 되는 것과 같다."

海衆

『增一經』云 衆僧如彼大海 流河決水 以入乎海 便滅本名 但有大海之名.

4) 대중과 어울리는 다섯 가지 법

『오분율』에서 말하였다. "부처가 말하길 '대중 생활을 위해서는 5가지 법으로써 응해야 하니 첫째는 겸손하게 마음을 낮추어야 하고(下意), 둘째는 자비심을 가져야 하고(慈意), 셋째는 서로 공경해야 하고(恭敬), 넷째는 순서를 잘 알고 앉아야 하고(知次第坐), 다섯째는 다른 일에 대해서 말하지 않는 것이다(不說餘事).' 하였다."

入衆五法

『五分律』云 佛言入衆 應以五法 一下意 二慈意 三恭敬 四知次第坐 五不說餘事.

---

2 해중海衆: 부처를 믿고 따르는 수행자 무리를 일컫는 말이다. 승가 종성을 물을 것 없이 부처의 교법에 들어오면 다 같이 석씨釋氏라 일컫는다.

5) 절에 들어가면 금지하는 규칙을 물음

'금지하는 규칙(制)'이라는 것은 곧 오늘날 총림의 규범이다. 『비나야』에서 말하길 "무릇 나그네 비구가 절에 들어갈 때는 응당 오래 머물고 있는 비구에게 이 승가에는 어떤 법규가 있는지 물어야 한다. 만약 묻지 않으면 돌길라죄를 얻게 되고, 오래 머물고 있는 비구가 말해주지 않는 것도 죄가 동일하다." 하였다.

入寺問制

制者 卽今叢林規繩也. 『毘奈耶』云 凡客比丘入寺 應問舊住 此中僧伽 有何制令. 若不問者 得突吉羅罪 舊住不告者罪同.

6) 객 비구의 의발을 응접함

『십송률』에서는 "객 비구가 있으면 먼저 안부를 묻고 함께 의발衣鉢[3]을 짊어지고 절에 들어오도록 한다."고 하였다.

接新到衣鉢

『十誦律』云 有客比丘來 應問訊 與擔衣鉢入寺.

---

3 의발衣鉢: 스님들의 3의衣와 발우를 가리키는데, 후에는 교법의 대명사가 되어 스승이 제자에게 법을 전하는 것을 의발을 전한다고 한다.

7) 법당에 들어갈 때의 다섯 가지 법도

『남산초』에서 말하였다. "먼저 문밖에서 미리 마음을 편안하고 고요하게 한다."

계율에서 말하였다. "5가지 법을 지닐 것이다. 첫째는 자비로운 마음(慈心)이다. 【승려는 보통 사람과 성인 사이를 넘나들고 행위로 크고 작은 데에 관여하기 때문에 자애로운 마음으로 승려라는 이름을 공경하고 불법을 중시하고 사람을 존중한다.】 둘째는 응당 자신 낮추기를 수건에서 먼지를 털듯이 해야 한다. 【바른 일은 남에게 돌리고 잘못된 일은 자신 탓으로 하며, 항상 자신의 과실을 살피되 상대의 단점을 말하지 않는다. 기記에는 '수건은 자기 몸으로 더러운 것을 닦아서 다른 것을 깨끗하게 하기 때문이다.' 하였다.】 셋째는 앉고 일어나는 법을 잘 알아야 한다. 【상좌를 보았으면 편안히 앉아 있지 말아야 하고, 아랫사람(下座)을 보았을 때는 일어서지 말아야 한다. 사람들은 승려들에게 때에 맞춰서 우러르거나 굽어보거나 해야 한다.】 넷째는 승려들 가운데 있을 때는 잡담과 세속의 일을 말하지 않는다. 【만약 자신이 설법하거나 다른 승려에게 설법을 청할 때는 대중들의 법에 의거하여 행동에 반드시 일정한 방식이 있어야 한다.】 다섯째는 승려들 가운데 차마 볼 수 없는 짓을 하는 것이 있더라도 침묵하고 떠들지 말아야 한다. 【선한 도반이 없는 것으로 말미암은 것이나 이 일을 반드시 거론할 때가 있을 것이기 때문에 참고 침묵하며, 같은 승려들의 일을 권도權道로써 대응해야 한다.】

入堂五法

『南山鈔』云 先於戶外 預安靜心. 律云 以五法 一慈心【由僧通凡聖 行涉麤細 慈心敬名 重法尊人.】二應自卑下 如拭塵巾.【推直於他⁴ 引曲向己 常省己過 不說⁵彼短. 記云 巾能攬穢歸己 令物潔淨故.】三應知起坐.【若見上座 不應安坐 若見下座 不應起立. 人應於衆 俯仰得時.】四在僧中 不爲雜語 談世俗事.【若自說法 若請他說 衆依於法 動必有方.】五見僧中 有不可事 心不安忍. 應作默然.【由無善伴 擧⁶必非時 故應忍默 權同僧事.】

8) 석장을 걸어놓음

이제 승려가 머물러 거주하는 곳을 괘석掛錫⁷이라고 부르는 것은, 무릇 인도의 비구들이 다닐 때는 반드시 석장을 가지고 다녔는데, 석장을 지니는 데에는 25가지 위의가 있다. 실내에 들어갈 적에는 땅에 내버려 둘 수 없어서 반드시 벽의 걸개에 걸어 두었기 때문에 "괘석"이라고 불렀다.

---

4 명판본에는 '地'로 되어 있으나 '他'의 오자이다.
5 명판본에는 '訟'으로 되어 있으나 '說'의 오자이다.
6 명판본에는 '擧'자로 되어 있으나 '擧'의 오자이다.
7 괘석掛錫: 지팡이(錫杖)를 걸어놓고 쉰다는 뜻이다. 예전에 행각行脚할 때에는 반드시 지팡이를 가지고 다니다가, 승당에 들어가 안거할 때에는 벽에 걸어 두었기 때문에 안거하는 것을 괘석이라고도 한다. 우리나라 속어로는 '방부'이다.

掛錫

今僧止所住處 名掛錫者 凡西天比丘 行必持錫杖 持錫有二十五威儀. 凡至室中 不得著地 必掛於壁牙上 故云掛錫.

9) 위의

경과 율에서는 모두 행·주·좌·와를 4가지 위의라 하였는데, 그 나머지 행동거지들도 모두 4가지 안에 포함된다.

威儀

經律中 皆以行住坐臥 名四威儀 其他動止 皆四所攝.

10) 안거

『남산초』에서 말하였다. "몸과 마음을 안정시키는 것을 '안安'이라 하고, 기일을 정하여 여기에 머무는 것을 '거居'라 한다. 계율에는 세 번(三時)[8]으로 제정하였는데 여름에 편중되어 있는 것은, 첫째 일없이 행각하면 출세간의 업을 닦는 데 방해되기 때문이다. 둘째 축생의 수명을 단축시키니 자비심에 위배됨이 실로 깊기 때문이다. 셋째 행위가 잘못되어서 세상의 비방을 불러들이기 때문이다.

선율사의 『사분갈마四分羯磨』에서도 '삼안거三安居'라고 하였으니

---

8 삼시三時: 인도에서는 1년을 열제熱際·우제雨際·한제寒際의 삼시三時로 나누어 안거를 한다.

전안거·중안거·후안거를 말하는 것이다. 계율에 어떤 비구가 4월 16일에 안거를 하고자 했는데, 그곳에 도착하지 못하고 17일에야 도착하였다. 부처가 뒤에 안거를 하도록 허락하였다고 하니, 곧 5월 16일이다."

○『명료론』에서 말하였다. "5가지 허물이 없는 곳이라야 안거할 수 있다. 첫째는 마을이 너무 멀어서 필요한 것을 구하는 데 어려움이 있는 곳이다. 둘째는 도시가 아주 가까워서 출세간의 도를 닦는 데 방해되는 곳이다. 셋째는 벌레가 많아서 자신과 벌레 양쪽이 상해를 입는 곳이다. 넷째는 의지할 사람이 없는 곳이다.【의지할 수 있는 사람이란 오덕을 갖춘 자로서 첫째는 부처 법 듣기를 구했을 때 들을 수 있도록 해주는 사람이요, 둘째는 부처의 법을 듣고 이미 청정해진 사람이요, 셋째는 능히 옳고 그름을 결단할 수 있는 사람이요, 넷째는 무상無常을 통달한 사람이요, 다섯째는 바른 견해로 왜곡됨이 없는 사람이다.】다섯째는 음식과 약⁹을 공급해줄 시주가 없는 곳이다."

安居

『南山鈔』云 形心靜攝曰安 要期此住曰居. 律制三時 偏約夏月者. 一無事遊行 妨修出世業. 二損物命違慈實深. 三所爲旣非 故招世謗. 宣律師『四分羯磨』云 三¹⁰安居 謂前中後也. 律有比丘 四月十六日欲安居 不至所在 十七日方到. 佛言聽後安居 卽五月十六日也. ○『明了

---

9 『담무덕부사분율산보수기갈마』 하권에는 "『명료론』云 … 五無施主供給藥食 並不可安居."라고 하여 '음식과 약'으로 되어 있다.
10 명판본에는 '四'로 되어 있으나 '三'의 오자이다.

論』云 無五過處 得安居. 一大遠聚落 求須難得. 二太近城市 妨修出世道. 三多虫蟻 自他兩損. 四無可依人【可依人者 具五德 一求聞令聞 二聞已令淸淨 三能決斷是非 四通達無常 五正見無曲.】五無施主供給衣藥 並不可安居.

11) 하랍

하랍은 곧 석씨들의 출가한 햇수(法臘)이다. 대체로 나이가 많고 적은 순서대로 하지만 반드시 법랍을 물어 법랍이 많은 자가 연장자가 된다. 그러므로 인도에서는 법랍이 많은 사람을 증험자로 삼는다. 『경음소』와 『증휘기』에서는 "랍臘은 접촉함(接)"이라고 하였다.【채옹蔡邕[11]의 『독단獨斷』에서는 "랍은 한 해의 마지막 달이다." 했고, 진晋나라 박사 장량張亮의 논의에서는 "랍은 접촉함이다. 새해와 지난해가 서로 접촉하는 것을 시속에서는 '랍'이라고 하는데, 그 이튿날이 새해의 첫날이라고 한다." 하였다.】 오늘날 석씨들은 4월 16일부터 전전 안거에 들어가서 7월 15일까지를 법랍 받는(受臘) 날로 한다. 마치 속세의 섣달그믐과 같다. 16일이 되면 오분법신五分法身[12]이 길러지는 날이므로 새해(新歲)라 부르고, 여름 90일(夏九旬)[13]부터 통틀어 법 나이(法歲)라 부른다."

---

11 채옹蔡邕(132~192): 후한後漢 말의 학자. 자는 백개伯皆. 하남河南 사람. 영제靈帝의 고문. 박학하고 시문에 능하며, 수학·천문·서도·음악 등에도 뛰어났다. 딸은 채문희蔡文姬라고 불린 시인 채염蔡琰이다.

12 오분법신五分法身: 대승·소승의 무학위無學位. 곧 부처와 아라한이 갖추어 가진 5종의 공덕. 계신戒身·정신定身·혜신慧身·해탈신解脫身·해탈지견신解脫知見身.

夏臘

卽釋氏法歲也. 凡序長幼 必問夏臘 多者爲長. 故云天竺 以臘人爲驗焉.『經音疏』『增輝記』云 臘接也,【蔡邕『獨斷』云 臘者歲之終也 晉博士張亮議云 臘接也. 新故交接俗 謂臘明日爲初歲也】今釋氏 自四月十六日 前安居入制 至七月十五日 爲受臘之日. 若俗歲除日也. 至十六日 是五分法身生養之日 名新歲也 自夏九旬 統名法歲矣.

12) 자자

『십송』에서 말하였다. "좋고 나쁜 상相을 판별하는 것을 가르치며, 3가지 말로써 죄를 고백하고 참회한다."【3가지 말이란 본 일(見)·들은 일(聞)·의심나는 일(疑)을 말한다.】

○『초초』에서 말하였다. "90일 안거 기간에 사람들이 자기에 대하여 혼미한 것이 많아서 스스로 허물을 보거나 이치에 합당하게 하지 못하므로 청정한 대중에게 의지하여 자비로운 마음으로 가르침을 베풀어줄 것을 바란다. 자기의 허물을 마음대로 털어놓고 승려들이 허물을 거론하면 안으로는 사사로이 숨기는 것이 없음을 드러내고, 밖으로는 하자가 있음을 드러내어 신업과 구업을 다른 사람에게 의탁하기 때문에 자자自恣라고 하는 것이다."

---

13 하구순夏九旬: 여름 90일 동안 하안거夏安居를 하므로 하안거의 의미로 사용한다.

自恣

『十誦』云 好惡相教 以三語自恣.【三語者 謂見聞疑.】○『鈔』云 九句之內 人多迷己 不自見過 理合宜 仰憑清衆 垂慈示誨. 縱宣己過 恣僧擧過 內彰無私隱 外顯有瑕疵 身口託於他人 故曰自恣.

13) 가제

범어로는 갖추어 "가율제가迦栗提迦"라고 말한다. 즉 9월 15일의 별자리 이름인데, 인도의 3개월 안거를 말한다. 9월 16일이 되어 안거를 해제한 뒤에 비구들이 다니면서 교화하므로 9월 15일 별자리 이름을 따서 지은 것이다.

迦提

梵語具云 迦栗提迦. 卽九月望宿名也 謂西國三月安居. 至九月十六日解後安居 比丘行化故 取望宿爲名也.

14) 걸어 다님

『자은해慈恩解』에서는 "인도는 땅이 습하여 벽돌을 쌓아서 길을 만들고 가운데로 왕래하는데, 베의 날실과 같기 때문에 경행經行[14]이라 한다."

---

14 경행經行: 우리나라에서는 일정한 구역을 걸으면서 도는 것을 말한다. 좌선 수행할 때 졸음을 쫓거나 피로를 풀기 위해서, 또는 수행자가 운동 삼아 걸어 다니는 것을 통칭하는 말로 사용한다.

하였다.

　○『십송률』에서 말하였다. "경행을 하면 5가지 이익이 있다. 첫째는 날렵하고 튼튼해진다.【초勤란 날렵한 것이다.】둘째는 힘이 있다. 셋째는 병이 들지 않는다. 넷째는 음식을 잘 소화시킨다. 다섯째는 뜻이 견고해진다."

　○『삼천위의경』에서 말하였다. "경행할 수 있는 5곳이 있다. 첫째는 한가한 곳이다. 둘째는 문 앞이다.【자기의 방문 앞】셋째는 강당 앞이다. 넷째는 탑 아래다. 다섯째는 전각 아래다."

經行

慈恩解云 西域地濕 疊磚爲道 於中往來 如布之經 故曰經行. ○『十誦律』云 經行有五利. 一勤健【勤者 輕捷也.】二有力 三不病 四消食 五意堅固. ○『三千威儀經』云 有五處可經行. 一閑處 二戶前【自房戶前.】三講堂前 四塔下 五閣下.

15) 대중 속에서 안락하게 행하는 법

『유가론』에서 말하였다. "(와서 구하는 이를 보고) 끝내 비웃지 않고, 가벼이 여겨 희롱하지도 않으며, 다른 사람으로 하여금 부끄러워 얼굴 붉어지게 하지 않고, 불안한 마음으로 머무르게 하지 않는다. 끝내 바로 앞에서 다른 사람이 좋아하는 것을 헐뜯지도 않고, 바로 앞에서 다른 사람이 좋아하지 않는 것을 찬양하지도 않으며, 친하게 사귄 이가 아니면 진실한 말을 털어놓지도 않는다. 자꾸 바라지도 않고 양을 알아서 받으며, 만약 먼저 다른 사람에게 음식을 허락한 것이라면 끝내 사실을 핑계대면서 먼저 기원하는 데 나아가지 않는다."

○『용왕경』에서 말하였다. "3가지 일이 있어 언제나 편안하다. 강하지 않아 아첨함이 없으며, 탐욕과 질투를 버리며, 남이 공양 받는 것을 보면 대신하여 기뻐하는 것을 말한다."[15]

在家安樂行法

『瑜伽論』云 終不嗤笑 輕弄於他 令他极愧 不安穩住. 終不現前 毀他所愛 讚他非愛 非情交者 不吐實誠. 不屢希望 知量而受 若先許應他飮食等 終無假托 不赴先期. ○『龍王經』云 有三事常在安隱 謂不剛硬 不諛不諂 除貪嫉 見人得供養 代其歡喜.

16) 청소

부처가 서다림逝多林에 머무를 적에 땅이 깨끗하지 않은 것을 보고, 최상의 복 밭에 깨끗한 업을 심어 중생들을 즐겁고 복되게 하여 훌륭한 복전에 정업淨業을 심고자 하였다. 그래서 부처가 곧 빗자루를 잡고 청소를 하려고 할 때 큰 소리가 들려서 보니 모두 빗자루를 들고 함께 청소하고 있었다. 부처가 말하였다. "무릇 청소를 하면 5가지 뛰어난 이익이 있다. 첫째는 내 마음이 청정해진다. 둘째는 다른 사람으로 하여금 청정하게 한다. 셋째는 제천이 기뻐한다. 넷째는 단정한

---

15 『불설해룡왕경』 권1 원문에는 "復有三事常在隱處 何等三 不剛不鞭而不諛諂 除諸貪嫉 見人得供代其歡喜 是爲三."라고 하였다.

업을 뿌리내리게 한다. 다섯째는 죽어서 마땅히 천상에 태어난다."

○『아함경』에서 말하였다. "부처는 주리반특朱利槃特[16]에게 '빗자루(소추掃箒)'라는 글자를 외우라고 가르치고, 다시 '빗자루'를 잡게 하고는 가르치길 '너는 이 글자를 외워라. 이 글자가 무슨 글자이냐?' 하였다. (주리반특은) 이 빗자루는 '먼지를 제거하여 없애는 것(除垢)'이라고 알고 있었다. 주리반특은 또 이렇게 생각하였다. '먼지란 재(灰)·흙·기왓장·돌 같은 것이고, 제거하여 없앤다는 것은 깨끗하게 하는 것이다. 부처는 무슨 까닭에 이런 것으로 나를 가르치는 것일까? 결박이 먼지이고, 지혜가 없애는 것임을 생각하게 하신 것이다. 나는 지금 지혜의 빗자루로 결박되어 있는 먼지를 제거하리라.' 이로써 곧 아라한이 되었다."

○『증일경』에서 말하였다. "무릇 청소하는 사람에게 5가지 일이 있으면 공덕을 받을 수가 없으니, (청소하는 사람이) 역풍逆風을 모르고, 순풍順風을 모르며, 쓰레기를 모으지 않고, 분뇨를 치우지 않고, 청소한 곳이 정결하지 않은 것을 말한다."

○『사분』에서 말하였다. "역풍에 청소하고, 더러운 흔적을 없애지 못하고, 분뇨를 제거하지 못하고 빗자루를 제자리에 갖다 두지 않으면

---

16 주리반특朱利槃特: 계도瞖道·불락不樂·소로小路·계도繼道라 번역. 마하반특의 아우. 부모가 여행하다가 길가에서 맏아들을 낳고 반특이라 이름 붙였으며, 뒤에 또 다시 길에서 둘째 아들을 낳아 주리반특이라 이름하였다. 반특은 길, 주리반특은 작은 길이라는 뜻. 형은 총명하나 아우는 매우 어리석었다. 뒤에 부처의 제자가 되어 여러 제자들 가운데서도 가장 어리석고 둔하였으나, 마침내는 아라한과를 증득하였다.

(복덕을 얻지 못한다.)"[17]

○『정법념경』에서 말하였다. "만일 여래의 탑을 청소하면 생명을 마치고 난 뒤에 의조천意躁天에 태어날 것이며, 향기는 일백 유순由旬[18]까지 풍길 것이다."

掃地

佛在逝多林 見地不淨 欲令樂福衆生 於勝福田植淨業. 故佛卽自執篲 欲掃時 大聲聞見 皆執篲共掃. 佛言凡掃地 有五勝利. 一自心淸淨 二令他心淸淨 三諸天歡喜 四植端正業 五命終當生天上. ○『阿含經』云 佛敎朱[19]利槃特誦掃篲字 復敎執掃篲 佛言汝誦此字 爲因何等?[20] 然此掃篲 復名除垢. 槃特作是思惟. 垢者 灰土瓦石也 除者 淸淨也. 佛以此敎誨我 令思惟結縛是垢 智慧是除. 今可以智慧之篲 除結縛垢. 因此便成阿羅漢. ○『增一經』云 夫掃地有五事不得福 謂不知逆風 不知順風 不作聚 不除糞 不淨潔. ○『四分』云 逆風掃 不滅迹 不除糞 不復篲本處. ○『正法念經』云 若掃如來塔 命終生意躁天身 香氣熏百由旬.

---

17 『사분율』 권49 원문에는 "不知逆風順風掃地 不滅迹 不除糞 不復掃帚本處 有如是五法 掃地不得大福德."이라 하였다.
18 유순由旬: 인도에서 거리(里數)를 재는 단위로, 유사나踰闍那・유선나踰繕那・유연由延이라고도 한다. 대유순은 80리, 중유순은 60리, 소유순은 40리라고 한다.
19 명판본에는 '先'으로 되어 있으나 '朱'의 오자이다.
20 '爲因何等'이 『증일아함경』 권11에는 "爲字何等"으로 되어 있다.

17) 함께 힘 모아 수습함

『승기』에서 말하였다. "만약 큰 모임이 있는 날에 번과 일산들을 내놓고 재회를 펼치다가 만약 갑자기 비바람이 몰아치면, 모두 힘을 모아 거두어들여야 하지 '나는 행인이다', '나는 대덕이다' 등의 말을 하지 말아야 한다. 거두어서 응당 가까운 방에 두어야 하는데, 안치해 둘 만한 방이 없으면 흙먼지를 잘 털어서 접어두어야 한다."

同力收拾
『僧祇』云 若大會多出幡盖 若卒風雨至 一切同力收拾 不得云 我是行人大德等. 應隨近房安置 不得護房 應爲抖擻疊擧.

18) 연등

『승기』에서 말하였다. "연등을 든 사람은 갑자기 방에 들어갈 수가 없고, 응당 먼저 밖에 있으면서 여러 대덕들에게 '등불이 들어갑니다.' 하고 외쳐야 한다. 【기記에서는 '이것은 오늘날 선방(禪居)이나 강원講院의 요사채에서 대중들과의 약속이다. 만약 갑자기 들어가면 어두운 곳에 있던 비구들이 위의가 바르지 않을까 염려해서이다.' 하였다.】 등불을 끌 때가 되면 먼저 손으로 등불을 가리고 '등을 끕니다(滅燈).'라고 말한다. 대중들이 침묵하면 그때 등을 끈다. 【이것은 승려들이 수습을 끝내지 못할까 염려해서이다.】 입으로 불어서 끄는 것은 안 되므로, 젓가락으로 심지를 집어 꺾어서 끈다.

燃燈

『僧祇』云 燃燈不得卒入房 應先在外唱言 諸大德燈入.【記云 此約衆 若今禪居 及講院寮舍也. 若卒將入 恐暗中比丘 威儀不正.】至滅燈時 亦不得卒滅 先以手遮燈 告曰 滅燈. 衆若默 方可滅.【此慮衆僧收拾不辦.】不得用口吹 當將筯敲爐折去之.

19) 예배할 때의 금기

『승기』에서 말하였다. "만약 달리 예불, 즉 송경誦經·사경寫經·수경授經할 때에는 다른 사람에게 예를 갖추어 절하지 않는다." 또 말하였다. "사람에게 예를 갖출 적에는 부처와 대면해서 할 수 없고, 또 밤이나 어둡고 으슥한 곳에서 예배할 수 없으니 혐의가 미칠 것을 두려워하는 것이다."

○『오분율』에서 말하길 "화가 난 상태로 으슥한 곳에서 예배하지 않는다." 하였다.

○『사분율』에서 말하였다. "밥을 먹거나, 과일을 씹거나, 설법하거나, 양치질할 때이거나, 버드나무 가지를 씹거나, 머리를 깎거나, 벗은 몸이거나 대소변을 볼 때에는 예를 올리지 않는다."

禮拜忌

『僧祇』云 若他禮佛 誦經寫經授經時 並不得禮. 又云 禮人不得對佛 又夜闇僻處 不得禮人 恐涉嫌疑. ○『五分律』云 相嗔人不得於屛處禮拜. ○『四分律』云 飮食噉菓 說法 漱口 嚼楊枝 剃髮 裸身 大小行時

並不得禮.

20) 불이 타는 것을 볼 때 생기는 일곱 가지 과실

『승기』에서 말하였다. "첫째는 눈을 손상시킨다. 둘째는 정색을 보지 못한다. 셋째는 몸이 여윈다. 넷째는 옷이 더럽게 된다. 다섯째는 침구(臥具)를 망가뜨리게 된다. 여섯째는 계를 범하는 인연이 생긴다. 일곱째는 속세의 말을 증가시킨다."

向火七過
『僧祇』云 一損眼 二壞色 三身羸 四衣垢 五壞臥具 六生犯戒緣 七增俗話.

21) 재채기

『승기』에서는 "만약 승려들과 있을 적에 재채기가 나오면 크게 소리를 내어서는 안 되니, 응당 손으로 입을 가리고 침이 옆자리에 튀어 더럽지 않게 해야 한다." 하였다.

嚔
『僧祇』云 若在僧中嚔者 不得放聲 應以手遮口 勿令涕唾污比座.

22) 손톱을 자름

『열반경』에서는 "손톱을 기르는 것은 계율을 파괴하는 형상이다." 하였다.

○『문수문경』에서는 "손톱을 보리 한 알만큼 기르는 것을 허락함은 가려운 곳을 긁기 위한 것이다." 하였다.

剪爪

『涅槃經』云 爪長破戒之相. ○『文殊問經』云 爪許長一橫麥 爲搔痒故.

23) 머리카락을 깎음

『열반경』에서는 "머리를 기르는 것은 계율을 파괴하는 형상이다." 하였다.

○『문수문경』에서 말하였다. "머리카락 길이가 손가락 두 마디 정도면 자르는 것이 마땅하다. 머리카락을 자를 때에는 4가지 차례가 있으니, 첫 번째는 제1상좌가 머리카락을 자르고, 두 번째는 머리카락이 긴 사람이 자르고, 세 번째는 똑같이 머리카락이 길어도 먼저 씻은 사람에게 허락하고, 네 번째는 연고가 있는 사람이 자른다.【맡은 일이 있는 승려는 세간의 일(緣務)[21]을 하는 사람이다.】이상 네 사람이 높고 낮음과 급한 사람과 그렇지 않은 사람을 서로 헤아려 밀어주고

---

21 연무緣務: 개인 신변과 관련된 세간世間의 일로 생활, 인사, 기능, 학문의 4가지가 있다.

사양하면서 그를 먼저 하도록 한다."

剃髮

『涅槃經』云 髮長破戒之相. ○『文殊問經』云 髮長二指當剃. 剃髮次第有四 第一上座 二髮長人 三若偕長 聽先洗人 四有緣人.【有勾當僧緣務人.】已上四人 應相度尊卑急緩 推讓先之.

24) 눕는 법

『보운경』에서 말하였다. "눕고 싶을 때에는 몸이 오른쪽으로 향하게 하고 발을 포개며 법의로 몸을 덮어 바른 생각(正念)과 바른 지식(正知), 명료한 생각을 일으키되 오직 모든 감관(諸根)과 큰 종자를 잘 길러낼 것만 생각한다."

○『유가론』에서 말하였다. "무엇 때문에 오른쪽 옆구리로 눕는 것입니까?' 하고 묻자, 답하길 '사자왕獅子王이 누워 있는 모습과 비슷하기 때문이다. 모든 들짐승 가운데 제일로 사납고 용맹한 것처럼 비구도 부지런히 정진하여 날래고 용맹스러움이 가장 최고이다. 이런 인연으로 말미암아 사자가 눕는 법과 비슷하며, 이와 같이 누워야 몸은 들뜨거나 산만하지 않고, 생각은 잊어버리지 않고, 잠은 깊이 들지 않으며, 악몽을 꾸지 않는다."

臥法

『寶雲經』云 欲臥身向右邊累足 以法衣覆身 正念正知 起明了想 但爲

長養諸根大種故. ○『瑜伽論』問曰 何緣右脅而臥? 答與師子王法相似. 一切獸中 勇捍堅猛 最爲第一 苾芻亦以發勤精進 勇捍堅猛最第一. 由是因緣 與師子臥法相似 如是臥時 身無掉亂 念無忘失 睡不極重 不見惡夢故.

25) 수면

수면은 누워서 잠자는 것이다. 마음 작용 가운데 4가지 정해지지 않은 것(四不定)[22] 중에 1가지로 사람을 자유롭지 못하게 한다. 흐리멍덩(昧略)한 것이 속성(性)이고, 장애에 물드는 것(障染)이 업業이다.

○『발각정심경』에서 말하였다. "20가지 잠자기의 허물과 병통(過患)이 있다. 첫째는 게으르게 될 것이며, 둘째는 몸이 무거워질 것이며, 셋째는 피부가 깨끗하지 않을 것이며, 넷째는 살갗이 거칠어질 것이며, 다섯째는 모든 것이 더럽고 탁해져 위덕威德이 적어질 것이며, 여섯째는 음식이 소화되지 않을 것이며, 일곱째는 몸에 종기가 생길 것이며, 여덟째는 게으름이 많아질 것이며, 아홉째는 더 어리석어지며, 열째는 지혜가 박약해질 것이며, 열한째는 쉽게 피곤해질 것이며, 열두째는 항상 어둡고 어리석음에 떨어질 것이며, 열셋째는 사람들이 공경하지 않을 것이며, 열넷째는 자질이 어리석어질 것이며, 열다섯째는 번뇌가 많아질 것이며, 열여섯째는 선한 것을 즐기지 않을 것이며, 열일곱째는 청정한 법(白法)[23]이 줄어들게 될 것이며, 열여덟째는 겁이 많아질

---

22 사부정四不定: 회悔·면眠·심尋·사伺를 말한다. 이것은 삶 속에서 선이나 악 어느 쪽으로 결정되어 있지 않기 때문에 '정해지지 않은 것(不定)'이라 하는 것이다.

것이며, 열아홉째는 정진하는 사람을 보면 비방하고 헐뜯을 것이며, 스무째는 대중들에게 경멸과 천시를 당할 것이다."

○『십송』에서는 "만약 코를 골며 잠자는 사람이라면 응당 일어나서 가볍게 걸어야 한다. 할 수 없는 사람은 으슥한 곳에서 잠을 자야지 대중들을 번뇌케 해서는 안 된다." 하였다.

○『승기』에서는 "비구들이 밤에 잠잘 때 진동할 정도로 코골고 잠꼬대를 하더라도 소란스럽게 하려는 의도가 없다면 죄가 아니다." 하였다.

睡眠

臥之垂熟也. 此是心所法中 四不定一也 令人不自在. 昧略爲性 障染爲業. ○『發覺淨心經』云 有二十等種睡眠過患. 一懶墮 二身體沉重 三皮膚不淨 四皮內麤澁 五諸大穢濁 威德薄少 六飮食不消 七體生瘡皰 八多懈怠 九增癡 十智慧弱 十一善欲疲倦 十二常趣黑暗 十三人不恭敬 十四稟質愚癡 十五多煩惱 十六於善不樂 十七白法滅 十八多驚怖 十九見精進者 毀辱之 二十於衆被輕賤. ○『十誦』云 若鼾睡者 應起經行. 不能者 屛處睡 不得惱衆. ○『僧祇』云 若比丘夜鼾睡振動寐語 不作擾亂意無罪.

---

23 백법白法: ↔ 흑법黑法. 계·정·혜의 3학學과 보시·지계·인욕·정진·선정·지혜의 6바라밀 등의 선근 공덕을 말한다.

26) 잠이 쏟아지는 인연

『잡집론』에서 말하였다. "피곤하고 지치거나 몸과 마음이 무겁거나, 생각이 어둡거나, 하던 일을 내버려두거나, 혹은 일찍이 버릇대로 잠이 쏟아지거나, 혹은 다른 주술에 이끌리거나, 혹은 부채를 부쳐 시원한 바람이 부는 것 등에 기인한다."

發睡緣[24]

『雜集論』云 謂羸瘦疲倦 身心沈重 思惟闇相 捨諸作務 或曾此時慣習 或他呪術所引 或動扇涼風吹等.[25]

27) 낮잠

『지도론』에서는 "늦봄과 초여름에는 더워질 때이므로 낮에 조금 잠자며 쉬는 것은 식곤증을 제거하기 위함이다." 하였다.

晝小眠

『智度論』云 春末夏初 以時熱故 小眠息 除食患故.

---

24 명판본에는 "發睡緣"이 위의 "睡眠"의 본문과 하나로 연결되어 있으나 내용상 별도의 것으로 파악되므로 독립된 소제목으로 바로잡았다.
25 명판본에는 '寺'로 되어 있으나 '等'의 오자이다.

28) 평상에 앉았을 때 금기해야 할 일곱 가지 일

『삼천위의경』에서 말하였다. "첫째, (평상에 앉았을 때는) 크게 하품하면 안 된다. 둘째, 트림을 하거나 입맛 다시거나 재채기하거나 큰소리를 내서는 안 된다.【'해欬'는 트림하는 것이고, '타咃'는 입맛 다시는 것이고, '분噴'은 재채기하는 것이고, '계喊'는 큰소리를 내는 것이다.】[26] 셋째, 세상의 일을 생각하며 탄식해서는 안 된다. 넷째, 벽에 기대어서는 안 된다. 다섯째, 앉아 있다가 일어서려고 할 때는 때에 맞추어야 한다. 만약 생각이 치달려 안정되지 않으면 스스로 꾸짖으며 일어나서 가볍게 걷는다."[27]

在床忌七事

『三千威儀經』云 不得大欬 咃噴喊.【欬(聲欬也) 咃(欵也) 噴(噴嚏也) 喊(喝也)】歎息思念世事. 不得倚壁. 欲起以時. 若意走不定 當自責之 卽起經行也.

---

26 명판본에는 본문과 연결되어 있으나 내용상 본문의 글자를 풀이한 것이므로 세주로 보는 것이 타당할 듯하다. 그리고 또, 원문에는 "不得大欬咃噴喊 歎息〔欬(聲欬也) 咃(欵也) 噴(噴嚏也) 喊(喝也)〕思念世事"로 되어 있으나 내용상 "不得大欬咃噴喊〔欬(聲欬也) 咃(欵也) 噴(噴嚏也) 喊(喝也)〕歎息思念世事"의 착오로 보여 수정하였다.

27 『대비구삼천위의』 권상 원문에는 "在牀上有五事 一者不得大欠 二者不得咃普寸喈 三者不得歎息思念世間事 四者不得倚壁臥 五者欲起坐當以時 若意走不定 當自責本卽起."라 하였다.

29) 소행

소변보러 가는 일이며, 문언文言에서는 '개인적인 일'이라 하였다. 【『좌전』에서는 "사혜師惠가 송나라를 지나 조회하러 가는 길에 개인적인 일(私)을 보려고 했다."고 했고, 주석에는 '소변'이라 했으며, 계율에서는 '소행'이라 한다.】

○『비니모』에서 말하였다. "사찰 안 아무 곳에나 소변보는 것을 허락하지 않으니, 으슥한 곳을 지정하여 모으는 것이 마땅하다. 그리고 기와나 항아리, 나무통을 땅속에 묻어 덮개를 덮어 냄새가 나지 않도록 해야 한다."

『오분율』에서 말하길 "소변기를 방안에 들이는 것을 허락하되 입구를 꽉 막아 놓고 방밖에서는 물을 가득 채워놓아야 한다." 하였다.

○『우발기왕경』에서 말하였다. "사찰 안에서 여기저기 함부로 대소변을 보는 이는 오백 생 동안 발파拔波 지옥에 떨어질 것이며, 그 뒤에 20겁 동안은 항상 팔로 이렇게 더럽힌 곳을 손으로 끌어안고 지내게 될 것이다."

小行

往小便 文言可云私.【『左傳』師慧[28]過[29]宋朝將私. 注[30]云小便也 律云小行.】○『毘尼母』云 不聽於伽藍內處處小便 當聚一屛猥處. 若瓦甁木

---

28 명판본에는 '惠'로 되어 있으나 『좌전』에는 '慧'로 되어 있으므로 바로잡았다.
29 명판본에는 '避'로 되어 있으나 『좌전』에는 '過'로 되어 있으므로 바로잡았다.
30 명판본에는 '法'으로 되어 있으나 '注'의 오자이다.

桶埋地中 以物盖覆 勿令有臭氣.『五分』云 許將小便器入房中 塞緊口 房外應滿盛水. ○『優鉢祇王經』云 伽藍法界內地 漫亂大小便 五百生墮拔波地獄 後二十劫 常遣肘手 把此穢地.

30) 측간

『설문』에서는 '병屏'은 가림이다(蔽)라 했고, 『석명』에서는 '측廁'은 '섞임이다(雜)'라 했으니, 그 위로 마구 뒤섞는 것이다. 혹자는 '혼溷(변소)'이라고 하는데, 혼은 탁함(濁)이다. 혹자는 '청圊(화장실)'이라고 하는데 청은 깨끗함(淸)이다. 아주 더러운 곳은 마땅히 청결해야 하기 때문이다. 오늘날 남방의 승려들은 '동사東司'라고 부르는데 경전에는 보이지 않는다. 측간에 가는 것을 문언文言에서는 '여如(간다)'라 했다. 【『좌전』에서는 "진후晉侯(경공)는 햇보리로 지은 밥을 먹고 측간에 갔다가 빠져 죽었다." 하였다.】

　○『삼천위의경』에서 말하였다. "측간에 갈 때는 25가지 법이 있다. 첫째, 측간에 갈 때에는 도중에 만난 사람에게 예를 올리지 않는다. 둘째, 다른 사람에게 예를 받지도 않는다. 셋째, 땅만 쳐다보고 가야 한다. 넷째, 문밖에 이르면 손으로 3번 두들긴다. 【아마도 안에 사람이 있는지 확인하는 것이다.】 다섯째, 이미 사람이 있으면 독촉하지 않는다. 여섯째, 측간에 들어가면 곧바로 손으로 두들긴다. 【이것은 담분귀噉糞鬼(똥을 먹는 귀신)에게 경계하는 것이다.】 (중략) 열일곱째, 풀로 땅에 금을 긋지 않는다. 【풀은 곧 작대기(籌子)로 절강浙江 사람들은 측간 풀이라 불렀다.】 열여덟째는 풀을 가져다가 벽에 긋거나 글자를 쓰지

않는다."【열아홉째 이후로는 깨끗이 씻는 법이다.】또 만약 풀과 흙이 다 없어진 것을 보았으면 담당자에게 말을 해야 하고 손수 보충해 놓으면 더 좋다.

○『허공장경』에서 말하였다. "만일 죄를 참회하는 사람이라면 800일 동안 측간을 청소해야 능히 죄과를 없앨 수 있다."

屛廁

『說文』云 屛蔽也『釋名』曰 廁雜也. 雜廁其上也. 或曰溷 溷濁也. 或曰圊 圊淸也. 至穢之處 宜潔淸故. 今南方釋氏呼東司 未見其典. 登廁文言可云如.【『左傳』晉侯食麥張 如廁陷卒.[31]】○『三千威儀經』云 上廁有二十五法. 一欲登廁 當行不得於道中禮人 二不得受人禮 三直視地 四到門外 三彈指【恐有人在內.】五已有人 不得逼 六已登正彈指.【此警噉糞諸鬼.】乃至十七 不得將草劃地.【草卽籌子 浙人呼廁草.】十八不得持草劃壁作字.【十九已下 洗淨法.】又云設見草土盡 當語主者. 若自手取 添爲善. ○『虛空藏經』云 若懺罪人 治廁八百日 能滅罪咎.

---

31) 깨끗하게 씻음

『사분율』에서는 "세정洗淨은 더러움을 씻음(洗穢)"이라 하였다. 『백일갈마』에서 이르기를 "세존은 씻고 깨끗하게 하는 데에 3종류의 궁극적인 이치가 있다고 하였다. 첫째는 몸을 씻는 일이요, 둘째는 말을

---

31 명판본에는 '廁陷中'으로 되어 있으나 『좌전』을 참조하여 '廁陷卒'로 바로잡았다.

씻는 일이요, 셋째는 마음을 씻는 일이다. 그런데 어찌하여 이 가운데서 오직 부정하고 더러운 몸만 씻으라고 가르쳤겠는가? 부처는 '냄새나는 것을 제거하고 안락하게 살게 하고자 하였기 때문이다.' 하였다. 또 부처는 '더러운 것이 묻은 비구들은 사람들에게 예를 올릴 수 없고 예를 받을 수도 없으니, 어기는 사람은 월법죄越法罪를 받을 것이다. 더러움에는 2종류가 있으니, 첫째는 음식염飮食染이요, 둘째는 부정염不淨染이다. 깨끗하지 않다(不淨染)는 것은 땅에 싼 똥이나 침 및 더러운 것과 대소변을 본 뒤 씻지 않는 자이다.' 하였다. 부처가 '비구들아, 마땅히 깨끗하게 씻어야 한다.' 하였다."

○『삼천위의경』에서 말하였다. "비구들이 대소변을 보고 씻지 않으면 돌길라죄를 얻게 될 것이고, 또한 승상僧床이나 방석에 앉을 수 없고 삼보에 예배할 수도 없으며, 다른 사람들에게 예배를 받을 수도 없다."

○계율에서 말하였다. "대체로 물을 사용하여 깨끗하게 씻는데 오른손으로 항아리를 잡고 왼손으로 씻는다. 밖에 나와서 먼저 재(灰澤)를 가지고 손을 비벼 물로 씻는데, 황토를 사용하기도 한다. 세 번 비벼 물로 씻거나 또 조협皂莢(쥐엄나무)이나 조두澡豆[32]를 사용하여 팔꿈치까지 문질러 씻는다."

○『비나야율』에서 말하였다. "부처가 비구들에게 말하였다. '너희들은 마땅히 알아야 한다. 이것은 늘 해야 하는 일이니, 항상 이와 같이 깨끗하게 씻어야 한다는 생각을 가지고 있어야 큰 이익이 있을 것이며,

---

32 조두澡豆: 녹두·팥 따위를 갈아서 만든 가루비누이다.

몸을 정결하게 해야 모든 하늘을 공경히 받들어 모실 수 있다. 이런 까닭에 너희들이 만약 나를 의지하여 승려가 되려는 자는 모두 마땅히 깨끗하게 씻어야 할 것이다. 만일 씻지 않는 자가 있다면, 응당 탑돌이나 예불이나 송경을 하지 말아야 하며, 다른 사람에게 예를 올리지도 못하고, 다른 사람에게 예를 받지도 못할 것이며, 승상에 앉아 음식을 먹지도 못할 것이고, 대중들 속으로 들어갈 수도 없을 것이니, 몸이 깨끗하지 못하기 때문에 제천이 환희하지 않음을 보게 될 것이고, 주문을 외워도 모두 영험이 없을 것이다. 만약 어기는 자는 악작죄惡作罪(돌길라죄)를 얻게 될 것이다.'"

洗淨

『四分』云 洗穢.『百一羯磨』本云 如世尊說 勝義洗淨有三種. 一洗身 二洗語 三洗心. 云何此中 但說不淨染污 教令洗耶? 佛言 欲令除去臭氣 安樂住故. 又佛言 有染比丘 不得禮人 不得受人禮 違者得越法罪. 染有二種 一飲食染 二不淨染. 不淨染者 但是糞土 涎唾污穢 及大小行來 未洗者. 佛言 汝等比丘 應可洗淨. ○『三千威儀經』云 比丘若不洗大小便 得突吉羅罪 亦不得坐僧床座及禮三寶 亦不得受人禮拜. ○律云 凡洗淨用水 以右手執瓶 左手洗之. 出外先以灰滓 摩手水洗 又用黃土. 三度摩擦水洗 又用皂莢澡豆 揩洗至肘前. ○『毘奈耶律』云 佛告苾芻 汝等當知. 此是常行法 常須存意 如是洗淨 有大利益 令身潔淨 諸天敬奉. 是故汝等 若依我爲師者 咸應洗淨. 若不洗者 不應遶塔 禮佛誦經 不禮他 不受他禮 不應噉食坐僧床 不得入衆 由身不淨故 能令諸天 見不生喜 所持呪法 皆無靈驗. 若違者 得惡作罪.

32) 선품궤칙

『현양성교론』에서 말하였다. "경전을 독송하고, 스승과 어른(師長)을 온화한 태도로 공경하여서 사업을 이어받고, 병든 이를 간호하면서 서로 자비심을 일으키며, 부지런히 법을 묻고 듣기를 청하여 게으름에 떨어짐이 없으며, 총명하고 지혜로운 이와 청정행(梵行)을 닦는 이들을 몸소 공양하며, 타인에게 선품善品을 수행하도록 권장한다. 그리고 깊고 미묘한 법을 널리 말해주며, 고요하고 조용한 곳에 들어가 가부좌 하고 앉는다."

○『대반열반경』에서 말하였다. "항상 7가지 행을 닦아야 하나니, 첫째는 화합하는 것을 기쁘게 여기는 것이 마치 물과 우유가 섞이는 것처럼 해야 한다. 둘째는 항상 함께 모여 경법經法을 강론한다. 셋째는 금지된 계율을 지켜서 침범할 생각을 내지 않는다. 넷째는 스승과 상좌들을 공경한다. 다섯째는 수행하는 비구를 잘 정리하고 공경한다. 여섯째는 시주자에게 권유하고 교화하여 삼보가 계실 곳을 수리하고 짓도록 한다. 일곱째는 부지런히 더욱 정진하여 불법을 수호한다. 만약 비구들이 이 7가지 법을 행하면 공덕과 지혜가 날로 더욱 성취되고 증진될 것이다."

善品軌則

『顯揚聖教論』云 讀誦經典 和敬師長 修承事業 瞻侍病患 互起慈心 請問聽法 精勤無墮 於諸聰慧同梵行者 躬自供養 獎勸他人 修行善品. 及爲宣說 深妙之法 入靜密處 結加趺坐. ○『大般涅槃經』云 常修

七事 一歡喜和諧 猶如水乳. 二常共集會 講論經法. 三護持禁戒 不生犯想. 四恭敬於師及上座. 五料理愛敬 阿練比丘. 六勸化檀越 修營三寶住處. 七勤加精進 守護佛法. 若比丘 行此七法 功德智慧 日就增進.

33) 여섯 종류의 화경[33]

승조 법사가 말하였다. "자비심으로 신업을 일으키고, 자비심으로 구업을 일으키고, 자비심으로 의업을 일으키며, 만약 중한 공양(重養)을 받았다면 사람들과 그것을 함께하고, 계율을 지켜 청정하게 하며, 번뇌가 사라지는 지혜(漏盡慧)를 닦아야 한다." 만약 이 6가지 법을 행한다면 대중들은 화합하여 따르고 어그러져 다투는 일이 없을 것이다.[34]

六和敬

肇云 以慈心起身業 以慈心起口業 以慈心起意業 若得重養 與人共之

---

[33] 여섯 종류의 화경(六和敬): 불교도들의 화합에 필요한 여섯 가지 방편을 말한다. ①동계화경同戒和敬: 같이 계율을 지킴. ②동견화경同見和敬: 같은 견해를 지님. ③동행화경同行和敬: 같이 수행함. ④신자화경身慈和敬: 서로 예절을 지킴. ⑤구자화경口慈和敬: 서로 바른 언행을 지님. ⑥의자화경意慈和敬: 서로의 뜻을 존중함.

[34] 다음에 인용한 『주유마힐경』의 내용을 보면 "若行此六法" 이후는 승조 법사의 말이 아니라 이 책을 편찬한 도성의 말이다. 『주유마힐경』(T38, p.369b15), "肇曰 以慈心起身口意業爲三也 四若得重養與人共之 五持戒淸淨 六修漏盡慧 非直心無以具六法 非六法無以和群衆 群衆不和非敬順之道也."

持戒淸淨 修漏盡慧. 若行此六法 則衆和順 無有乖諍.

34) 선한 말

『법구경』에서 말하였다.

나쁜 말로 남을 욕하고 꾸짖거나	惡言罵詈
교만한 마음으로 사람을 업신여기면	憍凌蔑人
이런 행동이 자꾸 마음속에서 일어나	興起是行
남에게 원망을 일으켜 병이 된다네.	嫉怨玆生
겸손하고 순리에 맞는 말로	遜言順辭
남을 존경하고 받들며	尊敬於人
맺힌 것을 버리고 욕된 것을 참으면	棄結忍惡
시기심과 원망하는 마음이 저절로 없어지리라.	嫉怨自滅
이 때문에 말이라는 것은	是以言語者
말하고도 반드시 자기가 근심이 없어야 하며	必使己無患
또한 대중들을 억누르지 않아야	亦不剋衆人
이것을 선한 말이라고 할 수 있으리.	是爲能善言也

善言

『法句經』云 惡言罵詈 憍凌蔑人 興起是行 嫉怨玆生 遜言順辭 尊敬於

人 棄結忍惡 嫉怨自滅. 是以言語者 必使己無患 亦不剋衆人 是爲能善言也.

35) 대중 속에 있을 때의 나쁜 과보

『잡아함경』에서 말하였다. "부처가 사위국에 있을 적에 대목건련(目連)[35]이 몸집이 큰 중생을 보았는데, 비구의 모습으로 철판(鐵葉)으로 옷을 만들어 입었고, 온몸에는 불이 타오르고 있었으며, 쇠발우에 뜨거운 쇠구슬을 담아 먹고 있었다. 이에 부처에게 묻자 부처가 답하였다. '이 중생은 과거 가섭불 때 비구였는데, 쟁송 일으키는 것을 좋아하고 많은 대중들과 싸우고 어지럽혀 갖가지 구설을 만들어 화합하지 못하게 하였으므로, 먼저 있던 비구는 싫어서 떠나버리고 올 사람은 오지 않았다. 그 죄 때문에 이미 지옥에서 한량없는 고통을 받았고, 남은 죄 때문에 지금 그런 몸을 받은 것이다.'"【무릇 높은 식견을 가진 사람이 대중들과 있을 때에는 이것을 경계로 삼아야 할 것이다.】

---

35 목련目連: 목건련目犍連. 부처 10대 제자 중의 한 사람이다. 또는 목건라야나目犍羅夜那·목가략자目伽略子·몰특가라자沒特伽羅子라고도 부른다. 중인도 왕사성 근방에 있던 구리가촌 바라문의 아들로 처음에 사리불과 함께 바리사바波離闍婆 외도인 산사야刪闍耶에게 가서 도를 배웠다. 사리불이 다섯 비구의 하나인 아설시阿說示를 만나 불법을 알아 깨달은 뒤 서로 손잡고 죽림정사에 가서 부처의 제자가 되었다. 불교에 귀의한 뒤에는 여러 고장으로 다니면서 부처의 교화를 펼쳤다.

在衆惡報

『雜阿含經』云 佛在舍衛國 目連見一大身衆生 比丘之象 鐵葉爲衣 擧身火焚 以鐵鉢盛熱鐵丸食. 乃問佛 佛言. 此衆生迦葉佛時作比丘 好起諍訟鬪亂衆僧 作諸口舌 令不和合 先住者猒惡捨去[36] 未來者不來. 緣斯罪故 已入地獄中 受無量苦 餘罪今受此身.【凡入衆高識 可以此箴.】

---

36 명판본에는 '云'으로 되어 있으나 '去'의 오자이다.

24. 주지편住持篇

1) 선주지

성조聖朝에서 내려주신 『대송전등록』을 받들어 살펴보니 "선문에서 지키는(住持) 규범은 홍주洪州의 백장산百丈山 대지선사大智禪師 회해懷海[1]로부터 시작되었다."고 하였다. 간략하게 말하면, 선종禪宗은 소실少室 달마로부터 시작하여 조계曹溪 혜능惠能에 이르기까지 율종 사찰에 거주하는 경우가 많았다. 비록 별도의 선원에 머물렀지만, 설법할 때에 지켜야 할 규정이 없었기 때문에 항상 마음에 걸렸다.

---

1 회해懷海(720~814): 중국 당나라 스님. 속성은 왕王씨. 복주福州 장락현長樂縣 사람. 어려서 월주越州 대운사에서 출가. 마조馬祖가 남강南康에서 교화함을 듣고, 찾아가서 6년 동안 섬겨 그의 인가를 받는다. 홍주洪州 신오계의 대응산에 있으면서 종풍을 선양. 납자들이 사방에서 모여들어, 마침내 그 절을 백장산 대지성수선사大智聖壽禪寺라 하고, 스님을 백장선사百丈禪師라 하였다. 당나라 원화 9년 1월 15일 95세를 일기로 입적. 821년 대지선사大智禪師, 1108년 각조선사覺照禪師, 1335년 홍종묘행선사弘宗妙行禪師라 시호. 저서로는 『백장청규百丈淸規』가 있다.

그래서 두루 널리 섭렵하고 절충하여 올바른 규범을 제정하고 그 위의에 힘쓰도록 하는 것이 합당하겠기에 마침내 별도로 선승이 거처하는 곳을 세우기로 뜻을 세웠다.

무릇 진리를 가려내는 눈(道眼)을 갖추고 존경할 만한 덕을 갖춘 자를 장로長老로 명하고 '화주化主'로 삼아 곧 방장에 거처하도록 하였다. 그 방장은 정명淨名(유마)의 방과 같은 곳이니 사사로운 침실이 아니다. 별원에 불전을 세우지 않고, 오직 법당만 세운 것은 부처와 조사로부터 불법을 부촉 받아서 이들을 대신하여 존중 받아야 마땅함을 표시한 것이다. 배우려고 모여든 대중들은 나이가 많고 적음과 지위의 높고 낮음을 가리지 않고 모두 승려들 속에서 법랍에 따라 안배한다. 긴 침상을 연이어 붙여놓고 횃대에 옷을 걸고 벽에 도구를 걸며(掛搭)[2] 누울 때는 반드시 침상 언저리에 오른쪽 옆구리가 닿게 비스듬히 누워 길상의 수면법(吉祥睡)으로 자도록 한다. 오래도록 좌선했으면 잠시 누워서 쉬되, 거기에 4가지 위의威儀를 갖추도록 한다.

입실(獨參, 화두에 견해가 서면 아무 때나 점검 받는 것)과 청익請益(스승을 찾아뵙고 가르침을 청함)은 부지런하거나 게으르거나 각자에게 맡겨둔다. 선원의 대중들이 아침저녁으로 다 모이면 장로는 당에 올라가 일을 주관한다. 대중들은 서열대로 서서 빈과 주인으로 나누어 문답을 주고받는 데에 귀를 기울이니, 이렇게 선종의 요지를 선양하는 것은 법에 의지하여 살아가고 있다는 것을 표시하는 것이다.

아침저녁으로 균등하게 죽을 공양하며 검소한 생활에 힘쓰는 것은

---

2 괘탑掛搭: 선종禪宗에서 새로 사원에 들어온 승려가 의발衣鉢·석장錫杖 등을 승당僧堂 벽의 갈고리에 걸어 두는 것.

불법과 음식 공양이 동시에 운행된다는(雙運) 것을 표시하는 것이다. 보청법普請法(운력)은 윗사람 아랫사람 가리지 않고 균등하게 시행한다. 열 사람의 담당자를 두어 그것을 요사寮舍라고 부르는데, 매 요사에 우두머리 한 명을 써서 각기 그 부서를 맡긴다.[3] 혹은 승려의 이름을 빌어 남몰래 대중과 뒤섞이거나 특별히 시끄러운 일을 일으키면 당堂의 유나維那가 검거檢擧하여 본래의 자리에서 끌어내고 짐을 주어 그 사람을 쫓아내는 것은 청정한 대중을 보호하는 것을 귀하게 여기기 때문이다. 또 그가 중대한 잘못이 있다면 곧 주장자로 때리고, 대중들을 모아놓고 의발 등의 도구를 태우고 쪽문(偏門)으로 내보내는 것은 치욕을 보이기 위한 것이다.

이렇게 제정한 조목을 자세히 살펴보면 4가지 이익이 있다. 첫째는 청정한 대중을 더럽히지 않고 공경과 믿음이 생겨나게 하기 위함이다. 둘째는 승려의 모습을 훼손하지 않고 부처가 제정한 제도를 따르게 하기 위함이다. 셋째는 공문公門을 어지럽지 않게 해서 송사를 줄이기 위함이다. 넷째는 밖으로 누설되지 않게 하여 선종의 기강을 보호하기 위함이다.

禪住持

伏覩聖朝頒賜 『大宋[4]傳燈錄』云 禪門住持規式 自洪州百丈山 大智禪師懷海 創置也. 略云 以禪宗自少室 至曹溪已來 多居律寺. 雖住別院

---

[3] 밥을 주관하는 자는 반두飯頭라 하고, 채소를 맡은 자는 채두菜頭라 하는 것 등이다.
[4] 명판본에는 '宗'으로 되어 있으나 '宋'의 오자이다.

然於說法住持 未有規度故⁵ 常爾介懷. 當博約折⁶中 設於制範 務其儀也 遂創意別立禪居. 凡具道眼 有可尊之德者 命爲長老 旣爲化主 卽處于方丈. 同淨名之室 非私寢也. 院不立佛殿 惟樹法堂 表佛祖所囑受 當代爲尊也. 所裒學衆無多少無高下 盡入僧中 依夏臘安排. 設長連牀 施椸架⁷ 掛搭道具 臥必斜枕牀脣 右脅吉祥而睡. 其坐禪旣久 略偃息而已 具四威儀也. 其入室請益之者 任其勤怠. 合院大衆 朝參夕聚 長老升堂主事. 徒衆鴈立側聆 賓主問酬 激揚宗要 表依法而住也. 齋粥二時均遍 務于節儉 表法食雙運也. 行普請法上⁸下均力也. 置十務 謂之寮舍 每一寮舍用首領一人 令各司其局也. 或有假號竊服 混乎淸衆 幷別致喧撓之事 卽堂維那檢擧 抽下本位 掛搭⁹單擯出院者 貴安淸衆也. 或彼有重犯 卽以拄杖杖之 對衆燒衣鉢道具 遣從偏門而出 示辱也. 詳此一條制 有四益. 一不汚淸衆 生恭信故. 二不毀僧形 循佛制故. 三不擾公門 省獄訟故. 四不洩于外 護宗綱¹⁰故.

2) 일을 주관하는 네 사람

첫째는 감사監寺이니, 『회요』에서 말하길 "감監이라는 것은 모든 것을

---

5 명판본에는 '未自規度故'로 되어 있으나 대정장을 참조하여 '未有規度'로 바로잡았다.
6 명판본에는 '當博約所中'으로 되어 있으나 대정장을 참조하여 '當博約折中'으로 바로잡았다.
7 명판본에는 '施拖架'로 되어 있으나 대정장을 참조하여 '施椸架'로 바로잡았다.
8 명판본에는 '七'로 되어 있으나 '上'의 오자이다.
9 명판본에는 '掛拾'으로 되어 있으나 대정장을 참조하여 '掛搭'으로 바로잡았다.
10 명판본에는 '剛'으로 되어 있으나 대정장을 참조하여 '綱'으로 바로잡았다.

거느리는 사람(摠領)의 호칭이지 사원의 주인을 일컫는 것이 아니라서 대개 장로를 추존한다."

○둘째는 유나維那이니, 중국에서는 "열중悅衆"이라 하고, 계율에서는 "절에서 여러 가지 일을 처리하는 사람(授事人)"이라고 하였다.

○셋째는 전좌典座[11]이니, 『승기율僧祇律』에서는 "전차부상좌典次付牀座인데 이것은 절에서 승려들이 하는 9가지 소임(九事)[12] 가운데 하나이다." 하였다.

○넷째는 직세直歲이니, 『삼천위의경三千威儀經』에서는 "10덕을 갖추어야 직세의 직분을 감당할 수 있다." 했다. 【글이 많아 다 기록하지 못한다.】 다만 사원 일을 맡아 할 사람들은 직세가 골라 임명한다. 【위의 네 사람은 모두 본래 있던 곳의 도제徒弟(제자 혹은 문인)를 쓰지 않으며, 모두 대중들이 승려(海衆) 중에서 도심道心과 재간才幹이 뛰어나고 인과를 아는 자를 선택한다. 종(犍椎)[13]을 치는 사람은 소임을 맡고 있지 않은 사람에게 대중들이 청하여 쓰는데, 간혹 그가 마음이나 몸이 힘들어서 대중들에게 선당으로 돌아가겠다고 말하면 별도로 잘하는 사람에게 청하기도 한다.】

---

11 전좌典座: 6지사知事의 하나이다. 선사禪寺에서 대중의 상좌床座·와구臥具·음식飲食 등의 사무를 맡은 소임이다.

12 9가지 소임(九事): 상좌床座·제회諸會·방房·의복衣服·화華·향香·과라果蓏·난수煖水·잡병식雜餠食.

13 건추犍椎: 경磬·종鐘·타목打木·성명聲鳴으로 번역한다. 시간을 알리는 나무로 만든 기구이다.

主事四員

一監寺『會要』云 監者 摠領之稱 所以不稱寺院主者 盖推尊長老. ○
二維那 此云悅衆 毘奈耶云 授事人. ○三典座『僧祇律』云 典次付[14]牀
座 此掌[15]僧九事之一也. ○四直歲『三千威儀經』具十德堪充直歲.
【文多不錄.】但掌園民 直歲調也.【上之四人 皆不用本處徒弟 並於十方
海衆內 僉選道心才幹知因果. 打犍椎山衆請之 用無常人 其或心力勞倦
告衆歸堂 則別請能者也.】

3) 선

『지도론』에서 말하였다. "진나라 말로는 '생각하는 수행(思惟修)'이라고 한다."

○『아비담론』에서 말하였다. "묶인 것을 끊는 것이기 때문에 '선禪'이라고 부른다."

○『선요』의 서문에서 말하였다. "선禪을 하지 않으면 지혜롭지 못하고 지혜가 없으면 선을 하지 못한다. 그런즉 선은 지혜롭지 않으면 깨닫지 못하고, 깨달음은 선을 하지 않으면 이루어지지 않는다. 크도다! 선과 지혜의 업이여, 힘쓰지 않아서야 되겠는가."

○『비바사론』에서 말하였다. "선이라는 것은 중국에서는 '두루 지혜롭다(普智)'라고 하니, 도를 얻을 가능성을 말하는 것이고, 또한 묶인

---

14 명판본에는 '典次行牀座'로 되어 있으나 『승기율』에는 '典次付牀座'로 되어 있으므로 이를 참조하여 바로잡았다.
15 명판본에는 '堂'으로 되어 있으나 '掌'의 오자이다.

것을 버리는 것을 말하니, 이것이 바로 '선'의 효용이다. 만약 선이란 이름만 있고 선의 효용이 없다면 그것을 '진흙탕(泥)'이라고 부른다." 양나라의 혜원 대사가 『선수행방편경』 서문에서 말하였다. "무릇 삼업을 흥기시키려면 선과 지혜를 근본으로 삼아야 한다. 비록 업이 정밀하고 거침에 따라 달리 나뉜다고 하지만 바로 세우는 단계(階藉)에서는 각자의 방법이 있다. 그렇기 때문에 수레를 출발시켜 가다가 갈림길이 나오더라도 그 길에는 어지러운 바퀴자국이 없으며, 세속을 혁파하여 업무를 완성하여도 공적이 쌓이는 것을 기다리지 않는다. 고요한 근원으로 돌아가면 아득하던 실마리가 정밀해지고, 심오하고 넓어서 궁구하기가 어렵다. 그러나 그 이치는 어두워지지 않으므로 거의 큰 줄기를 찾을 수 있다.

시험 삼아 간략하게 말하자면, 선은 지혜가 아니면 그 고요함을 궁구할 수가 없고, 지혜는 선정이 아니면 관조觀照를 깊게 할 수가 없다. 그렇다면 선정과 지혜의 요체는 관조와 고요함이라 일컬을 만하다. 이것은 서로 보완하는 관계로서, 관조함은 고요함을 벗어나지 않고, 고요함은 관조함을 벗어나지 않아서 감응하면 함께 어울리면서 반드시 같은 길로 향해 가는 것이니, 공적功積이 그 작용에서 현묘해지고 만법을 교대로 번갈아가면서 길러낸다.

그 신묘함은 지극한 하나(至一)에 의해 모든 운동을 총괄하여 운용하면서도 소유하지 않고, 형상으로 나타나지 않는 곳에서 큰 형상(大象)을 확연하게 텅 비운다. 그러나 아무것도 없는 것은 아니니, 생각함도 없고 행위도 없지만 또 행위 아닌 것도 없다. 그러므로 마음을 씻고 혼란함을 잠재우려고 하는 사람은 선지禪智로써 그 생각을 연마하고,

철저하게 깨달아서 그 신묘한 이치에 들어가야 정신을 탐구할 수 있다."

○『승사략』에서 말하였다. "선이란 바로 선정(定)과 지혜(慧)를 통틀어 부르는 말이니, 마음을 밝히고 이치에 통달하는 길이다. 옛날에 보리달마가 이 땅의 근기와 인연이 한결같이 아주 번거롭고 문란함을 보고서 이에 말하길 '글자를 세우지 않는 것은 그 문자나 형상에 집착하는 것을 버림이요, 직지인심·견성성불이라고 하는 것은 단박에 깨달아 생멸이 없음을 밝힘이다.' 하였다. 기지機智가 뛰어나고 이치가 심오하여 점차 수련하며 깨달은 사람들은(頓悟漸修) 이 말을 신랄하게 비난하였다."

禪

『智度論』云 秦言思惟修. ○『阿毗曇論』云 斷結故名禪. ○『禪要』序云 無禪不智 無智不禪. 然則禪非智不照 照非禪不成. 大哉! 禪智之業 可不務乎. ○『毘婆沙論』云 禪者 此云普智 謂可得道 亦能棄結 此是禪用. 若有禪名 無禪用 號之泥. 梁慧遠大師『禪修行方便經』序云 夫三業之興 以禪智爲宗. 雖精麤異分 而階[16]藉有方. 是故發軔分逵 途無亂轍 革俗成務 功不待積. 靜復所由 則幽緒告微[17] 淵博難究. 然理不云昧 庶旨統可知. 試略而言 禪非智無以窮其寂 智非禪無以深其照. 則禪智之要 照寂之謂. 其相濟也 照不離寂 寂不離照 感則俱遊 應必同趣 功玄在於用 交養於萬法. 其妙總也 運群動而至一而[18]不有

---
16 명판본에는 '惜'으로 되어 있으나 '階'의 오자이다.
17 『달마다라선경達摩多羅禪經』 권상 원문에는 "則幽詣造微"로 되어 있다.

廓大象於未形而不無. 無思無爲 而無不爲. 是故洗心靜亂者 以之硏
慮 悟徹入微者 以之窮神也. ○『僧史略』云 禪者 卽是定慧之通稱 明
心達理之趣也. 昔者菩提達磨[19] 觀此土機緣 一期繁紊 乃曰 不立文字
者 遺其執文滯[20]相也. 直指人心 見性成佛者 明其頓了無生也. 其機俊
而理深 故漸修者 篤加訕謗焉.

4) 선승이 수행하여 깨달음

『종감록』에서 말하였다. "선승이 수행하여 깨달음에는 10가지가 있다. 첫째는 환하게 견성해서 보는 것이 마치 대낮에 색깔을 보는 것과 같다. 둘째는 인연 있는 사람을 만나 경지를 마주하여 색깔을 보고 소리를 듣고 발을 들고 발을 올리고 눈을 뜨고 눈을 감는 것이 모두 종지宗旨를 밝히고 도와 상응한다. 셋째는 부처가 성도한 뒤 멸도할 때까지의 가르침(一代時敎)과 역대 조사들의 말과 글귀를 열람하되, 깊은 것을 듣고 두려워하지 않으면서 모두 진실로 알고 의심이 없다. 넷째는 차별되는 난해한 질문과 갖가지 힐난 속에서도 중생들의 모든 의문을 풀어줄 수 있다. 다섯째는 언제 어느 곳에서나 지혜로 관조해서 막힘없이 생각마다 원만하게 통하여 하나의 법도 장애되지 않는다. 여섯째는 온갖 경계境界를 거역하는 것과 경계를 따르는 것이 앞에 나타날 때마다 다 알아차려 깨뜨릴 수 있다. 일곱째는 마음의 경계가

---

18 명판본에는 '以'로 되어 있으나 대정장을 참조하여 '而'로 바로잡았다.
19 명판본에는 '菩僧達磨'로 되어 있으나 대정장을 참조하여 '菩提達磨'로 바로잡았다.
20 명판본에는 '提'로 되어 있으나 대정장을 참조하여 '滯'로 바로잡았다.

일어날 때 일어나는 곳을 또렷이 알고 생사의 오근과 오진(根塵)[21]에게 미혹되지 않는다. 여덟째는 일상의 행주좌와 4가지 위의威儀를 갖추는 중에 공경히 마주 대하며, 옷 입고 밥 먹을 때에도 도에 맞게 한다. 아홉째는 부처가 있다거나 없다거나, 중생이 있다거나 없다거나, 칭찬하거나 헐뜯어도 한 마음도 움직이지 않을 수 있다. 열째는 차별 지혜로 만물의 본성과 현상에 밝게 통달하고 이理와 사事에 막힘이 없으며, 하나의 법도 그 근원을 비추어 살펴보지 않음이 없다."

禪僧行解

『宗鑑錄』云 禪僧行解有十. 一了了見性 如畫觀色. 二逢緣對境 見色聞聲 擧足下足 開眼合眼 悉得明宗 與道相應. 三覽一代時敎 及從上祖師言句聞深不怖 皆得諦了無疑. 四因差別問難 種種詰責 能斷他疑. 五於一切時 一切處智照無滯 不見一法 能爲障礙. 六於逆順境 盡識得破. 七心境起時 了知起處 不爲生死 根塵所惑. 八行住坐臥四威儀中 欽承祇對 著衣喫飮 與道相應. 九聞說有佛無佛 有無衆生 或讚或毀 一心不動故. 十差別智 皆能明達 性相俱通 理事無滯 無有一法 不鑒其原.

5) 선문의 별호

○총림叢林【『대장엄론』에서 말하였다. "이와 같이 많은 승려들은 바로

---

21 근진根塵: 주관적인 관능官能과 객관적인 대상을 말한다. 곧 오근五根과 오진五塵을 말한다.

뛰어난 지혜의 숲이고, 일체의 모든 선행이 그 가운데서 모여 움직인다."
또 범어로는 '빈다바나貧陀婆那'[22]라 하고, 중국에서는 '총림'이라고 하였으니, 조사祖師 사나바사舍那婆斯[23]가 살고 있기 때문에 그렇게 불렀다.】 ○조계曹溪 【소주韶州의 쌍봉산雙峰山 아래에 있는 시냇가 이름이다. 옛날 여기에 진晉나라 무후武侯의 손자 조숙량曹叔良의 집이 있었는데 보림사寶林寺를 세워 육조 혜능 대사가 그곳에 살았다.】 ○선사禪肆 【『고승전』에서 말하였다. "제齊나라 천보天保(550~560) 1년에 각 주州에 칙령을 내려 별도로 선찰(禪肆)[24]을 세우도록 하였다."】 ○청림靑林 【인도의 조사 상나화수商那和修가 설법하던 곳이다.】 ○선굴禪窟 【호남湖南의 동사東寺에 여회 선사의 무리가 많았는데, 당 가운데 상탑床榻[25]이 그로 인해 부러졌으므로 이때부터 '선굴'이라 부르게 되었다.】 ○소림少林 소실少室 【달마 대사가 9년 면벽하던 곳이다.】 ○내원柰園 『내전록』에서 말하였다. "계빈罽賓 지방의 선사 법수法秀가 처음 돈황에 이르렀을 때, 선각禪閣을 세우고 백묘百畝 정도의 동산을 만들어 나무 천 그루를 심자, 선을 배우려는 무리들이 구름처럼 모여들었다."】

---

22 빈다바나貧陀婆那: 여러 승려들이 화합하여 함께 배우며 안거하는 곳이므로 지금의 선원禪苑·선림禪林·승당僧堂·전문도량專門道場 등을 총칭하는 말이다. 단림檀林이라고 번역하니, 많은 승려와 속인들이 모여 사는 것을 나무가 우거진 수풀에 비유한 것이다.
23 사나바사舍那婆斯: 중인도 왕사성에서 출생하였고, 부법장付法藏의 제3조이다. 상낙가박사商諾迦縛娑·상나화수商那和修라고도 음역한다. 뒤에 아난의 제자가 되어 아라한과阿羅漢果를 증득하였다. 제자 우바국다優婆麴多에게 법을 전하였다.
24 선사禪肆: 선방의 뜻으로, 참선을 하는 선찰禪刹을 말한다.
25 상탑床榻: 큰 것을 '床', 좁고 긴 것을 '榻'이라 한다.

禪門別號

叢林【『大莊嚴論』云 如是衆僧者 乃是勝智之叢林 一切諸善行 運集在其中. 又梵云 貧陀婆那 此云叢林 因[26]祖師舍那婆斯居住 故名之.】○曹溪【韶州雙峰山下. 昔晉武侯孫曹叔良宅 建寶林寺 六祖能大師居之.】○禪肆【『高僧傳』云 齊天保二年[27] 敕諸州別立禪肆.】○靑林【西天祖師商那和修 說法之處.】○禪窟【湖南東寺 如會禪師徒衆多 堂中 床榻爲之[28]陷折 時號禪窟.】○少林 少室【達磨大師 面壁九年之所.】○柰園【『內典錄』云 罽賓禪師法秀 初至燉煌 卽立禪閣開園百畝 植柰千株 禪衆濟濟 趣者如雲.】

6) 온 세상의 주지

계율에는 "사방승물四方僧物"이라 했고, 『초초』에서는 "시방상주十方常住"라고 말하였다. 어떤 승려가 풀이하기를 '사四는 네 방위의 모퉁이를 다 포함하는 것이요, 십十은 범부와 성인聖人을 포함한다는 것인데, 여기 한 번 머물 때에 소유하는 물건은 비록 한 세계에 국한되나 물건의 본체는 시방의 모든 승려 집단에 귀속한다. 여기에 와서 머무는 자는 범인이거나 성인이거나, 친하거나 소원하거나 오는 자 막지 않고 가는 자 잡지 않는다. 장로와 사찰의 일을 담당하는 사람은

---

26 명판본에는 '日'로 되어 있으나 '因'의 오자이다.
27 명판본에는 '一年'으로 되어 있으나 『속고승전』을 참고하여 '二年'으로 바로잡았다.
28 명판본에는 '床搨之'로 되어 있으나 『석씨요람교주』를 참고하여 '床榻爲之'로 바로잡았다.

모두 본래 절에 사는 제자에게 맡기지 않고, 오직 사방의 많은 승려 가운데 도의 안목(道眼)과 덕행이 있는 사람을 뽑아 장로로 삼아 청하고 정침正寢에 머물면서 아침저녁으로 설법하며 사람들을 가르치게 한다. 간혹 재간才幹이 있고 인과를 두려워하고, 도심道心이 있으면서 사찰의 업무를 감당해낼 만한 사람이 있으면 종을 쳐서 대중들을 모아놓고 그에게 업무를 맡아주기 청한다. 그 자리에 있으면서 혹 도덕이 부실하거나 재주와 능력이 취할 것이 없거나 행동거지가 나쁜 자는 또한 대중들에게 알려 읍하고 물러나게 하고, 별도로 능력 있는 자를 청한다.

대체로 불제자를 받아들이는 것은 오직 장로 한 사람이 하지 여러 승려가 각기 별도로 수계하는 일은 없다. 간혹 승려들이 다 같이 해야 할 일이 있을 때 각기 한 손씩 거든다고 하고, 간혹 이로운 공양이 있을 때도 일체 균등하게 하여 온 세상 사람들이 머물고 유지하는 것이다.

十方住持

律有四方僧物 鈔言十方常住. 有師釋云 四則攝彼方隅 十[29]則該乎凡聖 謂此一住處 所有之物 雖局一界 而體屬十方一切僧伽. 其至止之者 無凡聖無親疏 來者不拒 去者無礙. 長老知事人 並不用本處弟子 惟於十方海衆 擇有道眼德行之者 請爲長老 居正寢 朝晡說法誨人. 或有才幹懼因果 道心之者 堪任知事 皆鳴犍椎 集衆請之. 洎居其位

---

[29] 명판본에는 '大'로 되어 있으나 내용상 '十'의 오자이다.

或道德不實 才力無取 行止弊惡 亦白衆揖退 別請能者. 凡度弟子 惟長老一人 諸僧無各度別煮之事. 或有僧務一切同作 謂之各出一手 或有利養一切均行 故云十方住持也.

7) 장로가 요사채를 순찰함

오늘날 선찰禪刹의 일상 의식이다.『승기율』에서 말하였다. "세존은 5가지 일 때문에 5일에 한 번씩 승방을 다니며 보살폈다. 첫째는 제자들이 어떤 일에 빠져 있나 염려해서이다. 둘째는 속세의 담론에 빠져 있나 염려해서이다. 셋째는 잠에 빠져 있는 승려들이 있나 염려해서이다. 넷째는 병이 든 승려를 보살피기 위해서이다. 다섯째는 어린 비구들이 부처의 위의를 보고 환희심이 생겨나게 하기 위해서이다."【'료寮'라는 것은『당운』에서는 "같은 관청에서 업무 보는 사람을 '료'라고 한다."했다. 오늘날 선찰에서는 이 뜻을 취하여 많은 사람이 함께 거처하면서 공동으로 업무를 맡아하기 때문에 '동료'라고 부르는 것이다. 또 특별한 계율로 방에 머물고자 하기 때문에 부르는 이름이다.】

長老巡寮

今禪居常式也.『僧祇律』云 世尊以五事故 五日一按行僧房. 一恐弟子著有爲事 二恐著俗論 三恐著睡眠 四爲看病僧 五令少年比丘. 見佛威儀 生歡喜故.【言寮者『唐韻』云 同官曰寮. 今禪居意取 多人同居 共司一務 故稱寮也. 又欲別律住³⁰房名故.】

8) 시자

장로長老를 좌우에서 모시는 자이다. 승조 법사는 '공손히 명을 따르고 모시면서 돕는 자'라고 했다. 『보살종도솔하생경』에서 말하였다. "시자는 팔법을 갖추어야 하니, 첫째는 믿음의 뿌리가 견고해야 한다. 둘째는 그 마음을 찾아 나아가야 한다. 셋째는 몸에 병이 없어야 한다. 넷째는 정진해야 한다. 다섯째는 생각하는 마음을 갖추어야 한다. 여섯째는 마음이 교만하지 않아야 한다. 일곱째는 결심한 것을 이룰 수 있어야 한다. 여덟째는 많이 듣고 지혜(聞智)를 충분히 갖추어야 한다."

侍者

卽長老左右也. 肇云 恭己順命 給侍之者.『菩薩從兜率下生經』云 侍者具八法 一信根堅固 二其心覓進 三身無病 四精進 五具念心 六心不憍慢 七能成定意 八具足聞智.

9) 보청

계율에서 말하였다. "부처가 땅을 깨끗이 청소하라고 말하자 당시 여러 노숙老宿과 비구들이 모두 참선하는 것을 그만두고 청소하였다. 부처가 그만두게 하고 말하길 '나는 절에서 소임을 맡은 사람(知事人)[31]

---

30 명판본에는 '位'로 되어 있으나 '住'의 오자이다.
31 지사知事: 사찰에서 절의 사무를 맡아 보는 소임을 맡은 사람을 가리키고, 주사主事

에게 맡은 소임을 다하라고 말한 것이다.' 하였다. 또한 두루 청소하지 못하자, 부처가 종을 치라고 하고 모두 모여 함께 하게 하니, 이것이 보청의 시작이다."

普請
律云 因佛說掃地勝利 時諸老宿比丘 皆棄禪誦掃地. 佛止曰 我爲知事人說其知事. 又不能徧掃 佛令鳴犍椎 總集共爲之 此普請之始也.

10) 승차

『초초』에서 말하였다. "사찰의 승려를 차출差出하여 불사를 하러 갈(赴請)[32] 경우에 객승 중에 선발하는 것이고, 번역하여 '월차越次'라고 한다. 이것은 본래 살던 승려에게 이름 붙일 수는 없고, 객승 중에서 선발하는 것이기 때문에 한뜻으로 화합하지 못해서이다."

僧次
鈔云 寺中差僧赴請 而簡客者 翻名越次. 此住處不得名僧 以簡客主 非和同義故.

라고도 한다. 도사都事·감사監寺·부사副寺·유나維那·전좌典座·직세直歲 등의 소임이 있다.
[32] 부청赴請: 시주의 의뢰를 받고 승려가 불사를 치르러 가는 일을 말한다.

11) 계율의 주지

혹 법사法事를 같이하고 음식을 같이 먹는 경우가 있고, 혹 법사는 같이하나 별도로 공양하는 경우도 있다. 법사를 주관하는 세 사람을 삼강三綱이라 부르는데, 마치 그물 가운데 가장 큰 줄과 같아서 그것을 끌면 바르게 되는 것과 같다. 첫째는 상좌이다.【범어로는 실체마悉替摩[33]이다.】둘째는 사주寺主이다.【범어로는 비아라사미毘阿囉莎弭이다.】셋째는 강유綱維이다.【범어로는 갈마타나羯磨陁那이고, 중국에서는 지사知事라고 한다.】

律住持

或有[34]同法同食 或同法別食. 主事三員 謂之三綱 若罟綱之巨繩 提之則正也. 一上座【梵云 悉替摩.】二寺主【梵云 毘阿囉莎弭.】三綱維【梵云 羯磨陁那 此云知事.】

12) 포살

이 계율은 거처할 때의 일상의식이다. 중국에서는 "공주共住(함께 머묾)"라고도 하고, "정주淨住(깨끗하게 머묾)"라고도 한다.

---

33 실체마悉替摩: 3강綱의 하나로 체비라體粺羅·실체나悉替那라고도 한다. 절 안의 스님들을 통솔하고, 온갖 사무를 총람總覽하는 직책 이름이다. 덕이 높고 나이 많은 이가 임명된다.
34 명판본에는 '自'로 되어 있으나 '有'의 오자이다.

○『비나야』에서는 "부쇄타裒洒陁"라 하고, 당나라 말로는 "장양정長養淨"이라고 말하니, 번뇌를 제거하고 청정함을 오래도록 기르는 것을 말하기 때문이다. 범한 죄를 기억하였다가 15일과 30일에 범하지 않은 사람을 대면하여 잘못을 드러내고 앞의 허물을 고치기 바라는 것이다. 첫째는 현재의 잘못을 다시 하는 것을 막기 위함이요, 둘째는 미래에 법을 소홀히 하는 것을 징벌하기 위함이다.

　○『비니모론』에서 말하였다. "'무엇을 포살이라고 합니까?' 답하길 '끊어버리는 것을 포살이라고 하니 지은 죄를 끊어버리고, 번뇌를 끊어버리고, 일체의 불선법을 끊어버리는 것을 말한다. 또한 청정함을 포살이라고 한다.'"

布薩

此律居常式也. 此云共住 又云淨住. ○『毘奈耶』云 裒洒陁 唐言長養淨 謂除破戒垢 長養清淨故. 意令半月半月 憶所犯事 對無犯人說露 冀改前愆. 一則遮現在之更爲 二則懲未來之慢法故. ○『毘尼母論』云 何名布薩? 答斷名布薩 謂能斷所作 能斷煩惱 一切不善法故. 又云 清淨名布薩.

13) 산가지로 셈함

범어로는 "사라舍羅"[35]인데, 중국에서는 "산가지(籌)"라고 한다. 계율

---

35 사라舍羅: 풀이름인데 이것으로 산가지를 만들어 비구의 숫자를 세는 데 사용했다.

에 어떤 바라문이 비구에게 "서다림에는 현재 몇 사람이나 묵고 있습니까?" 하자, 비구는 모른다고 하였다. 부처가 "산가지를 사용하여 셀 수 있을 것이다." 하였다.

行籌

梵音舍羅 此云籌. 律因有婆羅門 問比丘逝多林現在幾人? 比丘不知. 佛言 應可行籌.

14) 일을 경영하는 비구

『보적경』에서 말하였다. "부처가 말하였다. 나는 두 부류의 비구가 일을 맡아 하도록 허락한다. 첫째는 청정한 계율을 지키는 것이다. 둘째는 미래 세상을 두려워하기를 마치 금강과 같이 여기는 것이다.[36] 또 두 부류가 있어야 하니, 첫째는 업보를 아는 사람이어야 하고, 둘째는 부끄러움과 뉘우치는 마음이 있는 사람이어야 한다. 이와 같은 사람이라야 대중들의 일을 맡아하여도 스스로 허물이 생기지 않는다. 다른 사람들의 뜻을 보호하는 이런 일은 어렵기 때문이다."

營事比丘

『寶積經』云 佛言 我許二種比丘營事. 一能持戒 二思於後世. 又二人 一知業識報 二有諸慚[37]愧及悔心. 如是人等營衆事 自無瘡疣. 護他意

---

36 『대보적경』 권113에 "一者能淨持戒 二者畏於後世喩如金剛"이라 하였는데, 여기서는 축약하였다.

此事難故.

15) 힘을 쓰는 비구

『십송』에서 말하였다. "힘을 쓰는 비구란, 만약 속인이 절에서 나쁜 짓을 저질러 비구들을 침해하면 응당 호되게 꾸짖어서 절복시키는 승려를 말한다. 혹은 왕의 신하에게 직접 말하여 악인으로 하여금 악을 그치게 하기도 한다."

出力比丘
『十誦』云 出力者 若白衣於寺 欲作惡事 侵擾比丘 應苦切折伏. 或直向王臣言 令其止惡.

16) 사찰을 지키는 비구

『선견율』에서 말하였다. "부처가 비구 한 사람에게 밥 먹을 때 절을 지키도록 하였다."【즉 오늘날은 두 사람인데 직일直日과 간당看堂이 바로 이들이다.】

守寺比丘
『善見律』云 佛使一比丘 食時守寺【卽今二寺 有直日看堂者是.】

---

37 명판본에는 '漸'으로 되어 있으나 '慚'의 오자이다.

17) 승사

대체로 2종류이다. 사찰의 차행差行 법사와 사빈司賓 시자이니, 서신을 발송하거나 먼저 갖다놓도록 하는 등의 일이 모두 승사僧使가 할 일이다.

『사분율』에서 말하였다. "팔법을 충분히 갖추어야 응당 심부름할 수 있다. 첫째는 잘 들을 수 있어야 하고, 둘째는 잘 말할 수 있어야 하고, 셋째는 스스로 이해하여 알아야 하고, 넷째는 다른 사람으로 하여금 이해하도록 해야 하고, 다섯째는 잘 받을 수 있어야 하고, 여섯째는 잘 기억하고 지킬 수 있어야 하며, 일곱째는 오류와 실수가 없어야 하며, 여덟째는 좋다 싫다는 말을 잘 구별할 수 있어야 한다."

송頌으로 말하였다.

만약 대중 속에 있으면서	若在大衆中
겁을 내거나 연약함이 없어야 하고	心無有怯弱
이야기한 것을 더해서도 안 되고	所說亦不增
받은 말씀을 빼서도 안 되고	受教無損減
말에 착오가 없어야 하며	言詞無錯亂
물을 때 움직임이 없어야 하니	問時不移動
이와 같은 비구가 있다면	有如是比丘
승사를 감당할 수 있도다.	堪爲僧使者

僧使

凡二 寺差行法士 司賓侍者 馳書先置 皆是僧使也.『四分律』云 具足[38] 八法應差. 一能聽 二能說 三自解 四令他解 五能受 六能憶持 七無謬失 八別好惡言議. 頌曰 若在大衆中 無有怯弱 所說亦不增 受敎無損減 言詞無錯亂 問時不移動 有如是比丘 堪爲僧使者.[39]

18) 상주물

『초초』에서 말하였다. "승려들에게는 4가지 종류의 상주물이 있다. 첫째는 상주상주물常住常住物이다. 많은 승려들의 건물과 집기와 꽃과 나무·전원·노비·가축·쌀·보리 등으로, 이런 물건은 형체가 해당되는 곳에 국한되어서 다른 곳으로 옮길 수 없고, 다만 받아서 쓰기만 할 뿐 나누어 파는 것이 허용되지 않으므로 상주상주라고 거듭 말한 것이다.

둘째는 시방상주물十方常住物이다. 사찰에서 승려들에게 익혀서 제공하는 완성된 음식 등이니, 그 형체가 시방에 두루 통용되어 본디 그 있는 곳에만 국한되는 것이다. 『선견율』에서 말하였다. '종을 치지 않고 음식을 먹는 것은 투도죄偸盜罪를 범한 것이다.'【지금 모든 사찰에서는 함께 음식을 먹는데, 음식이 다 준비되면 이에 종과 북을 친다. 이것은 시방의 모든 승려들을 불러 모아 이 음식을 나누어주려는 것이다.】

---

[38] 명판본에는 '之'로 되어 있으나 '足'의 오자이다.
[39] 명판본에는 '僧使'로 되어 있으나 대정장에는 '僧使者'로 되어 있다. 게송이므로 자수를 맞추기 위한 것으로 보이며, 이를 참조하여 '僧使者'로 바로잡았다.

셋째는 현전상주물現前常住物이다. 여기에는 2가지 종류가 있으니 첫째는 물현전物現前이고, 둘째는 인현전人現前이다. 이 물건은 오직 그곳에 현재 있는 승려들에게만 베푸는데, 현재에 있는 승려가 얻었기 때문이다.

넷째는 시방현전상주물十方現前常住物이다. 죽은 승려의 물건을 말하니 본체를 베푸는 데는 시방에 통하지만, 오직 본래 있던 곳의 승려들에게만 국한하여 배분할 수 있기 때문이다."【『대비바사론』에서 말하였다. "망승의 재물을 훔치는 것은 어떤 경우에 근본업도를 얻는 것입니까?" 하자 답하였다. "이미 결정(羯磨)되었으면 결정한 대중들에게 업을 짓는 것이고, 아직 결정하지 않은 자라면 모든 설법을 잘한 대중들로부터 업을 받는 것이다. 지금 망승의 물건을 나누는데 시방에서 온 승려들이 분배할 적에 승려들의 숫자를 논의하기 전에 왔으면 가질 수 있고, 논의한 후에 왔다면 가질 수가 없다."】

常住

鈔云 僧物有四種. 一者常住常住. 謂衆僧舍宇什物 樹木田園僕畜米麥等物 以體局當處 不通餘界 但得受用 不通分賣 故重言常住也. 二者十方常住. 謂於一寺中 供僧成熟飲食等 以體通十方 唯局本處.『善見律』云 不打鐘食 犯盜罪,【今諸寺同食 食旣成熟乃打鐘鼓者. 此盖召⁴⁰ 十方僧故 以此物十方有分故.】三者現前常住. 此有二種 一物現前 二人現前. 但此物唯施此處現前僧故. 四者十方現前常住. 謂亡僧輕物 施

---

40 명판본에는 '名'으로 되어 있으나 '召'의 오자이다.

體通十方 唯局本處現前僧得分故.【『大毘婆沙論』云 盜亡僧財物 於誰處得根本業道? 答已作羯磨者 於羯磨衆處 若未作羯磨者 普於一切善說法衆得. 今詳分亡僧物 十方來僧 在羯磨數卽得 羯磨 後來不得.】

19) 세속 사람들을 공대함

『승기율』에서 말하였다. "국왕과 대신들이 사찰에 도착하면 승가의 재물로 대접하고, 다음은 장인匠人과 흉악한 도적 등에게 미치게 하였으며, 승려에게 손해나 이익을 끼치는 자가 있더라도 부처는 승가의 재물로 대접하는 것을 허락하고 '(그들은) 죄가 없다'고 하였으니, 속인이 아니므로 먹어도 좋다는 것이다. 다만 소임을 맡은 사람에게만 허락하고 대접하지 않는 것은 불법에 손해가 있을 것을 두려워하였기 때문이다."

○『사분율』에서 말하였다. "속인이 사찰에 들어갔을 때 마침 승려들이 공양하고 있는데 속인들은 공양하지 못하게 하면 이에 비방이 일어나니, 부처는 그들에게 똑같이 좋은 기물을 사용하여 공양해도 된다고 허락하였다."[41]

---

41 『사분율』에는 이런 내용의 글이 없고 『법원주림』에 다음과 같은 글이 나온다. 『법원주림』(T53, p.751b12), "如五分律云 俗人入寺值僧食 僧不供給被俗譏謗 佛開聽與 旣許開與惡器盛與亦被俗瞋. 佛言 開與好器 此並由知事摩摩帝等 臨時斟酌 進不合宜 卽稱聖意 不得雷同一向固執."

祇待俗士

『僧祇律』云 國王大臣到寺 聽將僧物祇待 次及工匠惡賊 於僧有損益者 佛聽將僧物 看待無罪 非俗人合消. 但爲知事人不祇待 恐於佛法有損故. ○『四分律』云 俗人入寺 値僧食次 不供乃起謗 佛許與食 仍用好器物供之則可.

20) 승물을 아까워한 나쁜 과보

『부법장전』에서 말하였다. "승가야사僧伽耶舍가 큰 바다 주위에서 노닐다가 한 곳에 이르렀는데 장엄하고 화려한 법당과 전각에 비구들이 가득하였다. 이때 종을 울려 모여서 밥을 먹었고, 다 먹자 그 반찬들이 변하여 피고름이 되니 곧 발우를 서로 던져 머리와 온몸에 피범벅이 되었는데, 각자 '이 많은 음식들이 아까워서 어찌할 것이며, 지금 이 고통은 왜 받는 것인가?' 하였다. 이때 승가야사가 이에 물으니, 한 사람이 답하길 '우리들은 가섭불 때에 한 사찰에 함께 머물렀는데, 손님으로 한 승려가 오자 함께 화를 내면서 음식을 감추고 아까워서 주지 않았는데, 이 인연으로 지금 이 고통을 받는 것이다.' 하였다."

慳惜僧物惡報

『付法藏傳』云 僧伽耶舍 因遊於大海邊 至一住處 堂閣嚴麗 滿中比丘. 時至鳴鐘集衆食 食訖爾時餚膳 變成膿血 便以鉢器 互相打擲 頭身血污 各作是言何惜衆物 今受此苦? 時耶舍乃問 有一答曰 我等迦葉佛時 同止一寺 有客比丘來 共生嗔恚 藏惜飮食不與 以此因緣 今受此苦.

21) 쫓아내거나 다스림

『오분율』에서는 "법단(梵檀)⁴²에서의 벌"이라 하였다.

○ 『미사색』에서 말하였다. "법단에서의 벌(梵罰)에는 2가지 법이 있다. 첫째는 묵빈默擯으로 일체 사람들이 왕래하거나 말하지 않는 벌이다. 둘째는 멸빈滅擯이다.【'멸'은 곧 이름을 삭제하는 것이다. 『이아』에서는 '점點을 찍는다는 것은 없앤다는 말이다.' 하였다. 오늘날 구두점(句點)과 같고, 이름자에 종이를 붙여서 없애는 것이다.】 계율에서는 중죄를 범하고서도 마음에 부끄러움이 없는 이는 승려들이 용납하지 못하고 함께 살 수 없으므로 승려들을 불러놓고 그 앞에서 죄를 말하고 쫓아내는 것이다."

○ 『다론』에서 말하였다. "다만 실제로 죄를 범해서 대중이 알고 있으면, 스스로 말하기를 기다리지 않고 곧바로 이름을 삭제하여 쫓아내는데, 이른바 선한 사람이 편안해야 함을 귀하게 여기는 것이다."

○ 『유가론』에서 말하였다. "쫓아내는 데에는 3가지 인연으로 말미암으니 첫째는 다른 사람을 보호하기 위해서요, 둘째는 그 사람은 상등의 법기法器가 되는 것을 감당하지 못할 사람이기 때문이요, 셋째는 그 사람의 능력은 위엄과 덕망이 없어서 승려들을 부릴 수 없기 때문이다."

○ 물었다. "지금 승려들 가운데 먼저 쫓아내었다가 뒤에 도리어 용서하고 받아들이는 경우가 있는데, 가능한 것인지 모르겠습니다."

---

42 범단梵檀: 범벌梵罰이라고도 하며 묵빈默擯이라 한역하는데, 함께 이야기하지 않는 것을 말한다. 또 범천치죄법梵天治罪法이라고도 하는데 범천에서는 서로 이야기를 나누지 않는 방법으로 죄인을 다룬다고 한다.

답하였다. "그런 경우도 있습니다. 왜냐? 『유가론』에서는 '하품과 중품의 죄를 범한 사람은 가르쳐 깨우쳐야 하고, 나머지는 상황에 따라 쫓아냈다가 뒷날 다시 받아들입니다. 만약 상품의 잘못을 범한 사람은 마땅히 쫓아내는 것이 옳으며, 죽을 때까지 함께 살 수 없습니다.' 하였다."

擯治

『五分律』云 梵檀治之. ○『彌沙塞』云 梵罰此有二法. 一默擯 謂一切人不與來往 言話等. 二滅擯【滅卽滅名也. 『爾雅』云 點滅. 如今句點糊滅名字.】律謂犯重罪 心無慚愧 衆所不容 不可共住 擧來僧中 示罪驅出. ○『多論』云 但實犯罪 大衆有知 不須自言直爾 滅擯駈出 所謂貴安善人也. ○『瑜伽論』云 駈擯由三因緣 一爲護他故 二彼不堪爲上法器故 三彼能令僧 無威德故. ○問 今僧中有先駈出人 後却容入 未知可耶? 答 亦有此理. 何者. 『瑜伽論』云 犯下中品過爲敎諭餘者 權時駈擯 後還攝受. 若犯上品過罪 應可駈擯 盡壽不與共住.

22) 결계[43]

『승기율』에서 말하였다. "사찰(羯磨地)[44]이 아니면 승가의 일을 행할

---

43 결계結界: 제한된 경계라는 뜻으로, 불도를 수행하는 데 장애를 없애기 위해서 비구의 의·식·주를 제한하는 것을 말한다. 곧 일정한 장소에 거처하는 것, 남은 음식을 간직하여 두지 않는 것, 옷을 벗지 않는 것 등이다.

44 갈마지羯磨地: 갈마는 카르마karma, 캄마kamma의 음사로 대표적으로 업業·업장

수 없는데, (사찰이 아닌 곳에서) 승가의 일을 행하는 자는 월법죄越法
罪를 얻는다."

○『사분산보갈마』에서 말하였다. "결계(界)에는 3가지가 있으니, 첫째 섭승계攝僧界는 같은 곳에 매여 있게 함으로써 따로 있으면서 짓는 허물이 없도록 하는 것이다.

둘째 섭의계攝衣界는 의복으로 단단히 매여 있는 승려에 소속시킴으로써 승복에서 벗어나는 허물이 없도록 하는 것이다.

셋째 섭식계攝食界는 음식을 거두어 조심시킴으로써 승려로 하여금 음식을 묵히거나 익히는 허물이 없도록 하는 것이니, 그 주된 뜻이 이와 같다.

또 큰 경계(大界)에는 3가지 종류가 있다. 첫째는 인人과 법法 두 가지를 함께 하는 것이다. 둘째는 법法과 식食 두 가지를 함께 하는 것이다. 셋째는 법法은 함께 하고 식食은 따로 하는 것이다. 처음 것만 본디 제도이고, 뒤의 것은 인연에 따라 별도로 규정을 만든 것이다."【경계라는 것은 나누어 구분 짓는다는 뜻이고, 분수分數가 동일하다는 뜻이며, 머물러 지킨다는 뜻이다.】

結界

『僧祇律』云 不羯磨地 不得作僧事 作者得越法罪. ○『四分刪補羯磨』云 界有三 謂攝僧界 攝人以同處 令無別衆罪故. 二攝衣界 攝衣屬人 令無離衣罪. 三攝食界 攝食以障僧 令無宿煮罪 宗意如此. 又云

業障, 작법作法・예법禮法, 변사弁事・변증辯證의 뜻으로 쓰인다. 따라서 여기서는 작법・불사佛事를 할 수 있는 땅, 즉 사찰과 같은 장소의 의미이다.

大界有三種. 一人法二同 二法食二同 三法同食別. 初唯本制 後隨緣
別開.【界者 分段義 分齊義 住持義.】

23) 사찰 안에 사당을 세움

『사분율』에서는 "사찰 안에 신옥神屋(천지신명을 모시는 사당)을 세운
다."고 했다.

○전傳에서는 "중국에는 사찰 안에 귀묘鬼廟(인귀를 모시는 사당)를
세운다.【『증휘기』에서는 이것을 '귀자모鬼子母[45]의 사당'이라고 했다.】
그다음 사찰 안에 신묘神廟를 세운다.【사찰을 보호하는 신은 18종류가
있는데, 아마도 지금 토지묘일 것이다.】 다음 빈두로묘賓頭盧廟[46]를 세운
다."고 했다.【오늘날 법당 안에 모시는 성승聖僧[47]이다. 도안 법사로부터
시작되었는데, 꿈에 머리는 하얗고 눈썹이 긴 호승胡僧 한 사람이 나타나서

---

[45] 귀자모鬼子母: 해산과 유아 양육을 맡은 신이다. 만 명의 자식을 두고도 늘
남의 어린아이를 잡아먹으므로 석가모니가 그의 막내아들을 숨겨 놓고 훈계하여
귀의하도록 하였다. 어린아이를 품고 석류를 쥐고 있는 모습이다.

[46] 빈두로賓頭盧: 16나한의 하나로 흰 머리와 긴 눈썹을 가지고 있다. 어렸을 때
출가하여 구족계를 받고, 여러 곳으로 다니며 전도하였다. 부처가 성도한 지
6년에 이 나한이 왕사성에서 신통을 나타냈다가 외도들의 조소를 받았으므로,
부처가 이 뒤에는 부질없이 신통을 나타내지 말라 하고, 서구야니주에 가서
교화하게 하였다. 후세에 인도 대승 사찰에서는 문수를 상좌上座로 하고, 소승
사찰에서는 빈두로를 상좌로 하는 풍습이 생겼다. 우리나라에서는 독성獨聖·나
반존자那畔尊者라 하여 절마다 봉안한다.

[47] 성승聖僧: 승당僧堂의 중앙이나 식당의 상좌上座에 안치되는 불상이다. 주로
문수보살文殊菩薩이나 빈두로賓頭盧를 세운다.

도안 법사에게 말하길 "계절마다 음식을 차려놓는 것이 좋겠다." 하였다. 그 뒤에 『십송률十誦律』이 들어오자 혜원惠遠은 화상이 꿈꾼 것이 빈두로임을 알았다. 이때에 앉을 자리를 만들어 밥을 먹게 하였으니 사찰마다 규칙이 되었다. 『법원주림』에서 말하였다. "성승聖僧은 본래 형상이 없었는데, 송나라 태초泰初 말에 정승사正勝寺의 승려 법원法願과 정희사正喜寺의 승려 법경法鏡 등이 처음으로 형상을 그렸다." 오늘날 법당 안에 모신 성승은 많은 사람들이 이것은 교진여憍陳如[48]라고 말하지만 아니다. 경전과 율법에 의거하여 사당을 세우라고 하지 않았기 때문이고, 사천왕四天王[49]에게는 고하지 않았기 때문이며, 또 도안 법사의 꿈에 나타난 것은 빈두로이기 때문이다.】

---

48 교진여憍陳如: 5비구의 한 사람으로 아야다교진여阿若多憍陳如라 음역한다. 줄여서 교진여憍陳如라 한다. 세존이 출가하여 니련선하 가에 있는 산에서 고행할 때 모시던 다섯 사람 중 한 사람이다. 세존이 선생녀에게 우유죽 받는 것을 보고, 타락되었다고 하여 녹야원에 있다가 세존이 성도한 후, 녹야원에서 4제법諸法을 듣고 먼저 불제자가 된 사람이다.

49 사천왕四天王: 욕계 6천天의 제1인 사왕천의 주主로서, 수미의 4주洲를 수호하는 신이다. 호세천護世天이라 하며, 수미산 중턱 4층급層級을 주처로 한다. ①지국천왕持國天王: 건달바·부단나 2신神을 지배하여 동주東洲를 수호한다. ②증장천왕增長天王: 구반다·폐려다 2신을 지배하여 남주를 수호한다. ③광목천왕廣目天王: 용·비사사 2신을 지배하여 서주를 수호한다. ④다문천왕多聞天王: 야차·나찰 2신을 지배하여 북주를 수호하며, 다른 주도 겸하여 수호한다. 모두 도리천忉利天의 주主인 제석천의 명을 받아 천하를 돌아다니면서 사람들의 동작을 살펴보고하는 신이라 한다.

伽藍立廟

『四分』云 伽藍中立神屋. ○傳云 中國僧寺 立鬼廟.【『增輝記』云 卽鬼子母廟也.】次立伽藍神廟.【護伽藍神有十八 或是今之土地廟也.】○次立賓頭盧廟.【卽今堂中聖僧也. 始因道安法師 夢一胡僧 頭白眉長 語安云 可時設食. 後『十誦律』至 惠遠方知和尙所夢 卽賓頭盧也. 於是立座飯之 寺寺成則.『法苑』云 聖僧元無形像 至宋泰初末 正勝寺僧法願 正喜寺僧法鏡等 始圖形像矣. 今堂中聖僧 多云是橋陳如非也. 緣經律 不令爲立廟故 不赴四天王供故 又安法師夢 是賓頭盧也.】

24) 업이 깨끗한 사람

『비나야』에서 말하였다. "깨끗한 업을 짓는 사람을 '정인淨人'이라 말한다. 만약 머무는 곳을 보호한다면 수원守園, 혹은 원민園民, 혹은 사인使人이라고 부른다." 지금 도성 내의 사찰(京寺)에서는 '가인家人'이라고 부른다. 정인의 연기緣起는『십송률』에서 "병사왕이 어느 날 대가섭이 스스로 진흙을 밟으며 집을 수리하는 것을 보았다. 후에 왕이 500명의 도적을 사로잡았다. 왕이 묻기를 '너희들이 비구들을 모신다면 마땅히 목숨을 살려주겠다.' 하자 모두 그렇게 하겠다고 하였다. 왕이 마침내 그들을 기원정사에 보내어 정인으로 충당시켰다. 승려들을 위해서 깨끗한 일을 하여 승려들에게 지었던 잘못을 면하였기 때문에 '정인'이라고 불렀던 것이다." 하였다. 또 범어로는 "흘율다吃栗多"라 하는데 당나라 말로는 "천한 사람(賤人)"이라는 뜻이다.【오늘날 행자(童行)들이 자칭 '정인'이라고 하는 것을 보면 대개 시초를 모르는

것이다.】

淨人

『毘奈耶』云 由作淨業 故名淨人. 若防護住處 名守園 或名園民 或云使人. 今京寺呼家人. 緣起者『十誦律』云 甁沙王 見大迦葉 自蹋泥修屋. 王於後捕得五百賊人. 王問 汝能供給比丘 當赦汝命皆願. 王遂遣往祇園充淨人. 謂爲僧作淨 免僧有過 故名淨人. 又梵云 吃栗多 唐言賤人.【今見童行 自稱淨人 蓋不知端也.】

25. 잡기편 雜紀篇

1) 사원의 벽화

『비나야』에서 말하였다. "급고 장자給孤長者¹가 기원정사를 지은 뒤 생각하기를 '만약 벽에 그림을 그려 단장하지 않는다면 곧 장엄함이 없겠다.' 하였다. 즉시 부처에게 아뢰니 부처가 뜻대로 하라고 하였으나, 어떤 그림을 그려야 할지 몰랐다. 부처가 말하길 '문 양쪽에는 몽둥이를 잡고 있는 야차藥叉²를 그려야 할 것이고, 다음 옆의 한쪽 면에는 대신변상大神變相을 그리고, 다음 한쪽 면에는 오취생사륜五趣

---

1 급고 장자給孤長者: 급고독給孤獨이라고도 하고, 아나타빈다타阿那擯茶陀라 음역한다. 본 이름은 수달須達, 선시善施라 번역한다. 기타 태자祇陀太子에게 그 원림園林을 사서 기원정사祇園精舍를 지어 부처께 바친 사람이다.
2 야차藥叉: 8부중部衆의 하나로 약차藥叉·열차閱叉라 음역한다. 위덕威德·포악暴惡·용건勇健·귀인貴人·첩질귀捷疾鬼·사제귀祠祭鬼라 번역한다. 나찰과 함께 비사문천왕의 권속으로 북방을 수호한다. 이에 천야차天夜叉·지야차地夜叉·허공야차虛空夜叉의 3종이 있다. 천야차·허공야차는 날아다니지만 지야차는 날지 못한다.

生死輪을 그리고, 처마 아래에는 전생의 일을 그리고, 불전의 양쪽에는
지만야차持鬘藥叉를 그리고, 강당에는 노숙(耆宿)이 설법하는 것을
그리고, 식당에는 음식을 들고 있는 야차를 그리고, 창고의 문에는
보물을 지닌 야차를 그리고, 수당水堂에는 물병 쥔 용을 그리고, 욕실과
화당火堂(신성한 불을 모시는 당)에는 하늘의 사자(天使)를 그리고, 경법
당經法堂에는 보살과 지옥의 형상을 그리고, 첨병당瞻病堂에는 부처가
몸소 병든 비구를 돌보는 모습을 그리고, 대소변을 보는 곳에는 죽은
사람의 모습을 그리고, 승당僧堂에는 백골의 모습을 그려라.' 하였다."
【천사天使란 다섯 명의 하늘 심부름꾼이라 하기도 하고, 다섯 명의 관리라
말하기도 하는데, 즉 생사와 질병 및 현세의 감옥을 담당하는 자이다.】

寺院畫壁

『毘奈耶』云 給孤長者造寺後作念 若不粧畫 便不端嚴. 卽白佛 佛言
隨意 未知畫何物. 佛言 於門兩頰 應畫執杖藥叉 次傍一面畫大神變
相 次一面畫五趣生死輪 簷下畫本生事 佛殿兩頰 畫持鬘藥叉 講堂畫
耆宿講說 食堂畫持餠藥叉 庫門畫持寶藥叉 水堂畫龍王持瓶 浴室火
堂畫天使者 經法堂畫菩薩幷地獄相 瞻病堂畫佛看病比丘相 大小行
處 畫死屍相 僧房畫白骨相,【天使者 或云五天使者 或云五官 卽生死疾
病 及現世牢獄.[3]】

---

[3] 명판본에는 '世牢獄'으로 되어 있으나 '現世牢獄'으로 바로잡았다.

2) 오취생사륜[4]

『근본비나야율』제34권에서 말하였다. "부처가 왕사성의 갈란탁가羯蘭鐸迦 연못의 죽림에 있었다. 이때 대목건련大目乾連[5]은 당시의 지옥·아귀·축생·인도·천도(五道)[6]로 다니면서 불쌍히 여기는 마음으로 관찰하다가 날락가捺洛迦(나락)에 이르렀다.【나락은 지옥을 말하며, 중국에서는 즐거움이 없는 곳(無喜樂)이라고 한다.】모든 유정한 것들이 갖가지 고통받는 것을 보고, 사부대중에게 널리 알렸다. 부처가 아난타에게 말하길 '모든 곳에 항상 목건련이 있는 것은 아니니, 지금 단속하는 명령을 내려 사원에 있는 모든 비구들에게 벽에 생사윤회의 모양을 그리게 하여라. 마땅히 크기에 따라서 둥글게 바퀴의 모양을 그리되,

---

4 오취생사륜五趣生死輪: 십이연기도十二緣起圖·오도륜五道輪이라고도 한다. 지옥·아귀餓鬼·축생畜生·인간·천상의 오취에 생사윤회生死輪廻하는 모양을 그린 것이다. 이는 본래 부처가 중생으로 하여금 생사를 싫어하고 열반을 원하게 하기 위하여 절 문간의 벽에 그리게 한 것이다. 먼저 바퀴 모양을 그리고 중앙에 바퀴통을 두고, 그 통에서 다섯 폭輻이 뻗어 나와 오취를 표시한다. 바퀴통의 아래에는 지옥을, 양변에는 축생과 아귀를, 위에는 인간과 천상을 그린다. 이런 그림은 옛적부터 인도에 유행하였으며 아잔타 굴전窟殿에도 있다.

5 대목건련大目乾連: 부처의 10대 제자 중 한 사람이다. 마하목건련摩訶目犍連을 줄여서 목건련目犍連·목련目連이라 한다. 처음에 사리불과 함께 외도를 배워 자못 그 학문에 정통하여 백 명의 제자를 두었다. 사리불이 석존의 설법을 듣고 법안정法眼淨을 얻었다는 말을 듣고, 1백 제자와 함께 석존에게 귀의하여 불제자 중 "신통 제일"이 되었다.

6 오도五道: 또는 5취趣라 한다. 도道는 중생이 업인에 따라 왕래하는 곳이다. 지옥·아귀·축생·인도·천도를 말한다.

가운데에는 바퀴통을 놓고, 다음 다섯 축을 그려서 오취五趣를 표시하고, 바퀴통 아래에는 지옥을 그리고, 양쪽 가장자리에는 축생(傍生)[7]과 아귀를 그리며, 그 위에는 인간 세계와 천계를 그려야 마땅하다. 인간 세계 가운데에 오직 사주四洲[8]를 그리고, 그 바퀴통 위에 흰색을 칠하며, 중간에 부처를 그리고 부처 앞에는 3종류의 물건을 그리는데, 처음에 비둘기를 그려 탐냄이 많음을 표시하고, 다음 뱀을 그려 성냄이 많음을 표시하고, 뒤에 돼지를 그려 어리석음이 많음을 표시한다.

한쪽에 마땅히 물을 대는 형상을 그려서 물항아리를 많이 두고, 가운데에는 중생들이 살고 죽는 모습을 그려서 살아있는 것은 항아리에서 머리를 내밀게 하고, 죽은 것은 발을 내밀게 한다. 그 오취五趣에서 각각의 형상들은 마땅히 십이지十二支[9]와 생멸의 모습을 그리되, 무명지無明支에는 나찰의 모습을 그리고, 행지行支에는 도공陶工의 바퀴 모습을 그리고, 식지識支에는 원숭이 모습을 그리고, 명색지名色支에는 사람이 탄 배의 모양을 그리고, 육입지六入支에는 육근六根의 모습을

---

[7] 방생傍生: 벌레, 날짐승, 물고기 따위의 몸이 옆으로 되어 있는 생물을 가리킨다.
[8] 사주四洲: 수미산의 사방에 있는 4개의 대주大洲이다. 남을 섬부주贍部洲, 동을 승신주勝身洲, 서를 우화주牛貨洲, 북을 구로주瞿盧洲라 한다.
[9] 십이지十二支: 십이연기十二緣起를 말한다. ①무명無明: 미迷의 근본인 무지無知. ②행行: 무지로부터 다음의 의식 작용을 일으키는 동작. ③식識: 의식 작용. ④명색名色: 이름만 있고 형상이 없는 마음과 형체가 있는 물질. ⑤육처六處: 안·이·비·설·신의 5관官과 의근意根. ⑥촉觸: 사물에 접촉함. ⑦수受: 외계로부터 받아들이는 고苦·락樂의 감각. ⑧애愛: 고통을 피하고, 즐거움을 구함. ⑨취取: 자기가 욕구하는 물건을 취함. ⑩유有: 업業의 다른 이름. 다음 세상의 결과를 불러올 업. ⑪생生: 이 몸을 받아 태어남. ⑫노사老死: 늙어서 죽음.

그리고, 촉지觸支에는 남녀가 서로 어루만지는 모양을 그리고, 수지受支에는 남녀가 고락을 받는 모습을 그리고, 애지愛支에는 여인이 남녀를 품에 안고 있는 모습을 그리고, 취지取支에는 장부가 우물에서 물을 긷는 모습을 그리고, 유지有支에는 대범왕의 모습을 그리고, 생지生支에는 여인이 아이를 낳는 모습을 그리고, 노지老支에는 남녀의 노쇠한 모습을 그리고, 병지病支에는 병든 모습을 그리고, 사지死支에는 죽는 모습을 그리고, 우지憂支에는 남녀가 근심하는 모습을 그리고, 비지悲支에는 우는 모습을 그리고, 고지苦支에는 남녀가 고통을 받는 모습을 그리고, 뇌지惱支에는 장부가 낙타를 끌면서 통제하기 어려워하는 모습을 그려라. 그 바퀴의 꼭대기에는 마땅히 무상대귀無常大鬼를 그리되, 헝클어진 머리에 입을 쫙 벌리고 양손을 길게 뻗어서 그 수레바퀴 테를 무상대귀가 껴안고 있는 모습으로 그려라. 양쪽 경계에는 두 수의 게偈를 쓰되, 첫 번째 게에는 다음과 같이 쓴다.

너희들은 마땅히 속세에서 떠날 것을 구하고	汝當求出離
부처의 가르침을 부지런히 닦아	於佛敎勤修
생사의 마군을 항복시키되	降伏生死軍
초가집을 코끼리가 무너뜨리듯 하라.	如象摧草舍

두 번째 게에는 다음과 같이 적어라.

이 법률 가운데에서	於此法律中
항상 방일하지 않아야	常爲不放逸

| 번뇌의 바다를 마르게 할 수 있고 | 能竭煩惱海 |
| 마땅히 고통의 끝을 다 없앨 수 있다. | 當盡苦邊際 |

다음 귀두 위에는 둥그런 흰 단탑의 모습을 그려서 원정열반圓淨涅槃[10]의 모습을 표시하고, 오취생사륜五趣生死輪이라 불러라."

五趣生死輪

『根本毘奈耶律』第三十四卷云 佛在王舍城 羯蘭鐸迦池竹園中. 時大[11]目乾連 於時中往五道 慈愍觀察 至捺洛迦.【地獄也 此云 無喜樂.】見諸有情 受種種苦 於四衆中 普皆宣告. 佛告阿難陀言 非一切時處 常有目連 今敕諸苾芻 於寺門壁 畫生死輪. 應隨大小 圓作輪形 中安轂 次安五軸表五趣 當轂下畫地獄 二邊畫傍生餓鬼 次上畫人天. 於人趣中 唯畫四洲 於其轂上塗白色中畫佛 佛前畫三類物 初畫鴿表多貪 次畫蛇表多瞋 後畫猪表愚癡. 於編處應作灌漑像 多安水罐 中畫有情生死之形 生者於罐出頭 死者出足. 於其五趣 各像其形 應畫十二支 生滅之相 無明支作羅刹像 行支作陶家輪像 識支作獼猴像 名色支作人乘船像 六入支作六根像 觸支作男女相撫像 受支作男女受苦樂像 愛支作女人抱男女像 取支作丈夫汲井像 有支作大梵王像 生支作女人誕孕像 老支作男女衰老相 病支作病像 死支作死像 憂作男女憂感像 悲作啼哭像 苦作男女受苦像 惱作丈夫挽難調駱駝[12]像. 其輪

---

10 원정열반圓淨涅槃: 3열반의 하나이다. 지혜로 번뇌를 끊고 증득한 열반이다.
11 명판본에는 '天'으로 되어 있으나 '大'의 오자이다.
12 명판본에는 '駱駐'로 되어 있으나 대정장을 참조하여 '駱駝'로 바로잡았다.

頂應畫無常大鬼 鬌髮張口 長舒兩手 抱其輞於鬼頭. 兩畔書二伽他 一曰 汝當求出離 於佛教勤修 降伏生死軍 如象摧草舍. 二曰 於此法律中 常爲不放逸 能竭煩[13]惱海 當盡苦邊際. 次於鬼頭上 畫一白圓壇相 表涅槃圓淨之像 號爲五趣生死輪.

3) 형상을 그려 꾸밈

『근본목득가론』에서 말하였다. "부처가 말하였다. '만약 부처의 형상을 진흙으로 만들었다가 손상이 되면 비구들은 의심이 생겨 감히 꾸미지 못할 것이다.' 부처가 말했다. '더 크게 하거나 비슷하게 하거나 뜻에 따라 만들어도 된다. 여러 가지 색으로 벽에 그려 놓은 것이 분명하지 않은 것은 먼지를 털어내거나 다시 새로 그려도 된다.'"

修飾畫像

『根本目得伽論』云 佛言 若佛形像 泥塑虧損 苾芻生疑 不敢修飾. 佛言 或增大或可相似 隨意而作. 諸彩畫壁 不分明者 應可拂除 更爲新畫.

4) 가비라 신의 형상

법수 선사法秀禪師가 원가元嘉(424~453)[14] 연간에 처음 건업建業[15]에

---

13 명판본에는 '須'로 되어 있으나 '煩'자의 오자이다.
14 원가元嘉: 중국 남북조 시대 송나라 문제文帝 때의 연호이다.
15 건업建業: 동오의 도성都城. 원래는 말릉현秣陵縣이었으나 손권이 이곳으로 도읍을

이르러 기환사祇桓寺에 머물면서 이 신상神像을 그렸는데, 오늘날 그것을 본받게 되었다.

伽毘羅神像

法秀禪師 元嘉年中 初至建業 憩祇桓寺 畫此神像 于今效之.

5) 건추

『출요율의』에서는 "중국에서는 '종경鐘磬'이라고 번역한다." 하였다.
　○『오분율』에서 말하였다. "기와·나무·구리·철로 만들어 울리는 것이 있으면 모두 건추라고 한다."
　○『경음소』에서는 "중국에서는 나무를 부딪쳐서 내는 소리"라고 했다.
　○『오분율』에서 비구가 물었다. "어떤 나무로 건추를 만들어야 합니까?" 부처가 답했다. "옻나무를 제외하고 나머지 중에 소리가 울리는 나무로 만들면 된다."
　○『지론』에서 말하길 "가섭이 수미산 정상에서 구리로 만든 건추를 쳤다." 하였다.
　○『증일경』에서 말하였다. "아난이 강당에 올라 건추를 치면서 '이것은 여래의 신심을 일으키는 북(信鼓)이다.'라고 했다."【오늘날 계율을 자세히 살펴보면, 단지 종경鐘磬·석판·목판·목어·침추砧搥 등 소리를 울려

옮기면서 건업이라 고쳐 불렀다. 현의 치소治所도 지금의 강소성 강녕江寧 남쪽 말릉관秣陵關에서 강소성 남경南京으로 옮겼다.

서 대중들을 모을 수 있는 것은 모두 '건추'라고 부른다. 지금 사원의 목어라는 것은 대개 옛사람들이 작대기로 그것을 치는 것이 불가했기 때문에 물고기 모양을 창안해 낸 것이다. 또 반드시 장화張華[16]가 오동나무로 물고기 모양을 만들어 두들긴 데에서 이름을 취한 것이고, 고래가 한 번 치면 포뢰蒲牢[17]가 소리를 크게 운다는 데에서 취한 것이다.】

犍椎[18]

『出要律儀』云 此譯爲鐘磬. ○『五分律』云 隨有瓦木銅鐵鳴者 皆名犍椎. ○『經音疏』云 此云 擊木聲. ○『五分』比丘問 以何木作犍椎? 佛言 除漆樹 餘木鳴者聽作. ○『智論』云 迦葉於須彌山頂 搗銅犍椎. ○『增一經』云 阿難升講堂 擊犍椎者 此名如來信鼓.【今詳律 但是鐘磬石板木板木魚砧搥 有聲能集衆[19]者 皆名犍椎也. 今寺院木魚者 盖古人不可以木朴擊之 故創魚象也. 又必取張華桐魚之名 或取鯨魚一擊 蒲牢爲之大鳴也.】

---

16 장화張華(232~300): 진晉나라의 문장가이며 정치가로, 『박물지博物志』를 저술했다.
17 포뢰蒲牢: 모양이 용을 닮았고, 소리 지르기를 좋아한다. 포뢰는 고래를 무서워해서 고래가 포뢰를 치면 번번이 놀라 크게 운다. 그래서 종소리를 크게 하고자 할 때 포뢰를 종 위에 조각하고 고래 모양으로 만든 것으로 친다.
18 명판본에는 '犍稚'로 되어 있으나 '犍椎'의 오자이다.
19 명판본에는 '有聲能集泉者'로 되어 있으나 '有聲能集衆者'의 오자이다.

6) 사원의 북을 침

『오분율』에서 말하였다. "비구들이 포살을 하기 위해 대중들을 불시에 모아야 했다. 부처는 '건추를 치거나 북을 두드리거나 패를 부는 것은 식사가 준비되었을 때에 치는 것과 같다.' 하였다." 『능엄경』에서 말하였다. "밥 먹을 때 북을 두드리고, 대중들을 모을 때에도 종을 치니, 마치 설법할 때 치는 것과 같다." 『승기율』에서 말하였다. "제석帝釋에는 때를 알리는 3개의 북이 있는데, 선법당에서 설법할 때는 세 번째 북을 두드린다."[20]

寺院擊鼓

『五分』云 諸比丘布薩 衆不時集. 佛言 若打犍椎 若打鼓吹貝 若食時擊者. 『楞嚴經』云 食辦擊鼓 衆集撞鐘 若說法時擊者. 『僧祇律』云 帝釋有三鼓 若善法堂說法 打第三鼓.

7) 사원의 장생전[21]

---

20 『마하승기율』 권1에는 "諸天有三時鼓 諸天阿修羅共戰時 打第一鼓 俱毘羅園衆花開敷時 打第二鼓 集善法講堂聽善法時 打第三鼓."라 하였다.
21 장생전長生錢: 당나라 때 절에서 하던 금융업이다. 절의 장원莊園은 귀족·호족 등과 함께 빈민들의 논밭 겸병과 내세의 공덕을 바라는 희사로 행해졌다. 이 장원에서 종들을 부려서 많은 수확을 올렸으며, 이를 저장하기 위하여 무진장無盡藏이란 창고를 만들어, 장물을 자본으로 이자를 받아 다른 사람에게 빌려주었다. 그때마다 물건을 담보로 하였으며, 빈민들은 한때의 곤궁을 면할 수 있으므로

계율에서는 다함이 없는 재물(無盡財)이라 했으니, 대개 원금과 이자가 이리저리 굴러 변화함이(展轉) 끝이 없기 때문이다.

○『양경기』에서 말하였다. "사찰에는 고갈되지 않는 기금(無盡藏)이 있다. 또『천경서』에는 '부모가 축적하신 재물을 가지고 동경과 서경(兩京)의 옛집에 사용했는데, 모두 사찰(招提)[22]에 있는 것을 모아서 무진한 기금에 충당했다.' 하였다."

○『십송률』에서 말하였다. "불탑의 물건을 내어서 이자를 불리자 부처가 그것을 허락하였다."

○『승기율』에서 말하였다. "부처에게 공양한 꽃이 많자 향유를 매매 賣買하자고 청하니 허락하였다. 그래도 많기에 팔아서 부처의 무진재에 넣었다."【여러 계율을 살펴보니 삼보에게는 모두 무진재가 있다.】

寺院長生錢

律云 無盡財 盖子母展轉無盡故. ○『兩京記』云 寺中有無盡藏. 又則『天經序』云 將二親之所蓄 用兩京之舊邸 莫不摠結招提之宇 咸充無盡之藏. ○『十誦律』云 以佛塔物出息 佛聽之. ○『僧祇』云 供養佛花多 聽賣買香油. 猶多者 賣入佛無盡財中.【詳諸律 三寶皆有無盡財.】

편리하고 또 절에서는 수익이 많았으므로 이 경영이 성했다. 본전과 이자가 다시 이자를 낳기 때문에 무진재無盡財라고도 불렀다.

22 초제招提: 한곳에 머물지 않는 수행승들이 잠시 쉬어가도록 마련한 절이다. 초招는 본래 척拓이던 것이 쓰는 이의 잘못으로 초招로 읽히게 되었다. 중국에서는 후한 때에 지은 낙양의 백마사白馬寺가 본래는 초제사였다.

8) 우란분

이것은 석가의 제자들이 효도의 마음을 펼쳐 은혜를 갚고 고통에서 구제하기 바라는 것이니 목련존자가 어머니를 구한 것으로부터 시작되었다. 범어의 우란盂蘭을 중국에서는 '거꾸로 매달린 사람을 구원함(救倒懸)'이라고 한다. 분盆은 중국에서는 그릇이다. 우란분경이란 제목은 중국어와 범어를 합쳐서 부른 것으로 보인다. 만약 범어의 소리를 따랐다면 '우盂'자는 마땅히 명皿을 붙일 이유가 없으므로 틀림없이 집필자의 잘못이리라. '우전于闐'[23] 등의 글자에서 알 수 있다.

○의정義淨[24]이 말하였다. "우란盂蘭이란 인도 말이고, 중국에서는 '거꾸로 매달린 사람을 구원함'이라고 하니, 곧 굶주리고 고통으로 위태로운 것을 도현倒懸이라고 한다." '분盆'은 동하東夏(부견의 대진국)의 음音이고, 이것은 괴로움을 구원하는 도구이다. 대중들이 은광恩光[25]

---

23 우전于闐: 중국 신강 위구르 자치구, 타림 분지 남단에 있는 오아시스 도시이다. 실크로드의 요지로, 한나라 때와 당나라 때에 번영했다. 간다라 양식의 불상 등이 남아 있으며, 특산품인 연옥軟玉은 유명하여 잘 알려져 있다.

24 의정義淨(635~713): 속성은 장張. 제주齊州(山東省 歷城縣) 사람인데, 일설에는 범양范陽(北京市 서남부) 사람이라고도 한다. 외국에 나가 불법을 구해온 법현과 현장을 사모하여, 당나라 고종 때인 671년(咸亨 2)에 바닷길로 인도에 가서 법을 구하고, 불교성지인 취봉鷲峯·계족산鷄足山·녹야원鹿野苑·기원정사祇園精舍를 순례한 후 나란타사那爛陀寺에 도착하여 대승·소승 불교를 공부했다. 695년(證聖 1) 범어로 된 경·율·론 전적典籍 약 400부를 가지고 낙양에 돌아올 때 측천무후가 친히 맞이했다.

25 은광恩光: 하늘이 내리는 우로雨露의 은택, 임금이나 웃어른으로부터 받는 혜택을 말한다.

을 내려주길 우러러 바라는 까닭에 거꾸로 매달린 절박하고 위급한 고통에서 구원하는 것이니, 이 의미를 따서 이름을 붙인 것이다.

○옛날 어떤 스님이 말하길 분盆은 바로 '발鉢'인데, 번역할 때에 시속에 따라 '분'이라고 부르는 것이다. '분'은 '발'과 더불어 모두 그릇이기 때문이다. 경전에서 말하였다. "불제자로서 효도하고 순종함을 닦는 자는 마땅히 생각마다 항상 부모를 기억하여 …(중략)… 7세의 부모를 추모하며, 해마다 7월 15일이면 우란분을 만들어 부처와 승려들에게 베풂으로써 자애롭게 길러준 부모의 은혜에 보답하는 것이다."

○진나라의 승려 혜달惠達의 성은 유劉씨요, 이름은 살하薩何인데 21살에 갑자기 죽으니 울화로 인한 열 때문이었고 집안사람들이 아직 장사지내기 전이었다. 7일이 지나자 되살아나서는 말하길 "저승에서 한 사람을 보았는데 키가 2장 정도이고 모습은 엄숙하고 고왔으며, 몸은 황금색이었다. 사자使者가 그에게 알려주기를 '이는 관세음대사觀世音大士이다.' 하였다. 혜달이 예를 끝내자 보살이 설법을 하였다."라고 하였다. 또 말하길 "무릇 죽은 사람들을 위하여 복을 베풀 경우에 사찰에 있거나 집에 있거나 7월 15일 사문들이 법랍을 받는 날, 이때가 가장 좋다. 그릇을 나누어 공양하되 표제標題에는 '아무개가 망자 아무개를 위한다.'라고 하여라." 하였다.

○경전에서 말하였다. "7월 15일은 승려들이 죄를 고백하고 참회(自恣)하는 날로, 마땅히 7세의 부모와 현재의 부모 중에 뜻밖의 불행한 일을 당한 이를 위하여【이 글은 또 현세의 부모를 보호하고 편안하게 하는 데에도 통용된다.】온갖 음식물과 5가지 과일을 갖추어, 밥그릇에 물을 담고, 향유로 불을 켜고, 잠자리를 침상에 펴고, 세상의 좋은

맛을 모두 갖추어 그릇에 담아서 시방의 대덕들과 많은 승려들에게 공양한다." 또 말하였다. "첫 번째 음식을 받았을 때 먼저 불탑 앞에 놓고, 승려들이 진언을 외우며 축원을 하고 마치면 곧 각자 받아서 밥을 먹어라."【부처에게 공양한 음식을 승려들에게 돌아가게 하는 것은 이날에는 받을 수 있으나, 다른 날은 받지 못한다. 오늘날 사찰에서는 도리어 망자에게 공양을 베푸는데 이것은 잘못된 것이다.】

盂蘭盆

此釋子申孝報恩 救苦之要 以目連救母爲始. 梵語盂蘭 此云救倒懸也. 盆則此方器也. 此經目 華梵雙擧也. 若梵語從聲 其盂字不須從此[26] 必執筆者誤[27]爾. 若于闐等可知也. ○義淨云 盂蘭者 西域之語 此云救倒懸 卽飢虛危苦 謂之倒懸也. 盆乃東夏之音 此則救苦之器. 所以仰大衆之恩光 救倒懸之窘急 此從義以制名也. ○古師云 盆或是鉢 但譯時隨俗稱盆. 盆之與鉢 皆器故也. 經云 是佛弟子 修孝順者 應念念中 常憶父母 乃至七世父母 年年七月十五日 爲作盂蘭盆 施佛及僧 以報父母 長育慈愛之恩. ○晉沙門惠達 姓劉名薩何 年二十一 忽暴死 以心熱故 家人未卽葬之. 經七日乃蘇 說冥間見一人 長二丈許 相好嚴麗 身黃金色. 使者報之 此觀音大士也. 達禮畢 菩能爲說法. 又云 凡爲亡人設福 或在寺或家中 於七月十五日 沙門受臘之日 此時彌勝也. 若割器以供養 標題云 某甲[28]爲亡人某甲. ○經又云 七月十五

---

26 명판본에는 '此'로 되어 있으나 대정장을 참조하여 '皿'으로 바로잡았다.
27 명판본에는 '悮'로 되어 있으나 대정장을 참조하여 '誤'로 바로잡았다.
28 명판본에는 '母'로 되어 있으나 대정장을 참조하여 '甲'으로 바로잡았다.

曰 僧自恣日 當爲七世父母[29] 及現在父母 厄難中者【此文又通 保安現在父母.】具飯百味五果 汲灌盆器 香油錠燭 牀敷臥具 盡世甘美 以著盆中 供養十方大德衆僧. 又云 初受食時 先安佛塔中 衆僧呪願竟 便自受食.【若供養佛食 廻供僧者 卽此日得 他日不通. 今却於寺中 設供亡人 盖悞之也.】

9) 해하초

오늘날 절강성 서쪽 지역의 승려들이 안거를 해제하는 날에 비단으로 띠풀을 묶어 시주자에게 보내니, 그것을 일컬어 "해하초解夏草"라고 한다. 이 풀을 자세히 살펴보면, 이미 오분법신五分法身의 자리가 되었기 때문에 "길상초吉祥草"라고 부른다.

○『근본백일갈마』에서 말하였다. "수의隨意[30]를 받은 비구들은 생띠풀로 승려(僧伽)들과 함께 자리를 만들어야 하는데, 비구들은 함께 풀 위에 앉는다."【수의隨意는 곧 자자自恣이다. 승가僧伽는 곧 대중을 말하는 것이다. 풀로 자리를 만들어 깔고 앉는다.】

---

29 명판본에는 '亭'으로 되어 있으나 대정장을 참조하여 '母'로 바로잡았다.
30 수의隨意: 공동체 생활에서 서로 규칙을 정하고 자신이 그에 따라 생활하지 못했다고 생각할 때 자신의 잘못을 대중 앞에 고백하고 용서받는 것이 포살이고, 자신이 미처 깨닫지 못한 잘못을 지적하여 달라고 부탁하고 지적받는 것을 자자自恣라고 한다. 이것을 '수의'라고도 하고, 보통 안거 마지막 날인 음력 7월 15일에 실시한다. 포살과 자자는 정기적이고 집단적으로 실시하는 참회이다.

解夏草

今浙右僧解夏日 以綵束茆 以遺檀越 謂之解夏草. 今詳此草 已爲五分法身座故 名吉祥草也. ○『根本百一羯磨』云 受隨意苾蒭 應行生茆 與僧伽爲座 諸苾蒭並於草上坐.【言隨意 卽自恣也. 言僧伽 卽衆也. 以草藉地坐也.】

10) 긴 석 달

『불공골색경』에서 말하였다. "제불이 신통神通[31]하는 달이다."

○『지론』에서 말하였다. "제석천帝釋天[32]이 큰 보배 거울로 1월에는 남섬부주를 비추고, 2월에는 서주를 비추고, 5월·9월에 이르러서는 모두 남주南洲를 비추어 사람들의 선악을 살피기 때문에 남주 사람들은 이 달에 소식素食하면서 선을 닦는 경우가 많다." 그러므로 경전에서 "한 해의 삼장재三長齋[33]라고 했다. 또 일설에는 "북방의 비사문천왕이

---

31 신통神通: 불교에서 선정禪定과 지혜를 통해 획득하는 불가사의한 능력. 부처나 아라한에 대해서는 6신통을 말하고, 불교 외의 외도外道나 선인仙人에 대해서는 5신통을 말한다.

32 제석천帝釋天: 12천의 하나이다. 수미산 꼭대기에 있는 도리천의 임금으로, 사천왕과 32천을 통솔하면서 불법과 불법에 귀의하는 사람을 보호하고 아수라의 군대를 정벌한다고 한다.

33 삼장재三長齋: 1년 중 1월·5월·9월의 석 달. 1일로부터 15일까지 몸·입·뜻에 걸쳐 악을 재계齋戒하고 선을 실행하는 달. 어떤 말에는 이 3개월은 제석천이 큰 보배 거울로 남섬부주를 비춰 인민의 선·악을 관찰한다 하고, 다른 말에는 지옥의 업경業鏡이 비친다고 하며, 비사문천이 순행하는 달이라 하고, 악귀가 그 세력을 떨치는 달이라는 등의 말이 있다. 중국에서 수·당·송나라 때에 도살屠

사주四洲의 선악을 순찰하는데, 1월에는 남주에 가서 거울에 비추는 듯이 하고, 5월·9월에는 모두 남주를 살핀다." 하였다.

三長月

『不空骨索經』云 諸佛神通之月. ○『智論』云 天帝釋以大寶鏡 從正月 照南剡部洲 二月照西洲 至五九月 皆照南洲 察人善惡故 南洲人多於 此月 素食修善. 故經云 年三長齋也. 又一說 北方毘沙門天王 巡察四 洲善惡 正月至南洲 亦如鏡照 至五九月 皆察南洲故.

11) 기갈

지금 세상 사람들은 아이들을 보호하고 아껴서 마침내 승려의 옷을 입히는 것을 "기갈寄褐"이라고 한다. 『대당개원석교록大唐開元釋敎錄』[34]에서 말하였다. "중종中宗 효화황제孝和皇帝로부터 시작되었는데, 처음 태어날 때 기이하고 특이한 신령스런 빛이 사원을 가득 채우며 정원으로부터 하늘까지 가득하자 이로 인하여 불광왕佛光王이라 부르고, 곧 삼귀의三歸依를 받고 가사를 입혔다. 12월 5일 아기가 한 달이 되자 황제는 칙서를 내려 불광왕을 위해 일곱 승려를 제도하고, 이어 현장 법사를 청하여 불광왕을 위해 머리를 깎아주게 하였다."

殺을 금지, 관위官位의 승진을 피하고, 인민은 소식素食·송경誦經하는 풍습이 있다.

[34] 『대당개원석교록大唐開元釋敎錄』: 중국 당나라 승려인 지승智昇이 730년에 편찬한 책으로, 당시까지 가장 포괄적으로 집성된 대장경 목록이다.

寄褐

今世人護惜孩兒 遂服以僧衣 謂之寄褐.『大唐開元釋敎錄』云 始因中宗孝和皇帝 初生奇特 神光滿院 自庭燭天 因號佛光王 卽受三歸 披袈裟服. 至十二月五日滿月 敕爲佛光王度七僧 仍請奘法師 爲王剃髮.

12) 몸을 깨끗이 재계함

지금 시속에서는 아침에 물 한 잔을 마시고 하루 종일 먹지 않는 것을 "청재淸齋"라고 한다.

○『지도론』에서 말하였다. "당초에 한 성인이 있었는데 사람들에게 재계하여 선행을 하고 흉한 것을 피하도록 가르치면서 하루 동안 먹지 않는 것을 '재齋'라고 하였다. 훗날 부처가 세상에 나와 사람들에게 '정해진 때를 지나면 먹지 않는 것을 재라고 한다.'고 가르쳤다. 이것이 바른 법이다."【'정해진 때'라고 말한 것은 정오이며, 정오를 지나면 먹을 수가 없다.】

淸齋

今有民俗 以辰飮一盃水 終日不食 謂之淸齋. ○『智度論』云 劫初有聖人 敎人持齋 修善避凶 直以一日不食爲齋. 後佛出世 敎人過中不食爲齋. 此爲正法.【言中者午也 過午不得食.】

13) 법곡자

『비나야』에서 말하였다. "왕사성 남쪽 지방에 '납파臘婆'라 부르는 악공(樂人)이 있었는데, 보살의 팔상八相[35]을 취하여 노래를 만들자 공경하며 믿는 사람들은 듣고 환희심을 일으켰다. 지금 수도의 승려들은 「양주팔상梁州八相」, 「태상인太常引」, 「삼귀의三歸依」, 「유함연柳含煙」 등을 염송하는 것을 당찬唐讚이라고 부른다. 또한 남방의 선인禪人들이 「어부漁父」와 「발도자撥棹子」 등 창도하는 가사를 만든 것은 모두 여기에서 나온 유풍遺風이다."

法曲子

『毘奈耶』云 王舍城南方 有樂人名臘婆 取菩薩八相 緝爲歌曲 令敬信者 聞生歡喜心. 今京師僧 念梁州八相 太常引三歸依柳含煙等 號唐讚. 又南方禪人 作漁父 撥棹子 唱道之詞 皆此遺風也.

14) 버들가지와 깨끗한 물

북쪽 사람들의 풍속인데, 매년 단오절 등 혹독한 계절이 되면 모두 동이에 물을 담고 안에 버들가지를 꽂아서 문 앞에 두고 악한 일을 피했다. 『관정경』에서 말하였다. "옛날 유야리維耶黎 성의 백성들이 돌림병을 만나자 어린 비구 선제禪提가 부처의 가르침을 받들며 마하신

---

35 팔상八相: 불보살이 이 세상에 출현하여 중생을 제도하려고 일생 동안에 나타내어 보이는 8가지 모습을 가리킨다.

주摩訶神呪를 외우며 가서 역질을 물리치니, 역질 걸린 사람들은 모두 나았다. 선제가 그 나라에 머문 29년 동안 백성들은 편안하였는데, 그가 죽자 백성들은 다시 역질을 만나게 되었다. 백성들이 선제를 생각하며 마침내 그가 머물던 곳으로 가니, 그곳에는 그가 씹었던 이쑤시개가 땅에 던져져 숲을 이루고 숲 아래에 샘이 있었다. 백성들이 그 물을 뜨고 버들가지를 꺾어 돌아가서 병든 사람에게 뿌리니 모두 나았으며, 독기가 수그러들고 많은 사악한 것들이 제거되었으니 모든 일이 순조로웠다."

柳枝淨水

北人風俗 每至重午³⁶等毒節日 皆以盆盛水 內揷柳枝置之 門前辟惡. 『灌頂經』云 昔維耶黎城 人民遭疫 有一少年比丘名禪提奉佛敎 持摩訶神呪 往爲辟之 疫人皆愈. 其禪提住彼國 二十九年民安 至其遷化 民復遭疫. 民思禪提 遂往住處 但見所嚼齒木 擲地成林 林下有泉. 民酌其水 折楊枝歸洒病者皆愈 毒氣消亡 辟除衆惡 萬事吉祥故也.

15) 허공에 침 뱉기

세상 사람들은 캄캄한 밤에 걸어갈 때 문득 온몸에 털이 쭈뼛 서고 마음이 두근거리면서 귀신이 나올 것같이 의심이 들기 때문에 네 곳에 침을 뱉는다.『법원주림』에서 말하였다. "『열이전』에 남양의

---

36 명판본에는 '干'로 되어 있으나 대정장을 참조하여 '午'로 바로잡았다.

송정백宋定伯이 젊었을 적에 밤길을 홀로 가다가 귀신을 만났다. 귀신이 송정백에게 '누구냐?'고 묻자, 거짓으로 말하길 '나는 바로 귀신이다.' 하였다. 또 '어디로 가느냐?'고 묻자, 송정백이 '완시宛市로 간다.' 하였다. 귀신이 '번갈아 업고 가는 것이 어떻겠느냐?'고 하자, 송정백이 '아주 좋다.' 하였다. 귀신이 먼저 송정백을 업었는데 무거운 것을 괴이하게 여겼다. 송정백이 거짓으로 말하길 '나는 이제 막 죽어서 귀신이 되었기 때문에 무거운 것이오.' 하였고, 다음 송정백이 귀신을 업으니 과연 가벼웠다. 송정백이 귀신에게 묻기를 '나는 이제 죽어 몰라서 그러는데 귀신들은 무엇을 두려워하시오.' 하자, 귀신이 '오직 사람의 침을 두려워한다오.' 하였다. 완시에 가까이 오자 송정백이 귀신을 꽉 잡고 급하게 침을 뱉었고, 귀신이 마침내 양으로 변하였다. 시장에 들어가 1관 500문을 받고 양을 팔았다. 이때에 석숭石崇(晉나라 때의 큰 부자)이 그 이야기를 듣고 '송정백이 1관 500문을 받고 귀신을 팔았다.' 하고 자랑하였다."

唾空

世人凡冥夜行 忽毛寒心悸 疑有鬼物 故四散唾之. 『法苑』云『列異傳』南陽宋定伯 少時夜獨行 逢一鬼. 鬼問定伯 誑云 我是鬼. 又問何往曰 往苑市. 鬼言 可遞負行 定伯曰大善. 鬼先負定伯怪重. 伯誑云 我新死故重 次定伯負鬼果輕. 伯問鬼曰 我新死不知畏何物? 鬼曰 惟畏人唾. 將近市 伯乃緊持急唾之 鬼遂化爲羊. 入市賣得一貫五百文. 于時石崇聞 諺之曰 定伯賣鬼 得錢千五.

16) 종이돈과 색지

당나라 이부상서吏部尚書 당림唐臨(600~659)이 편찬한 『명보기』에 있는 이야기이다. "당나라 때 휴인천眭仁蒨은 조趙 지방 사람이다. 젊었을 때에 경학을 공부하며, 귀신을 믿지 않았다. 어느 날 길에서 한 사람을 보았는데, 의관을 갖춰 말을 탔고 종자 50여 인이 따르고 있었으며 지나가면서 곁눈질로 휴인천을 보았다. 이와 같이 10년을 자주 보게 되었다. 어느 날 또 지나가다가 서로 보게 되었는데, 말을 멈추게 하고 휴인천을 불러 말하기를 '그대를 자주 보다 보니 정이 끌리게 되었소. 그대와 잘 지냈으면 하오.' 하자, 휴인천이 '그대는 누구십니까?' 하였다. 답하길 '나는 귀신이오. 성姓은 성成이고, 이름은 경景이며, 본은 홍농弘農입니다. 서진西晉에서 별가別駕 벼슬을 하다가 지금은 호국胡國의 장사長史입니다.' 하였다. 휴인천이 '호국은 어디에 있습니까?' 하고 물으니, 성경成景이 답하길 '황하로부터 북쪽을 모두 관할하고 있는데, 수도는 누번樓煩 서북쪽의 사적沙磧에 있고, 왕은 옛날 조나라의 무령왕武靈王입니다. 매달 우리 조정에서는 태산에 나를 조회하러 보내는데, 이 때문에 길에서 그대를 만난 것입니다.' 하였다. 휴인천이 허락하고 이에 술과 음식을 차리고 다시 돈과 비단으로 좋게 꾸몄다. 성경이 사양하면서 말하길 '귀신이 사용하는 돈은 종이돈이고, 채색된 비단도 종이로 만들면 되며, 은銀은 주석을 칠한 종이이고, 금은 황금색으로 칠하면 됩니다.' 하였다."【오늘날 시장에서 팔 적에는 "증작贈作"이라고 부른다.】

紙錢綵絹

唐吏部尙書唐臨撰『冥報記』云 唐眭仁蒨者趙人. 少事經學 不信鬼神. 於一日路次見一人 衣冠乘馬 從者五十餘人 眄視眭. 如此十年頻見. 忽一日又相逢 乃駐馬召眭謂曰 比頻見君 情相眷戀. 欲與君遊 眭問君何人? 答吾鬼也. 姓成名景本弘農人. 仕西晉別駕 今爲胡國長史. 眭問胡國何在? 曰自黃河北俱攝 正都樓煩西北沙磧中 王卽昔趙靈王也. 每月遣我朝泰山 故由此路. 眭許之 乃設酒食 復以錢綵爲好. 辭曰 鬼所用錢 卽紙錢也 若綵絹亦紙爲之 銀卽錫紙 金卽以黃塗之也. 【今市中賣 呼爲贈作.】

17) 삼일재

북쪽 사람들은 죽은 지 3일이 되면 반드시 승려를 청하여 재를 지내니 이것을 "견왕재見王齋"라고 한다. 『법원주림』에서 말하였다.

당나라 중산랑中山郎 원휴元休가 찬한 『명보습유기冥報拾遺記』[37]에 있는 이야기이다. 북제北齊의 벼슬아치 중에 양梁씨 성을 가진 사람이 죽음에 이르러 아내에게 말하길 "내가 살아있을 때 사랑했던 노비와 말 모두를 함께 묻어주시오." 하고는 곧 죽었다. 그 집 사람들은 포대에 흙을 담아 노비를 눌러 죽였다. 제4일째 되는 날 노비의 혼백이 돌아와 말하였다. "지옥에서 주인어른을 뵈니 쇠사슬에 묶인 채 사람이 지키고 있었습니다. 나에게 말하길 '내가 같이 죽여 달라고 말한 것은 죽어서도

---

37 『명보습유기冥報拾遺記』: 이름은 여령餘令, 자는 원휴元休, 용삭龍朔(661~663) 연간에 지었다.

너를 부릴 수 있다고 생각했기 때문이었는데, 지금은 각자 스스로 지은 것을 받을 뿐이니, 반드시 너를 있던 곳으로 돌려보내 달라고 말할 것이다.' 하고는 말이 끝나자 재빨리 명부로 들어갔습니다. 제가 으슥한 곳에서 살피며 엿들으니, 관리가 지키는 자에게 '어제는 얼마만큼 기름을 짰느냐?'고 묻자 '8두입니다.'라고 대답했습니다. 관리가 말하길 '오늘은 한 섬 여섯 말을 더 짜야 한다.' 하였고, 주인은 곧 끌려 나갔습니다.

다음 날 아침에 밝은 표정으로 저에게 말하길 '오늘은 반드시 너를 놓아 보내 달라고 말할 것이다.' 하고는 곧 명부로 들어갔고, 제가 다시 몰래 엿들어 보니 관리가 '기름을 짰느냐?'고 물었고, 수문장이 대답하기를 '이 사람이 죽은 지 3일이 됐는데, 그 집 사람들이 승려를 불러 재를 열어 범패梵唄를 부르고 경전을 읽을(轉經) 때마다 쇠들보가 번번이 끊어지기 때문에 기름을 짤 수가 없습니다.' 하였습니다.

관리가 좋다고 칭찬하자 드디어 말하고 풀려나 돌아왔습니다. 이에 부탁하기를 '처자식들에게 말을 전하거라. 너희들이 추모하는 재를 열어 준 데 힘입어 큰 고통을 면할 수 있게 되었다. 그러나 아직 완전히 벗어나지는 못하였으니, 다시 재를 열어 복전에 재를 베풀되 살생하여 제전祭奠을 마련하지 말도록 하라. 이것은 먹어서도 안 될 것이니 내 죄만 더할 뿐이다.' 하였습니다."

三日齋

北人亡至三日 必齋僧 謂之見王齋.『法苑』云 唐中山郞元休撰『冥報拾遺記』云 北齊仕人 姓梁將死告其妻曰 吾生所愛奴幷馬皆爲殉旣

死. 家以糞囊壓奴死. 第四日 奴還魂言. 地府見郎主 被鎖械人衛. 謂某曰 我謂同死 得儞使喚 故囑儞來 今各自受 必告放儞迴 言訖駈入府. 奴於屛外窺聞 官問衛者曰 昨日壓得多少脂 對曰八斗. 官曰 今日壓石六 尋便牽出. 至明旦見有喜色謂奴曰 今日必告放儞旣入府 奴復窺聽 官問壓脂 衛人對曰 以此人死經三日 妻子設齋衆僧 作唄轉經 鐵梁輒折故壓脂不得. 官稱善 尋告放還. 乃囑曰 傳語妻子. 賴汝營齋 追薦獲免大苦.[38] 猶未全脫 更告營齋福相救 愼勿殺生祭奠. 又不得食 但益吾罪.

18) 사십구재

사람이 죽으면 매번 7일이 될 때마다 반드시 재를 열어 추모(追薦)하는 것을 일컬어 "누칠累七"이라 하고 또는 "재칠齋七"이라고 한다.

『유가론』에서 말하였다. "사람이 죽으면 중유中有[39]의 몸(中陰身)이 되는데【저승에서는 하나의 상(一相)을 일으키는 것이 육신肉身에 육식六識이 전해지는 것과 같으니 이것을 중유中有라고 부른다.】만약 다시 태어나는 인연을 얻지 못하면 7일이 될 때까지 머물게 된다.【『중음경』에서 말하였다. "중유에서 머물 수 있는 기간은 7일이다."】만약 살아날 인연이

---

38 명판본에는 '告'로 되어 있으나 대정장을 참조하여 '苦'로 바로잡았다.
39 중유中有: 사유四有의 하나로 사람이 죽어서 다음의 생을 받을 때까지의 동안이다. 곧 다음 생의 생연生緣이 미숙한 때문에 이를 곳에 가지 못한 49일 동안을 가리킨다. 극선極善·극악極惡한 사람은 중유가 없고, 죽으면서 이내 다음 생으로 간다.

있는데 확정이 안 되었으면, 7일이 되어 죽었다가도 반드시 소생하게 된다. 이와 같이 생사를 거듭하면서 49일을 머무르게 된다. 이후부터는 확정이 되어 환생하게 된다. 또 이 중음신이 7일 만에 죽으면 그만인데, 이 가운데서 혹 윤회할 나머지 업이 있다면 중음신이 나머지 무리 가운데 태어나기도 한다."

　이제 경전의 요지를 살펴보면, 지극히 선하거나 지극히 악한 사람에게는 중유가 없다. 이미 중유의 몸을 받았다면 중하품 선악의 업 때문이다. 그러므로 "윤회할 다른 업이 있다."고 논論한 것이다. 세상의 7일을 하루로 보고 7일 동안 복전에 재를 지내면 이 중음신이 환생할 때에 선행으로 도와주어서 중유의 종자로 하여금 악취에 태어나 살지 않게 된다. 이런 이유 때문에 이날에 복전 짓는 것을 게을리해서는 안 된다.

累七齋

人亡 每至七日 必營齋追薦 謂之累七 又云齋七. 『瑜伽論』云 人死中有身【冥間化起一相 似身傳識 謂之中有.】若未得生緣 極七日住.【『中陰經』云 中有極壽七日.】若有生緣卽不定 若極七日必死而復生. 如是展轉生死 乃至七七日住. 自此已後 決定得生. 又此中有七日死已 或於此類 由⁴⁰餘業可轉 中有種子 便於餘類中有生. 今尋經旨 極善惡無中有. 旣受中有身 卽中下品善惡業也. 故論云 餘業可轉也. 如世七日 七日齋福 是中有身 死生之際 以善追助 令中有種子 不轉生惡趣故.

40　명판본에는 '田'으로 되어 있으나 '由'의 오자이다.

由是此日之福 不可闕怠也.

19) 칠일재의 깃발

북쪽의 풍속에는 사람이 죽고 7·7재일에 재를 주관하는 승려가 깃발 하나를 만들어 지전을 딸려 보낸다.

『정법념처경』에 의거해 말한다. "17종류의 중유中有 세계가 있다. 죽었을 때에 천상에 태어날 사람은 곧 중음신의 세계에서 흰 천이 아래로 드리운 것을 보게 되는데, 그 사람의 신식神識이 이것을 알아보고서 손을 들어 흰 천을 잡으면 곧 천인天人 중유의 몸을 받는다." 그러므로 이제 7·7일은 중유에서 환생하는 날이니, 흰 종이 깃발로 훌륭한 당기(勝幢)의 모양을 만들어 그것을 보여준다. 그러므로 북쪽 사람들이 혼백을 불러낼 때 흰 천을 사용하는 것은 경전의 뜻에 매우 합치된다.

齋七幡子

北俗亡累七齋日 皆令主齋僧 剪紙幡子一首 隨紙化之. 按『正法念處經』云 有十七種中有. 謂死時若生天者 卽見中有 如白氎垂下 其人神識見已 擧手攬之 便受人天中有身. 故今七七日 是中有死生之日 以白紙幡勝幢之相示之. 故北人招魂帛 皆用白練 甚合經旨也.

20) 무상[41]종

『당고승전』에서 말하였다. "당나라 서울에 있는 대장엄사의 석지흥釋智興이 타종할 차례가 되었다. 사찰의 승려 가운데 형을 둔 사람이 있었는데, 형이 수나라 양제煬帝를 따라 양주로 가다가 길에서 죽었다. 어느 날 저녁 아내의 꿈에 나타나 '내가 팽성彭城에 이르러 병으로 죽었으나 이달 초에 선정사禪定寺의 지흥智興 스님이 종을 치는 소리가 지옥까지 울려 퍼져 지옥을 진동시키는 은혜를 입어 고통을 받던 자들까지 모두 해탈하게 되었고, 나 또한 해탈하게 되었으니 당신은 비단 열 필을 석지흥에게 바치고 내 뜻을 전달해 주시오.' 하였다. 아내가 꿈에서 남편이 말한 대로 비단을 보내자 지흥 스님은 받지 않고 사찰의 승려들에게 골고루 보시하였다. 그 사찰의 주지 공선恭禪 스님이 묻기를 '어떤 법으로 쳤기에 이런 징험이 있는 것이오?' 하였다. 지흥이 답하였다. '『부법장전付法藏傳』을 살펴보니 계빈타왕罽賓吒王이 고통받을 때 종소리를 듣고 업의 윤회(業輪)를 멈췄다고 하였기에, 이에 『증일아함경』의 종 치는 법(鳴鐘法)에 의거해서 쳤습니다.'"【이제 이 문장을 자세히 살펴보면, 무릇 사람을 위해 종을 치는 것은 고통을 제거하기 위해서이니, 반드시 이런 마음을 가지고 법대로 종을 쳐야 할 것이다.】

---

41 무상無常: 아니달야阿儞怛也라 음역한다. 물물·심심의 모든 현상은 한 찰나에도 생멸 변화하여 상주常主하는 모양이 없다. 무상에는 2종류가 있다. 찰나무상刹那無常: 찰나 동안에도 생생·주住·이異·멸멸하는 것. 상속무상相續無常: 한평생 동안에 생·주·이·멸의 4상相이 있는 것.

無常鐘

『唐僧傳』云 京大莊嚴寺 釋智興 次當打鐘. 寺僧有兄 隋煬帝駕幸楊州在道死. 一夕託夢與妻曰 吾達彭城病亡 以今月初 蒙禪定寺僧智興打鐘 聲振地府受苦之者[42] 皆解脫吾亦預此 汝可將絹十疋奉興 陳吾意也. 其妻依言送之 興不受乃均施寺衆. 寺主恭禪師 問其何法而有此驗? 興答. 吾見『付法傳』闍膩吒王受苦 聞鐘聲業輪息 乃依『增一阿含經』鳴鐘法故.【今詳此文 凡爲人聲鐘 此爲拔苦必處心 須依法扣之.】

21) 예수재

『관정경』에서 말하였다. "보광보살普廣菩薩이 부처에게 아뢰길 '만약 선남자 선여인이 법계를 잘 알고 몸이 허깨비와 같음을 알아 죽기 전에 미리(逆修)[43] 21일 동안 닦되, 등을 밝히고 깃발(幡盖)을 걸고 승려들을 청해 존엄한 경전을 전심으로 독송한다면 얻는 복이 많습니까?' 하니, 부처가 '복이 무량할 것이다.' 하였다."

預修齋七

『灌頂經』普廣菩薩白佛言 若善男女 善解法戒 知身如幻 未終之時 逆修三七 然燈懸幡盖 請僧轉念尊經 得福多否? 佛言其福無量.

---

42 명판본에는 '若之者'로 되어 있으나 '苦之者'의 오자이다.

43 역수逆修: 죽은 뒤의 명복을 위하여 생전에 미리 불사를 닦는 일을 말한다.

22) 성문 위의 천왕

『승사략僧史略』[44]에서 말하였다. "당나라 천보天寶 원년 임자년(742)에 티벳(西蕃)의 다섯 나라가 안서성安西城으로 쳐들어오니, 2월 11일에 군사를 보내어 구원해 주기를 요청하였다. 군대가 출발한다 해도 만 리 먼 길을 여러 달 걸어야 도착할 수 있었다. 근신이 아뢰어 불공삼장不空三藏 법사가 궁에 들어와 염불하도록 조칙을 내렸다. 현종玄宗이 향로를 잡고 불공不空이 인왕호국다라니경仁王護國陀羅尼經을 외웠다. 바야흐로 2·7재를 두루 마치자 황제 앞에 갑자기 신인神人이 보이면서 갑옷을 입고 창을 맨 500명 가량의 무인이 전殿 앞에 나타났다. 황제가 불공에게 누구인지 묻자 대답하였다. '이는 비사문천왕의 둘째 아들 독건의 병사인데, 폐하의 마음에 부응하여 안서安西를 구하러 가는 것입니다.' 그해 4월 안서성에서 보고가 왔는데, 2월 11일 사시巳時(9시~11시) 이후에 성의 동북쪽 30리까지 운무가 끼면서 어두워지고, 그 가운데 키가 한 자 가량 되고 모두 금 갑옷을 입은 신이 나타났으며, 유시酉時(오후 5~7시)가 되자 북과 뿔피리 소리가 크게 울려 땅과 산을 흔들리게 하였다. 이틀이 지나자 티벳의 도적들이 어지러이 달아났고, 잠깐 성루 위에 밝은 빛이 비치면서 비사문천왕의 형상이 나타났고, 그 모습을 그림으로 그려 표문과 함께 바쳤다. 왕은 칙령을 내려 병영과 각 고을 성의 서북 모퉁이에 각각 천왕상을 걸어 두도록 하고, 사찰에서는 또한 별원別院에 안치하도록 하였다."

---

44 『승사략僧史略』: 중국 송나라 때의 승려 찬녕贊寧(919~1001)이 지은 불교사이다. 불교의 전래, 교단의 제도와 의식 따위를 기술하였다. 3권.

城門上天王

『僧史略』云 唐天寶元年壬子 西蕃五國來寇 安西二月十一日 奏請兵解. 援發師萬里 累月方到. 近臣奏 且詔不空三藏入內持念. 玄宗秉香爐 不空誦仁王護國陀羅尼. 方二七遍帝忽見神人 可五百員 帶甲荷戈 在殿前. 帝問不空對曰 此毘沙門天王第二子 獨健副陛下心 往救安西也. 其年四月安西奏 二月十一日巳時後 城東北三十里 雲霧冥晦 中有神 可長丈餘 皆披金甲 至酉時鼓角大鳴 地動山搖. 經二日蕃寇奔潰 斯須城樓上有光明天王現形 謹圖樣隨表進呈. 因敕諸道節鎭 所在府州 於城西北隅 各置天王形像. 至於佛寺 亦敕別院安置.

23) 사바세계

사바세계를 범음으로는 "삭가索訶"라 하고, 『자서삼매경』에서는 "사하沙訶"라고 하였으며, 한어漢言로는 "참음(忍)", 혹은 "견뎌냄(堪忍)"이라고도 하니, 이 세계는 억세서 참고 견디며 사는 것이 어렵기 때문에 이것으로 이름 지은 것이다.

娑婆世界

正云索訶 又『自誓三昧經』云沙訶 漢言忍或云堪忍 謂此土剛强難忍故 卽事立名也.

24) 염부제

또 "염부剡部"라고도 하니, 즉 중국의 주洲 이름이다. 미로산彌盧山(수미산)의 남쪽에 있기 때문에 "남염부제"라고 부른다.『장아함경』에서는 "염부제나무로 인해 이름을 붙였다."고 했다.

閻浮提

又云 剡部 卽此州名. 在彌盧山南 故稱南閻浮提.『長阿含經』云 由閻浮提樹得名也.

26. 첨병편瞻病篇

1) 병든 자를 간호하는 제도

『승기율』에서 말하였다. "오랫동안 병이 든 비구가 있었는데 부처가 살피러 다니다(按行)가 보고는 몸소 아난과 함께 몸을 씻기고 옷을 빨고 이부자리를 햇볕에 말렸다. 일이 끝나자 설법하였다. 부처가 '너는 일찍이 병든 사람을 간호해본 적이 없느냐?' 하고 묻자 답하기를 '없습니다.' 하였다. 부처가 말하길 '너는 이미 보지 않았느냐. 누가 너를 간호하는 것이 마땅하겠느냐?' 하였다. 이에 계율을 만들어 이후로는 병든 비구를 간호하도록 하였다. '만약 나에게 공양하고자 한다면, 응당 병든 사람에게도 공양하여야 할 것이다.'"【『서역전』에서 "당나라 삼장법사는 친히 왕사성 동북쪽에 이르렀을 때 부처가 병든 승려를 씻겨준 탑에 예배하였다." 하였다.】

瞻病制

『僧祇律』云 有比丘久病 佛因按行見 躬與阿難爲洗身及衣曬臥具. 訖 又爲說法 佛問汝曾看病否? 答不曾. 佛言 汝旣不看 誰當看汝. 乃制 戒自今後 應看病比丘. 若欲供養我 應供養病人,【『西域傳』云 唐三藏 親至王舍城東北 禮佛洗病僧塔.】

2) 병든 자를 간호하는 사람의 다섯 가지 덕

『사분율』에서 말하였다. "첫째는 병든 사람이 먹을 수 있는 것과 먹을 수 없는 것을 알아야 한다. 둘째는 병든 사람의 변과 침과 토한 것을 싫어하지 않아야 한다. 셋째는 사랑하고 근심하는 마음이 있어야 하고 이것으로 잘 먹고 잘 사는 수단으로 삼지 않아야 한다. 넷째는 탕약을 관리할 수 있어야 한다. 다섯째는 병든 사람에게 설법하여 환희를 일으키게 하고 선법을 증가시킬 수 있어야 한다."

瞻病五德

『四分律』云 一知病人可食 不可食. 二不惡病人 便利唾吐. 三有慈愍 心 不爲衣食. 四能經理湯藥. 五能爲病人說法 令歡喜已增長善法.

3) 병든 자를 간호하는 사람의 여섯 가지 실책

『증일경』에서 말하였다. "첫째는 병에 좋은 약을 분별하지 못함. 둘째 는 게을리함. 셋째는 화를 잘 내거나 잠을 자기 좋아함. 넷째는 옷과 먹을 것만 탐냄. 다섯째는 법대로 공양하지 않음. 여섯째는 병든 사람과 함께 있지 않고 자기들끼리 이야기하며 담소함."

瞻病人六失

『增一經』云 一不能辨良藥¹ 二懈怠 三喜嗔好睡 四但貪衣食 五不以法供養 六不共病人 言語談笑.

4) 병이 생기는 열 가지 연유

『불설의경』에서 말하였다. "첫째는 오래 앉아 있어서이다. 둘째는 음식을 절제하지 않아서이다. 셋째는 근심이 많아서이다. 넷째는 너무 지쳐서이다. 다섯째는 음욕 때문이다. 여섯째는 성내기 때문이다. 일곱째는 대변을 참아서이다. 여덟째는 소변을 참아서이다. 아홉째는 몸 위로 올라가는 호흡(上風)을 억제해서이다. 【풍풍은 하품하며 공기를 마시는 것을 말한다.】 열째는 몸 아래로 내려가는 호흡을 억제해서이다."

得病十緣

『佛說醫經』云 一久坐 二食不節 三多憂愁 四疲極 五婬欲 六瞋恚 七忍大便 八忍小便 九制上風【風謂呵欠 嚏嗽等.²】十制下風.

---

1 명판본에는 '辦'으로 되어 있으나 '辨'으로 바로잡았다.
2 명판본에는 '建嗽等'으로 되어 있으나 대정장에는 '嚏嗽等'으로 되어 있다. '建'을 '嚏'로 보는 것이 합당하여 바로잡았다.

5) 비명횡사하는 아홉 가지 법

『승기율』에서 말하였다. "첫째는 이롭지 않다는 것을 알면서 음식을 탐한다. 둘째는 음식의 양을 조절하지 않는다. 셋째는 소화되기 전에 다시 먹는다. 넷째는 억지로 토한다. 다섯째는 소화되어 대소변이 마려운데 억지로 참는다. 여섯째는 병에 따라 종류를 골라 먹지 않는다. 일곱째는 병에 따라 양을 헤아려 먹지 않는다. 여덟째는 약을 복용하는데 게으르다. 아홉째는 지혜가 없어서 마음을 다스리지 못한다."

橫死九法

『僧祇律』云 一知非饒益 食而貪食 二不籌量食 三內未消更食 四强擿吐 五已消欲出而强制 六食不隨病 七隨病不籌量 八懶服藥 九無智慧不能調心.

6) 아픈 승려는 조금씩 자주 먹음

『승기율』에서 말하였다. "부처가 아픈 비구에게 묻자, 비구가 답하길 '내가 병들어도 몸이 손상되지 않았습니다. 우선 조금씩 자주자주 먹었더니 몸이 편안합니다. 세존께서 계율을 만들어주셨기 때문에 내 병든 몸이 손상되지 않은 것입니다.' 하였다. 부처가 '병든 비구들은 자주 먹는 것을 허락하노라.' 하였다."

病僧得數數食

『僧祇』云 佛問病比丘 比丘答我病不損. 先得數數食時 身得安樂. 世尊制戒故 我病不損. 佛言聽病比丘數數食.

7) 술을 약으로 삼을 수 있음

『분별공덕론』에서 말하였다. "기원정사에 병든 지 6년이 지난 비구가 있었는데, 우바리優波梨가 가서 필요한 것이 무엇인지를 물었다. 답하기를 '오직 술 생각이 납니다.' 하자, 우바리가 말하길 '내가 가서 부처에게 여쭈어보겠습니다.' 하였다. 마침내 기원정사에 이르러 부처에게 묻기를 '병든 비구가 술 생각이 난다 하니 약으로 삼아서 청을 들어주어도 좋지 않겠습니까?' 하자, 부처가 말했다. '내가 제정한 법에 술은 병의 고통을 없애주는 것이다.' 우바리가 다시 가서 술을 찾아 마시도록 하니 몸이 평상시의 상태로 회복되었고, 또 설법을 하니 나한과羅漢果를 얻게 되었다. 부처가 우바리를 칭찬하면서 '네가 이 일에 대해서 묻더니 비구의 병이 낫도록 하고 또 도를 얻게 하였구나.' 하였다."

得以酒爲藥[3]

『分別功德論』云 祇園有比丘病經六年 優波梨往問所須. 答唯思酒 優波梨曰 待我問佛. 遂至園問佛 有比丘病 思酒爲藥 不審可不? 佛言

---

3 명판본에는 음각으로 새겨 제목으로 하지 않고 위 항목(病僧得數數食)의 내용으로 되어 있으나, 내용상 별개의 제목으로 보는 것이 옳을 듯하다.

我所制法 除病苦者. 優波梨復往 索酒令飲 病尋平復 亦爲說法 得羅漢果. 佛讚優波梨 汝問此事 使比丘病痊 又使得道.

8) 무상원

『서역전』에서 말하였다. "기원정사 서북쪽 한 모퉁이 해가 지는 곳이 무상원無常院이다. 만약 병이 든 사람이 있으면 그곳에 모셔 편안하게 하는 것이 마땅하다. 보통 사람들은 마음속으로 집이나 의발, 도구 등에 탐착하여 좋아하고 집착하는 마음을 내고, 싫어하고 저버리는 마음이 없기 때문에 이 당堂의 현판 이름을 보고 듣도록 함으로써 일체법이 무상함을 깨닫게 하기 위함이다."【오늘날 '연수당延壽堂'이라고 부르는 것은 모두 뒷사람들이 애착하는 마음에 따라 붙인 이름이다.】

無常院
『西域傳』云 祇桓西北角 日光沒處 爲無常院. 若有病者 當安其中. 意爲凡人內心 貪著房舍衣鉢道具生戀著心 無厭背故 制此堂 令聞名見題 悟一切法無有常故.【今稱延壽堂者 皆後人隨情愛名之也.】

9) 무상당 안에 불상을 둠

『남산초』에서 말하였다. "무상당無常堂 안에 불상 하나를 안치하는데, 금박으로 칠하고 얼굴을 서쪽으로 향하게 하고 왼손의 중지에는 오색 한 묶음의 번幡을 매어서 번의 아래쪽은 땅까지 늘어뜨려 끌리게 한다. 병이 심한 비구가 있으면 깨끗하게 씻기고 옷을 바꾸어 입혀서 그 불상 뒤에 있게 하여 왼손으로 번의 아래쪽을 잡게 하고 부처를 따라 극락정토에 간다는 생각을 하게 한다. 병을 간호하는 사람은 향을 사르고 꽃을 뿌리며 승려에게 염불하라고 말하고, 나아가 국량에 맞게 설법한다.【『남산초』에 자세한 문장이 있다.】만약 병이 심한 경우에는 움직일 수 없으므로, 다만 불상 뒤에서 운명할 때까지 기다린다. 혹시라도 토하거나 침을 뱉거나 대소변을 본다면 병을 간호하는 사람은 그때그때 치워야 죄가 없다."【『남산초』에 이에 대한 문답이 있다.】

堂內置佛

『南山鈔』云 無常堂內 置立一像 金箔塗之 面向西方 左手中指繫一五綵幡 幡脚曳地. 有比丘病甚者 當洗拭易衣 安置像後 左手執幡脚 作隨佛往生之意也. 瞻病當爲燒香散花 命僧念誦 乃至隨機說法.【『鈔』有廣文.】若至甚者 不更移動 只於像後 以俟命終. 或有吐唾便利 瞻病人隨時除去 無有罪也,【『鈔』有問答.】

10) 병든 사람을 위한 염불

『화엄경』 제15 「현수보살품」에서 게偈로 말하였다.

부처를 본다는 것은 광명을 발휘하는 것이니	又放光明名見佛
이 빛은 장차 죽을 사람을 깨닫게 하는 것이라네.	此光覺悟將歿者
억념에 따라 여래를 보게 하면	令隨憶念見如來

| 목숨이 다한 뒤에 정토에 태어나리라. | 命終得生其淨國 |

임종하는 사람을 보면 염불을 권하고	見有臨終勸念佛
불상을 보여주어 우러러 공경하게 하여	又示尊像令瞻敬
부처에게 깊이 귀의하게 한다면	俾於佛所深歸仰
이렇게 하면 이 광명을 얻어 누리리라.	是故得成此光明

십념을 부르는 사람은 곧 아미타불을 열 번 부르는 것이다.【『관경』에서는 "임종할 때 선지식을 만나 아미타불을 열 번 부르면 제9품에 태어날 수 있다." 하였다. 『십의론』에서 말하였다. "중생이 헤아릴 수 없이 많은 악업을 지었는데 어떻게 임종할 때에 십념을 하였다고 즉시 왕생할 수 있고, 삼계의 번뇌에서 벗어날 수 있습니까?' 하고 물었다. 답하였다. '중생들이 악업을 짓는 것은 다른 생각이 들어올 틈이 있는 마음(間心)이 있어서이다. 임종할 때 염불하는 것은 다른 생각이 들어오지 않는 한결같은 마음(無間心)이 있어서이니, 선한 마음이 맹렬하기 때문에 부처의 원력을 받아들일 수 있는 것이다.'"】

爲病人念誦

『華嚴經』第十五「賢首菩薩品」中 故說偈云 又放光明名見佛 此光覺悟將歿者 令隨憶念見如來 命終得生其淨國. 見有臨終勸念佛 又示尊像令瞻敬 俾於佛所深歸仰 是故得成此光明. 稱十念者 卽是念十聲阿彌陀佛.【『觀經』云 臨終遇知識 敎稱十聲阿彌陀佛 得生第九品. 『十疑論』問云 衆生造惡無量云 何臨終十念成就 卽得往生 出過三界結業? 答衆

生造惡 是有間心. 臨終念佛 是無間心 善心猛利故 承佛願力故.】

11) 설법하고 지도함

『십송률』에서 말하였다. "수시로 병든 사람의 처소로 가서 심오한 법을 설명하되, 도와 도가 아닌 것을 말하여 그가 지혜를 발휘하도록 한다. 만약 다른 것을 먼저 익히다가 병이 난 것이라면 그것을 찬탄하여 그로 하여금 환희심이 생기게 한다.[4] 【『남산초』에 이에 대한 글이 있다.】 임종 때가 되면 허망한 업이 다투어 모이는데 뜻이 서지 않은 것이 많다. 이것이 바로 평생 동안의 선악이 상승하고 하강하며 하늘처럼 멀어지는 것이니, 응당 경전의 제목을 보여주고 또 불상을 대면하여 자세히 보게 하고, 항상 법어와 염불을 설하며 삼가 세상일을 전하지 않도록 한다."

說法示導

『十誦律』云 應隨時到病者所 爲說深法 是道非道 發其智慧. 或隨他先習 而讚嘆之 令生歡喜.【『南山鈔』有文.】以臨終時 妄業競[5]集 多無立志. 此是一期善惡 升沉天隔 應以經卷 手示題目 又將佛像 對面觀矚 常說法語念佛 愼勿傳於世事.

---

4 『십송율』 28권 원문에는 "若是阿練若病 應現前讚阿練若法 若學修妬路經 現前讚學修妬路 若學毘尼 現前讚毘尼 若作法師 現前讚阿毘曇."라고 하였다.

5 명판본에는 '竟'으로 되어 있으나 '競'의 오자이다.

12) 사타

비구가 병이 들면 의발을 내놓고 팔아 승려들에게 보시하는 것을 "사타捨墮"⁶라고 한다. 이것은 다만 명칭을 사용한 것일 뿐 본래 실제 그렇게 하는 것은 아니다.

『출요의』에서 말하였다. "범어 '니살기尼薩耆'는 옛날에는 '사타'라고 번역하였다. 즉 육취죄六聚罪의 이름 가운데 하나인데 재물로 인해서 생긴 탐욕스럽고 교만한 마음을 강제로 버리게 하여 승가 대중에게 돌려주는 것을 말한다." 『성론聲論』에서와 같이 '다 버림(盡捨)'이라고 번역하기도 하니, 재물을 버리고 마음을 버리고 죄를 버리는 것을 말하니, 만약 다 버리지 않으면 도리어 물들게 된다.

捨墮

今有比丘病 出衣鉢唱賣施僧 謂之捨墮. 此但用名 而不得其實也. 『出要儀』云 梵語尼薩耆 舊翻爲捨墮. 卽是六聚罪名一也 謂因財事生犯貪慢心 强制捨入僧故. 如『聲論』翻爲盡捨 謂捨財捨心捨罪 若不盡捨 還成相染.

---

6 사타捨墮: 범어 니살기바일제尼薩耆波逸提를 번역한 말로 승려들이 지니는 계율의 하나이다. 재물을 희사해 탐욕심을 버리며, 수행자가 되어서 지옥에 떨어지는 죄를 참회하는 계율을 말한다.

13) 무상의 경쇠를 침

『증휘기』에서 말하였다. "죽기 전에 길게 경쇠를 치는데 그 소리를 듣고 선한 생각이 나서 좋은 곳에 태어날 수 있게 한다. 지자 대사智者大師[7]가 임종할 때에 유나에게 말하길 '사람이 죽을 적에 경쇠 소리를 들으면 바른 생각(正念)[8]을 증가시킨다. 오래될수록 정념이 길어지니 경쇠 소리가 끊어지지 않게 하되, 운명할 때까지 친다.' 하였다."

打無常磬

『增輝記』云 未終時長打磬 令其聞聲發其善思 得生善處. 智者大師臨終時 語維那曰 人命將終 得聞磬聲 增其正念. 惟長惟久 勿令聲絶 以氣盡爲期.

14) 칼바람

『정법념경』에서 말하였다. "죽을 때에 칼바람[9]이 모두 움직여 마치

---

[7] 지자 대사智者大師(538~597): 영천潁川(현 하남성 중부) 사람으로 속성은 진陳이고, 자는 덕안德安이며, 중국 천태종의 개조이다. 통칭 천태 대사天台大師라고 한다. 18세에 출가하여 십여 년간 천태산에서 수양하였다.

[8] 정념正念: 8정도의 하나이다. 그릇된 생각을 버리고, 항상 수행하기에 정신을 집중하는 것을 말한다.

[9] 칼바람: 사람이 죽을 때, 몸 안의 풍대風大가 움직여 몸이 갈라지고 흩어지는 고통은 마치 칼로 찌르는 것 같다고 한다. 풍도지옥은 기타 지옥 가운데 후반지옥에 들어간다. ①팔열지옥: 등활지옥·흑승지옥·중합지옥·규환지옥·대규환지옥·

수많은 뾰족한 칼이 몸을 찌르는 것 같은데, 16지옥 가운데 오히려 하나에도 못 미친다. 만약 선업이 있다면 고뇌는 많지 않을 것이다."
　○『현종론』에서 말하였다. "다른 사람을 두고 말하기 좋아하여 그를 나무라거나 헐뜯게 되면 그 말이 사실이든 사실이 아니든 간에 사람 마음에 상처를 입히고 끊어지게 하니, 이로 인하여 칼바람 같은 고통을 불러들이게 되는 것이다."

風刀

『正法念經』云 命終時刀風皆動 如千尖刀刺其身上 十六分中 猶不及一. 若有善業 則不多苦惱. ○『顯宗論』云 爲人好發言 譏刺他人 隨實不實 傷切人心 由此當招風刀之苦.

15) 죽을 때의 마음

『유식초』에서 말하였다. "죽을 때 4종류의 애착을 일으킨다고 했는데, 곧 일체중생들의 선악이 새 몸을 받는 근본이 되기 때문이다. 첫째는 현재 자기 자신에 대해 애착(現有愛)을 일으킨다. 둘째는 현재의 권속에 대하여 탐하고 좋아하며 함께하는 애착(貪喜俱行愛)을 일으킨다. 셋째는 현재의 논밭·집·재산 등에 대해 기뻐하는 애착(彼彼喜樂愛)을

───────
초열지옥·대초열지옥·아비지옥. ② 팔한지옥: 알부타지옥·니라부타지옥·알찰타지옥·학학파지옥·호호파지옥·올발라지옥·발특마지옥·마하발특마지옥. ③ 기타지옥: ㉠초반지옥: 도산지옥·화탕지옥·한빙지옥·검수지옥·발설지옥·독사지옥·거해지옥. ㉡후반지옥: 철상지옥·풍도지옥·흑암지옥.

일으킨다. 넷째는 현재의 삶보다 미래의 삶에 애착(後有愛)을 일으킨다. 그리고 이 4가지 애착 중에서 앞에 3가지는 바로 더 나은 생이 되도록 도와주는 것이요, 뒤의 1가지는 더 나은 생이 되도록 바로잡아 주는 것이니, 미래에 태어날 세상에서 일어나는 것이기 때문에 처음 생명을 받을 때의 마음(受生心)이라고도 부른다. 이 마음자리는 마치 다른 사람에게 이익을 주려고(善巧)[10] 채찍질하여 격려하는 것과 같아서, 부처 이름과 경쇠 치는 소리를 들으면 오로지 성스러운 경계에 매여 전도되지 않기 때문에 반드시 원하는 대로 선취善趣[11]에 태어날 것이다."

命終心

『唯識鈔』云 命終心起四種愛 卽一切有情善惡 受身之根本也. 一者於其自身 起現有愛. 二者於現眷屬 起貪喜俱行愛. 三者於現田宅資生業 起彼彼喜樂愛. 四者於當來生 起後有愛. 且四愛中 前三是助潤生 後一是正潤生 謂於當來生地起故 亦名受生心. 此心位 若得人善巧策發 聞佛名磬聲 令專繫聖境 以不顚倒故 必隨願往生善趣.

16) 생기는 끊어졌으나 번민이 있는 상태

범어 "말마末摩"는 중국에서는 "사혈死穴(죽음의 구덩이)", 혹은 "사절死節

---

10 선교善巧: 부처가 사람을 제도할 때 묘한 방법으로 사람에게 이익을 주는 것을 말한다.
11 선취善趣: 좋은 업인業因에 대한 과보로 중생이 태어난다고 하는 곳이다.

(죽음의 마디)"이라고도 하니, 병으로 이런 상태에 이르면 생기는 끊어졌어도 번민이 있기 때문이다. 비록 죽었더라도 마음속의 생각이 식지 않아서이니, 제8아뢰야식에 인연하여 아직 버리지 못하기 때문이다.

悶絶位

梵語末摩 此云死穴或云死節 以病觸此處 有悶絶生故. 雖死而心頭熱也 緣第八識未捨故.

17) 죽음의 자리

『유가론』에서 말하였다. "목숨이 극에 달한 것을 말한다."

○『잡아함경』에서 말하였다. "목숨·체온·식識, 이 3가지 법을 버리고 떠나는 것을 '죽음'이라고 부른다."

○『유식소』에서 말하였다. "목숨이 다하여 죽을 때에 장차 소멸하는 상태로 들어가는 것을 바야흐로 죽음이라 하니, 대승의 멸상은 과거에 속하기 때문이다."

○『정법념처경』에서 게偈로 말하였다.

가난하거나 부유하거나	不擇於貧富
젊거나 늙거나	少壯及老年
재가자나 출가자나	若在家出家
죽어 사라지지 않음이 없네.	無不爲死壞

死位

『瑜伽論』云 謂壽量極故. ○『雜阿含經』云 壽煖識 三法捨離名死. ○『唯識疏』云 身壞命終 將入滅相位方名死 緣大乘宗滅相 屬過去故. ○『正法念處經』偈云 不擇於貧富 少壯及老年 若在家出家 無不爲死壞.

18) 계를 버림에 대해 물음

물었다. "죽음의 세 자리[12] 중에 계율은 어떤 때 버리게 됩니까?" 답하였다. "『대비바사론』에서 말하였다. 장차 죽을 적에 몸이 미약해지거나, 혹은 숨이 끊어지면서(斷末摩)[13] 고뇌에 부딪치기 때문에 즉시 받은 몸과 말, 율의律儀를 잃어버리게 된다. 본래 있는 곳에서 요구하는 서원誓願은 마지막 죽는 찰나에 마음과 율의를 한꺼번에 함께 잃어버리는 것이다. 왜냐하면 마음이 일어난 인연으로 마음이 따라서 발생하였기 때문에 마음을 버리고 계율도 따라서 버리는 것이기 때문이다."

問捨戒

問三位之中 戒於何捨? 答『大毘婆沙論』云 將死時身力羸劣 或斷末

---

12 죽음의 세 자리: 위에서 정의한 명종심命終心·민절위悶絶位·사위死位를 말한 것으로 보인다.

13 단말마斷末摩: 말마末魔를 찌르면 목숨이 끊어진다는 뜻이다. 말마(marman)는 사절死節·사혈死血이라 번역한다. 사람이 죽는 것은 수水·화火·풍風 중에서 어느 한 가지가 많아져서 이 말마에 부딪힌 까닭이라 한다. 그래서 임종할 때에 숨이 끊어지는 것을 단말마라 한다.

摩苦惱觸故 便失所受身語律儀. 本所要期 至最後命終刹那 心與律儀 一時俱失. 緣由心引起 從心發生 心捨故 戒隨捨也.

19) 무상

『섭대승론』에서 말하였다. "무상에는 3종류가 있으니 첫째는 생각이 찰나마다 무너져 멸하는(念念壞滅) 무상이다. 둘째는 화합한 것이 흩어져버리는(和合離散) 무상이다. 셋째는 결국 이와 같이 무상한 것이다."
　○『유식소석唯識疏釋』에서 말하였다. "무상에는 2가지 의미가 있다. 첫째, 생멸이 있는 몸은 곧 무상하다. 둘째, 다른 영원함이 없기(無他常) 때문에 무상이라고 부른다."

無常
『攝大乘論』云 有三種 一念念壞滅無常 二和合離散無常 三畢竟如是無常. ○『唯識疏釋』無常有二義. 一有生滅 體是無常 二無他常故 名無常.

20) 승려는 죽음을 두려워해서는 안 됨

『바사론』에서 말하였다. "죽음을 기다리는 것은 엎혀사는 나그네와 같고, 가는 것은 큰 모임에 도착하는 것과 같다. 복덕을 많이 모았기 때문에 목숨이 끊어질 때에 두려움이 없다. 다시 이렇게 생각하라.

'받은 몸은 최후에 마음이 사라짐에 따라서 죽게 된다.' 만약 너희들 마음이 생각 생각이 사라진다면 모두 두려워해야 하니, 비단 죽은 뒤에 마음이 사라지는 것만을 두려워해야 하는 것은 아니다."

沙門不應畏死

『婆沙論』云 待死如寄客 去如至大會. 多集福德故 捨命時無畏. 復作是念 隨所受身 末後心滅爲死. 若爾心念念滅 皆應有畏 非但末後 心滅可畏也.

21) 승려들은 적멸을 즐거움이라 여김

『승기율』에서 말하길 "적멸의 즐거움을 구하고자 하면 승려의 법을 배우는 것이 마땅하다." 하였다.

○『열반경』에서 말하였다. "여러 현상은 무상하니, 이것이 생멸법生滅法이다. 생겨났다가 사라지고, 사라지고 나서 적멸한 상태를 '즐거움'이라고 한다."

논論에서 말하였다. "'적멸의 상태를 즐거움이라고 하는 것'을 만약 '멸법滅法을 즐거움으로 여긴다.'고 말한다면, 이 뜻은 그렇지 않다. 왜 그런가? 현재에 사라질 것이 있다는 것은 과거에 이미 사라져야 할 법이 남아 있기 때문이니, 남은 것이 있기 때문에 즐거운 것이 아니다. '현재의 삶이 사라지는 것이 즐거움이다.'고 한다면 이 뜻은 그렇지 않다. 왜 그런가? 미래의 삶은 바로 현재 삶이 남아 있기 때문이니, 남은 것이 있기 때문에 즐거운 것이 아니다. 만약 '미래의 삶은 영원하다.'고 말한다면 이 뜻은 그렇지 않다. 태어난 것은 반드시 사라지니 그러므로 즐거운 것이 아니다. 만약 미래의 생멸법에 대응하여 태어나지 않는다면 이에 즐거움만 있을 뿐이니, 이것이 바른 뜻이다."

沙門以寂滅爲樂

『僧祇律』云 欲求寂滅樂 當學沙門法. ○『涅槃經』云 諸行無常 是生滅法. 生滅滅已 寂滅爲樂. 論云 寂滅爲樂者 若言滅法爲樂者 此義不然. 何以故? 爲有現在滅 是過去已滅法殘故 以有殘故非樂也. 若滅現在生爲樂者 此義不然. 何以故? 有未來生 是現在生殘故 以有殘故非樂也. 若言未來生 是常者 此義不然. 生必有滅故非樂也. 若能令未來應生滅法 而不得生 乃可爲樂耳 此爲正義.

22) 미래의 과보를 증험함

『유가론』에서 말하였다. "이 유정이라는 것은 색色도 아니요, 마음(心)도 아니어서 임시로 이름을 빌려 부른 것이다. 여러 선사가 서로 전하는 말에 '선을 지은 사람들은 먼저 아래로부터 차가워져서 허리 위로는 따뜻한 상태가 된 뒤에 기운이 다하면 곧 인간 세상에 태어난다. 만약 머리에 이르러 얼굴과 뒤 정수리가 따뜻한 상태로 기운이 다하면 곧 천상에 태어난다.

만약 악을 지은 사람은 위로부터 차가워져서 허리에 이르러 뜨거워진 뒤에 생기가 다하면 아귀 가운데 태어난다. 허리에서 무릎 위까지

열기가 있는데 생기가 다하면 축생으로 태어난다. 만약 무릎 아래부터 발까지 뜨거워진 뒤에 생기가 다하면 지옥에 태어난다. 만약 무학성인 無學聖人이 열반에 들어갔다면 혹 심장에서 정수리까지 모두 따뜻하다.' 하였다."

驗來果

『瑜伽論』云 此有情者 非色非心 假名爲命. 諸師相傳 造善之人 先從下冷觸 至臍已上煖者 然後氣盡 卽生人中. 若至頭面後頂煖氣盡 卽生天上. 若造惡者 從上冷至腰熱後氣盡 生餓鬼中. 從腰膝已上熱 氣盡者生傍生中. 若從膝已下至足熱氣盡者 生地獄中. 若無學聖人入涅槃 或心及頂皆煖.

27. 송종편 送終篇[1]

1) 초망

석씨가 죽는 것을 열반·원적·귀진·귀적·멸도·천화·순세라 하는데 모두 같은 뜻이다. 편의에 따라 부르는데 대개 속세와는 다르다.

初亡
釋氏死 謂涅槃圓寂歸眞歸寂滅度遷化順世 皆一義也. 隨便稱之 盖異俗也.

2) 감실

【감龕은 탑이다.】 오늘날 스님들의 시신을 에워쌀 때 모습이 탑과 같으므

---

[1] 『석씨요람』은 4권 2책 27편으로 이루어져 있는데, 마지막 송종편이 28편으로 오기된 것을 바로잡았다.

로 감이라 한다. 【『방언方言』에서는 '수受'라 하였고, 『광아廣雅』에서는 '성盛'이라 하였으니, 이 이름은 속가와는 다르다.】 『남산초』에서 말하였다. "명주로 관을 만들어 시신을 덮는데 이는 감실이 없기 때문이다. 그 제도는 들것(船轎子)처럼 뼈대를 대나무로 만들고 흰 비단으로 잡아당겨 묶는다."

『주례』에서는 "시신을 에워싸는 것을 관棺이라 하는데 관은 넓다는 뜻이다." 하였고, 『석명』에서는 "관은 관문(關)이다." 하였다.

『백호통』에서 말하였다. "관이 있어야 되는 이유는 모습이 흉하게 변해가는 것을 덮어 감추기 위해서이다."

龕子

【龕塔也.】今釋氏之周身 其形如塔故名龕.【『方言』²云受也 『廣雅』云盛也 此名盖異俗也.】『南山鈔』云 作絹棺覆尸 此爲無龕子故. 制若船轎子 以竹爲骨 白絹輓之. 『周禮』曰 周尸曰棺 棺寬也. 『釋名』曰 棺關也. 『白虎通』曰 所以有棺者 以掩藏形惡也.

3) 감실에 넣는 널

『백호통』³에서 말하였다. "관에 시신을 넣은 것을 구柩라 한다. 구는

---

2 명판본에는 『方志』로 되어 있으나 『석씨요람교주』를 참고하여 『方言』으로 바로잡았다.

3 『백호통白虎通』: 후한 초기 장제章帝(57~88)가 여러 유자들을 불러 백호관白虎觀에 모이게 한 다음 오경五經의 동이同異에 대해 강론하게 하였는데, 황제가 최종

끝(究)의 뜻이며, 오래감(久)의 뜻이며, 다시 드러내지 않음이다."

『석명』에서 말하였다. "구柩는 끝냄이다. 죽은 자를 보내면서 몸에 따르는 제도를 모두 다 준비함이다. 승려들의 규범에는 '설리라設利羅'라 하였는데, 중국에서는 골신骨身이라 하니 곧 전신사리를 말한다. 대체로 승려들의 시신을 넣는 관(龕柩)은 속가의 법에 따라 생색을 내려 해서는 안 된다. 응지 대사의 『오삼집』은 자못 예식에 합당하다. 법당에 세 칸을 만들어 감실은 서쪽 칸에 놓아두고 남쪽을 향하게 한다. 앞에는 등 1개와 향 1개를 진설할 뿐이다. 그 가운데 한 칸에 흰 장막을 사용하여 남쪽에서부터 북쪽까지 금성주金城柱를 세우고 동쪽에서 남쪽까지 삼면을 천막으로 에워싸고, 그 가운데 승상繩床을 마련하여 진영을 걸어놓고 향과 꽃을 공양하고 때에 맞게 밥을 올리며, 백지를 사용하여 사라화娑羅花[4] 8그루를 만들고 자리에 꽂아 쌍림雙林의 모양을 표시한다. 승상의 서쪽에 별도로 입관 전에 시신을 안치하는 침대(儀床)를 설치하여 평소 사용하던 도구들을 의상에 놓아둔다. 승상 뒤의 정북쪽 장막 안을 자위子位라 이름하니, 이것은 제자들이 조문을 받는 자리이다. 바라건대 보통자원普通子遠 대사의 『상의喪儀』와 응지 대사의 『오삼집』을 참조하여 사용한다면, 첫째는 예를 아는 자의 비웃음을 면할 것이고, 둘째는 세상 사람들의 선한 마음을 불러일으킬 것이다."

결정한 것을 반고班固가 기록하여 『백호통의白虎通義』를 지었다.
4 사라화娑羅花: 장례 때 사용하는 종이로 만든 꽃.

安龕柩

『白虎通』云 在棺曰柩. 柩究也久也不復彰也.『釋名』曰 柩究也. 送終隨身之制 皆究備也. 釋氏則云 設利羅 此云骨身 卽全身舍利也. 夫釋氏安龕柩 不可習俗法[5] 務生善也. 若應之大師『五杉集』頗合禮式. 或堂有三間 卽置龕於西間面向南. 前設一燈一香而已. 中一間用白幕 自南達北 金城柱而東泊南 三面幃之 於中設繩床掛眞影 香花供養 以時設食 用白紙作娑羅花八樹 以簇繩床 表雙林之相. 牀西別設一儀床 置平生道具之屬. 繩床後正北幕內 名子位 卽是弟子受弔之位也. 請以普通子遠大師『喪儀』應之『五杉集』叅詳用之 一則免知禮者嗤 二[6]則生世人之善心矣.

4) 상복 제도

석씨들의 상복은 『열반경』을 읽어보고 여러 계율을 살펴봐도 제정된 제도가 없다. 이제 『증휘기』에 인용된 『의례』에 이르기를 "상복에는 3가지가 있다. 첫째는 정복正服이고, 두 번째는 의복義服이고, 세 번째는 강복降服이다." 하였다.

『백호통』에서 말하였다. "제자들은 스승에 대하여 군신·부자·붕우의 도리가 있으므로 살아서는 존경하여 친근히 하고, 죽었을 때는 애통하게 여긴다. 은정이 깊고 의리가 무거워서이니, 그런 까닭에 강복의 제도가 생긴 것이다."

---

5 명판본에는 '沽'로 되어 있으나 『석씨요람교주』를 참조하여 '法'으로 바로잡았다.
6 명판본에는 '一'로 되어 있으나 '二'의 오자이다.

『석씨상의釋氏喪儀』에서 말하였다. "수업화상은 부모와 같이 훈육하여 길러주는 은혜가 깊어서 예대로 모두 3년복을 입는다. 의지사(양육사)는 법훈으로 먹여주니 수업화상 다음가기 때문에 상에 따라 복을 입는다."

『오삼집』에서 말하였다. "스승을 위한 상복(師服)은 모두 법복과 같으나 다만 조금 거친 포를 사용하며, 순수한 황갈색으로 염색한다."

『증휘기』에서 말하였다. "단지 창준蒼皴 색으로 물들여서 평상복과 조금 다르게 할 뿐이다." 어떤 사람은 묵참의墨黲衣를 최복衰服이라 한다 하였다. 잘 몰라서 하는 말이다. 최라고 하는 것은 시속의 예서禮書인 「상복」전에서 옷 위에 붙이는 물건이니, 거袪와 몌袂, 최衰, 연미燕尾, 의대하척衣帶下尺, 부판負版 등이 있는 것을 최복이라 한다 하였다. 그 최의 제도는 베의 길이 여섯 치를 사용하여 육부六腑를 상징하고, 넓이가 네 치로 사계절을 상징하며, 윗옷 왼쪽 옷깃에 꿰매어 넓이와 길이가 심장에 해당하도록 한다. 최衰라는 말은 꺾임(摧)이니 효자의 마음이 부모를 생각하여 부러지도록 상심함을 상징한다. 이 때문에 참최·재최라고 한다. 옷을 본래 최라고 하지 않았는데, 대체로 이 베로부터 이름이 생겨난 것이다. 이 최포는 소상이 되면 제거한다. 묵참은 앞의 법의에서 설명했다.

服制

釋氏之喪服 讀『涅槃經』幷諸律 竝無其制. 今准『增輝記』引『禮』云 服有三 一正服 二義服 三降服.『白虎通』曰 弟子於師 有君臣父子朋友之道故 生則尊敬而親之 死則哀痛之. 恩深義重 故爲降服.『釋氏喪

儀』云 若受業和尙 同於父母 訓育恩深 例皆三年服. 若依止師 資飡法訓 次於和尙隨喪服.『五衫』云 師服者皆同法服 但用布稍麤 純染黃褐.『增輝』云 但染蒼皴之色 稍異於常爾. 有人呼墨黲衣爲衰服 蓋昧之也. 言衰者俗禮「喪服」傳云 衣上之物 則有袪袂衰燕尾 衣帶下尺 負版等 同名衰服者. 其衰之制 用布長六寸象六腑薄四寸象四時 綴於衣左襟 廣袤當心. 言衰者摧也 象孝子心 思親摧傷也. 故稱斬衰齊衰焉. 衣本不名衰 蓋從此布以衰也. 此衰布至小祥先除之. 墨黲前法衣中已釋.

5) 지팡이

2종류가 있으니, 첫째는 아버지가 돌아가셨을 때 '참최斬衰'라고 한다. 【'참'이란 임금·아버지·남편을 잃어서 마음이 끊어질 것 같은 것을 말한다.】 '저장苴杖'에서 '저'는 '거친' 것이고, 대나무를 사용하니 양陽이며, 굵기는 요질腰絰과 같고 둘레는 7치 2푼이다. 【'질絰'은 '차 있다(實)'는 뜻으로 상하고 꺾인 마음이 꽉 차 있음을 말한다.】『정의精義』에서 말하였다. "저장苴杖은 대나무를 사용한다. 대체로 대나무의 모양은 둥글고 본성은 곧아서 효자의 마음이 애통함으로 가득하여 종신토록 근심이 있음을 밝히려고 함이고, 끊어서 사용함은 싫증내어 줄이는 것이 없어서이다. 길이는 효자의 심장과 나란하게 하며 성복일로부터 대상에 이를 때까지 하였다가 없앤다."

둘째는 재최이다. 【'재齊'는 찌르는 것(刺)이며, 꿰매는 것(縫)이며, 깁는 것(緝)이다. 어머니가 돌아가신 고통이 찌르는 듯함을 말하나 '참斬'보다는 가벼운 것이다.】 삭장削杖의 '삭'은 줄이는 것으로 아버지보다 어머니의 상복을 낮추어 입는 것(降殺)을 말하며, 오동나무를 사용하니 음陰이다.

『정의』에서 말하였다. "삭장은 오동나무를 쓰는데, 대개 그 모양을 깎아서 거칠지 않게 한다. 밖은 비록 깎지만 안은 똑같이 한다."

『예기』에서 말하였다. "깎아서 네모지게 하여 어머니를 상징으로 삼는다. 길이는 심장과 나란히 하며 둥치(本)는 아래에 있게 한다.【본本은 뿌리이다.】 고통이 마음 안에 있다고 여기기 때문에 성복일로부터 13개월에 이르는 소상일에 그것을 없앤다."【지팡이는 승려들에게 중요한 것이 아니지만, 그 지팡이에 대해 말함으로 그 사정을 주석으로 단다.】 『백호통』에서 말하였다. "반드시 지팡이를 짚는 까닭은 효자가 부모를 잃게 되면 슬프고 애통하여 곡하느라 3일 동안 먹지 않으니 신체에 병이 들어 힘이 없기 때문에 지팡이로 몸을 의지함으로써 죽음 때문에 산 이를 상하지 않게 하려는 뜻을 밝힌 것이다."

『예기』에서 말하였다. "동자와 동자부인[7]이 지팡이를 짚지 않는 것은 병이 들 정도로 힘들지 않기 때문이다." 오늘날 승려들의 마음과 모습은 출가를 하고 무상함에 통달하였기에 비록 부모를 잃었다고 승려로서 어찌 미음을 끊어 병이 들 것이며, 어찌 지팡이가 필요하겠는가? 이것은 불효해서가 아니다. 동자부인이나 동자가 지팡이를 짚지 않는 것은 대체로 율의 종지와 예의 종지가 같지 않기 때문이다. 지팡이를 사용하지 않는 것은 잘못이 아니다.

---

7 동자부인: 계례笄禮를 올리고 결혼을 하지 않은 상태의 어린 여자를 말한다.

杖

有二種 一喪父曰 斬衰.【言斬者 喪君父夫心如斬截也.】苴杖苴惡也 用竹 陽也 大如腰経 圍七寸二分.【経者言實也 傷摧之實也.】『精義』云 苴杖 用竹. 蓋以體圓性正 欲明孝子心哀痛 自然圓足 有終身之憂 斷而用之 無所厭殺也. 長齊孝子心 自成服日 止大祥除之. 二齊衰.【齊者刺也緶 也緝也. 言喪母 痛苦而剗刺 言輕於斬也.】削杖削殺也 言母於父 有降殺 也 用桐陰也.『精義』云 削杖用桐 蓋削奪其貌 使不苴也. 外雖削內則 同也.『禮』曰 削使方爲母象也. 長齊心本在下.【本根也.】言痛在心 自成服至十三月小祥日除之.【此非釋氏所要 因言其杖 故委曲注之.】 『白虎通』云 所以必杖者 孝子失親 悲哀哭泣 三日不食 身體羸病 故以 扶身 明不以死傷生也. 禮曰 童子婦人不杖 以其不能病也. 今釋子心 形出俗 達了無常 雖喪親以師 豈有絶漿而成病也 何必杖乎? 非是不 孝. 及婦人童子等 蓋律禮宗致不同故. 其杖不用無過失矣.

6) 두건

『증휘기』에서 말하였다. "스님은 관冠과 질絰이 없는데, 간혹 두건을 사용할 때에는 온폭의 갈포로 하는 것이 마땅하다. 두씨杜氏는 포모布帽 라고 부르는데, 5자 3치의 포를 사용하여 등 뒤는 2자 5치, 앞에는 2자 8치로 하여 양쪽 폭을 반으로 접은 뒤에 그 가장자리를 꿰매어 양쪽 끝 조금 잘라 둥글게 말아 올리며, 앞에는 짐작으로 이마가 오는 부위 아래로 곧게 잘라 눈·코·입이 나오게 하는데, 다 잘라서도 안 되고 또 작게 잘라서도 안 되며, 모두 정봉正縫(바느질법의 일종)으로 그것을 꿰맨다."

頭巾

『增輝記』云 僧無冠経 或用頭巾 當以全幅褐布. 杜氏呼布帽 用布五尺三寸 背後長二尺五寸 面前長二尺八寸 摺定後 兩幅邊縫其半 微刓兩角以圓上 面前酌量從額際直破下 開出眼鼻口 不得絶開 又不得絶小 皆正縫絍之.

7) 곡

『열반경』에서 말하였다. "부처가 열반하자 여러 성문聲聞의 제자들이 모두 곡을 하였다. 헤어지지 않으려고 모두 땅을 구르고 가슴을 치며 크게 울부짖었다. 이것은 슬픔과 아울러 절통함이 지극해서이며 자신들을 살피지 않기 때문이다."

『사분율』에서 말하였다. "비구니가 가슴을 치며 우는 것은 니살기尼薩耆를 범해 하나하나 참회할 때이거나, 비구가 돌길라죄를 범했을 때이다."

『오백문』에서 말하였다. "비구들은 스승이 죽으면 크게 소리 내어 울 수가 없고, 작게 눈물을 흘리는 것이 마땅하다."

무릇 승려들은 스승이 열반하시거나 양친이 돌아가시면 고통이 마음으로부터 일어나는데 어찌 곡하지 않을 수가 있겠는가? 다만 간곡하게 소리를 내거나(委曲)[8] 하소연(致詞)하여 '하늘 죄인'이라는 등의 말을 하지 않고 한 번 지나가는 소리로 '슬프고 슬프구나.' 할 따름이다.

哭

『涅槃經』佛滅度諸聲聞弟子皆哭. 未離欲者 皆宛轉于地 椎胸大叫. 此並悲切痛極 不省自身故.『四分律』云 尼椎胸啼哭 一一犯尼薩耆 比丘犯突吉羅.『五百問』云 比丘師亡 不得擧聲大哭 應小小泣淚. 凡釋子師亡[9] 二親或喪 痛自心起 何有不哭? 但不得縱聲委曲 幷致詞稱蒼天罪逆之語 唯一往聲 哀哀而已.

8) 제전

『상서대전』에서 말하였다. "제祭는 살피는 것(察)이다. 살피는 것(察)은 다다름이니, 사람의 일이 신에게까지 다다름을 말한다."

『석명釋名』[10]에서 말하였다. "전奠은 오래도록 그대로 둠(停)이니, (간식을) 오래도록 그대로 두는 것을 말한다. 무릇 승려의 상례는 세속의 예를 따름이 마땅하지 않으므로, 시약時藥이나 향화 공양이라 부르는 것이 좋다."【시약은 곧 음식이다.】

祭奠

『尙書大傳』云 祭者察也. 察至也 言人事至於神也.『釋名』云 奠停也

---

8 위곡委曲: 간곡한 소리를 내는 음성을 말한다.

9 명판본에는 '主'로 되어 있으나 '亡'의 오자로 보인다.

10 『석명釋名』: 후한後漢 유희劉熙의 저술로서, 만물의 명호名號를 풀이하였다.

言停久也. 凡釋氏之喪 不宜効俗 可稱時藥 香花供養.【時藥卽食也.】

9) 조문을 행함

조弔는 이르는(至) 것이다.『시경』에서는 "신이 내림이다(神弔)."라고 하였다.『오삼집』에 조문하는 예절이 매우 잘 나와 있으니, 가져와서 쓸 만하다.『남산초』에서는 "조문하는 사람이 망자보다 나이가 적은 사람은 시신이 있는 곳에 이르러 예식을 행한 뒤에 제자의 손을 잡아 위로하고, 그런 다음 그 스승이 머무는 곳(師所)에 가서 법에 따라 조문한다." 하였다.【기記에는 "제자는 곧 망승의 제자이다. 황망하기 때문에 그 손을 잡는 것이다. 그 스승은 곧 망승의 두 스승이다." 하였다.】

　『곡례』에서는 "상주喪主를 아는 자는 위로하고(弔), 망자를 아는 자는 안타까워한다(傷)."라고 했다.『열반경』에서는 "부처가 열반에 들자 인간계와 천상계의 대중들이 모두 "어찌 괴로움(苦)을 생각이나 했겠습니까, 어찌 괴로움(苦)을 생각이나 했겠습니까?" 하였으니, 중국에서 초상이 났을 때 안타까워서 하는 말(傷辭)이다. 만약 속가의 부인과 처녀, 과부가 승려의 친척이 아니라면 상심하여 슬퍼해서는 안 된다. 예는 혐의를 구별하기 때문이다.

行弔

弔者至也.『詩』云 神弔矣.『五杉集』中 弔儀甚備 可撿行用.『南山鈔』云 行弔人 小於亡者 至尸所設禮[11] 後執弟子手而慰問 然後至其師所 依法弔之.【記云 弟子卽亡僧弟子也. 以其荒迷 故執其手. 其師卽亡僧

二師也.】『曲禮』云 知生者弔 知死者傷.『涅槃經』云 佛滅度 人天大衆 咸曰 何期苦哉 何期苦哉 此以傷辭也. 若俗舍婦人 處女寡女 非是宗親 不可傷之. 禮所以別嫌疑也.

10) 조문을 받음

『남산초』에서 말하였다. "화상사리(闍梨, 아사리)[12]는 상을 펴서 장막 밖에 앉아서 사람들이 조문하러 오는 것을 기다리는데, 동학 중에 소사小師는 풀을 깔아서 서고, 대사大師는 풀 위에 앉는다."【화상아사리는 곧 망승의 두 스승이다. 동학 중에 소사와 대사는 곧 망승의 제자이다.】

『상의』에서 말하였다. "소사小師[13]는 장막 안에서 곡하고, 수학한 제자는 장막 밖에서 곡한다. 무릇 승려들이 조문하러 오면 곡하고 엎드린다. 속인이 조문하러 오면 단지 곡하되, 엎드리지는 않는다. 만약 승려가 부모상을 당하면 속가에 가서 조문을 받는데 그 의식도 곧 남녀와 섞일 수가 없으니, 모름지기 장막 바깥 당 앞에서 풀 혹은 거적을 펴서 동쪽을 향해 앉는다. 조문하는 사람이 있다면 공수拱手하고 머리를 떨구어 슬프디 슬프게 곡하되(哀哭), 죄인이라는 등의 말은 사용하지 않고, 조문하는 사람이 없으면 경을 읽고 염불한다."

---

11 일판본과 대정장에는 다음과 같은 세주가 달려 있다. '多云 僧亡戒捨 不得禮拜 若爾 南山大師却云 小於亡者 至尸設禮 又經中 比丘化爲蛇 佛令有此 比丘禮拜 今詳必是長於亡者 不禮爾.'

12 사리闍梨: 아사리阿闍梨. 제자를 바르게 이끌어 가르치는 고승의 경칭이다.

13 소사小師: 수계하고 가르침을 받은 지 십 년이 되지 않은 승려를 일컫는 말이다.

受弔

『南山鈔』云 和尙闍梨 鋪床在幔外坐 擬人客來弔 同學小者布草立 大者坐於草上.【和尙闍梨 卽亡者二師也. 同學小者大者 卽亡者弟子也.】 『喪儀』云 親度小師 哭於幕內 受學弟子 哭於幕外. 凡僧來弔 則哭而 伏. 俗來弔 但哭不伏. 若比丘喪父母 往俗舍受弔 其儀卽不可雜於男 女之中 須於幕外堂前 布草或薦 面東而坐. 有人弔 則拱手低頭 哀哀 而哭 不用稱罪逆等言 無人弔 則誦經念佛.

11) 상이 난 곳으로 달려감

승려들의 분상奔喪은 대가섭大迦葉이 시초이다. 부처가 열반하고 7일 이 되어서 가섭이 무리들을 데리고 사라쌍수 숲에 이르자 부처가 금관金棺에서 두 발을 내어 보여주었다.

『초』에서 말하였다. "분상한 사람이라면 곧바로 시신 있는 데 가서 예배하고 슬픔을 표한 뒤에 차례에 따라서 자리에 앉는다."

『증휘기』에서 말하였다. "분상이란 다른 곳에 머물다가 스승이 죽었 다는 흉한 소식이 들리면 벗들 간에 먼저 장소를 마련하여 영가의 자리(靈位)를 마련하고【이것은 거애擧哀(같이 슬픔을 표시하는 의식)의 의식이다.】 그런 뒤에 영위에 이르러 슬픔을 다하고, 뒤에 빨리 본원으 로 돌아온다. 새벽에 별이 보일 때 출발하고 밤에 별이 보이면 숙소에 든다. 이미 본원에 이르러서 만약 관(龕柩)이 탑 있는 곳으로 돌아갔으 면 먼저 탑이 있는 데로 가서 슬픔을 다하여 예를 올리고 오른쪽으로 여러 번 돈 뒤에 선원으로 돌아와서 법의 권속들과 더불어 조문을 한다."

『초』에서 말하였다. "높은 절개가 무리에서 뛰어나고 평소부터 탁월하게 맑은 사람은 세속의 인정에 국한되지 아니한다. 그런데 반드시 제 감정대로 기쁘거나 노여워(喜怒)하거나 시속에 따라 부침浮沈하는 사람이 혹 부모와 두 스승이 돌아가셨는데 안거安居를 끝내기 위해서 오지 않거나, 비록 왔더라도 슬픔을 다 표현하지 않으면 승가에서나 속가에서나(道俗) 부끄럽게 여기는 것은 똑같다."

奔喪

釋氏奔喪 卽大迦葉爲始也. 佛入涅槃已七日 迦葉領徒 方至雙林 佛於金棺 出雙足示之. 『鈔』云 若奔喪者 直至尸所禮拜 展哀已後 從次第位坐. ○『增輝記』云 奔喪者 謂在外處 師亡凶信至 朋友間 先爲排比處 設靈位【此擧哀儀也.】然後引至其處 擧盡哀後 疾疾而歸 見星而行 見星而舍. 旣至本院 若龕柩已歸塔 卽先往塔所 禮拜盡哀 右遶數匝然後歸院 與法眷行弔. ○『鈔』云 若高節拔群[14] 由來淸卓者 故不局世情. 必若任情喜怒 隨俗浮沈者 或父母二師亡 而護夏不來 雖來又不展哀者 亦道俗同恥之.

12) 장사지내는 방법

인도에는 4가지 장례법이 있다. 첫째는 수장이니 강물에 던져 물고기들

---

14 명판본에는 '援群'으로 되어 있으나 대정장을 참조하여 '拔群'으로 하였다.

에게 먹히는 것을 말한다. 둘째는 화장이니 나무를 쌓아 불을 지펴 태우는 것을 말한다. 셋째는 토장이니 땅에 묻어 빨리 썩도록 하는 것을 말한다. 넷째는 임장이니 한림寒林에 드러나도록 놓아두고 여러 짐승들에게 먹히도록 하는 것을 말한다.【한림이란 곧 인도의 시신을 버리는 곳이다.『승기율』에서 말하였다. "죽은 시신이 많이 있으면 무릇 들어가는 자들이 무서워서 털이 쭈뼛 설 만큼 두려운 곳이므로 한림이라고 일컫는 것이다. 혹자는 '시다림尸陀林'이라고 한다."】

葬法
天竺有四焉 一水葬 謂投江河 以飼魚鼈. 二火葬 謂積薪焚之. 三土葬 謂埋岸傍 取速朽也. 四林葬 謂露置寒林 飼諸禽獸.【寒林卽西域弃尸處.『僧祇律』云 謂多死尸 凡入者可畏毛寒 故名15寒林. 或云尸陀林也.】

13) 다비

혹자들은 다비茶毘, 혹은 야유耶維, 사비闍毘라고 한다.『정범』에서는 "사비다闍鼻多"라 하고, 중국에서는 "분소焚燒"라고 한다.『십송률』에서 말하였다. "비구들이 화장火葬을 하면 몸속의 팔만 마리 호충戶蟲을 죽인다고 의심을 하자, 부처는 '사람이 죽으면 호충도 죽는 것이다.' 하였다."

---

15 명판본에는 '名'이라고만 하였으나 일판본과 대정장을 참조하여 '故名'으로 바로잡았다.

闍維

或云茶毘 或耶維闍毘. 『正梵』云 闍鼻多 此云焚燒. ○『十誦律』云 比丘疑火葬 煞身中八萬戶虫 佛言 人死虫以死.

14) 열반이 과보가 됨

월상녀月上女[16]가 사리불에게 물었다. "불제자는 어디에 머물러야 마땅합니까?" 답하였다. "열반에 머무는 것이 마땅하다. 그래서 비구들이 머리를 깎고 옷을 입는 것이니, 범어(梵)로는 실라말니室羅末尼라 하고, 당나라 말로는 '구적求寂(적멸을 구함)'[17]이라 한다. 계戒를 받을 때에는 오파삼발나鄔波三鉢那[18]라 불렀고, 당나라 말로는 근원近圓【원적에 가까워짐】이라고 하는데, 모두 열반이기 때문에 승려가 죽어서 돌아가는 곳, 즉 열반이 과보가 된다.

指果

月上女問舍利弗言. 佛弟子當住何處? 答曰當住涅槃. 夫比丘旣落髮披衣 梵云室羅末尼 唐言求寂. 洎受戒已 名鄔波三鉢那 唐言近圓【圓寂[19]】皆涅槃故 釋子死之所歸 卽涅槃爲果.

---

16 월상녀月上女: 달 안에 살고 있었던 여자를 가리키는 말이다.
17 구적求寂: '원적圓寂을 구함'이라는 의미로 한역한다.
18 오파삼발나鄔波三鉢那: 구족계를 모두 다 받는 것.
19 명판본에는 원문으로 되어 있으나 세주로 보는 것이 타당할 듯하다.

15) 시신을 장지로 보냄

『비니모경毘尼母』에서는 "사찰의 모든 대중이 합심하여 함께 장사를 치러 보내는 것"이라 하였다. 기記에서는 "무상함을 보게 하여 집착을 싫어하는 마음이 생겨나게 하기 위함이다." 하였다. 【오늘날 선원에서는 승려가 죽으면 존귀하거나 비천하거나 주인이거나 손님이거나를 따지지 않고 북을 쳐서 시신을 장지로 보내면서 함께 도와줄 것(普請)[20]을 청하는데, 대체로 이 계율을 준수한다.】 『비나야毘柰耶』[21]에서는 "시신을 장지로 보낼 때 승려들은 잘하는 사람으로 하여금 「무상경無常經」을 외우고 게(伽陀)를 외워서 그를 위해 축원하게 해야 한다." 하였다. 【이 글은 십념十念에서 유래한 듯하다.】

정반왕淨飯王[22](에 대해) 『열반경』에서 말하였다.

"정반왕이 죽었을 때 칠보관七寶棺으로 염하였다. 부처와 난타難陀는 앞에서 공손하고 엄숙하게 서 있었고 아난과 라후라는 뒤에 서 있었는데, 부처는 미래에 흉포한 일을 당하여 부모의 깊은 은혜를 갚지 못할까 걱정하면서 몸소 관을 들어올렸다. 이때 대천세계가

---

20 보청普請: 대중 운력. 널리 대중에게 청하여 함께 일하는 것이다. 후세에는 달라져서 토목 건축하는 일에만 보청이라 한다.
21 『비나야毘柰耶』: 율律이라 한역한다. 부처가 제정한 교단의 계율을 모은 성전이다.
22 정반왕淨飯王: 중인도 가비라국의 임금으로 석존의 아버지이다. 사자협왕師子頰王의 아들로 구리성 임금 선각왕의 누이동생인 마하마야를 왕비로 맞이한다. 그러나 왕비는 실달다를 낳고 죽었다. 그러자 왕비의 동생인 마하파사파제를 새 왕비로 정하여 실달다를 기르게 하였고, 그 뒤에 석존의 이복동생인 난타를 낳는다. 만년에 병들어 석존·난타·라후라 등의 간호를 받으면서 죽는다.

6종류로 진동하였고, 이때 사천왕이 부처를 대신하여 관을 들자 부처는 이에 향로를 잡고 관 앞에서 인도하여 걸어갔다."【이제 승려들이 부모의 시신을 보낼 때 이 경전을 준수하여 부처가 앞에서 인도했던 것같이 하여 사람들의 선한 마음을 생겨나게 한다.】

送葬

『毘尼母』云 合寺並送葬. 記云 令觀無常 生厭故.【今禪居僧亡者 不以尊卑主客[23] 幷打鼓普請送葬 盖准此律.】○『毘奈耶』云 送葬苾芻[24] 可令能者 誦無常經幷伽陀 爲其呪願.【此文似由所十念也.[25]】○淨飯王『涅槃經』云 淨飯王命終 殮以七寶棺. 佛與難陀在前 恭肅而立 阿難與羅睺羅在後 佛念當來兇暴 不報父母深恩 躬自擎棺. 爾時大千世界 六種振動 時四天王乃代佛擎棺 佛乃執香爐 在棺前引導而行.【今釋子送父母葬 可准此經 依佛前導 生人善心.】

16) 사리

이 물건은 바로 계·정·혜이며 참을성과 공덕이 훈습되어 성취(薰習成就)[26]한 것이다. 범어 "설리라設利羅"가 오늘날에는 와전되어 "사리"라

---

23 명판본에는 '各'으로 되어 있으나 '客'의 오자이다.
24 명판본에는 '苾盇'로 되어 있으나 '苾芻'의 오자이다.
25 이 문장은 '此文似出於十念也'가 되어야 하나 근거가 없으므로 확정짓지 않는다.
26 훈성熏成: 훈습성취薰習成就의 준말이다. 향기를 옮기듯이 다른 것에 그 성질을 옮긴다는 뜻이다.

부르는데, 중국어로는 "골신骨身"이라고 한다. 그러나 번역하지 않고 그대로 쓰는 까닭은 범부凡夫들의 골신이 넘쳐날까 두려워서이다. 또 "태도馱都"라고도 하고, 중국에서는 "불괴不壞"라고도 하니, 의미로 볼 때 2종류의 사리가 있다. 첫째는 전신全身이고, 둘째는 쇄신碎身이다. 쇄신에는 3종류가 있다. 첫째는 골사리骨舍利로 백색이며, 둘째는 육사리肉舍利로 홍색이며, 셋째는 발사리髮舍利로 흑색이다. 오직 부처의 사리만이 오색인데 신묘한 변화가 있고 어떠한 물건으로도 부술 수가 없다.

舍利

此物乃是戒定慧 忍行功德熏成也. 梵語設利羅 今訛略稱舍利 華言骨身. 所以不譯者 恐濫凡夫骨身故也. 又云馱都 此云不壞義 有二種舍利. 一全身 二碎身. 碎身有三. 一骨舍利白色 二肉舍利紅色 三髮舍利黑色. 惟佛舍利五色 有神變一切物 不能壞焉.

17) 탑을 세움

범어 "탑파"를 중국에서는 "고현高顯(높여서 드러냄)"이라고 하는데, 지금은 약칭해서 "탑"이라 한다. 또 범어 "소투파蘇偸婆"를 중국에서는 "보탑寶塔(보배로운 탑)"이라고 한다. 또 범어 "솔도파"를 중국에서는 "분분(봉분)"이라고 한다. 또 "두수파抖擻婆"를 중국에서는 "찬호讚護(찬탄하여 보호함)"라고 하고, 혹 "부도浮圖"라고도 하는데 중국에서는 "취상聚相(상을 모음)"이라고 한다.

『서역기』에서는 "입표立表(표식을 세우는 것)"라 했다. 『기귀전』에서는 "구라구라俱攞"[27]라고 했으니, 모두 벽돌을 쌓아 만든 것으로 형상은 작은 탑과 같고 위에는 윤개輪盖가 없다. 또 탑을 세울 때는 3가지 의미가 있으니 첫째는 사람의 훌륭함(人勝)을 표시하는 것이고, 둘째는 다른 살아있는 것들로 하여금 믿게 하는 것이며, 셋째는 보은을 하는 것인데, 여기에는 등급이 있다.

초과初果[28]는 한 층계(級)요, 2과果[29]는 두 층계요, 3과는 세 층계요, 4과는 네 층계로 삼계를 벗어남을 표시하는 것이다. 벽지불辟支佛[30]은 11층계이니, 무명無明[31]의 일지一支를 초월하지 못한 것을 표시했기 때문이다. 불탑은 13층계이니, 12인연을 뛰어넘은 것을 표현했기

---

27 구라구라俱攞: 보통 사람의 작은 탑이다.
28 초과初果: 성문승의 사과四果 중 하나이다. 욕계·색계·무색계의 견혹見惑을 끊고 처음으로 성인의 무리에 참여하는 자리이다.
29 이과二果: 일래과一來果라고도 한다. 욕심이 지배하는 세계에는 수행에 의해 사라지는 9종류의 번뇌가 있는데, 그중 6종류를 없애버린 자가 얻는 단계이다. 이 단계에 이른 이는 한 번 천계에 태어나고, 또 다시 인간세계에 태어나 깨달음을 얻으므로 일래라고 한다. 즉 인간계에 있어 이 과를 얻으면 반드시 한 번은 천상에 태어나고 다시 인간계에 돌아오고, 깨달음을 얻어 열반에 든다. 또 천상에서 이 과를 얻으면, 우선 인간계에서 다시 천상으로 돌아와 열반에 들어간다. 이와 같이 반드시 한 번은 천계와 인간계를 왕래하기 때문에 일왕래과라고도 한다.
30 벽지불辟支佛: 원뜻은 고독한 붓다라는 뜻이다. 독각獨覺·연각緣覺이라고 한역한다.
31 무명無明: 무아無我의 진리를 깨닫지 못하고, 자아가 있다고 집착하는 무지의 상태이다.

때문이다. 만약 범부와 비구들 중에 덕행이 있는 자들은 탑을 세울 수 있으나 층계는 없다.

『승기율』에서 말하였다. "계율을 지킨 비구와 법사, 일을 경영하는 비구 중에 덕망이 있는 자는 모두 탑을 세우는 것이 마땅하다."

『오백문』에서 말하였다. "죽은 스승을 위해 탑을 세울 적에는 자신이 얻은 물건을 사용해야지 스승의 물건을 사용할 수 없다."

○탑에는 명기銘記(마음에 새겨 잊지 않음)가 있는데, 지금 세상에서 시작된 것은 아니다.

『불본행집경佛本行集經』[32]을 살펴보니 다음과 같이 되어 있다. "가섭불이 열반한 뒤에 바라나국왕인 '길리시吉利尸'가 사리를 수습하여 7가지 보석을 사용하여 탑을 세웠고, 명기를 지어 '달사파릉가達舍婆陵迦'라고 하였으니, 수나라 말로는 '십상十相'이라고 말한다."

立塔

梵語塔婆 此云高顯 今略稱塔也. 又梵云蘇偷婆 此云寶塔. 又梵云率堵波 此云墳. 又云抖擻婆 此云讚護 或云浮圖 此云聚相.『西域記』云立表. ○『寄歸傳』云 作俱攞 皆壘磚石爲之 形相如小塔 上無輪盖. 且立塔有三意 一表人勝 二令他生信 三爲報恩而有等級. 若初果一級 二果二級 三果三級 四果四級 表超三界也. 辟支佛十一級 表未超無明一支故. 佛塔十三級 表超十二因緣故. 若凡夫比丘 有德行者 亦得

---

[32] 『불본행집경佛本行集經』: 60권. 석존의 탄생으로부터 출가·성도 등 일대一代의 사실을 말하고, 불제자의 귀의에 관한 인연까지 기록하였다. 「발심공양품」에서 「아난인연품」까지 60품에 달하는 많은 이야기가 들어 있다.

立塔 卽無級.『僧祇』云 持律比丘法師 營事比丘 有德望者 皆應立塔. ○『五百問』云 得爲亡師立塔 用自物得 不得用師物. ○塔有銘記 非起今世. 按『佛本行集經』云 迦葉佛滅後 有波羅柰國王 名吉利尸 收舍利用七寶造塔 爲作銘記 名達舍婆陵迦 隋言十相.

18) 지석

두씨杜氏가 말하였다. "『정의精義』에서는 '예禮에 근거하는 조문은 없고 위나라 사도司徒 목습繆襲(186~245)이 부모를 개장改葬하고 마침내 돌에 새겨 기록하는 것으로부터 지석이 시작되었다'라 하였다." 또 송나라 원가元嘉 11년(434)에 왕구王球(왕숙달)가 죽자 지석을 세웠는데, 안정지顏廷之(남조 때의 시인)가 글을 지었고, 이로 말미암아 사족들은 그것을 시초로 하여 익히게 되었다.

또 풍감馮鑑의 『속사시續事始』[33]에서 말하였다. "『서경잡기』를 살펴보니, 전한前漢의 두자杜子[34]는 임종 때에 글을 지어 돌에 새기고 묘 앞에 묻어달라고 명하였으니, 그 후 아마도 이것으로 말미암게 된 것 같다."

○『백씨육첩白氏六帖』[35]에서 말하였다. "공자의 상에는 공서적公西

---

33 『속사시續事始』: 당나라 때 유효손이 지은 『사시事始』 3권과 그 속편격인 풍감馮鑑의 『속사시續事始』 5권이 있었으나 실전되어 전하지 않는다.

34 두자杜子: 두업杜鄴. 자字는 자하子夏이다.

35 『백씨육첩白氏六帖』: 백거이白居易(772~846)의 저술이며, 고금의 문학에 나타난 어휘를 30권이라는 방대한 분량으로 분류한 것이다. 백거이는 중당시대中唐時代

赤³⁶이 기록하여 새겼다(識).【지識란 기록하여 새김(銘誌)이다.】 자장子張의 상에는 공명의公明儀³⁷가 기록하여 새겼다."【그러니 이것은 한나라, 위나라에서 시작된 것이 아니다.】

또 말하였다. "명銘이라는 것은 선조의 덕 있음을 논하고 기리는 것이니 군자들은 명을 보면서 이미 칭찬한 것을 아름답게 여기고, 또 그가 이룬 것을 아름답게 여기는 것이다. 그러므로 명銘을 새기는 의리는 아름다운 것을 일컫고 나쁜 것을 일컫지 않는 것이다. 선조에게 아름다운 덕이 없는데 칭송하는 것은 속이는 일이고, 아름다운 행적이 있는데 밝히지 않는 것과 알고 있는데 전하지 않는 것도 어질지 못한 것이다. 이 3가지는 군자들이 부끄러워하는 것이다."【요점만 취해 말했으므로 간략하여 순서가 없다.】 이제 승려들에게 두 스승(養育師, 受業師)은 실제로 덕행과 훌륭한 업이 있으니, 그것을 기록하는 것이 마땅하고 『고승전』의 근본이 된다.

誌石

杜氏云 『精義』曰 唯禮無文 自魏司徒繆襲 改葬父母 遂刻石以誌. 又 宋元嘉十一年 王球死立石誌 顔廷之爲文 因此士族祖習焉. 又馮

시인으로 자가 낙천樂天, 호가 향산거사香山居士이며, 하남성 신정현新鄭縣 사람이다.
36 공서적公西赤: 중국 춘추전국 시대 노魯나라 사람이다. 공자 제자 중의 한 사람으로 제사와 빈객의 예에 뛰어났다. 자는 자화子華, 공서화公西華라고도 부른다.
37 공명의公明儀: 공자의 제자인 증삼曾參의 제자이다. 공명公明은 성이고, 의儀는 이름이다.

鑑『續事始』云 按『西京雜記』前漢杜子 臨終作文 命刻石埋於墓前 厥後恐因此矣. ○『白氏六帖』云 孔子之喪 公西赤爲識.【識者 銘誌也.】子張之喪 公明儀爲識.【此又非起於漢魏也.】又云銘者 論譔先祖之有德 君子觀於銘 旣美其所稱 又美其所爲. 故銘之義 稱美不稱惡. 先祖無美而稱之 是誣也 有美而不明也 知而不傳 不仁也. 三者 君子所恥也.【取要言之 故略而不次.】今釋子二師 實有德行名業 亦宜識之 爲僧傳之張本也.

19) '고'라고 칭함

『예기』「곡례」에 "고자당실孤子當室"은 집안일을 감당해야 되는 고자를 말하는데 나이 서른 살이 안 된 사람을 말한다. 장성해서 부인이 있으면 부모의 대를 이을 단서가 있으므로 "고孤"라고 하지 않는다. 이제 승려들이 "고제자孤弟子"라고 칭하는 것을 보게 되는데, 그것은 그렇지 않다. 『오삼집』에서 말하였다. "효원소사孝院小師라고 말하는 것이 적절하다. '효'는 상을 당한 사람들(喪孝)의 집이니, 속세에서 '효당孝堂(상주들이 거처하는 곳)'이라 하는 것과 같고, 자신을 자랑하는 말이 아니다. 큰 사찰의 방에 머무는 자도 그렇게 부를 수 있다."

稱孤

『曲禮』云 孤子當[38]室 謂年未三十也. 壯有室 有代親之端 不爲孤也.

---

38 명판본에는 '堂'으로 되어 있으나 '當'의 오자이다.

今見釋子稱孤弟子 不然也. 『五杉』云 孝院小師者宜也. 孝謂喪孝之
院 若俗云孝堂 非自伐語也. 若居大寺院房者 亦可稱之.

20) 창의[39]

계율에서 말하길 "죽은 승려의 경물輕物[40]은 오법을 갖춘 비구를 선택하
여 현전승現前僧[41]과 나눈다." 하였다. 그러나 나누는 것이 균등하지
않았기 때문에 부처는 대중들을 모아서 먼저 말로써 "대중들에게 팔아
서 함께 나누도록 하자"는 오법비구五法比丘[42]의 말을 들어주었다.
【오법五法이란 덩달아 애착하지 않고, 덩달아 성내지 않고, 덩달아 어리석지
않고, 덩달아 두려워하지 않고, 얻음과 얻을 수 없음을 아는 것이니, 또한
'오덕五德'이라고도 한다.】

『십송률』에서 말하였다. "옷을 팔 때에 세 번 값을 부르지(三唱)
않는 것은 비구들이 값을 더 높여 부른 뒤에 그 옷을 빼앗길까 의심한

---

39 창의唱衣: 출가 오중五衆이 사망하였을 때 의발과 기타 도구를 장례비용에 쓰기
   위해 경매에 붙이는 것을 말한다. 출가 오중이란 비구比丘·비구니比丘尼·식차마
   나式叉摩那·사미沙彌·사미니沙彌尼이다. 식차마나는 학법녀學法女로 머리를 기
   른 신중이다.
40 경물經物: 승려 개인이 소유하여 사용하는 것으로 옷·음식·발우 등을 말한다.
41 현전승現前僧: 여기에서는 5명에서 20명 정도의 수행승修行僧 집단集團을 가리킨
   다. 즉 현전승가現前僧伽를 말한다.
42 오법비구五法比丘: 오덕비구五德比丘라고도 한다. 포마怖魔(마귀를 두렵게 함)·걸
   사乞士(출가하여 불법을 닦고 실천하며 포교함)·정계淨戒(부처가 제정한 맑고 깨끗한
   계행)·정명淨命(깨끗한 마음으로 생활하는 일)·파악破惡(악을 깨뜨려 없애는 일)을
   이른다.

것을 후회하기 때문이다.【바로 앞서 값을 부른 자에게 빼앗길까 의심함이다.】 부처는 '세 번 값을 불러 끝내기 전에 값을 더하는 것을 범하지 말라.' 하였다."

『목득가』에서 말하였다. "부처가 말하길 '처음 옷의 가격을 매길 적에는 중간 정도로 해야지 너무 비싸거나 너무 싸게 하지 말아야 하고, 그 가격이 극도에 이르기를 기다려서 파는 것은 안 된다. 팔리지 않는 것을 일부러 가격을 높이는 것은 악작죄惡作罪를 범하는 것이다.' 하였다."

『대비바사론』에서 말하였다. "'운명한 비구의 의발 등을 어째서 나누어야 합니까?' 하자, 답하였다. '그 승려도 옛날에 일찍이 그 물건을 나누어 받은 것이고, 지금 운명하였으니 그것을 다른 사람에게 나누어 주는 것이다.'"

『증휘기』에서 말하였다. "부처가 옷을 나누도록 한 제도의 본래 뜻은 사찰에 있는 승려들로 하여금 죽은 승려의 물건을 보고 승려들과 나누며 '저것이 이미 이와 같으니 나도 또한 이와 같으리라.' 하는 생각을 하게 하는 것이었다. 그 대상을 보고 마음을 다스리면서 욕심내어 구하는 것을 그만두도록 하려는 것이다. 지금 이 일을 보면서 성찰하지는 않고, 도리어 물건을 팔 때에 비싸니 싸니 하며 가격을 흥정하고 값을 다투고, 시끄럽게 웃으면서 이것을 즐거움으로 여기니 그릇됨이 심하다. 어진 자는 마땅히 꺼려야 한다."

唱衣

律云[43] 亡僧輕物 差一五法比丘 分與現前僧. 爲不均故 佛聽集衆 先以

言白衆 和許可賣共分.【言五法者 不隨愛不隨嗔不隨痴不隨怖 知得不得 亦名五德.】○『十誦律』云 賣衣未三唱 比丘益價 後心悔疑奪彼衣.【疑 是奪前酬價者.】佛言 未三唱竟 益價不犯.『目[44]得迦』云 佛言 初准衣 時 可處中 勿太貴太賤不應 待其價 極方與之. 若不買者 故增價 犯惡 作罪. ○『大毘婆沙論』問 命過比丘衣鉢等 云何得分? 答彼於昔時 亦曾分他 如是財物 今時命過 他還分之. ○『增輝記』云 佛制分衣 本 意爲令在者 見其亡物 分與衆僧 作是思念 彼旣如斯 我還若此. 因其 對治 令息貪求故. 今不能省察此事 翻於唱賣之時 爭價上下 喧呼取 笑 以爲快樂 愢之甚矣. 仁者宜忌之.

21) 무덤에 다시 가서 참배함

초빈草殯[45]한 뒤 3일 만에 다시 묘소에 가는 것을 일컬어 '무덤에 다시 가서 참배함(覆墓)'이라 한다. 두씨가 말하였다. "예경禮經에는 실려 있지 않으나, 다만 효자가 무덤으로 받들어 옮긴 뒤에 부모를 추모하고 또 완전하지 않은 무덤을 염려하여 다시 가서 그것을 살피는 것이다." 오늘날 승려들이 가는 것 역시 흠 될 것이 없으며, 대개 지극 정성으로

---

43 명판본에는 '云'자가 없으나 일판본과 대정장을 참조하여 '律云'으로 바로잡았다.
44 명판본에는 '自'로 되어 있으나 '目'의 오자이다.
45 초빈草殯: 가빈家殯이라고도 한다. 장례기간이 길 경우 빈소와 시신 안치 장소를 분리하는데, 이때 시신이 안치되는 곳을 초빈이라고 한다. 삼일장을 넘어 5, 7, 9일장 등 그 이상이 되면 시신을 방안에 모시지 않고 마당의 뜰이나 헛간에 안치한다.

단속하고 살피려는 것이다.

覆墓

殯後三日 再往墓所 謂之覆墓. 杜氏云 不載禮經 但以孝子自遷奉後 追慕所親 又慮墳土未完 復往省之. 今釋子往亦無垢 盖撿校之至也.

22) 스승의 무덤에 예를 올림

『오백문』에서 말하였다. "스승의 무덤에 예를 올리는 것은 은덕에 보답하고자 하는 것이다."

禮師塚

『五百問』云 得禮師塚 報恩德故.

23) 기일

2월 15일 부처 열반일에 천하의 승속僧俗들이 모여 공양하니, 즉 부처의 기일에 하는 일이다. 시속의 예에는 군자에게는 죽을 때까지 해야 할 효도가 있음이니 이것을 기일忌日이라 말한다. 또는 '음악을 연주하지 않는 날'이라 하니, 술을 마시지 않고 음악을 연주하지 않기 때문이다. 혹은 휘일諱日, 원일遠日이라고도 한다.【"원일유람遠日由濫"은 「곡례」의 "장사 지내는 일은 먼 날을 먼저 점친다."라는 말에서 유래한다.】 승려들은 스승이 죽으면 "적정寂靜에 든 날"이라고 하면 되니, 대개 승려들은 죽음을 꺼리지 않기 때문이다.

忌日

二月十五日 佛涅槃日 天下僧俗 有營會供養 卽忌日之事也. 俗禮 君子有終身之孝 忌日之謂也. 又謂不樂之日 不飮樂故. 或云諱日 或云遠日.【遠日由濫「曲禮」葬事先遠日.】釋子師亡 可稱歸寂之日 盖釋氏無忌諱故.

24) 소자

부처에게 올리는 글이니, 대개 재齋의 의미를 부처에게 알리는 것이다. 죽은 스승이 비록 높아도 부처를 상대해서는 낮으므로 반드시 이름을 부른다.

『예기』에서 말하였다. "임금 앞에서는 이름을 드러내어 말하지 않으며, 아버지 앞에서 자식은 이름을 말한다."고 하였으니, 존귀한 사람 앞에서는 감히 드러내어 말하지 않음을 밝힌 것이다. 계율에 "사리불이 멸도하자 제자 사미 균제均提가 와서 부처에게 아뢰길, '저의 화상 사리불이 열반하였습니다.'" 하였다.

『오삼집』에서 말하였다. "소사小師 아무개가 친교사 화상 아무개를 위하여 아무 날에 현전승現前僧[46]에게 재齋를 한 번 베푼다.'고 하였는데, 과보의 지위(報地)에 대해 장엄하게 치장하거나 혹은 깨달음의

---

46 현전승現前僧: 시간적·공간적으로 한정된 형태의 승가로, 곧 지금 여기에 있는 승가 대중을 가리킨다. 상대어는 사방승四方僧이고, 시방승十方僧이라고도 한다.

길 등을 헛된 말로 꾸며 스스로 망령된 죄를 엮지 않도록 한다."

疏子

白佛辭也 盖疏通齋意爾. 亡師雖尊 對佛必須呼名.『禮』云 君前不諱 父前子名 明不敢諱於尊前也. 如律中 舍利弗滅度 有弟子沙彌 均提來 白佛言 我和尙舍利弗命過.『五杉』云 小師某甲 奉爲親敎師和尙某甲 某日設現前僧齋一中 用嚴報地 或覺路等 卽不虛詞粧飾 自掇妄罪焉.

25) 한식날 산소에 올라감

두씨가 말하였다. "당 개원 20년(732)에 사서仕庶(벼슬아치와 서민)에게 '한식寒食날 산소에 가서 함께 절하고 청소하는 예를 허락한다.'고 영을 내렸다." 지금 승려들은 습속대로 따라 해서는 안 되고 매운 음식과 술, 남녀가 뒤섞여서 비난을 남기는 것을 모면함을 귀하게 여긴다. 혹은 양친의 묘에 풀을 제거하는 것을 기다렸다가 반드시 분향하거나 혹은 땅과 음식에 주문을 외고 묘소에 뿌리거나 또 큰소리로 존귀한 분들에게 빌어서 유혼幽魂이 이익되도록 해야지 골육들과 더불어 같이 앉아 마시고 즐기는 것은 안 된다. 【예禮에서는 "(공자는 조문)곡을 하였으면 노래를 부르지 않았다." 하였기 때문이다.[47]】

---

47 『논어』「술이편」 9절에 "子食於有喪者之側 未嘗飽也 子於是日 哭則不歌"라는 구절이 있다.

寒食上墓

杜氏云 唐開元二十年 勑仕庶家 許寒食上墓 同拜掃禮. 今釋子不可習俗 貴免葷酒 男女參雜 貽[48]於譏嫌也. 或二親墓須去者 必焚香 或呪土呪食 撒於墓所 或高聲念尊勝等 俾幽魂蒙益 即不可與骨肉同座飲食歡笑.【禮云 哭則不歌故.】

26) 무덤에 혼백이 있고 없음에 대해 물음

『관정경』에서 말하였다. "아난이 부처에게 아뢰었다. '사람이 죽으면 무덤을 만드는 것은 사람들의 혼백이 그 안에 있어서 그런 것이 아닙니까?' 부처가 말하길 '있기도 하고 있지 않기도 하다. 왜 그런가? 사람이 살아있을 때에 선근을 짓지 않고 삼보를 알지 못하여 복을 받을 선善이 없고, 재앙을 받을 악惡이 없으며, 선지식이 그를 위해 복을 닦아주지도 않았다면 그 혼백은 무덤에 있으면서 태어날 곳에 없기 때문이다. 혹 생전에 크게 복과 선을 닦고 부지런히 도를 행했다면 간혹 천상이나 인간에 태어나기 때문에 있지 않다고 말하기도 하고, 혹 생전에 정진正眞을 믿지 않으며, 아첨하고 사람을 속이고 악업을 지었다면 축생·아귀·지옥에 떨어져 고뇌를 받으므로 무덤에 있지 않다고 말하는 것이다.' 하였다."

---

48 명판본에는 '始'로 되어 있으나 일판본과 대정장을 참조하여 '貽'로 바로잡았다.

問墳墓間 精神有無

『灌頂經』云 阿難白佛言. 若人命終 造立墳塚 是人精魄在中否? 佛言 亦在亦不在. 何以故? 若人生時 不造善根 不識三寶 無善受福 無惡受殃 無善知識 爲其修福 是其精魄在墳中 未有生處故. 或生前大修福善 精勤行道 或生天上人間 故言不在 或生前不信正眞 諂誑欺人造作惡業 合墮畜生餓鬼地獄 備受苦惱 故言不在.

발문

혹자가 물었다. "그대가 지금 이 요람을 찬집하는 것은 타인을 이롭게 하고자 하는 것이지 어찌 자신에게 이로움을 주는 것이겠는가? 왜냐하면 부처의 참된 가르침(眞敎)을 간추림에 성인의 말을 늘이기도 하고 줄이기도 하였으니, 허물없음을 얻을 수 있겠는가?"

답하였다. "증거로 삼을 성인의 말씀이 있다. 무엇인가?"

『불본행경』에서 말하였다. "비구들이 경전 가운데 중요한 뜻을 취하여 다른 이에게 설법을 하였는데 순서를 따르지 않자, 부처에게 두려워 아뢰었다. 부처가 말하길 '나는 편리에 따라 하기를 허락하노라. 중요한 뜻을 취하여 문구를 가져다 놓고 다른 사람을 위해 설법을 하되 맞는 뜻만 취하고 본래 경전의 뜻을 허물어뜨리지는 말아라.' 하였다."

『잡비유경』에서 말하였다. "만약 어떤 사람이 『해심경』 한 구절을 암송하고 마음으로 염하면 몸속에 삼독사마三毒四魔[1]와 팔만 번뇌가 모두 저절로 편안하지 못할 것이다." 하물며 많은 법들을 널리 채록하여 세상 사람들을 위한 다리를 만드는데 오죽하겠는가?

고도진顧道珍 적음

---

[1] 삼독사마三毒四魔: 사람의 착한 마음을 해치는 3가지 번뇌를 말한다. 욕심·성냄·어리석음 따위를 독에 비유하여 삼독이라 하고, 사마는 번뇌마煩惱魔·음마陰魔·사마死魔·천자마天子魔를 말한다.

석씨요람 권하

或問之 子今集此要覽 雖欲利他 安能利己? 何則其如抄略眞敎增減 聖言得無咎耶? 答有聖言爲證. 何者?『佛本行經』云 有諸比丘 取經中要義味 爲他說法 不依次第 懼以白佛. 佛言 我許隨便. 於諸經中擇取要義 安比文句 爲人說法 但取中義 莫壞本經. ○『雜譬喩經』云 若凡有人 解深經一句 口誦心念 身中三毒四魔 八萬垢門 皆不能自安. 何況博采衆法 爲世橋梁耶?

顧道珍書

釋氏要覽卷下

후서

광록대부 강녕 부호군 사자금어대賜紫金魚袋[1] 왕수王隨[2] 찬

전당의 월륜산 자금어대를 받은 석도성釋道誠은 빼어나고 정갈한 수행을 하여 내외의 학문에 밝았고 속세의 어지러운 일에 매이지 않고 항상 사찰(雲寺)에 조용히 앉아 참선하였다. 국가에서 불교의 가르침을 내려서 법복(田衣)[3]을 입은 승려들이 많아졌다. 그런데 경전(契經)은 지극히 넓어 두루 배우기가 어려우니 배우러 오는 동몽童蒙들이 출속의 본말에 어두울까 두려웠다. 이에 보화寶華[4]에 간직된 서적들을 살펴보고 경전(貝葉)의 글들을 두루 궁구하여 요점을 끌어모으되 의미 있는 것들끼리 채록하여 조리 있게 꿰뚫었고 요점들을 모아서 정밀하고

---

1 금어대金魚袋: 벼슬아치들이 관복을 입을 때 차던, 붕어 모양으로 만든 금빛 주머니이다.

2 왕수王隨(975~1033): 송나라 하양河陽(河南 孟縣) 사람으로 자는 자정子正이다. 진종眞宗 때 급사중給事中으로 항주지주杭州知州가 되어 흥교사興敎寺에 가 소수선사小壽禪師를 뵈었는데, 기어機語가 서로 맞아 마침내 대법大法을 밝혔다. 일찍이 장수자선長水子璿 선사의 『수능엄의소주경首楞嚴義疏注經』에 서문을 쓰고, 『경덕전등록』30권을 수정하여 『전등옥영집傳燈玉英集』15권을 편찬했다. 명도明道 연간에 참지정사에 올랐다.

3 전의田衣: 법복法服의 하나. 장삼 위 왼쪽 어깨에서 오른쪽 겨드랑이 밑으로 걸쳐 입는다. 종파에 따라 빛깔과 형식을 엄격히 규정하고 있다.

4 보화寶華: 부처가 결가부좌結跏趺坐하는 연꽃 좌대.

간결하게 하니, 부문과 조목이 온전히 거론되었고 일의 자취가 자세히 갖추어졌다.

그 말을 열어보면 화사한 봄날같이 빛나고, 그 이치를 살펴보면 얼음이 풀리는 듯 환하여 유가의 『예기』「학기」와 같으니 실로 불문佛門의 요람이 되었다. 비릉군毗陵郡(江蘇省 武進縣)의 목사 직방외랑職方外郎 최육림崔育林 공은 지식이 해박하고 재주가 맑고 순수하다. 이에 서문을 지었는데, 글 뜻이 절묘하여 받들어 읽어보니 찬탄하여 마지않을 만하였다. 그것을 판에 새겨 썩지 않도록 전하는 것이 마땅하겠기에 책 끝에 글을 써서 널리 세상에 알려지기를 바라노라.

때는 천성天聖 갑자년(1024) 늦봄 신해일에 쓰다.

後序

光祿大夫江寧府護軍賜紫金魚袋王隨撰

錢塘月輪山 釋賜紫誠公 峻修潔之行 明內外之學 靡嬰拂於塵務 常宴座於雲寺. 以聖朝降浮圖之教 盛田衣之衆. 且謂契經至廣 博習難周 虞來學之童蒙 昧出俗之本末. 乃閱寶華之藏 徧窮貝葉之文 采義類以貫穿 撮樞要而精簡 門目具擧 事迹該詳. 披其言 則曄若春融 質其理 則煥然氷釋 猶儒宮之學記 實佛門之會要也. 毗陵郡牧 職方外郎 崔公 智識淵博 才雅清粹. 乃作序引 辭旨妙絶 來獲捧覽 讚歎無斁. 宜其鏤板 傳諸不朽 聊筆編末 冀翼而行之云爾.

天聖甲子 歲季春月 辛亥敍

전당의 도성 대사 요람집은 출가하여 도를 배우는 이들의 규범이다. 세상에 행해진 것이 오래되어 구판은 인몰되었다. 나는 어려서 이 책을 얻어 일찍이 몸에 지니고 다닌 지 40년이었다. 선덕 원년(1426) 이래로 황상의 밝은 은혜가 천하의 승려들을 두루 제도하였기에, 뜻을 같이하는 고도진顧道珍과 함께 바로잡아 고치고 재화(衣資)를 덜어내어서 신관信官 강보성姜普成 등과 함께 장인에게 명하여 새기고 인쇄하여 유통시켰다. 마치 보는 듯이 듣는 듯이 법이나 의리에 있어서 확연히 의혹이 없게 하여 후배들에게 보여주었다. 설명한 대로 행하여 좋은 법이 오래 머물도록 하고, 열조들은 마음의 등불이 끊어지지 않도록 전하였으니 여래의 지혜가 무궁할 것이다.

대명 선덕[5] 8년(1433) 계축 초여름 4월 여래결제일에
대보은사 견밀실 사문 석보성釋寶成 삼가 쓰다.

錢塘道誠大師要覽集 乃出家學道之軌範也. 行世久矣 舊板湮沒. 釋寶成自幼得此集 嘗隨身四十年矣. 洎宣德元年以來 皇上覃昭曠之恩 普度天下行童 率同志顧道珍繕寫 謹捐衣資 洎信官姜普成等 命工刊板 印造流通. 俾若見若聞 於法於義 了然無惑 開示後來. 如說而行 令法久住 傳列祖心燈不絶 續如來慧命無窮者.
　　　　　　　　大明宣德八年 龍集癸丑孟夏四月如來結制日
　　　　　　　　　　大報恩寺 堅密室沙門 釋寶成 謹誌

---

5 선덕宣德: 명明나라 5대 황제 선종宣宗의 연호. 1426~1435년

교계신학비구행호율의 敎誡新學比丘行護律儀

서문

종남산 사문 도선道宣이 적다

살펴보건대, 불도의 문에 처음 들어가면 그 묘한 수행에 가로막혀 나아가지 못하니, 법훈을 잘 따르고 이어받아서 바야흐로 그 율의를 환히 밝히기를 바란다. 일을 스승에게 배우지 못한다면 지니고 보전하기가 아득하고 법도가 없게 될 것이다. 그러므로 알아야 하나니, 가르치고 훈계하는 사람이 있지 않으면 행동의 규범은 누가 펼칠 것이며, 배우려는 사람이 있지 않으면 규범은 어찌 세우겠는가? 그러나 석가는 수행과 교화를 하며 서천(인도)의 근본을 본받았으니, 부처가 열반하심으로부터 말이 동쪽(중국)으로 흘러왔다. 참된 지혜의 가르침은 돈수와 점수를 포함하고 삼천대천세계에 선정禪定의 물을 뿌리며, 제도와 가르침은 사소한 것과 중요한 것으로 나누어지면서 백억 세계에 계율의 향기를 스며들게 하였다. 계율에 제정된 5년 동안 뜻에 의지하여 육근에 조복함이 있다면 지혜가 있는 자는 스승이 들어보고 떠날 것을 허락해 주고, 지혜가 없는 자는 수명이 다할 때를 기다린다. 계속 초심이 있고 도가 있어도 일에 당면해서 다 알지 못하면 일찍이 그 가르침을 찾지 못한 것이며, 매양 의심스러운 그물에 걸리거나 혹은 제도가 아닌 제도에 걸리게 될 것이니 그 제도는 곧 잘못된 것이다.

혹자는 "나는 대승을 배우는 사람이라서 소승의 법을 행하지 않는다." 라고 말하는데, 이와 같은 자들이 한두 명이 아니다. 그런즉 안으로는 보살의 마음이 어그러지고 밖으로는 성문의 수행이 모자란 것이어서 행주좌와의 4가지 위의가 이미 법의 윤기가 없으니 이에 초라한 중생이 라 부르는 것이다. 이런 종류의 무리는 옛날이나 지금이나 끊이지 않아 스스로 법을 지키는 깨우친 승려가 아니면 그 누가 거울삼을 수 있겠는가? 때로 어떤 학인들은 감정이 조급하여 수행하려는 자는 적고 해탈하려는 자는 많아 제도보다 의문儀門은 지극히 어지럽다.

대저 선(禪那)의 삼매를 닦지 않으면 길이 참된 지혜의 마음은 어그러지고, 모든 선한 율의를 익히지 않으면 그 뛰어난 수행을 이루기 어렵다. 그러므로 고금의 대덕들은 실로 세상에 좋은 밭이 되어 깨끗한 업으로 도의道儀를 이루고, 곧고 깨끗한 계품에서 원만하였다. 기개의 높이는 은하수만큼 높고 위의는 엄숙하여 바람과 구름 같으며 덕은 무겁기가 산 같아 강과 바다로 흘러간다고 말한다. 당당히 솟은 빼어남 이요, 천 길이나 되는 빼어난 학문이며, 넓고도 깊은 자애로움이요, 만경萬頃이나 되는 은혜의 파도라네. 사자의 덕을 품고 상왕의 위엄을 드러내며 인간계와 천계를 찬양하고 계승하며 용신龍神은 공경하여 조복하나니, 실로 세상 사람들은 감응함이 있다고 일컬을 것이다. 세상에 쓸모없는 것은 없으니 덕화의 빛이 이어지며 빛나는 까닭에 불법은 끊어지지 않을 것이며, 우아한 수행이 굳게 지켜지는 것이 진실로 승려에게는 보배일 것이다. 나는 이에 위의가 하류에 있는 사람들을 부끄럽게 여기고 실로 덕이 높은 이들에게 부끄러운 생각이 들어서 이 맑은 가르침을 법도로 하고 가르침들을 모아 장차 듣지 못한 사람들에게 가르쳐 깨우치게 하노라.

대저 계율의 종지는 이치대로 맡아 지키려는 뜻이 있어서 마침내 안으로는 저절로 그 마음의 선이 증식될 것이고, 밖으로는 규범이 볼만하게 될 것이다. 대저 모든 행동의 조건을 이 뒤에 기록하니 새로 배우는 비구들이 다 사용할 수 있도록 제목과 아울러 적어둔다. 행동하는 모습과 법 총 465조를 아래에 갖추어 밝힌다.

終南山沙門道宣述

觀夫創入道門 未卽閑其妙行 要遵承以法訓 方洒曉其律儀. 事若闕於師承 持護冥然無準. 故知不有敎誡 行相誰宣 不有學人 軌模奚設? 然釋迦行化法本西天 自金口收光 言流東域. 化敎含其漸頓 灑定水於三千 制敎輕重斯分 熏戒香於百億. 律制五年 依止意在調伏六根 有智聽許離師 無智猶須盡壽. 屢有初心在道 觸事未諳 曾不尋其敎章 於法每纏疑網 或非制而制 是制便違. 或云 我是大乘之人 不行小乘之法 如斯者衆 非一二三. 此則內乖菩薩之心 外闕聲聞之行 四儀旣無法潤 迺名枯槁衆生. 若此等流古今不絶 自非持法達士 孰能鑒之者哉? 時有學人 運情疏躁 求行者少 求解者多 於制儀門 極爲浮漫. 夫以不修禪那三昧 長乖眞智之心 不習諸善律儀 難以成其勝行. 是以古今大德 實爲世者良田 淨業成於道儀 淸白圓於戒品. 氣高星漢 威肅風雲 德重丘山 名流江海. 昂昂聳傑 秀學千尋 浩浩深慈 恩波萬頃.

懷師子之德 現象王之威 人天讚承 龍神欽伏 實謂蒼生有感. 世不空然 所以德焰聯輝 傳光靡絕 雅行堅操 眞僧寶焉. 余乃愧省下流 實懷慚於上德 準教纂斯淸訓 以將呈誨未聞. 夫戒律之宗 理有任持之志 遂使內自增其心善 外令儀軌可觀. 凡諸行條件 錄之於後 用光新學 幷題序云. 行相法都四百六十五條, 在下具明.

제1 절에 들어가는 법 (11조)

1. 절 문밖에 이르면 위의를 갖추어야 한다.[1]
2. 절문에 들어서면 예배를 하고 곧 무릎을 꿇고 평소와 같이 부처를 찬양(歎佛)한다.
3. 좌구坐具[2]를 거두고는 합장하여 허리를 굽혀 절한 후에 몸을 바로 하여 회랑의 한쪽으로 가서 앞을 똑바로 보면서 천천히 걷는다.
4. 손을 늘어뜨리고 다녀서는 안 되고, 경외하는 마음을 갖는 것이 마땅하다.
5. 전탑殿塔[3]의 그림자를 밟아서는 안 된다.
6. 전각 앞에서는 윗사람(尊宿)[4]을 만나더라도 예배해서는 안 된다.

---

[1] 위의를 갖추어야 한다: 길을 다닐 때는 승가리僧伽梨를 입는 것이 정식正式이지만, 5조條 가사와 같은 약식도 있다. 그러나 절에 도착하면 7조條로 바꾼다.

[2] 좌구坐具: 어깨에 걸치는 천(尼師壇)을 펴서 그 위에서 부처께 예배한다.

[3] 전탑殿塔: 전殿은 불상을 안치하는 곳이고, 탑은 부처의 사리를 안치하는 곳이다.

[4] 윗사람(尊宿): 덕덕이 높은 것을 존尊, 나이가 많은 것을 숙宿이라고 한다. 상좌·장로를 말한다.

7. 전탑에 들어갔을 때는 마땅히 합장하고 오른쪽으로 돌아야 하고 왼쪽으로 돌면 안 된다.
8. 전각의 문을 나올 때는 옆쪽으로 나와야 한다.
9. 침을 뱉을 때는 반드시 가려진 곳을 알아두었다가 한다.
10. 반드시 윗사람에게 참례[5]한다.
11. 반드시 대소변 보는 곳을 알아두어야 한다.

入寺法 第一(十一條)

一 到寺門外 具威儀

二 入寺門禮拜 便跪說如常歎佛

三 收坐具合掌鞠躬 然後斂[6]容 旁廊一邊 緩行直視

四 不得垂手 當有所畏

五 不得蹋殿塔影

六 逢尊宿殿前 不得禮拜

七 若入殿塔 當合掌右繞 不得左轉

八 出殿門 隨頰擧足

九 涕唾須知屛處

十 須參禮尊宿

十一 須知大小便處

---

5 참례: 구족계를 받고 난 뒤 법랍에 따라 어른에게 예를 올리는 것은 원시불교 이래의 규칙이다.

6 원문에는 歛으로 되어 있으나 斂의 오자이다.

제2 스승[7] 앞에 서는 법 (6조)

1. 바로 앞에 서지 않는다.
2. 바로 뒤에 서지 않는다.
3. 너무 가까이 서지 않는다.
4. 너무 멀리 서지 않는다.
5. 스승보다 높은 곳에 있으면 안 된다.
6. 바람 불어오는 쪽(上風)에 서 있으면 안 되고, 스승의 이마 쪽에서 일곱 자쯤 떨어진 곳에 서 있는 것이 마땅하다.

在師前立法 第二(六條)
一 不得直前立
二 不得直後立
三 不得太近
四 不得太遠
五 不得在高處
六 不得上風立 當須對師額角七尺許立

제3 스승 모시는 법 (51조)

1. 항상 스승의 안색을 살펴서 스승의 생각을 놓치지 마라.

---

7 스승: 5종種 아사리阿闍梨라고 하여 여러 가지 스승이 있는데, 여기에서는 득계화상得戒和尙과 의지아사리依止阿闍梨 두 분에 한정된다.

2. 스승 처소에 이르면 위의를 갖추는 것이 마땅하다.
3. 스승 앞에서는 도반들끼리 서로 인사해서는 안 된다.
4. 스승 앞에서는 사람들의 예배를 받아서는 안 된다.
5. 스승 앞에서 인사할 때는 먼저 합장하고 몸을 굽히는 것이 마땅하다.
6. 스승과 이야기할 때 이기려고 애쓰면 안 된다.
7. 항상 부드럽게 말(軟語)을 해야 한다.
8. 스승 말씀이 끝나기 전에 나서서 말해서는 안 된다.
9. 무슨 일을 하려고 하면 먼저 스승께 여쭈어야(咨白) 한다.
10. 스승이 가르쳐 주시면 항상 순종하여야 하며, 거스르거나 어겨서는 안 된다.
11. 가르치고 훈계하시면 예배禮拜하는 것이 마땅하다.
12. 나무라면 스스로 경책하는 것이 마땅하고, 스승에게는 부드러운 말로 잘못을 말한다.
13. 스승이 나무랄 때[8] 화내거나 싫어하는 마음을 일으켜서는 안 된다.
14. 스승의 가사 장삼이나 옷·수건·버선·양말(衣裳巾襪)[9] 등이 때가 묻어 더러워진 것을 보면 스승에게 말하고 세탁하여 깨끗이 해야

---

8 스승이 나무랄 때: 충고하는 말로 책망하는 것. 스승이 제자를 꾸짖는 데에 5가지 방법이 있다. ①너는 가라 ②내 방에 들어오지 말라 ③나를 위해 일을 하는 것을 그만두어라 ④나를 의지하여 머물지 말라 ⑤너와 말하지 않겠다고 하는 것들이다. 먹을 것을 주지 않는 등의 일을 해서는 안 된다.
9 의상건말衣裳巾襪: 의衣는 상의, 상裳은 하의, 가사·내의 등을 말한다. 건巾은 수건, 말襪은 버선·양말 등을 말한다.

한다.
15. 스승 옷이 해진 것을 보면 그것을 잘 꿰매어 드리는 것이 마땅하다.
16. 스승의 신발을 잘 정돈하고, 의복을 개어 드려야 한다.
17. 먼저 스승의 발우를 씻고 다음에 자신의 발우를 씻어야 한다.
18. 항상 큰소리로 담소하지 않아야 한다.
19. 스승보다 먼저 자리에 누워서는 안 된다.
20. 스승보다 늦게 일어나서는 안 된다.
21. 스승 방에 들어가려면 문을 먼저 두드리고, 그런 뒤에 들어간다.
22. 새벽(平明)에 세 번 종鐘 치는 것[10]이 끝나면 곧 인사 올리고 죽 드실 시간이 되었다는 것을 알린다.
23. 어느 곳에서든지 스승을 옆으로 피해서 앉아야 하며, 당돌하게 해서는 안 된다.
24. 만약 스승을 따라서 가게 되면 웃고 떠들어서는 안 되며, 스승의 그림자를 밟지 않도록[11] 서로 일곱 자 정도 떨어져서 가야 한다.
25. 교법과 계율(敎令)의 가르침을 받들 때는 마땅히 참괴慚愧[12]한 마음을 내어 계율과 선정을 생각하여 닦으며(念修) 스승의 은혜에 보답하도록 노력해야 한다.
26. 스승이 밖에서 돌아오는 소리가 들리면 나가서 영접하는 것이 마땅하다.
27. 스승이 밖에서 돌아오면 의상을 받아서 개어 두는 것이 마땅하다.

---

10 세 번 종鐘 치는 것: 아침 공양인 죽 먹는 시간을 알리는 것.
11 스승의 그림자를 밟지 않도록: 이 말은 율장에 없다. 중국의 예법으로 추정된다.
12 참괴慚愧: 자기에게 부끄러운 것이 참慚, 다른 이에게 부끄러운 것이 괴愧이다.

28. 스승이 발을 씻으려고 하면 발 씻을 물과 발 닦는 수건 등을 갖추어 드리는 것이 마땅하다.
29. 항상 스승 거처를 깨끗이 소제하여야 한다.
30. 스승이 쓰시는 상床[13]에 먼지 있는 것이 보이면 소제하는 것이 마땅하다.
31. 스승이 항상 앉고 눕는 자리에 함부로 앉거나 누우면 안 된다.
32. 스승의 방에 들어갈 때는 옆쪽 문으로 다니는 것이 마땅하고, 옆쪽 문을 따라서 발을 들여놓아야 한다.
33. 문의 발(簾)을 들어올려 출입할 때는 손으로 받들어 문 옆에 붙여 소리 나지 않게 하는 것이 마땅하며, 문을 닫을 때도 소리 나게 해서는 안 된다.
34. 발을 내릴 때는 들어올린 채 놓아서는 안 되며, 손으로 받들어 내리는 것이 마땅하다.
35. 발을 올리는 법은 속부터 감아서 양쪽 끝을 가지런히 하는 것이 마땅하다.
36. 양치질(楊枝)하거나 가래침을 뱉을 때는 가려진 곳에서 하는 것이 마땅하다.
37. 스승이 쓰는 병에 하루가 지난 물(宿水)[14]을 두어서는 안 되며, 그 물은 끓여서도(熱時) 안 된다.[15]

---

[13] 상床: 상牀이라고도 한다. 침대와 좌상坐床이 있고, 승상繩床·목상木床 등의 구별이 있다.
[14] 하루가 지난 물: 율장에는 벌레가 있는 물을 마시는 것을 금하고 있는데, 생물을 보호하기 위해서이다.

38. 항상 스승의 물병에 물을 가득 채워 모자라지 않도록 한다.
39. 등불을 갖추어 항상 때를 알게 하는 것이 마땅하다.
40. 겨울에는 스승의 방에 불을 빼내지 않도록 한다.
41. 여름에는 항상 스승을 위해 깔개나 옷(薦席衣裳)[16]을 햇볕에 자주 말려야 한다.
42. 스승 앞에서 다른 사람을 헐뜯거나 아첨하여(讒佞) 그 허물을 말하지 말라. 죽어서 지옥에 들어갈 극히 나쁜 일이니, 모름지기 그것을 경계하여야 한다. 자세한 것은 『지도론智度論』[17]에 설명되어 있다.
43. 스승 앞에 있을 때는 무익한 일에 대해 말해서는 안 된다.
44. 스승 앞에서 가려운 데를 긁어서는 안 된다.
45. 만약 하품하려고 할 때는 손으로 입을 가려서 하는 것이 마땅하다.
46. 스승을 마주하여 옷을 입거나 양말을 신어서는 안 된다.
47. 스승을 마주하여 발을 씻어서는 안 된다.
48. 스승 앞에서 아직 앉으라고 하지 않았는데 함부로 앉으면 안 된다.
49. 스승 앞에서 아직 가라고 하지 않았는데 함부로 나가면 안 된다.
50. 스승이 출타를 하려고 하면 필요한 것을 갖추어 드리는 것이 마땅

---

15 끓여서도 안 된다: 하룻밤 지난 물에는 벌레가 생길 위험이 있는데, 특히 여름에는 더욱 조심하라는 의미이다.
16 천석의상薦席衣裳: 천薦·석席은 모두 깔고 앉는 자리이다. 짚으로 만든 것을 천薦이라 하고, 골풀 등으로 만든 것을 석席이라 한다.
17 『지도론智度論』: 『대지도론大智度論』 권1에, 자신의 법에 물들고 애착하여 다른 이의 법을 헐뜯고 훼방하는 사람은 계를 잘 지키는 사람이라도 지옥의 고통을 벗어날 수 없다고 하였다.

하다.

51. 스승이 식당에 가려고 하면 스승을 위해 발우를 씻거나[18] 문을 닫는 등의 일을 살펴야 한다.

事師法 第三(五十一條)

一 常瞻師顔色 勿令失意
二 凡至師所 當具威儀
三 在師前 不得與同類人相禮
四 在師前 不得受人禮拜
五 向師前問訊 當須合掌曲躬
六 共師語 不得爭勝
七 常須夷語
八 師語未了不得語
九 凡欲作事 要須咨白
十 師所教誨 常須隨順 不得違逆
十一 凡得教訓 當設禮拜
十二 若被呵罵 當須自責 夷語懺謝
十三 被師呵責 不得起瞋嫌心
十四 見師衣裳巾襪垢膩 白師洗濯令淨
十五 見師衣破 當縫補之
十六 整師鞵履 襞疊衣被

---

18 스승을 위해 발우를 씻거나: 식전에 식사를 위해 발우를 씻어 드리는 것을 말한다.

十七 先洗師鉢 次洗己鉢

十八 常須作意 不得喧笑

十九 不得在師前臥

二十 不得在師後起

二十一 凡欲入師房 至門先彈指 然後方入

二十二 平明三下鐘了 卽問訊白事

二十三 於一切處避師坐不得搪揆

二十四 若隨師行不得喧笑 不得蹹師影 相去可七尺

二十五 奉教令 當生慙愧 念修戒定 以報師恩

二十六 聞師外歸 當出迎接

二十七 師從外歸 當須襞疊衣裳

二十八 師欲洗足 當具湯水拭巾

二十九 常掃僧房院

三十 見師床有塵土 當掃去之

三十一 師常坐臥床 不得輒坐臥

三十二 凡入師房門 當旁門頰行 隨門頰擧足

三十三 揚門簾出入 當手承著門頰 勿令有聲 閉門戶不得作聲

三十四 凡下簾不得懸放 當下以手承下[19]

三十五 凡上簾法 當從裏卷 令兩頭齊

三十六 嚼楊枝洟唾當屏處

三十七 不得令師瓶有宿水 此忌熱時

---

[19] 원문에는 當下手承下로 되어 있으나 '以'를 보충하여 當下以手承下로 바로잡았다.

三十八 常令師甁水滿 不得欠少

三十九 當具燈燭常知時

四十 冬月勿令師房闕火

四十一 夏月常爲師晒暴 薦席衣裳

四十二 不得向師前 讒佞他人 說其過惡. 死入地獄 極爲過惡 深須誡之. 廣如智論中說.

四十三 在師前不得說無益之事

四十四 對師前不得抓癢

四十五 若欲欠呿 當以手遮口

四十六 不得對師著襪

四十七 不得對師洗足

四十八 向師前未遣坐 不得輒坐

四十九 回向師前未令去[20] 不得輒去

五十 師欲出寺 當具所須

五十一 師欲上堂 爲師滌鉢 看閉門戶等事

---

[20] 원문에는 回師前未令去로 되어 있으나 48조와 비교해 보면 回向師前未令去이거나 向師前未令去이어야 한다. 참조하여 '向'을 보충하였다.

제4 큰 절[21]에서 생활하는 법 (31조)

1. 애써 다른 사람의 일을 알아내서 그의 잘잘못을 얘기해서는 안 된다.
2. 다른 사람이 다투는 데에 개입해서는 안 된다.
3. 다른 사람의 나쁜 일을 전해서는 안 된다.
4. 담 벽에 함부로 못을 박거나 허물어서는 안 된다.
5. 문이나 벽에 낙서하지 말라.
6. 전탑殿塔에 더러운 것이 보이거든 청소하는 것이 마땅하다.
7. 걸어 다닐 때에 손을 늘어뜨려서는 안 된다.
8. 걸어 다니면서 좌우로 두리번거려서는 안 된다.
9. 일곱 자 정도 멀리 땅을 보며 걷고, 개미 등의 벌레를 밟지 마라.
10. 만약 손에 물건을 들었는데 길에서 윗사람을 만나면 들고 있던 물건을 내려놓고 법대로 인사(問訊)[22]해야 한다.
11. 울타리를 뛰어넘어서는 안 되나, 회의會衣[23]와 회하會夏[24] 등의

---

21 큰 절: '원院'은 스승과 제자의 가족적 생활의 장場이고, '사寺'는 그들의 집합체로서의 공동생활의 장場이다.

22 인사(問訊):『대지도론』권10에는 '문신問訊(안부를 물음)'에 2가지가 있다고 하였다. 몸에 대해 안부를 묻고, 마음에 대해 안부를 묻는 것이다. '소뇌소환여거경리기력少惱少患與居輕利氣力'이라고 하는 것은 몸에 대해 안부를 묻는 것이고, '안락安樂하십니까?'라고 하는 것은 마음에 대해 안부를 묻는 것이다.

23 회의會衣: 옷에 접촉한다는 의미이다. 비구는 삼의三衣를 떠나서 잘 수 없다. 다만 사찰 안에 삼의가 있는 경우는 절의 경내에 들어가면 옷과 만나게 되므로 '리삼의계離三衣戒'의 계율을 범하는 것이 아니라는 규정이 있다. 날이 바로 밝아지

경우는 제외한다.

12. 나막신[25]을 신고 존숙 앞을 다녀서는 안 된다.
13. 통견通肩[26]으로 가사袈裟를 입어서는 안 된다.
14. 항상 가사의 매듭을 매어야 한다.
15. 나막신을 신었을 때는 발뒤꿈치가 먼저 땅에 닿게 하여 소리가 나게 하지 마라.
16. 가래침을 뱉을 때에는 항상 가려진 곳에서 한다.
17. 문지방 위에 앉으면 안 된다.
18. 문지방을 밟고 다니면 안 된다.
19. 악의에 찬 웃음이 있는 곳(惡笑處)에 들어가면 안 된다.
20. 봄·여름·가을·겨울에 중요한 일이 아니면 유행遊行[27]해서는 안

기 때문에 정문으로 돌아서 갈 여유가 없을 경우에는 담이나 울타리를 넘고 들어가서 회의해도 좋다고 하는 의미이다.

24 회하會夏: 하안거에 참가한다는 의미이다. 전안거는 4월 16일부터 시작하고, 후안거는 5월 16일부터 시작한다. 이때 그 절에 도착하지 않으면 그 절의 안거에 참가하는 것을 허락하지 않는다. 다만 그 절의 경내에 한 걸음이라도 들여놓게 되면 도착한 것으로 인정하는 규정이 있다. 그러므로 정문으로 돌아갈 여유가 없을 때는 담을 넘고 들어가도 좋다는 뜻이다.

25 나막신: 나막신은 걸을 때 소리가 나기 때문에 사찰에서는 사용을 꺼린다.

26 통견通肩: 양어깨를 덮어 입는 방법. 승가리(大衣)는 통견으로 입는 것이 규칙이다. 단 7조(上衣)는 편단우견偏袒右肩하여 오른쪽 어깨를 드러내는 것이 보통이다. 이것은 상대에게 존경을 나타내는 방식이다.

27 유행遊行: 율에서는 하안거 석 달을 제외하고는 수행하며 돌아다니는 것이 원칙이다. 한 사찰에 오래 머물고 있으면 안 되기 때문이지만, 풍토나 경제적으로 사정이 다른 중국에서는 규칙이 되었다.

된다.

21. 나쁜 말로 다른 사람을 욕하거나 꾸짖어서는 안 된다. 경전에서 설한 것처럼 구업口業은 지극히 신중히 해야 하고, 반드시 삼가야 한다.
22. 힘들고 어려운 일(風雨)이 있어도 화내거나 불평해서는 안 된다.
23. 다급하게 다니지 말고, 소나 코끼리 같은 걸음을 배우는 것이 마땅하다.
24. 회랑이나 복도를 다닐 때는 한가운데로 다녀서는 안 된다.
25. 회랑을 다닐 때는 반드시 한쪽 옆으로 다녀야 한다. 이것이 예의이다.
26. 회랑을 다닐 때는 큰소리로 웃거나 얘기해서는 안 된다.
27. 대소변 볼 장소를 반드시 미리 알아두어야 한다.
28. 이유나 일이 없거든 다른 비구 방에 들어가서는 안 된다.
29. 항상 자비롭고 화합하며 잘 따라야 한다. 논論에서 말하길 "자慈라고 하는 것은 뜻이 화합하는 데 다른 이가 번거롭게 하더라도 성내고 원망하는 마음을 내지 않는 것"이라 하였고, 비悲라고 하는 것은 "뜻이 이익되게 하는 데 중생들을 잘 따르도록 하는 것"이라 하였다.
30. 무릇 방을 나갈 때 존숙尊宿과 부딪쳐서는 안 된다.
31. 회랑을 다닐 때는 노래하며 다녀서는 안 된다.

在寺住法 第四(三十一條)

一 不得强知他事 論他過非

二 不得入他諍事

三 不得傳他惡事

四 不得釘破牆壁

五 不得書門戶及牆壁

六 見殿塔不淨 當掃令淨

七 行不得垂手

八 行不得左右顧視

九 行長直視 看地七尺 勿令蹋蟲蟻

十 若手把物 路逢尊宿 當放一處 如法問訊

十一 不得逾越籬牆 除會衣會夏等緣

十二 不得著木楔 向尊宿前行立

十三 不得通肩被袈裟

十四 常須帶袈裟紐

十五 凡著履楔 先令脚根著地 勿使作聲

十六 洟唾常向屏處

十七 不得門閫上坐

十八 不得脚蹋門限

十九 不得入惡笑處

二十 於春夏秋冬 無切要事 不得遊行

二十一 不得惡口罵人. 如經所說 口業極重 切須慎之

二十二 不得瞋罵風雨

二十三 不得多急行[28] 當學牛王象王之步

二十四 廊下行 不得當其中道

二十五 行須旁一邊 是禮也
二十六 廊下行不得高聲語笑
二十七 大小便須知處所
二十八 無緣事不得入他房院
二十九 常須慈悲 柔和善順 論云 夫言慈者 意在柔和 被他所惱 不生瞋恨 夫言悲者[29] 意在饒益 善順物情
三十 凡出房院 不得衝突尊宿
三十一 廊下行 不得吟詠

제5 사찰에서 생활하는 법 (55조)

1. 항상 정업正業[30]을 부지런히 닦으며, 세속의 잡다한 일을 말해서는 안 된다.
2. 물을 거르는 법(漉水法)[31]은 처음 두레박(水罐桶)을 내릴 때 먼저 물을 휘저어 벌레가 흩어지게 한다.
3. 삼중三重으로 된 촘촘한 명주密絹를 써서 세심하게 물을 걸러야 한다.

---

28 원문에는 不得多行으로 되어 있으나 不得多急行으로 바로잡았다.
29 원문에는 夫言慈者로 되어 있으나 夫言悲者로 바로잡았다.
30 정업正業: 출가인이 해야 할 정업은 좌선·송경·권화중생勸化衆生이다.
31 물을 거르는 법(漉水法): 바일제법波逸提法에 생물을 보호하기 위해 벌레가 있는 물을 마시거나 사용하는 것을 금한다. 그 때문에 물 거르는 주머니로 물을 거른다.

4. 두레박을 올리고 내릴 때 우물 네 벽에 부딪치게 해서는 안 된다.
5. 두레박을 올려서 우물 입구에 이르면 법대로 두레박의 가로대를 씻고 그 뒤에 잡고 잘 닦아 말린다.
6. 물을 거를 때는 두레박이 우물 입구에서 나오게 하며, 물이 주머니 밖으로 떨어지게 해서는 안 된다.
7. 물을 부을 때 거르지 않은 물이 물동이에 들어가게 해서는 안 되며, 만약 들어갔으면 전부 다시 걸러야 한다.
8. 여름에는 하루가 지난 물에는 벌레가 생긴다. 이른 아침에 길은 물에도 낮에 벌레가 생겨 있으면 반드시 다시 걸러야 한다.
9. 겨울에 얼음이 얼어 있으면 일찍 일어나서 물을 거르면 안 된다. 물이 주머니에 남아 있으면 벌레가 곧 얼어 죽기 때문이다.
10. 해가 돋아서 따뜻해졌을 때 물을 걸러야 한다. 그 두레박과 물주머니는 안팎이 있으니 법대로 세심하게 물을 부어야 하며, 벌레가 다 없어진 뒤까지 그냥 두어야 한다. 물 거르는 법은 행하는 모양이 지극히 어려운데, 여기서는 간략히 설명하였다.
11. 마른나무를 땔 때 벌레가 있을까 의심스러우면 잘게 쪼개어서 살펴봐야 한다.
12. 항상 불을 살펴서 실수로 불을 내는 일이 없도록 하라.
13. 만약 내의를 세탁할 때는 반드시 이와 서캐(蟣虱)를 잡아내어야 한다.
14. 발과 양말을 씻을 때는 반드시 하나의 대야(盆)³²를 써야 한다.

---

32 분盆: 대야. 일분一盆이란 깨끗한 옷(袈裟)을 빠는 대야와 구별하는 의미이다. 깨끗하지 않은 것을 씻는 대야를 촉분觸盆이라고 한다.

15. 법복(淨衣)을 씻는 대야에 발이나 양말을 씻어서는 안 된다.
16. 법복을 깨끗하게 빨아 말릴 때 부정한 것을 말리는 횃대(觸竿)[33]에 널면 안 된다.
17. 옷을 씻을 때는 반드시 물병을 사용하여 손을 깨끗이 한 뒤에 구기나 바가지(桶杓)를 잡아야 한다.
18. 세탁을 마치면 맑은 물로 사용한 대야 등을 닦아서 깨끗이 해야 한다.
19. 발을 씻고 나면 반드시 물을 사용해서 다시 손발에 부어 깨끗이 해야 한다.
20. 여름철 더울 때에 대야를 다 썼으면 깨끗이 씻어서 엎어 말리는 것이 마땅하다. 뒤집어 놓았다가 벌레가 생기게 해서는 안 된다.
21. 상上·중中·하좌下座[34]에서 항상 예절이 있어야 한다.
22. 상·중·하좌에서 의미 없는 말을 해서는 안 된다.
23. 음담패설(穢語)을 해서는 안 된다.
24. 일을 벌일 때에는 공손하게 스승의 뜻을 여쭈어 지혜(慧解)가 생기기를 구한다.
25. 항상 늙고 병들고 죽는 일을 생각하고, 신구의 삼업三業을 부지런히 채찍질하여 속세를 벗어나도록 해야 한다.

---

33 횃대(觸竿): 촉간觸竿은 부정不淨한 것이 닿는 횃대이므로 양말이나 버선, 하의下衣 등을 말린다.
34 상上·중中·하좌下座: 『비니모론毘尼母論』권6에 무랍無臘에서 9랍까지를 하좌下座, 10랍에서 19랍까지를 중좌中座, 20랍에서 49랍까지를 상좌上座라고 한다. 50랍 이상은 기숙耆宿·장숙長宿이라 한다.

26. 항상 부끄러워하는 마음을 가져서 4가지 은혜(四恩)에 보답하고, 삼유三有를 도울 것을 생각한다.
27. 삼보三寶의 경지는 만나기 어렵다는 생각을 해야 한다.
28. 마땅히 사념처四念處[35]를 관하고, 대소승의 경론에 준거하여 생각 가운데 항상 자비를 더하며 보리의 마음을 일으켜야 한다.
29. 삼보의 물건[36]을 잘 보호하고 아끼는 것이 마땅하고 손실되는 일이 있어서는 안 된다.
30. 물기 있는 발우를 의자(繩床)나 침상 또는 자리 위에 놓아두어서는 안 된다.
31. 만약 상주常住의 삼보물[37] 등을 손상시켰으면 배상하여 준비해 놓는 것이 마땅하다.
32. 자리에 앉을 때는 먼저 다리를 살펴보고, 만약 다리가 땅에 닿지 않았으면 경박하게 앉아서는 안 된다.
33. 의자나 침상 등이 노지露地에 있는 것을 보거든 반드시 거두어

---

35 사념처四念處: 신신·수受·심심·법법을 관觀하는 관법觀法. 정淨·락樂·아我·상常의 4가지 전도된 생각을 깨뜨린다.

36 삼보의 물건: 불물佛物·법물法物·승물僧物. 부처에게 바치는 물건은 불물. 승가에게 보시된 것은 승물이라고 한다. 삼보물은 소속이 다르기 때문에 호용互用을 금한다.

37 삼보물: 불·법·승에 소속하는 영구적인 재물. 원림園林·전당殿堂 및 실내에 비치되어 있는 가구 등이다. 비구는 이러한 것을 이용할 수는 있지만, 마음대로 처분할 수는 없다. 상주물과 삼보물을 구별하는 해석도 있다. 그러나 삼보물 가운데 중물重物(대중이 공동으로 사용하는 것)과 경물輕物(옷·음식·발우 등 개인 소유물)이 있는데, 중물이 상주물에 해당한다.

두는 것이 마땅하다.

34. 좋은 의자(好橙) 등을 햇볕에 놓아두고 약물 등으로 쬐지 말라.
35. 걸상을 옮길 때는 끌지 말고 들어서 옮기는 것이 마땅하다.
36. 방이나 기둥 등의 비스듬한 곳에 물병을 놓아두어서는 안 된다.
37. 가사를 입을 때는 항상 반드시 매듭을 매어야 한다.
38. 더러운 손으로 가사를 만져서는 안 된다.
39. 가사를 씻을 때는 손으로 비비거나 발로 밟아 빨아서는 안 된다.
40. 입에 물을 머금어 가사에 뿜지 말라.
41. 가사를 벗어서 접을 때 입으로 물거나 발로 밟아서는 안 된다.
42. 가사를 앉아서 입어서는 안 된다.
43. 경전을 잡을 때는 반드시 먼저 비누(皂莢)로 손을 씻어야 한다.
44. 깨끗한 수건에 손을 닦았으면 수건을 볕에 말리는 것이 마땅하다.
45. 반드시 원내의 상이나 자리가 깨끗한지 더러운지를 알아야 하고 더러우면 깨끗이 청소해야 한다.
46. 일을 할 때나 물건을 씻을 때 5조 가사를 입어야 한다. 만약 없으면 7조 가사를 반대로 펴서 입어도 된다.
47. 상석을 깨끗이 청소할 때는 먼저 먼지를 털어내고 물걸레로 닦아낸다.
48. 무릇 약藥[38]·차·소금 등 일체 먹을 수 있는 것을 받아 오려고

---

[38] 약藥: 율에서 약이라고 할 때는 음식물도 포함한다. 4가지로 나눈다. ①시약時藥: 보통의 음식물. 이것은 정오 이전에 받아서 제때에 먹는다. ②비시약非時藥: 정오 이전에 마셔도 되는 주스류. ③7일약藥: 7일간 보존해 두어도 좋은 약. 수酥·유油·밀蜜·생수生酥·석밀石蜜의 5가지. 버터나 설탕 등의 맛있는 음식을

할 때는 다 먹을 수 있는지를 생각하여 때에 따라서 그것을 받도록 해야 한다. 많이 받아서 묵혀 두어서는[39] 안 되나니, 깊이 삼가야 할 일이다. 사람들이 이것을 어기는 경우가 많다.

49. 물바가지를 사용할 때 물에 들어가는 부분은 다 같이 깨끗하지만, 늘 잡는 부분은 더럽다. 만약 깨끗하면 잡아도 된다.

50. 만약 병자가 있으면 마땅히 자비한 마음으로 처음부터 끝까지 그를 간호하여야 한다. 또 방에 사람이 잠잘 때 물건을 떨어뜨려서 소리를 내거나 큰 웃음소리를 내서는 안 된다.

51. 만약 밖에서 돌아오면 사찰 문이나 관關에서부터는 천천히 걸어서 사람들을 놀라게 해서는 안 된다.

52. 절을 나가고자 할 때는 마땅히 절의 스님에게 말하여 거처를 알려야 한다.

53. 대소변이 보고 싶을 때는 제때에 바로 가야지 급해져서 위의를 잃어서는 안 된다.

54. 모름지기 손을 모아 병을 잡아야지 손을 늘어뜨려서 옷이나 병이 바닥에 닿게 해서는 안 된다.

55. 문 잠그는 일을 꼼꼼히 해야지 게으르고 소홀히 하여 잃어버리는 것이 있어서는 안 된다.

말한다. ④진형수약盡形壽藥: 좁은 의미의 약. 이것은 수시로 받아서 보존한다. 언제까지나 가지고 있어도 좋다.

39 묵혀 두어서는: 시약·비시약 등은 저축해 둘 수 없다. 이튿날이 되면 먹을 수 없으므로 바일제법의 숙식계宿食戒에 위반된다.

在院住法 第五(五十五條)

一 常修勤正業 不得空談世事

二 漉水法 初下水鑵桶 先且動水令蟲散

三 須用三重密絹 細心濾水

四 水鑵桶上下 不得榰著井四邊

五 水桶上至井口 須如法澆洗水桶橫梁 然後把之拭暴令乾

六 濾水時桶從井口出 不得令水滴濾羅外

七 瀉水不得濺入盆水中 若有滴落 更須再濾

八 夏熱時 經宿水則有蟲生. 早朝取水午時蟲生 彌須再濾

九 嚴冬有冰[40] 不得早起濾水. 水著濾羅 蟲則凍死

十 候日出暖時方濾水. 其桶及羅 唯須表裏 如意細淋使蟲盡方休. 濾水之法 行相極難 今且略說

十一 然枯乾柴竹疑似有蟲 即須細破看之

十二 每須檢挍火燭 勿令失火

十三 若洗內衣 須拾去蟣虱

十四 洗足及襪 須用一盆

十五 洗淨衣盆 不得洗足及襪

十六 凡暴淨衣 不得安觸笁上

十七 凡濯衣要用水缾[41] 淨手把其桶杓

十八 凡洗濯了 當用淨水盪盆器令淨

十九 凡洗足了 須用水再淋手足令淨

---

[40] 원문에는 嚴冬有水로 되어 있으나 嚴冬有冰으로 바로잡았다.
[41] 원문에는 凡灌衣要用水缾으로 되어 있으나 凡濯衣要用水缾으로 바로잡았다.

二十 夏月熱時 用水盆了 當蕩滌覆之令乾. 不得仰 仰卽蟲生

二十一 於上中下座 常存禮節[42]

二十二 於上中下座 不得出無義之語

二十三 不得談話穢言

二十四 所作事業 勤問師義 求生慧解

二十五 常念老病死 策勤三業 行出世行

二十六 常懷慙媿 念報四恩旁資三有

二十七 於三寶境 生難逢難值想

二十八 當觀四念處約大小乘經論所明 於念念中 常加慈悲 發菩提之心

二十九 當護惜三寶物 不得損失

三十 濕鉢不得安繩床板床及席上

三十一 若有損費常住三寶物等 當倍備之

三十二 凡坐床先看脚 若未平著地 不得輒坐

三十三 見繩床板床在露地 當須收之

三十四 不得將好凳 安日中晒藥物等

三十五 凡欲移坐床 不得拖曳 當須擎移

三十六 屋柱邪處 不得安水缾

三十七 著袈裟常須帶紐

三十八 不得觸手捉袈裟

三十九 洗袈裟不得手按 亦不得脚蹋

四十 不得口含水噴袈裟

---

[42] 원문에는 當存禮節로 되어 있으나 常存禮節로 바로잡았다.

四十一 摺袈裟不得口銜 亦不得脚蹋

四十二 不得坐著袈裟

四十三 凡欲把經先 須皁筴洗手

四十四 淨巾拭手 當暴令乾

四十五 須知院內床席觸淨觸者 當須淨之

四十六 凡所作務 及洗漱須著五條. 若無反披七條許之

四十七 凡淨床席 先去塵垢 須濕巾拭之

四十八 凡欲受藥茶塩 及一切堪食之物 料量當喫 取盡逐時受之. 不得多受 令有殘宿 深須愼之. 人多喜犯

四十九 凡用水杓 齊入水處是淨 常當把處是觸. 若淨不得把之

五十 若有病者 當慈心始終看之. 房院有人睡時 不得打物作聲 及高聲語笑

五十一 若從外歸 院門或關當復緩打 不得驚人

五十二 凡欲出院 當白院中僧 令知去處

五十三 覺欲大小便 當須早去 不得臨期失則

五十四 須揖手把瓶 不得垂手衣觸缾底

五十五 凡關門戶當須子細 不得疏慢 致有去失

제6 방안에 머무는 법 (32조)

1. 자기보다 법랍이 5년(五夏)[43] 이상 높은 사람과 함께 같은 침상을

---

[43] 오하五夏: 하안거를 5회 지낸 승려. 율에서 3세 비구는 의자에 같이 앉을 수 있다고 한다.

써서는 안 된다.
2. 도반과 함께 방을 쓰게 되면 서로 잘 보호하고 소란스럽게 다투지 말아야 한다.
3. 방안에서는 항상 마음을 써서 서로 인사하며, 누가 법랍이 높은지 낮은지 알아야 한다.
4. 만약 좋은 말을 얻었거나 잃었다면 곧 환희를 구해야지 하루를 넘겨 죄업을 지어서는 안 된다.
5. 서로 칭찬해야지 서로 등지고 헐뜯어서는 안 된다.
6. 다른 사람의 방에 갈 때는 같은 방에 있는 사람에게 거처를 알려야 한다.
7. 7조 가사를 입으려고 하면 모름지기 미리 앞에 5조 가사를 입어야 한다.
8. 5조 가사를 벗을 때는 7조를 입어야 하니 가사에서 벗어나서는 안 된다.
9. 불을 가지고 방에 들어가려면 문밖에서 방 안에 있는 사람에게 "불 들어갑니다." 하고 말하여야 한다.
10. 등불을 끌 때 입으로 불어서 끄면 안 된다.
11. 등불을 끄려면 방 안에 있는 사람에게 "불이 더 필요하십니까?" 하고 물어본다.
12. 방 안에 사람들이 이미 누워 있으면 책 읽는 소리를 내서는 안 된다.
13. 무릇 방 안에서 염송하고자 하면 큰소리를 내서는 안 된다.
14. 자기가 아랫자리에 있으면 힘들고 어려운 일(苦事)을 먼저 한다.

15. 무릇 좋은 일이 있으면 먼저 상좌에게 미루고, 더욱이 양보하는 것은 바다에서 판자를 양보한 비구(海板比丘.)[44]의 법과 같이 하라.
16. 좋지 못한 일을 말해서는 안 된다.
17. 서로 헐뜯고 비난하며 희롱하는 말법을 익혀서는 안 된다.
18. 서캐나 이(蟣虱)를 잡아서 방바닥에 놓아두어서는 안 되고, 솜으로 싸서 조용하고 편안한 곳(穩便處)에 두는 것이 마땅하다.
19. 행주좌와行住坐臥 하거나 출입할 때에도 모름지기 가사를 몸에 입고 있어야 한다.[45]
20. 설령 대소변을 보려고 출입할 경우에도 가사를 입고 있어야 한다.
21. 누울 때는 모름지기 베개를 편하게 해야 하며, 자리를 더럽히면 안 된다.
22. 누울 때는 모름지기 오른쪽 옆구리(右脇)[46]가 바닥에 닿도록 해야 하고, 얼굴은 밖을 보도록 해야 하며, 벽을 보며 누워서는 안 된다.
23. 몸을 반듯이 바로 누워 발을 포개거나 왼쪽 옆구리로 누워서는 안 된다.
24. 옷을 다 벗어 벌거벗은 몸으로 누워서는 안 된다.

---

44 판자를 양보한 비구: 배를 타고 가다가 해난을 만났을 때 판자를 얻은 나이 어린 비구가 그 판을 상좌에게 양보하여 그를 도왔다는 이야기이다. 『대장엄론경』 권3에 나온다.
45 가사를 몸에 입고 있어야 한다: 리삼의계離三衣戒에서 비구는 항상 삼의를 소지하는 규칙이 있다.
46 우협右脇: 좌협은 탐욕인의 자세. 엎드려 눕는 것은 아귀와餓鬼臥라고 한다. 『마하승지율』 권35에 상세하다.

25. 누울 때 삼의三衣⁴⁷를 다리 아래쪽으로 두어서는 안 된다.

26. 행주좌와 하는 중에 나쁜 일을 생각해서는 안 된다.

27. 밤에 누울 때는 밝고 좋은 모습을 생각하는 것이 마땅하다.

28. 여름철에는 이부자리나 방석·가사·내의 등을 볕에 잘 말려야 한다.

29. 신을 걸어둘 적에 사람 머리 위로 지나거나 얼굴에 닿게 해서는 안 된다.

30. 몸에 따르는 옷들은 모름지기 정결하게 해야 하고, 기름때나 땀이 배어 있게 하지 말라.

31. 노지露地에 등불을 놓아두어서는 안 된다.

32. 방안은 항상 정결하게 해야 하며, 어지럽혀서는 안 된다.

在房中住法 第六(三十二條)

一 不得共大己五夏人同床

二 與同類人共房 每須相護 勿令喧競

三 房中常作意 更相問訊 須知大小

四 若有得失言語 卽須乞歡喜 不得經宿 結其罪業

五 互相讚美 不得背相毁說

六 凡欲向餘房院 白同房人令知去處

七 摺七條 須預前著五條

八 若脫五條 則須著七條 不得離處

---

47 삼의三衣: 승가리(大衣)는 9조~25조, 울다라승(上衣)은 7조, 안타회(內衣)는 5조이다.

九　凡欲持火入房　至門外預告房內人知　云火欲入

十　凡欲減燈火不得口吹

十一　欲滅燈火須問同房人　更用燈否

十二　房中及並房人已臥　讀書不得出聲

十三　凡欲念誦　不得高聲

十四　己是下座　苦事先作

十五　凡是好事　先椎上座　益讓如海板比丘法

十六　不得談話　不善之事

十七　不得互相譏諷　習誦戲論之法

十八　不得拾蟣虱於房中地上　當用綿絮裹之安穩便處

十九　行住坐臥　出入袈裟　亦須近身

二十　設令大小　出入袈裟　亦須近身

二十一　臥須安枕　不得污席

二十二　臥須右脅著床席　面當看外　不得看壁

二十三　不得仰身　累足左脅而臥

二十四　臥不得赤體

二十五　臥不得三衣致脚後

二十六　行住坐臥　不得思惟惡事

二十七　夜臥當念明相

二十八　夏中薦席衣裳須晒暴

二十九　凡掛鞋履　不得過人頭　致人面上

三十　緣身衣裳須淨潔　勿令垢膩及污氣

三十一　不得露然燈燭

三十二 房中常須淨潔 不得狼籍

제7 나보다 5년 이상인 아사리를 대하는 법 (22조)

1. 나보다 5년 이상 위인 아사리阿闍梨[48]에게는 반드시 가사 매듭을 매어야 한다.
2. 윗사람을 대할 때 통견通肩[49]으로 가사를 입어서는 안 된다. 경전에서는 "비구여, 부처와 승려 및 상좌를 대할 때는 통견으로 가사를 입어서는 안 되나니, 죽어서 철갑지옥鐵鉀地獄에 떨어지느니라."고 하였다.
3. 다리를 꼬거나 기대어 서서는 안 된다.
4. 손을 늘어뜨리고 서서는 안 된다.
5. 아무 때나 웃으며 이야기해서는 안 된다.
6. 서는 법은 앞의 '스님을 모시는 법'에서 말한 것과 같다.
7. 만약 훈계하시는 말씀이 있으면 예禮를 드리는 것이 마땅하다.
8. 모름지기 겸손한 마음(謙卑心)을 내어야 한다.
9. 사람들 앞에서 부스럼이나 가려운 데를 긁어서는 안 된다.
10. 사람들 앞에서 가래침을 뱉어서는 안 된다.

---

48 아사리阿闍梨: 스승사師. 궤범사軌範師라고 번역한다. 5가지 아사리가 있다. 출가아사리·교수아사리·갈마아사리·수경아사리·의지아사리. 다만 여기에서는 특수한 아사리를 대상으로 하지 않고 일반적으로 자기보다 5년 많은 선배에 대한 예의를 말하고 있다.

49 통견通肩: 통양견법通兩肩法의 약칭. 양어깨를 모두 덮는 방법.

11. 사람들 앞에서 양치질을 해서는 안 된다.
12. 아직 앉으라고 하지 않았는데 경솔하게 먼저 앉지 말라.
13. 같은 자리에 함께 앉아서는 안 된다.
14. 자기보다 5년 이상 위인 사람이 항상 앉고 눕는 곳에 함부로 앉거나 누우면 안 된다.
15. 무릇 구족계를 받고서 5년 이상이 되면 아사리의 지위가 되고, 10년 이상이 되면 화상和尙이 된다. 모름지기 그것을 잘 알아야 한다.
16. 윗사람이 앉으라고 하면 반드시 합장하고 몸을 굽힌 뒤에 앉는다.
17. 앉아서는 예의 없이 자기 마음대로 이리저리 몸을 흔들거나 기대어 서는 안 된다.
18. 만약 말씀드릴 게 있으면 겸손하게 해야지, 이기려고(上分) 해서는 안 된다.
19. 입을 크게 벌려 하품해서는 안 되고, 손으로 입을 가려야 한다.
20. 손으로 얼굴을 문질러서는 안 된다.
21. 큰소리로 기침하거나 한숨 쉬어서는 안 된다.
22. 앉을 때는 몸을 엄숙하고 단정히 하는 것이 마땅하다.

對大己五夏闍梨法 第七(二十二條)

一 對大己五夏闍梨 須帶袈裟紐
二 不得通肩被袈裟 經云 比丘對佛僧及上座 不得通肩披袈裟 死入鐵鉀地獄
三 不得邪脚倚立

四　不得垂手立

五　不得非時喧笑

六　立如前事師法

七　若有教誡　當須設禮

八　須作謙卑心

九　對人不得抓瘡

十　不得對人前洟唾

十一　不得對人嚼楊枝

十二　未喚坐不得輒坐

十三　不得共同床坐

十四　不得坐大己五夏人　常坐臥處床

十五　夫五夏已上卽闍梨位　十夏已上是和尙位　切須知之

十六　尊人喚坐　須合掌曲躬　然後乃坐

十七　坐不得無禮自恣倚東西

十八　若有所言語須謙下　不得取上分

十九　不得張口欠去　當以手遮之

二十　不得以手埒面

二十一　不得大噓氣作聲

二十二　坐當須端身定住

제8 두 때[50]에 공양하는 법 (60조)

1. 세 번 종소리가 울리면 곧바로 하던 일을 쉬고 먼저 잠시 출입[51] 한다.
2. 먼저 비누(皁莢)로 손을 씻어 깨끗이 한다.
3. 군裙[52]을 입을 때 너무 높거나 낮게 하지 말고, 항상 다리의 복사뼈와 나란히 한다.
4. 7조 가사를 입을 때 마땅히 가로로 입어서(橫披)[53] 장삼의 의령衣領과 가지런히 하고 바로 팔 위로 늘어뜨려서 반은 어깨를 덮도록 한다.
5. 발우를 들고 식당에 갈 때 손을 깨끗이 수건으로 닦고 중지로 발단鉢單(발우를 올려놓는 깔개)을 잡아야 한다.
6. 식당에 이르러서 공양이 아직 끝나기 이전에는 항상 손가락과 손바닥을 깨끗이 잘 보호하여 더러워지지 않도록 한다. 설령 당에서 경전을 잡았더라도 번거롭지만 다시 손을 씻어야 하고, 다만 향으로 깨끗이 하는 것은 괜찮다.

---

50 두 때: 정오 전에 한 번 먹는 것이 정식이지만 점차로 이른 아침의 전식前食(小食. 죽)과 정오의 후식後食(大食)의 2식食으로 되었다. 중국에서는 이것을 신죽晨粥과 중재中齋라고 한다. 정오 이후의 식사는 비시식계非時食戒에 의해 금지되어 있다.
51 출입: 화장실에 다녀오는 것. 다음에 의복을 정돈한다.
52 군裙: 내의內衣라고 한역한다. 허리에 매는 옷. 내의를 가지런히 입는 것은 중학법 衆學法의 처음에 제정되어 있다.
53 가로로 입어서(橫披): 율에는 없는데, 편삼編衫(長衫) 위에 겹쳐서 오른쪽 어깨를 덮는 옷이라고 한다.

7. 발우의 바깥 중 위에서 3분의 2 되는 부분은 깨끗이 하고 아래 1등분만 닿도록 한다.[54]

8. 발우를 잡아 씻고 물을 부을 적에 높이 들어서는 안 된다. 마땅히 허리를 굽히고 머리를 숙여 물을 붓되 발우가 땅에서 일측수一側手 (1자 8치) 정도 떨어지게 해야 한다.

9. 사미에게 발우를 건네줄 때에도 비구가 발우 닦는 수건(夾巾)[55]을 잡는 법과 마찬가지이다. 수건을 잡고 사미에게 발우를 들게 해서는 안 된다. 잘못을 범하는 경우가 극히 많지만 번거롭게 다 적을 수 없다. 사람들이 이것을 많이 범하는데, 그냥 발우를 가지고 가면서 자기가 발우 닦는 수건을 잡고 가는 것은 괜찮다.

10. 마지막 종(歛鐘)[56] 소리가 나기를 기다려서 곧 법대로 발우 닦는 수건과 발우를 들고 숟가락과 젓가락을 몸쪽으로 향하도록 한다.

11. 발우를 너무 높이 들거나 낮게 들어서는 안 되고, 가슴에 닿도록 한다.

12. 존숙尊宿의 문 앞에서 떨어져서 행랑 기둥 곁으로 다녀야지 행랑 가운데로 다녀서는 안 되며, 다니면서 웃거나 떠들어서도 안 된다.

13. 상좌와 함께 나란히 걸어가면 안 되고, 상좌가 앞에서 가도록

---

54 속은 깨끗해야 하고, 바깥은 위에서 3분의 2까지 깨끗해야 한다. 이 부분을 부정한 것에 닿지 않도록 한다. 이 설명은 율장에는 없지만, 여기에 제시된 것은 발우 속에 받은 음식 이외의 것이 들어가면 숙식계宿食戒를 범할 염려가 있기 때문일 것이다.

55 발우 닦는 수건(夾巾): 식건食巾에는 전날의 국물 등이 묻어 있기 때문에 이것과 발우가 접촉되는 것을 꺼리는 것이다.

56 마지막 종(歛鐘): 타종을 마칠 때의 종소리. 이 종이 끝나면 방을 나온다.

양보해야 한다.

14. 걸을 때는 일곱 자 정도 앞의 땅을 내다보며 똑바로 걸어야 한다.
15. 급하게 걸으면 안 되고, 상서庠序(학교)에서는 위의를 갖춘 모습을 볼 수 있도록 해야 한다.
16. 처음 식당에 들어가면 문의 양쪽 옆을 따라서 발을 들여놓아야 하고, 나올 때도 마찬가지이다.
17. 앉을 자리에 이르면 먼저 발우 닦는 수건을 놓고, 다음에 발우를 놓은 뒤에 손으로 버선을 벗어서 의자 아래에 가지런히 놓는다.
18. 예불을 하기 위해 좌구坐具를 내어 펼 때도 손을 사용한다.
19. 예배를 하고 난 뒤 좌구를 거두면 바로 상에 올라가서 앉아야 하고, 맨땅에 꿇어앉거나 서 있으면 안 된다. 반드시 종소리가 끝나려고 하면 바로 일어서며 땅바닥에 꿇어앉지 않는다.
20. 상 위에 앉아서 종소리가 끝나기를 기다릴 때는 좌구를 두고 상 앞에 나아가서는 안 된다.
21. 상 위에 오를 때 다리의 복사뼈가 드러나서는 안 된다.
22. 앉을 때 내의가 비껴 나와서는 안 된다.
23. 당에 들어갔을 적에 마지막 종소리가 울리고 있으면 예배를 하고 좌구를 거둔 뒤에 상에 올라가서 앉아야 하고, 의복을 상에 걸쳐놓아서는 안 된다.
24. 향 공양할 때 손을 옷소매 깊숙이 넣어서는 안 되고 마땅히 손을 내어야 하며, 합장하고 웃으면서 말하면 안 된다.
25. 번번이 음식을 남기거나[57] 모자란다고 찾아서는 안 된다.
26. 만약 차례에 따라[58] 큰소리로 부처의 이름을 말할 때(唱禮)는 한

부처에게 한 번 예배를 올려야 한다. 너무 급하게 하거나 느리게 해서는 안 되고, 예배할 처소를 잘 얻어야 한다.

27. 차례에 따라 범패를 할 때 게찬偈讚을 모두 다 해야 하고, 범패를 반쯤만 해서는 안 된다. 사람들이 적을 때에도 찬불게송을 다 해야지 생략해서는 안 된다.

28. 만약 대중 스님들의 규칙을 어겨 근신 중인 이에게는 벌칙으로 절을 시키려고(白椎)[59] 이름을 부르면 곧 내려와야 하고, 어기거나 거역해서는 안 된다.

29. 가로로 입고 있는 것을 잘 수습해야 하고, 앉아서 가사를 입어서는 안 된다.

30. 발우를 닦는 수건을 펼칠 때 가장자리를 손톱으로 집고, 손가락 면(指面)이 닿아서는 안 된다.[60]

31. 발우를 닦는 수건을 펼 때는 상의 귀를 가장자리와 가지런히 해야 한다.

32. 발우는 항상 무릎 가리개 수건(膝巾)[61]과 따로 있어야 하고, 손을

---

57 음식을 남기거나: 음식을 발우에 받을 때 다 먹을 수 없을 만큼 많이 받으면 안 된다.

58 만약 차례에 따라: 당번當番·직일直日·유나維那 등 한 사람이 한 부처씩 열 부처에게 10례를 한다.

59 벌칙으로 절을 시키려고(白椎): 유나가 추를 치고 합장하며 이 사람의 이름을 불러 벌배罰拜를 시킨다.

60 손가락 면이 닿아서는 안 된다: 손가락은 밥 먹을 때 사용하기 때문에 그 이전에 손가락이 식건에 닿게 되면 악촉惡觸을 범하는 것이 된다.

61 무릎 가리개 수건(膝巾): 무릎을 덮어 음식물이 옷을 더럽히지 않도록 하는

무릎 위에 올려놓아서는 안 된다.

33. 발우의 물을 상 앞에 흘려서는 안 된다.

34. 받으려는 모든 음식은 그릇이나 발우가 상에서 벗어나 있어야 한다.[62]

35. 음식을 먹을 때는 굶주린 사람처럼 급하게 먹어서는 안 되며, 발우를 들어서 입을 가리고 먹어야 한다. 또 음식을 뺨이 불룩하게 가득 넣어 마치 원숭이가 음식을 머금고 있는 것처럼 해서는 안 된다.

36. 음식을 받을 때는 손바닥이 보이도록 뒤집어야[63] 한다.

37. 음식을 받을 때 정인淨人이 잡은 주걱을 잡고 스스로 덜어내서는 안 된다.[64]

38. 주걱을 건네어 정인에게 주고 스님의 발우에서 음식을 취해서는 안 된다.

39. 무릇 음식을 받을 때 의심하는 마음이 있으면 마땅히 불안한 마음(漫心)을 짓게 된다. 불안한 마음이라고 하는 것은 이른 아침에 죽을 받는 것과 같지 않아서 정인이 잘못 말할 우려가 있기에 마땅히 '죽은 모두 받아야 한다.'[65]고 생각하는 것이다. 나머지

수건이다.
[62] 수식계受食戒에 의해서 비구는 다른 이가 주는 것을 스스로 받은 음식물이 아니면 먹을 수 없다. 그릇이나 발우가 상床에 놓여 있어서는 수식受食이 성립되지 않는다는 의미이다.
[63] 손바닥이 보이도록 뒤집어야: 훔칠 생각이 없다는 것을 보이기 위한 것이다.
[64] 스스로 덜어내서는 안 된다: 스스로 음식을 취하면 불수식계不受食戒를 범하는 것이 된다.

일체 음식을 골고루 받을 때도 그렇다.

40. 음식을 받고자 할 때 만약 극심克心[66]을 지었는데, 생각한 음식과 받은 음식이 서로 어그러지게 되면 음식을 받은 것이 아니게 되니 다시 거듭 받아야 받은 것이 된다. 극심이라고 하는 것은, 예를 들면 시죽豉粥을 받으려고 했는데 받고 보니 콩죽(豆粥)이 된 것과 같은 것이니 마음과 경계(心境)가 서로 어그러진 것이다.

41. 음식을 받을 때 정인이 떡가루(餠屑)나 채즙菜汁 등을 흔들어 발우의 여기저기에 흩어져 떨어지면 반드시 다시 받아야[67] 한다.

42. 죽을 생반生飯[68]하려고 하면 깨끗한 숟가락을 정인의 생반 그릇(出生器)에 떠놓아서는 안 된다. 만약 떠놓았으면 다시 숟가락을 받아야 한다.

43. 받을 음식은 먹을 양의 많고 적음을 생각하여 남기는 것이 있어서는 안 된다.

44. 음식을 먹을 때 크게 뭉치거나 들어 마시며 소리를 내서는 안 된다.

45. 생반의 떡은 동전 반(一半錢) 정도의 크기로 해야 하고, 밥은 일곱

---

65 죽은 모두 받아야 한다: 골고루 받는다(普受)는 뜻이다. 모든 종류의 음식을 받는다는 마음을 갖는다. 만약 죽을 받는다는 생각을 하였는데, 받은 것이 밥이면 수식이 성립하지 않기 때문에 받을 음식의 종류가 분명하지 않을 때는 골고루 받는 마음을 가지게 된다.

66 극심克心: 받으려는 음식물의 종류를 마음으로 정하고 받는 것이다.

67 반드시 다시 받아야: 떨어진 음식(落食)은 받은 음식이 아니기 때문이다.

68 생반生飯: 중생, 즉 아귀나 귀자모 등에게 주는 음식을 내놓는 것을 말한다. 귀신에게 1분을 준 뒤에 공양을 시작한다.

낱알에 불과하도록 하며, 그 밖의 음식도 많아서는 안 된다.

46. 생반하는 음식(出生食)은 일일이 법대로 해야 한다.[69]
47. 생반하는 음식에는 버리는 나쁜 음식물이 들어가서는 안 된다.
48. 생반하는 법은 상의 가장자리의 얕은 곳에 두어 정인이 가져가게 해야지 자기 손을 사용해서는 안 된다. 손을 깨끗이 보호하는 데 마음을 두어야 한다.
49. 숟가락으로 발우를 긁어서 소리를 내어서는 안 되며, 더운물로 씻어야 한다. 발우의 광택을 손상하지 않기 위해서이니, 만약 발우의 광택이 손상되면 발우는 곧 기름때가 묻어 씻기 어렵게 된다.
50. 입을 크게 벌리고 숟가락에 가득 밥을 떠서 발우에 흘리거나 숟가락에 남겨 지저분하게 해서는 안 된다. 또 상좌가 있으면 먼저 먹지 않는다.
51. 한 입 크기의 밥도 모름지기 숟가락으로 두 번 떠서 먹어야 하고, 숟가락을 바로 입에 넣어야 한다.
52. 국물을 흘리지 않도록 하고, 발우를 닦는 수건 위에 떨어진 밥알 등을 먹어서는 안 된다.
53. 음식 수건 위에 발우를 놓고 먹어서는 안 된다.
54. 음식 수건 위에 음식이 떨어지면 주워먹어서는 안 되고, 한곳에 모아 두었다가 정인에게 주는 것이 좋다.
55. 밥에 덜 벗겨진 곡물(穀)이 있으면 껍질을 벗기고 먹어야 한다.

---

[69] 출생식出生食: 출중생식出衆生食의 줄인 말이다. 떡이나 밥 등을 사용한다. 나물 등은 내지 않는다.

56. 발우에 음식이 남았더라도 방에 가져가서 먹어서는 안 된다.
57. 상주常住의 1식食 이외의 것을 방에 가지고 가려면 곱절로 갖추어 놔야 한다.
58. 먹을 때는 모름지기 참괴심을 내어 항상 관법을 지어야 한다.
59. 죽을 먹으면 10가지 이익十利[70]이 있음을 알아야 한다. 자세한 것은 게송 중에 밝힌 것과 같다.
60. 음식을 베풀고자 할 때 오상五常이 있음을 알아야 한다. 첫째 색色, 둘째 역力, 셋째 수명壽命, 넷째 안락安樂, 다섯째 무애변無礙辯이다.

二時食法 第八(六十條)

一 聞三下鐘 卽須息務 先且出入
二 先用皁莢洗手令淨
三 凡所著裙 不得太高 不得太低 常須齊整 可齊脚踝
四 著七條當令橫披 共衣領齊 直下臂上 半覆肩膊
五 欲把鉢上堂 又須淨手 於巾上拭手令乾 中指夾巾
六 至堂食未了已前常須護手指面及掌 不得觸. 設使堂頭把經 手不勞更洗 但以香淨卽得

---

70 『마하승기율』 제29에 10가지 이익에 대한 두 게송이 있다. 10가지 이익은 색色·힘(力)·수壽·락樂·사辭·청변淸弁·숙식宿食·풍風을 제거하고 기飢·갈渴을 해소한다.

持戒淸淨人所奉 恭敬隨時以粥施 十利饒益於行者 色力壽樂辭淸弁
宿食風除飢渴消 是名爲樂佛所說 欲生人天常受樂 應當以粥施衆僧.

七 其鉢盂外 三分之中 二分向上爲淨 下一分爲觸

八 凡把鉢滌蕩瀉水不得高. 當須曲腰低頭瀉水 令鉢去地一側手

九 若令童行過鉢 亦同比丘夾巾之法. 不得把巾 令童行捧鉢. 過生極多 不能繁述. 人多犯此 若單令過鉢 自夾巾彌善

十 待歛鐘聲發 卽如法夾巾把鉢 令匙柄向身

十一 把鉢不得太高 不得太低 則當胸

十二 須離尊宿門前 當旁廊柱 不得在廊中心行 又不得喧笑

十三 不得共上座並行 須讓上座前行

十四 行須直視地七尺

十五 不得急行 當庠序令威儀可觀

十六 初入食堂 隨門頰擧足 出時亦爾

十七 至所坐處 先放巾 次放鉢 後手指夾取鞵履安床下

十八 當抽坐具 開張亦用指夾

十九 禮拜收坐具 卽上床坐 不得在地而跪 及在地立. 必若鐘聲欲斷 乃可且立 不得跪地

二十 凡上床坐待鐘斷 不得留坐具 致床前席上

二十一 凡欲上床不得露脚踝

二十二 坐時不得令內衣出

二十三 入堂未歛鐘 禮拜且收坐具 上床坐不得令衣服垂著床緣

二十四 行香之時 不得籠手 須出手合掌不得語笑

二十五 不得輒剩索飮食

二十六 若當次唱禮 須一佛一禮. 不得太急太緩 令須得所

二十七 當次作梵 須盡偈讚 不得半梵. 人衆少時 亦須盡其偈讚 不得略

二十八 若違僧制聞白椎聲卽下 不得違拒

二十九 當須收攝橫帔 不得坐著袈裟

三十 開食巾邊指甲 不得觸著指面

三十一 敷食巾時 令與床薦緣齊

三十二 碗鉢常須離膝巾 不得安手致膝上

三十三 不得傾鉢中水 瀝滴床前

三十四 凡所受食 須令盌鉢離床

三十五 凡所喫食 不得太急 猶如餓人 又須把鉢盌就口. 又不得食滿頰邊 如獼猴藏

三十六 凡所受食須仰手

三十七 凡所受食 不得把匙筯 於淨人手中 自抄撥取

三十八 不得過匙筯與淨人 令於僧食器中取食

三十九 凡欲受食 有疑 當作漫心. 言漫心 未如早朝受粥 恐淨人錯唱 當作念一切粥皆受. 餘一切食皆受類然

四十 凡欲受食 若作克心 受得食了 心境相違 食不成受 更須重受 方乃得成. 言克心者 如受豉粥 受了乃是豆粥 名爲心境相違

四十一 凡欲受食 淨人抖擻餅屑及以菜汁等 迸落盌器中 必須更受

四十二 凡欲出生粥 不得令淨匙拄著 淨人出生器中. 若著處 卽須更受匙

四十三 凡所受食 量喫多少 不得有餘

四十四 凡欲喫食 不得太攪 及啜飮作聲

四十五 凡所出餅生 當如一半錢大 飯不過其七粒 自餘其飯食 亦不得多

四十六 凡所出生食 須事事如法

四十七 出生食 不得將所棄惡食物置生中

四十八 凡出生法 須安床邊淺處 令淨人掠取 不得自用手拈. 意在護手

四十九 不得用匙筯刮鉢盌作聲 當用湯水滌蕩取. 卽不損鉢光 若損鉢光 鉢卽受膩難洗

五十 不得大張口 滿匙抄飯 令遺落鉢中 及在匙上狼籍. 又上座不應先食

五十一 凡一口之飯 須匙頭二抄食 令匙頭直入口

五十二 不得遺落醬片(汁)[71] 飯粒等落在巾上而食

五十三 不得安致食巾上而食

五十四 若有食遺落食巾上 不得取食 當押聚安一處 付與淨人

五十五 飯中有穀 去皮食之

五十六 鉢盌中 若有餘殘 不得將歸房院

五十七 常住一食已外將歸院 須倍備之

五十八 所食須生慚媿 常作觀法

五十九 須知喫粥有十利. 具如偈中明之

六十 須識施食五常 一色 二力 三壽命 四安樂 五無礙辯

---

71 원문에는 不得遺落醬片으로 되어 있으나 '片'이 '汁'의 오자인 듯하여 不得遺落醬汁으로 바로잡았다.

제9 공양을 마치고 식당을 나오는 법 (10조)

1. 대중이 있는 데서 공양을 마치고 입을 헹굴 때 소리를 내서는 안 된다.[72]
2. 대중이 있는 데서 공양을 마치고 발우나 다른 곳에 물을 뱉으면 안 된다.
3. 범패 소리가 들리면 합장하고 게송을 외운다.
4. 공양이 끝나고 그만 먹겠다는 생각을 했으면 군침을 삼켜서는 안 된다.
5. 상을 내려올 때 다리의 복사뼈가 드러나서는 안 된다.
6. 공양을 마치고 당을 나올 때 먼저 문의 양쪽 옆 가장자리를 들어야 한다. 숟가락을 잡는 부분이 몸쪽으로 향하도록 하고, 발우를 가슴 높이까지 오도록 잡고, 고개를 들어 두리번거려서는 안 된다.
7. 공양을 마치고 당을 나와서 아직 방이나 가려진 곳에 이르지 않았으면 침을 뱉어서는 안 된다.
8. 식당 문을 나오면 마땅히 회랑의 한쪽 옆으로 가는데, 위의를 갖추는 것은 학교에서와 같이 기러기처럼 줄 맞추어 간다.
9. 머리를 맞대어 웃고 말하면서 차례나 질서를 잃어서는 안 된다.
10. 식당을 나오고 싶으면 먼저 가로로 걸친 옷을 잘 수습하여 가사를 정리하고, 요란하지 않게 차례대로 가야 한다.

---

72 공양이 끝나면 정인이 물을 준다. 그것으로 입을 헹구고 다음에 식후의 게송을 외운다.

食了出堂法 第九(十條)

一 衆中食了 不得漱口作聲
二 衆中食了 不得吐水置鉢碗中及餘處
三 聞處世界梵 合掌念偈
四 食了已作斷心 不得咽津
五 下床不得令脚踝露
六 食了出堂先 擧門頰邊脚 當令匙柄向身 執鉢當胸 不得顧視
七 食了出堂 未至院中 及屛處不得吐唾
八 出堂門外 須旁廊一邊行 令威儀庠序 雁行而行
九 不得並頭語笑令失次
十 欲出堂先收攝橫帔 整理袈裟 勿令僚亂 依次而行

제10 발우 씻는 법 (17조)

1. 식당에서 나와 방안으로 돌아가면 먼저 발우를 물에 담가야 한다.
2. 큰 그릇 하나에 물을 담고 그릇 속에 세제(皁莢)를 두 치가량 풀어 담그도록 한다.
3. 입안을 헹굴 때는 재(灰)와 버드나무 가지(楊枝)를 사용하고, 마땅히 가려진 곳을 향하도록 한다. 상좌를 마주하여 하면 안 되고, 건넬 때는 손으로 잘 가려야 한다.
4. 발우를 놓는 상이 짧으면 상좌에게 양보한다. 어지럽게 놓아서 다른 발우를 씻는 데 방해되어서는 안 된다.
5. 발우를 씻고자 할 때에는 먼저 옷을 잘 추슬러서 땅에 끌리게

하지 마라.

6. 발우를 씻고자 할 때에는 먼저 청수를 한 번 쓰고, 다음에 그릇 속의 세제를 사용하여 발우를 씻는다. 그릇에 세제의 물을 채워서 식기를 닦는데, 두꺼운 기름때도 모두 씻어서 깨끗하게 해야 한다.

7. 발우를 씻을 때는 먼저 안쪽을 깨끗이 씻고 난 뒤에 나머지를 씻는다.

8. 발우에서 손을 씻으면 안 된다.

9. 발우를 씻으면서 웃거나 말하면 안 되고, 조심해야 한다.

10. 발우를 씻을 때 발우 상의 높이는 한 자 여덟 치(一側手) 정도 되어야 한다.

11. 발우 상 주변에 침을 뱉으면 안 된다.

12. 대야나 바가지의 손잡이를 씻을 때에는 처음 발우를 씻을 때 먼저 닿은 곳을 잡아 씻은 뒤에 바로 물로 바가지 손잡이를 씻고 손으로 잡는다.

13. 발우를 씻고 나면 입으로 발우 가장자리를 핥거나 물을 머금고 입을 헹구면 안 된다.

14. 여름철에는 발우를 씻고 난 뒤 깨끗한 곳에 엎어서 말려야 한다.

15. 무더운 여름철에 아침 일찍 발우를 씻을 때에는 반드시 새로운 물을 사용한다.

16. 만약 하룻밤 지난 물이 있으면 다시 거르고 난 뒤에 발우를 씻어야 한다. 하룻밤 지난 물은 벌레가 생길 수 있다.

17. 죽을 먹고 난 뒤에 단월로부터 밖에서 시식하는 청(外請)을 받을 경우, 자기가 발우를 가져오지 않았으면 세제를 사용해서 다시

깨끗이 씻는다. 물을 것도 없이 항상 그렇게 한다.

洗鉢法 第十(十七條)

一 下堂歸房內 須先以水浸鉢

二 當用一大合水於椀中 浸皁莢可長二寸

三 洗漱用灰及楊枝 當向屛處. 不得對上座 當與手遮

四 鉢床若短 當讓上座. 不得亂安著 妨他洗鉢

五 凡欲洗鉢先須收攬衣裳 勿令著地

六 凡欲洗鉢 先用淸水一徧 次用盌中皁莢汁瀉向鉢中. 仍須盌盛皁莢水 揩摩食器堅膩方得盡 必須淨洗

七 凡欲洗鉢 先洗四邊 次洗餘處

八 不得於鉢洗手

九 洗鉢不得語笑 當須用心

十 洗鉢須令離鉢床 高低可一側手地

十一 不得洟唾於鉢床四邊

十二 淨盌及杓子柄 初洗鉢時 先把觸處洗了 卽以水洗杓柄 方得手把

十三 洗鉢了 不得口銜鉢邊 吸水漱口

十四 夏月洗鉢了 當須淨處覆令乾

十五 夏月熱時 早朝洗鉢 須用新水

十六 若有夜宿水 更須再漉了洗鉢. 恐水經宿有蟲生

十七 喫粥了若受外請 鉢不能隨身 當用皁莢洗. 不問春夏秋冬皆耳

제11 발우를 보호하는 법 (13조)

1. 횃대 아래나 난간 위에 발우를 두어서는 안 된다.
2. 물건을 놓거나 걸어 두는 아래에 발우를 두어서는 안 된다.
3. 나무 등을 쌓아 둔 주위에 발우를 두어서는 안 된다.
4. 바위 위에 발우를 두어서는 안 된다.
5. 과일나무 아래에 발우를 두어서는 안 된다.
6. 과일나무 아래에서 발우를 씻어서는 안 된다.
7. 상의 네 귀퉁이의 위험한 곳에 발우를 두어서는 안 된다.
8. 수건이나 다른 물건을 발우에 담아 두어서는 안 된다.
9. 사미에게 발우의 음식을 주어서는 안 되니, 만약 사미에게 발우의 음식을 주면 부처의 가르침을 어기는 것이고, 또 발우를 깨뜨릴 우려가 있으므로 삼가야 한다.
10. 한 손으로 2개의 발우를 잡아서는 안 되고, 중간에 간격을 두어서도 안 된다.
11. 발우를 가지고 다닐 때에는 발우의 입구 쪽이 밖을 향하도록 해야 한다.
12. 발우를 막대기 끝에 매달아서는 안 된다.
13. 일체 위험한 곳에 발우를 두어서는 안 된다.

護鉢法 第十一(十三條)

一 不得安鉢笐竿下欄干上
二 不得安鉢放懸物下

三 不得安鉢在倚竹木樹枝邊

四 不得安鉢於石上

五 不得安鉢於果子樹下

六 不得在有果樹下洗鉢

七 不得安鉢於床角及四邊 臨危之處

八 不時將手巾盛鉢 及盛餘物

九 不得與童行鉢器食 若與童行鉢器食者 深違佛教 又恐打破 切須忌之

十 不得一手把兩鉢 除中間有隔

十一 若攜鉢隨身行 須鉢口向外

十二 不得掛鉢於杖頭

十三 一切危險處 不得安鉢

제12 대중에 들어가는 법 (12조)

1. 옷을 입을 때에는 모름지기 가지런히 해야 한다.
2. 좌구를 가지고 갈 때에는 팔 위에 걸치고 가야 한다.
3. 앉을 때는 법랍의 많고 적음의 차례를 알아야 한다.
4. 종을 치기 전에 먼저 당堂에 들어가서는 안 된다.
5. 상좌가 앉기 전에 먼저 앉아서는 안 된다.
6. 태도나 표정은 엄숙하고 조용해야 하며, 웃거나 말해서는 안 된다.
7. 상에 오를 때나 내려올 때 반드시 법대로 하며, 무릎이나 복사뼈가 보여서는 안 된다.
8. 앉을 때 몸을 항상 편안하고 단정히 하며, 가볍게 자주 움직여서는

안 된다.

9. 좌우를 두리번거리며 돌아봐서는 안 된다.

10. 하품을 할 때에는 손으로 입을 가려야 하고, 소리를 내서는 안 된다.

11. 부스럼이나 가려운 데를 긁어서는 안 된다.

12. 본업本業만 생각해야 하고, 다른 것에 연연해서는 안 된다.

入衆法 第十二(十二條)

一 著衣須齊整

二 當持坐具安臂上

三 坐須知大小

四 未打鐘 不得先入堂

五 上座未坐 不得先坐

六 當斂容寂默 不得語笑

七 上床下床 當須如法 不得令脚 膊踝露

八 坐須端身安住 不得數動

九 不得左右顧視

十 若欲欠去 當以手遮口 不得作聲

十一 不得抓癢

十二 當念本業 不得餘緣

제13 포살하는 법 (12조)[73]

초록한 글과 같이 포살布薩[74] 의식이 갖추어져 있으므로[75] 여기서는 자세히 적지 않는다.

入堂布薩法 第十三(十二條)
具如鈔文 及布薩儀 此不備述

제14 변소에 가는 법 (20조)

1. 화장실 가고 싶은 것을 느끼면 바로 가야지 때에 임박해서 위의를 잃어서는 안 된다.
2. 두 손을 모아 병[76]을 잡아야 하고 손을 늘어뜨려서는 안 된다.
3. 변소 앞에 이르러서 존숙尊宿이 있는 줄 알면 잠시 피해 주어야

---

73 '포살하는 법'이 12조라고 하였으나 찬술자가 여기에는 기록해 놓지 않았다.
74 포살布薩: 정주淨住라고 번역한다. 비구의 포살은 14일 혹은 15일과 29일 혹은 30일 2번이다. 재가신자의 포살은 8, 14, 15, 29, 30일의 6재일齋日이다. 포살하는 곳을 포살당, 또는 설계당說戒堂이라고도 한다.
75 도안道安 스님이 찬술한 『출가포살법』을 가리킨다. 포살에 관한 자세한 것은 사분율을 기본으로 계율의 행사를 설명한 『사분율행사초四分律行事鈔』의 「설계정의편說戒正儀篇」과 『출가포살법出家布薩法』 등에 있다.
76 병: 촉병觸瓶. 변소에서 용변을 본 뒤 씻는 물이 들어 있다. 이 물병을 가지고 변소에 들어간다. 옛날에는 종이가 없었기 때문에 도선道宣의 시대까지도 이것을 사용하였다.

한다.

4. 변소 앞에 이르러서 세 번 두드리거나 기침 소리를 내어 사람이 없는 것이 확인되면 들어간다.
5. 위아래 옷을 걷으면서 천천히 쭈그려 앉고 천천히 걸어야 한다. 미리 윗옷을 걷어서 몸이 다 드러나도록 하면 안 된다.
6. 밤에 어두울 때에는 막대기(厠篦)[77]를 사용하여 변기 구멍(厠孔) 앞뒤로 휘저어 넓은지 좁은지, 긴지 짧은지, 바르고 바르지 않은지 알도록 한다.
7. 변소의 사방 벽 판자나 문 등에 침을 뱉지 않는다.
8. 막대기를 사용하고 나서는 변소 구멍에 꽂아 두어야지 독이나 판자 위에 두면 안 되고, 글자가 있는 종이를 사용해서도 안 된다.
9. 손은 가까운 쪽을 따라서 병을 잡도록 하고,[78] 일곱 번 물로 씻어야 한다. 깨끗하지 못하면 스님들의 자리에 앉거나 눕거나 합석하지 못한다.
10. 물을 사용할 때는 주의하여 변소 입구의 네 모서리 판자 위에 뿌려 젖게 해서는 안 된다.
11. 많은 사람이 사용하는 곳이므로 변소 밖에 사람이 기다리고 있으면, 아직 볼일이 끝나지 않았더라도 잠시 변소를 나와야 한다.
12. 변소에서 신는 신발을 벗으려면 깨끗하게 신는 신발들 벗는 곳에

---

[77] 막대기(厠篦): 대나무 혹은 나무의 길이 20cm 정도의 것을 삼각으로 만든 것. 용변을 본 뒤에 항문을 닦아내고 다음에 물로 씻는다. 사용한 막대기는 물로 씻어 둔다. 어두울 때는 이것으로 장소를 조사하기도 했다.

[78] 오른손이 닿으면 왼손에 병을 잡고, 왼손이 닿으면 오른손으로 병을 잡는다.

벗어두면 안 된다.
13. 손을 깨끗이 씻을 때는 먼저 황토로 두세 번 닦고, 다음에 부드러운 재와 세제를 쓴다.
14. 항상 막대기를 준비해야지 실수가 있어서는 안 된다.
15. 항상 부드러운 재와 흙을 사용하도록 하고, 모자라서는 안 된다.
16. 변소가 지저분하게 보이면 항상 청소하여 깨끗이 해야 한다.
17. 변소 안팎이 지저분하면 마땅히 청소하여 깨끗이 해야 한다.
18. 변소에 걸어 두는 수건이 더러우면 씻어서 깨끗이 해야 한다.
19. 변소에서 신는 신발이 더러우면 씻어서 깨끗이 해야 한다.
20. 재나 흙을 모아 두는 곳을 지저분하게 해서는 안 된다.

上廁法 第十四(二十條)

一 覺欲出入須早去 不得臨時失儀則
二 須揖手把瓶 不得垂手
三 至廁前知有尊宿 當須避之
四 至廁前彈指三下 或謦欬聲 知無人方入
五 隨高下襃衣 漸蹲漸揎 不得預高 揎衣 令身赤露
六 夜暗黑 當用廁籌 於廁孔中向前後劃 令知闊狹長短 正及不正
七 不得洟唾廁四邊板上 及尿圂中
八 用廁籌了 當刺廁孔中 不須安堈內及板上 不得用文字故紙
九 隨手方便把瓶 當七度用水洗淨. 若不淨不合坐臥僧床席
十 用水切不得濺濕廁口四邊板上
十一 多人之處 若廁有人待 無縱未了且須出廁

十二 若脫觸履 不得安淨鞋 履常所蹋處

十三 手淨摩洗 先用黃土二三度 次用細灰皁莢

十四 常具厠籌 不得失缺

十五 常用灰次用土 不得少欠

十六 見厠狼藉 常掃令淨

十七 見內外狼藉 當掃除去令淨

十八 拭巾不淨 當洗令淨

十九 見觸履不淨 當洗令淨

二十 用土灰處 不得狼藉

제15 말하거나 웃으면 안 되는 시간 (6조)

1. 예불할 때.
2. 설법을 들을 때.
3. 대중들이 모일 때.
4. 공양할 때.
5. 아침에 죽 먹을 때.
6. 대소변을 볼 때.

於六時不得語笑法 第十五(六條)

一 禮佛

二 聽法

三 衆集

四 大食

五 小食

六 大小便

제16 목욕하는 법[79] (16조)

1. 위의를 갖추고 좌구를 챙기는 것이 마땅하다.
2. 존숙이 아직 목욕하지 않았는데 먼저 하면 안 된다.
3. 조심스럽게 병을 잡아야 한다.
4. 손을 늘어뜨려서 병을 잡아서는 안 된다.
5. 손을 모아서 병을 잡아야 한다.
6. 법랍 5년 이상 되는 스님과 함께 목욕하면 안 된다.
7. 처음 옷을 벗을 때 가사를 다른 옷 아래에 두어서는 안 된다.
8. 욕실에 들어가면 가사(淨衣)는 벗어서 걸이에 걸어 두어야 한다.
9. 장삼이나 바지(觸衣)는 벗어서 촉간觸竿[80] 위에 두어야 한다.
10. 욕실 안에서 대소변을 보면 안 되고, 미리 용변을 본 뒤에 들어가야 한다.
11. 목욕할 때에는 먼저 아래부터 씻고[81] 위를 씻어야 한다.

---

[79] 입온실법入溫室法: 욕실의 작법은 『마하승기율』 권35에 있다. 비구는 '반월욕과계 半月浴過戒'에 의해 보름에 1회 목욕한다. 다만 일을 하거나 여행, 그 밖의 특별한 경우에는 여기에 한정하지 않는다.

[80] 촉간觸竿: 부정不淨한 것을 거는 장대라는 뜻으로, 사찰의 목욕실에서 속옷을 거는 장대를 가리키는 말이다.

12. 젖은 수건 끝을 양손으로 잡고[82] 가로로 등을 문지르면 기름때가 떨어진다.
13. 욕실에서는 조용히 해야지 웃고 떠들면 안 된다.
14. 탕 속의 더운물을 더럽히면 안 되고, 손이 더러우면 병의 물로 깨끗이 씻는다.
15. 욕실 안에서 침을 뱉어서는 안 된다.
16. 목욕이 끝나면 앉았던 자리에 물을 뿌려서 깨끗하게 하고, 세제를 지저분하게 흩어 놓으면 안 된다.

入溫室法 第十六(十六條)

一 當具威儀持坐具

二 尊宿未浴 不得先浴

三 要須持瓶

四 不得垂手把瓶

五 當揖手把瓶

六 不得共大己五夏人同浴

七 初脫衣不得將袈裟在餘衣下

八 入浴室內 脫淨衣安淨竿上

---

81 아래부터 씻고: 발 씻는 것을 세洗, 몸 씻는 것을 욕浴이라 한다. 『마하승기율』 권18에 처음에 양 무릎, 양발을 씻고, 다음에 머리·얼굴·허리·등·팔·가슴·겨드랑이를 씻는다 하였다.

82 수건 끝을 양손으로 잡고: 율에는 욕실 내에서 다른 사람의 등을 씻어 주거나 다른 사람에게 씻어 달라고 하는 것이 금지되어 있다.

九　脫觸衣安觸竿上

十　不得浴室內大小便　當須預出　入然後方入

十一　洗浴先從下洗上

十二　當用濕手巾　兩手各把一頭橫安背上　抽牽垢膩卽落

十三　當須寂默　不卽喧笑

十四　不得汚觸湯水　手若不淨　當用餅水淨之

十五　在浴室內　不得洟唾

十六　浴了當用湯水洗潑坐處令淨　不得皁莢狼藉

제17 화상아사리를 보고 일어나지 않아도 되는 경우 (5조)

1. 병이 깊을 때.
2. 머리 깎을 때.
3. 공양(大食)할 때.
4. 아침에 죽 먹을(小食) 때.
5. 자기가 설법 등을 하며 높은 자리에 있을 때.

見和尙闍梨不起法 第十七(五條)

一　病重時

二　剃髮時

三　大食時

四　小食時

五　已在高座時

제18 화상아사리를 보고 절하지 않는 경우 (11조)

1. 불전에 있을 때.
2. 전이나 탑 앞에 있을 때.
3. 대중이 모였을 때.
4. 병들었을 때.
5. 독경이나 설법을 하며 높은 자리에 있을 때.
6. 스승이 누워 있을 때.
7. 스승의 발우를 씻거나 머리를 깎을 때.
8. 스승이 발을 씻고 있을 때.
9. 스승이 양치질하거나 세수를 하고 있을 때.
10. 스승이 마을에서 걸어가고 있을 때.
11. 스승이 목욕 및 대소변을 볼 때.

見和尙闍梨不得禮法 第十八(十一條)

一 在佛前
二 在殿塔前
三 衆集時
四 病時
五 高座時
六 師臥時
七 師洗鉢 及剃髮時
八 師正洗足時

九 師正嚼楊枝灌漱時

十 師在聚落道行

十一 師洗浴及大小便時

제19 화상아사리의 병을 간호하는 법 (12조)

1. 부모처럼 생각하며 효도하고 봉양한다.
2. 냄새나고 더러운 것이 있어도 싫어하면 안 된다.
3. 항상 탕약을 잘 준비해 드려야 한다.
4. 싫어하는 음식을 드리지 않도록 한다.
5. 음식은 항상 과하거나 부족함이 없도록 한다.
6. 옷을 잘 세탁해 드려야 한다.
7. 자주자주 더러운 것을 치워 드려야 한다.
8. 부지런히 향을 사르도록 한다.
9. 항상 춥고 더움에 따라 옷이 두껍고 얇음이 알맞도록 한다.
10. 항상 등불을 갖추도록 한다.
11. 항상 세심하게 마음을 써야 하고, 거칠게 해서는 안 된다.
12. 항상 관세음보살을 염하여 스승이 받는 고통이 빨리 쾌차하기를 바란다.

看和尙闍梨病法 第十九(十二條)

一 懷孝養心 作父母想

二 不得嫌有臭穢

三 常經營湯藥

四 所忌之食不與食

五 飲食常令得所

六 洗濯衣裳

七 數除糞穢

八 勤燒香

九 常令衣被 厚薄得所

十 常具火燭

十一 常須作意細心 不得麤燥

十二 常念觀音菩薩 願師病苦痊愈

제20 상좌를 존중하는 법 (16조)

1. 상좌上座를 보면 일어나서 맞이해야 한다.
2. 상좌가 앉기 전에 먼저 앉으면 안 된다.
3. 상좌가 아직 공양을 받지 않았는데 먼저 공양을 받으면 안 된다.
4. 상좌가 아직 먹지 않았는데 먼저 먹으면 안 된다.
5. 상좌에게 이기고 짐을 다투어서는 안 된다.
6. 좋은 일이 있으면 먼저 상좌에게 미루어야 한다.
7. 상좌가 하는 일이 옳지 못한 것이 있으면 마땅히 부드러운 말로 간하여야 하고, 꾸짖거나 욕하면 안 된다.
8. 상좌에게 꾸지람을 들으면 부드러운 말로 참회하여야 한다.
9. 상좌가 있는 주변에서 헐뜯거나 비방하면 안 된다.

10. 상좌에게는 항상 마음을 낮추어 겸손하고 존경해야 한다.
11. 상좌에게 꾸지람을 듣더라도 화내서는 안 되고, 상좌에게 순종해야 하며 어기면 안 된다.
12. 상좌가 부르는 일이 있으면 상좌에게 순종해야 하며, 명을 거역하면 안 된다.
13. 걸어갈 때는 길을 양보해야 하고, 앉을 때는 자리를 양보해야 한다.
14. 힘든 일이 있으면 자리로 내려가서 그 앞에서 먼저 해야 한다.
15. 상좌 앞을 다니면 안 된다.
16. 상좌를 보면 마땅히 인사를 해야 하고, 소란스럽게 하거나 업신여기면서 옳고 그른 일을 따져서는 안 된다.

敬重上座法 第二十(十六條)

一 見上座須起迎接
二 上座未坐 不得先坐
三 上座未受食 不應先受食
四 上座未食 不應先食
五 於上座不得爭勝
六 凡有勝事先推上座
七 上座行事不是當軟語設諫 不得呵罵
八 被上座呵罵 當軟語懺謝
九 於上座邊 不得輒有譏諷
十 於上座常下心謙敬

十一 被上座嫌罵 不得當瞋 當順上座 不得有違

十二 如請之事 當順上座 不得違命

十三 行須讓路 坐須讓位

十四 凡有苦事 下座前行先作

十五 不得在上座前行

十六 見上座當問訊 不得喧鬧謾 說是非之事

제21 절 마당을 청소하는 법 (8조)

1. 재나 흙먼지가 날리게 해서는 안 된다.
2. 땅이 건조하면 물을 뿌리고 잠시 기다린 후에 쓸도록 한다.
3. 바람을 거슬러 쓸어서는 안 된다.
4. 깨끗하게 쓸고, 자국이 남아 있어서는 안 된다.
5. 사람을 등지고 쓸어서는 안 된다.
6. 가벼운 것을 쓸어서 무거운 곳으로 모아야 한다.
7. 더러운 것을 문짝 뒤나 다른 곳에 모아 두어서는 안 된다.
8. 다 쓸고 난 뒤에는 삼태기나 빗자루 등은 가려진 곳에 보관한다.

掃地法 第二十一(八條)

一 不得灰土飛起

二 地若乾燥 當以水洒停 少時然後乃掃

三 順風掃 不得逆掃

四 須淨掃 不得有遺跡

五 不得背人

六 掃輕就重

七 不得聚糞土 安戶扇後及餘處

八 掃地了 箕帚送於屏處

제22 물병을 사용하는 법 (10조)

1. 항상 병을 깨끗이 하고 물을 가득 채워 두어야 한다.
2. 사람들이 다니는 길에 병을 두면 안 된다.
3. 물병을 사용할 때는 땅에 쭈그리고 앉아서 쓰고, 물이 옷에 튀거나 젖게 해서는 안 된다.
4. 세수하고 양치할 때 입으로 병 주둥이를 물어서는 안 된다.
5. 재(灰)로 병을 문질러서는 안 된다.
6. 병을 위험한 곳에 두어서는 안 된다.
7. 여름철에는 자주 물을 갈아 두어야 한다.
8. 병을 놓아두되 발우 씻는 상 위에 두면 안 된다.
9. 병을 잡을 때에는 두 손을 모아 잡아야 하고, 손을 늘어뜨리면 안 된다.
10. 병에 물을 채워 넣을 때 물동이 위에서 해서는 안 되니, 더러운 물이 깨끗한 물에 튈 수 있기 때문이다.

用水缾法 第二十二(十條)

一 常令淨缾滿

二 不得缾當人路

三 用水缾當須蹲地 不得濕著衣裳

四 洗漱不得口含缾觜

五 不得用灰摩缾

六 不得安致危險之處

七 夏熱時 頻須換水

八 不得安缾致洗鉢床上

九 凡把缾當須揖手 不得垂手

十 添缾不得在盆水上 恐觸水滴淨水中

제23 마을에 들어가는 법 (30조)

1. 일이 규범에 맞더라도 도반[83]이 법에 맞지 않으면 마을에 들어가지 않는다.
2. 일이 규범과 맞지 않으면 도반이 법에 맞더라도 마을에 들어가지 않는다.
3. 일과 도반이 함께 법에 맞지 않으면 마을에 들어가지 않는다.
4. 일과 도반이 함께 법에 맞을 때 비로소 마을에 들어간다.
5. 업무가 없으면 속가에 들어가서는 안 된다.
6. 설령 업무가 있더라도 혼자 들어가서는 안 된다.
7. 업무가 없으면 자주 시장에 들어가서는 안 된다.

---

83 도반: 정오 이후 마을에 들어갈 때는 반드시 도반을 필요로 한다. 바일제법에 규정이 있다.

8. 마을에 들어갈 때에는 항상 물병을 가지고 다녀야 한다.

9. 만약 마을에 들어가서 묵게 될 때는 마땅히 삼의三衣[84]와 좌구, 물병과 물병 넣는 주머니(水袋甁) 등을 가지고 있어야 한다.

10. 걸어갈 때에는 일곱 자 정도 땅을 똑바로 바라보고 걸으면서 개미나 벌레 등을 밟지 않도록 한다. 만약 도반과 함께 갈 때에는 일곱 자 정도 거리를 두고 가는 것이 좋다.

11. 위의를 갖춰 다녀야 하고, 급하게 걸어 다녀서는 안 된다.

12. 멀리 관인官人이나 술 취한 사람이 보이면 그곳을 피해야 한다.

13. 손을 늘어뜨리거나 팔을 흔들며 걷지 않는다.

14. 길에서 여인과 함께 걸어가서는 안 된다.

15. 길에서 비구니나 여인과 함께 말해서는 안 된다.

16. 오신채五辛菜를 먹거나 술을 마신 사람과 함께 가서는 안 된다.

17. 도살장이나 술 파는 집에 들어가서는 안 되지만, 초청받은 것은 제외한다.

18. 남자가 없는 집에 들어가서는 안 되지만, 초청받은 것은 제외한다. 도반이 있으면 가도 된다.

19. 여색女色을 파는 집에 들어가서는 안 된다.

20. 속가에 들어가서 앉고 일어설 때 4가지 위의를 갖추어 속인들이 좋은 마음이 생기도록 해야 한다.

21. 항상 깨끗함을 잘 지켜야 한다.

---

84 삼의三衣: 리삼의계離三衣戒에 의하면, 하룻밤 잠잘 때는 반드시 삼의를 소지해야 한다. 삼의와 발우·좌구·여수낭은 비구의 6물物로 반드시 몸에 지니고 있어야 한다.

22. 설령 오래전부터 잘 알고 있던 속인의 집이라 하더라도 만약 들어가고자 할 때는 먼저 문을 두드려 본 뒤에 들어가야 한다.
23. 여인과 함께 말해서는 안 된다.
24. 이익(利養)을 구하기 위해 삿된 방편(邪命)으로 교화하여 속인의 마음을 움직여 그 보시(惠施)를 받으려고 해서는 안 된다.
25. 자기의 덕을 드러내어 칭찬하면서 다른 비구를 욕하면 안 된다.
26. 웃고 떠들어서는 안 된다.
27. 세간의 하찮은 일을 말해서는 안 된다. 법어를 말하여 선심善心이 생기게 해야 한다.
28. 마땅히 속인의 뜻을 잘 보호해 주어서 공경하고 믿는 마음을 잃지 마라.
29. 말로만 자선慈善하여 다른 사람을 번뇌에 시달리게(龘獷) 해서는 안 된다.
30. 항상 육근을 수습하여 방일해서는 안 된다.

入聚落法 第二十三(三十條)

一 事如法 伴不如法 不應往
二 事不如法 伴如法 亦不應往
三 事伴俱不如法 亦不應往
四 事伴俱如法應往
五 無功緣不得入俗家
六 設有功緣 亦不得自入
七 無緣事不得數入廛市

八 凡入聚落 要將水缾隨身

九 若入聚落宿 當持三衣坐具水袋缾等

十 行須直視 看地七尺 勿蹋蟲蟻. 若得伴共當須相去七尺

十一 當具威儀 行不得急

十二 遙見官人 及醉人 當須避之

十三 行不得垂手掉臂

十四 在道不得共女人行

十五 在道不得共尼師女人共語

十六 不得與喫五辛飲酒人同行

十七 不得入屠家及沽酒家 除請召

十八 不得止無男子家 除請召. 有伴則往

十九 不得入衒賣女色家

二十 入俗家坐起 具四威儀 當令生善

二十一 常須護淨

二十二 設是慣舊俗人家 若欲入須打門 然後方入

二十三 不得共女人語話

二十四 不得邪命敎化 擊發俗人 令其惠施

二十五 不得自讚己德 毀餘比丘

二十六 不得喧笑

二十七 不得說世間閑事 當須說法語 增其善心

二十八 當護俗人意 勿令失敬信心

二十九 發言慈善 不得麤獷

三十 常攝六根 不得放逸

○위와 같이 교계敎誡 465조를 간략히 서술하였고, 나머지 행해야 할 것은 계본戒本[85]에 갖추어져 있다. 모름지기 은근히 청하고 물어서 계율에 따라 마땅히 모습을 판별한다면 곧 부처의 지위(甘露灌頂)를 받고 불성(醍醐心)에 들어가 이익되고 윤택함이 끝이 없을 것이고, 스승에게 가르침을 받는 근본이 될 것이다.

○上來敎誡 略述四百六十五條 餘有行相 具在戒本. 當須慇懃請問 隨戒辨相 則甘露灌頂 醍醐入心 利潤無涯 師承有本矣.

새로 배우는 비구들에게 율의를 지키는 법을 가르쳐 경계함.
敎誡新學比丘行護律儀 終

---

85 계본戒本: 여기에서는 『사분율』의 계본을 가리킨다.

교계신학비구행호율의 후서教誡新學比丘行護律儀後序

우리 부처께서 도학을 상세히 여실 적에 사물의 기미에 깊이 통달하시고서 수장首長으로서 위의를 삼가하였기에 결국에는 덕업을 원만히 이루었으나 숨겨 드러내지 않았다. 그러니 안으로는 먼저 날뛰는 마음을 그치게 하여 작은 것도 나타내지 말아야 하고, 밖으로는 반드시 아주 작은 행실이라도 유순하게 해서 모든 행동거지의 바탕이 되도록 해야 할 것이다. 이것을 실천하기 위해서 온갖 행실을 알아두어야 하니, 이것은 매우 고상하고 어려운 수행이 아니라 지극히 명확하고 쉽게 볼 수 있는 것들이다. 아주 작은 것이라도 지극히 삼가하여 조금 넘치려고 할 초기에 막아야 한다. 세밀한 것까지 규범(鎩)을 두었으니 무성한 잡초는 싹이 막 트려 할 때에 모두 베어내어 견고한 불심만 남게 해야 할 것이다. 선대의 옛 현인들을 자세히 살펴보면 후배들이 와서 공부하겠다고 하면 사양하지 않으면서 서로 생각이 같아지게 하고자 하였다. 그렇기 때문에 뜻이 대대로 이어져서 교화가 끊어짐이 없고 그치지 않아서 종남산의 꽃다운 자취가 이어진 것이다. 아! 앞으로도 적멸의 광채가 이어질 것이니, 해탈상에 앉아서 백억세계에 참된 바람을 전파시켜 감로수로 축수하고 삼천세계에 지혜의 물이 적셔질 것이다. 두루 권좌의 법도로 공손함과 바른 행동을 하면 후생들은 명철하게 될 것이니, 그대들은 행동을 조심하면서 여러 뜻을 가지기 바라며 이것에 의지하여 행동하기를 바란다. 행동거지가 사람의 윤리를 초월한다면 인간계와 천계를 공경하고 우러러보려는 마음이 생길 것이고, 불법이 세상에 머문다면 승려와 속인들은 존경하며 의지할 것이니, 모두 같은 배에 탄 것처럼 매우 깊이 이 불법을 숭상하게 될 것이다.

전영지前靈芝에 주석하는 약눌若訥이 적다.

吾佛詳開道學 深達物機 首令收攝於威儀 畢遂圓成於德業 莫現乎隱. 內先戢於狂心 莫顯乎微 外必柔於細行 皆是四儀之素. 踐可爲百行之先知 非甚高而難行 盖至明而易見. 毫釐致謹 杜橫流於濫觴之初. 纖悉加劘 翦滋蔓於發萌之始 蕪穢都盡貞實獨存. 視先代之古賢 意不多讓 俾後生之來彥 思欲相齊. 是則代代有承化化無絶 非止紹終南之芳躅. 抑將聯寂默之華輝 坐觧脫床 播眞風於百億 壽甘露雨 霑慧澤於三千. 普令鹿暴之庸 同肅安庠之雅 來尒明哲 愼尒攸爲 願諸有志 依而行之. 俾儀止超倫 生人天之敬仰 佛法住世爲道俗之瞻依 普與同舟深崇斯道.

前靈芝住山若訥述

이상은 선율사 교계신학 의식 총 23장이다. 그 사이에 상세히 출입과 동작에 대해 하나하나 모두 법칙이 있으니, 처음 출가한 사람에게는 마음을 삼가게 하는 나침반이 될 것이며 계율의 중요한 규범이 될 것이다. 판각한 지 세월이 오래되어 흔적도 없이 사라졌기에 이미 배우려고 하는 사람들은 보고 들을 곳이 없게 되었다. 그래서 온갖 것들을 행하려 할 때 수행하고 보호하는 법을 알 수가 없어 모두 용렬함에 떨어졌으니 참으로 한탄스럽다.

지금 이미 다행히 이 판본을 얻게 되어 문득 정말 기쁘고 축하하면서 마침내 많은 자본을 들여서 장인에게 판각하게 하고 오래도록 전하게 하였다. 간절히 바라나니 새로 배우는 비구들은 이 가르침대로 따라 하면 위의가 볼만할 것이고 모든 행동거지에도 법도가 있을 것이다. 법문의 큰 그릇이 될 때 승보에게는 복전이 될 것이니, 실로 여기에 힘쓰지 않을 수 있겠는가.

대명 선덕 8년 계축년(1433) 초여름 4월 여래결제일

대보은사 견밀실 비구 보성寶成이 삼가 적는다.

항주부 해녕현 허촌 길상사 벽봉 중간 인행 만력 계미년(1583) 12월 길일.

右宣律師敎誡新學儀 凡二十三章. 其間纖悉出入動用 一一皆有法則 誠初出家者之司南 律儀之要範也. 板行世久而湮沒 旣學者無所聞見. 則於百凡動用之際 罔知行護之法 率 皆墮於庸鄙 良可歎也. 今旣幸獲此本 輒自欣慶 遂捐長資 命工繡梓 以壽其傳. 切願新學之士 一遵此訓庶 威儀之可觀 進止之有度. 至若成法門之大器 爲僧寶之福田 實其於此也 可不勉哉.

大明宣德八年歲次癸丑 孟夏四月如來結制日

大報恩寺堅密室比丘寶成謹題

杭州府 海寧縣 許村吉祥寺 璧峯重刊印行 萬曆癸未 季冬吉日

금대 조양관[86]

혜조慧照 스님이 주석하고 계신 곳에 칙령이 내리기를, 비구 주영周

榮과 수좌 홍음洪音이 『석씨요람』을 중간하였으니, 법사 혜조慧肇의 간청에 의한 것이었다. 전에 이미 써 놓은 서문이 있으니 후서에 게송 1수를 다시 설하노라. 원컨대 『석씨요람』을 새롭게 중간하는 일이 덕이기를 바라며 읊는다.

불일에 인몰되고 먼지에 덮인 거울을	佛日湮微鏡掩塵
하루아침에 환하게 밝혀준 현인이 있다네.	一朝開郎有賢人
금대의 혜조는 어둠 속의 광명과 같이	金臺慧照光明夜
전당[87]의 깨끗한 월륜에 다시 나타나셨네.	重顯錢塘淨月輪

가정 기축년(1529) 3월 19일 후암 종림宗林이 기록하다.

金臺朝陽關裏
勅賜慧照注山 比丘周榮 與其座元洪音 重刊釋氏要覽 盖因法師慧肇之勸請也 前旣爲序 後復說偈一首 以願能新之德云 佛日湮微鏡掩塵 一朝開郎有賢人 金臺慧照光明夜 重顯錢塘淨月輪
嘉靖己丑 季春十有九日 朽菴宗林 志

---

86 금대金臺 조양관朝陽關: 현재 중국 북경시 조양구朝陽區.
87 전당錢塘: 지금의 절강성浙江省.

찾아보기

【ㄱ】

가나제바迦那提婆 125
가리제모訶利帝母 84
가야사다伽耶舍多 139
가율제가迦栗提迦 246
가제迦提 246
갈라람羯羅籃 50
갈란탁가羯蘭鐸迦 304
갈마지羯磨地 296
갈마타나羯磨陁那 286
감실(龕子) 353
강복降服 356
강장絳帳 155
개경開經 97
거애擧哀 365
거창擧唱 158
건남鍵南 50
건추犍椎 274, 309
걸식乞食 86
검소환희儉素歡喜 212
격의格義 138
견취見取 223
결계結界 296
결택決擇 225
경물經物 377

경사 법장經笥法將 123
경탈敬脫 133
경행經行 246
계본戒本 28
계사戒師 164
계율의 호랑이(律虎) 120
계향戒香 139
고병故病 66
고야왕顧野王 144
고집苦集 39
골신骨身 371
공명의公明儀 375
공서적公西赤 375
공주共住 286
공처空處 35, 38
공초公超 154
광과천廣果天 35
광음천光音天 35
괘석掛錫 241
괘탑掛搭 271
교진여憍陳如 299
구라俱攞 372
구자국龜茲國 168
구적求寂 368
구지九地 37

군裙 423
궤범사軌範師 25
귀묘鬼廟 298
귀자모鬼子母 84, 298
극초郄超와 손작孫綽 134
근문根門 181
근위根位 51
근진根塵 279
금사자좌金師子座 168
급고 장자給孤長者 302
기갈寄褐 318
길우 법사吉友法師 129

【ㄴ】
나락가捺洛迦 54
나찰녀羅刹女 152
난제難提 139
남달국藍達國 171
남전藍田 133
논사論師 162
『논형論衡』 141
니리가泥犁迦 54
니리야泥黎耶 54
니살기尼薩耆 343

【ㄷ】
다문향多聞香 139
다비茶毘 367
단말마斷末摩 348

단식段食 80
달친達嚫 102
달친나達嚫拏 102
담분귀噉糞鬼 261
담영曇影 166
대목건련大目乾連 304
대범천大梵天 35, 40
대신변상大神變相 302
대지선사大智禪師 270
대천세계大千世界 43
덕병德瓶 179
덕향德香 139
도리천忉利天 33
도림道林 134
도반道伴 454
도솔천兜率天 34
도안 법사道安法師 133, 153
도융道融 166
도탈度脫 23
도풍道風 139
도형道馨 159
동사東司 261
동안사東安寺 134
동자부인童子婦人 359
두건頭巾 360

【ㅁ】
마갈국摩竭國 139
마귀(魔) 200

마누사摩㝹沙 47
마융馬融 155
마천䂺摩天 34
마혜수라천왕摩醯首羅天王 41
말노사未奴沙 46
멸빈滅擯 295
명문이양名聞利養 201
명상明相 71
명천名天 44
모도毛道 52
모발조위毛髮爪位 51
목련目連 268
묘향妙香 95
무거처無去處 54
무구안無垢眼 129
무량광천無量光天 35
무량정천無量淨天 35
무명無明 372
무번천無煩天 35
무상고공무아無常苦空無我 232
무상당無常堂 339
무상대귀無常大鬼 306
무상無常 329, 349
무상원無常院 339
무상천無想天 35, 40, 59
무색계無色界 35
무색계천無色界天 45
무소유처無所有處 35, 36
무소유처지無所有處地 38

무애지無礙智 205, 221
무여열반無餘涅槃 177
무열천無熱天 35
무진등無盡燈 125
무진재無盡財 312
묵빈默擯 295
미로산彌盧山 333
미천석彌天釋 133

【ㅂ】
바라婆羅 52
바라문婆羅門 172
바일제波逸提 93
반월半月 98
반자가단니半者珂但尼 67
반자포선니半者蒲善尼 66
발라사거鉢羅奢佉 51
발저鉢底 89
발제跋提 96
방생傍生 305
백법白法 228, 257
번뇌(有漏) 45
번뇌마煩惱魔 200
범단梵檀 295
범보천梵輔天 35
범엽范曄 155
범음梵音 96
범중천梵衆天 35
범행梵行 212

법개法開 134
법곡자法曲子 320
법수 선사法秀禪師 308
법식法食 69
법인法忍 228
법장法匠 161
법표法彪 158
벽운碧雲 136
벽지불辟支佛 372
변견邊見 223
변정천遍淨天 35
보리분법菩提分法 194
보살계菩薩戒 164
보청普請 284
보청법普請法 272
보청普請 369
복생천福生天 35
복애천福愛天 35
복호선나僕呼善那 63
부견符堅 133
부낭浮囊 178
부도浮圖 371
부쇄타裒洒陁 287
부정식不正食 67
부청赴請 90, 285
북주北洲 59
분소焚燒 367
분위分衛 86
불괴不壞 371

불선법不善法 196
불전불후佛前佛後 59
불지佛智 220
불타사나佛陀斯那 161
불타야사佛陀耶舍 154
불환과不還果 202
비담공자毘曇孔子 163
비상비비상처非想非非想處 36
비상비비상처지非想非非想處地 38
비석飛錫 237
비유譬喩 224
빈다바나貧陀婆那 280
빈두로賓頭盧 298

【ㅅ】

사견邪見 223
사나바사舍那婆斯 280
사념처四念處 410
사념청정지捨念淸淨地 38
사라舍羅 287
사라화娑羅花 355
사리闍梨 70, 364, 370
사리불舍利弗 99
사마死魔 200
4무구성無垢性 194
사바세계娑婆世界 332
404병病 80
사병寫瓶 124
사부정四不定 256

사선四禪 35
사선구천四禪九天 38
사성보장四聖寶藏 194
사성제四聖諦 196
사십구재(累七齋) 326
사악취四惡趣 43
사안謝安 134
사왕천四王天 33
사유四維 42
사은四恩 21
사절四絶 126
사주四洲 37, 43
사중四衆 204
사천왕四天王 299
사타捨墮 343
삭장削杖 359
산지천散地天 45
삼계三界 32
삼귀의三歸依 320
삼도三塗 58, 170
삼마지三摩提 215
삼매三昧 215
삼발라가다三鉢羅佉多 78
삼보리三菩提 212
삼선三禪 35
삼선삼천三禪三天 37
삼유三有 21, 39
삼일재三日齋 324
삼장三藏 63

삼장재三長齋 317
삼천대천세계三千大千世界 42
삼학三學 152
상계上界 44
상복 제도(服制) 356
상분相分 213
상수어上首語 148
상주물常住物 291
상주상주물常住常住物 291
상탑床榻 280
색계色界 35
색계천色界天 45
색구경천色究竟天 35
색심色心 31
색욕色欲 33
생맹음아生盲瘖瘂 59
생정천生淨天 44
생천生天 44
서다림逝多林 248
석도안釋道安 121
석문 호련釋門瑚璉 123
석문의 천리마釋門千里駒 121
석지흥釋智興 329
선견천善見天 35
선교善巧 148, 346
선국禪鞠 220
선권방편善權方便 168
선대禪帶 216
선사禪肆 280

선상禪床 216
선장禪杖 219
선조善助 217
선주지禪住持 270
선진禪鎭 218
선취善趣 346
선판禪版 218
선품궤칙善品軌則 265
선현천善現天 35
설리라設利羅 370
『설원說苑』 141
섭승계攝僧界 297
섭식계攝食界 297
섭의계攝衣界 297
성승聖僧 298
세지변총世智辯聰 59
소광천少光天 35
소락素洛 60
소미로蘇弥盧 43
소사小師 364
소자疏子 100, 381
소정천少淨天 35
소천세계小千世界 43
소투파蘇偸婆 371
소행小行 260
솔도파窣堵波 371
송백松佰 131
수라세계(修羅趣) 60
수라취修羅趣 43

수미산須彌山 43
수업화상受業和尙 24
수의隨意 316
스님(闍梨) 70
승걸僧傑 120, 121
승광사勝光寺 165
승민 법사僧旻法師 153
승발僧跋 77, 78
승사僧使 290
승영僧英 120
승예僧叡 130
승조 법사僧肇法師 125
승차僧次 91, 285
승혜僧慧 120
시방상주물十方常住物 291
시방현전상주물十方現前常住物 292
시식時食 67
시식施食 85, 86
시약時藥 362
시자侍者 284
시주施主 89
시줏돈(嚫錢) 102
시향施香 139
식욕食欲 33
식처識處 35, 36, 38
신견身見 52
신옥神屋 298
신통神通 317
실체마悉替摩 286

심소법心所法 197
심약沈約 109
십이지十二支 305

【ㅇ】
아귀취餓鬼趣 43
아만我慢 147
아사리阿闍梨 420
아소락阿素洛 60
아수륜阿須倫 60
9가지 소임(九事) 274
악도惡道 58
안거安居 242
알부담遏部曇 50
애욕愛欲 152
야간野干 184
야차藥叉 302
양주팔상梁州八相 320
언종 법사彦琮法師 127
업위鄴衛 131
8가지 죽(八般粥) 70
역수逆修 330
연등燃燈 251
연무緣務 254
연수당延壽堂 339
연좌宴坐 220
염념念念 230
염마왕閻摩羅 62
염부수剡部樹 71

염부제閻浮提 333
염송念誦 102
영수領袖 131
예수재預修齋 330
5종의 간린慳吝 188
오관五觀 78
오도五道 22, 232, 304
오법비구五法比丘 377
오부五部 70
오분법신五分法身 177, 244
오승五乘 128
오음五陰 53, 232
오장五臟 73
오정거천五淨居天 40
오처五處 24
오취생사륜五趣生死輪 304
오취잡거지五趣雜居地 37
오파삼발나鄔波三鉢那 368
오포사타烏脯沙陀 68
온마蘊魔 200
완담阮膽 132
왕문도王文度 134, 135
외전外典 116
요간料簡 214
요숭姚崇 130
요흥姚興 130
욕계산지欲界散地 45
욕탐欲貪 203
용문龍門 156

우란분盂蘭盆 313
우바국다優波鞠多 157
우전于闐 313
우타이優陀夷 172, 173
우협右脇 417
원일유람遠日由濫 380
원정열반圓淨涅槃 307
월법죄越法罪 105, 297
월상녀月上女 368
월차越次 285
위곡委曲 362
위의威儀 242
위탄韋誕 116
유루법有漏法 39
유루有漏 45
유순由旬 250
유식唯識 213
유정有情 63
유함연柳含煙 320
유행遊行 404
육도六道 44
육천六天 33
육취죄六聚罪 343
율사律寺 167
음욕婬欲 33
의발衣鉢 239
의복義服 356
의소義少 162
의천義天 122

의판倚版 218
이과二果 372
이생희락지離生喜樂地 37
이선삼천二禪三天 38
이선二禪 35
이십오유二十五有 40
이희묘락지離喜妙樂地 38
인간세계(人趣) 46
인도人道 47
인욕忍辱 192
인취人趣 43

【ㅈ】

자자自恣 29, 245
장생전長生錢 311
장솔張率 137
장영張永 162
장해張楷 154
적정자寂靜者 214
적정寂靜 381
전경轉經 102, 153
전좌典座 274
절우浙右 167
정각正覺 220
정근正勤 196
정념正念 344
정반왕淨飯王 369
정복正服 356
정생희락지定生喜樂地 37

정시正時 69
정식鼎食 101
정식正食 66
정업正業 407
정욕情欲 33
정인淨人 167, 300
정좌定座 90
정주淨住 286
정진精進 48
정천淨天 44
제8식第八識 64
제석천帝釋天 317
제전祭奠 362
조두澡豆 263
조복調伏 221
조위曹魏 159
종경鐘磬 309
종성種性 32
주리반특朱利槃特 249
주발朱勃 162
주사행朱士行 159
주실籌室 157
주홍정周弘正 123
죽粥 69
중생衆生 63
중생식衆生食 84
중식中食 67
중유中有 326
중천세계中千世界 43

즐다喞多 64
증작贈作 323
지낭智囊 118
지둔支遁 134
지사知事 167, 284
지석誌石 374
지옥세계(地獄趣) 54
지옥취地獄趣 43
지원사枳園寺 158
지팡이(杖) 358
지효룡支孝龍 132
진미塵尾 165
질다質多 64

【ㅊ】

찰리刹利 205
참례參禮 394
참최斬衰 358
창도唱導 99
창의唱衣 377
채옹蔡邕 244
천상세계(天趣) 44
천석의상薦席衣裳 399
천식天食 69
천제석天帝釋 229
천취天趣 43, 44
철재掇齋 93
첨병당瞻病堂 303
초과初果 372

초망初亡 353
초빈草殯 379
초선삼천初禪三天 37
초선初禪 35
초제招提 312
촉간觸竿 445
찰낭攃囊 118
축생세계(畜生趣) 56
축생취畜生趣 43
출생식出生食 429
취趣 43
취상聚相 371
칠성재聖財 234
칠정七情 210
침추砧槌 309

【ㅌ】
타나발저陀那鉢底 89
타화자재천他化自在天 34
탐심(貪) 202
탑파塔婆 371
태도馱都 371
태상인太常引 320
통견通肩 404

【ㅍ】
팔상八相 320
8식識 213
팔풍八風 210

패닉唄匿 96
패亭 171
폐시閉尸 50
포뢰蒲牢 310
포모布帽 360
포사니蒲闍尼 66
포살布薩 286, 441
표백表白 99
표표 도인標表道人 166
풍아風雅 136
필발華發 70

【ㅎ】
하구순夏九旬 245
하랍夏臘 90
하상지何尙之 131
학사學肆 154
학원學院 154
학해學海 122
함령含靈 153
함장函丈 157
해중海衆 238
해하초 316
해행解行 156
행각行脚 236
행향行香 90
현전상주물現前常住物 292
현전승現前僧 382
형위形位 51

혜가惠可 136

혜소惠韶 136

혜약慧約 131

혜원 임랑慧苑琳瑯 124

혜초惠超 163

혜취 법사惠聚法師 123

『홍명집弘明集』 109

화락천化樂天 34

화모禍母 180

화전花箭 205

회계會稽 131

회하會夏 404

회해懷海 270

효당孝堂 376

효원소사孝院小師 376

훈성熏成 370

흘율다吃栗多 300

역주 김순미

2005년 『조선조 불교 의례의 시가 연구』로 박사학위를 받은 뒤, 불교의례집인 『천지명양수륙재의범음산보집』을 번역하였다. 조선의 시속례는 유교와 불교가 습합된 부분이 있기 때문에 유교 의례에도 관심을 가지고 『한국예학총서』(총 173권)(경성대학교 한국학연구소)를 만드는 일에 참여하였고, 그 결과 우리나라 최초의 제사 지침서인 이언적의 『봉선잡의』를 단독 번역하여 출판하였다. 또한 조선조 가례학의 대체적인 체계와 중요한 학설을 개관하는 데 도움을 주는 『가례증해』(6권) 번역 사업에 참여하였으며, 이와 관련한 연구 논문을 썼다. 10여 년 동안 대학에서 우리나라 예속과 관련된 강의를 하다가 현재는 한국국학진흥원에서 연구원으로 근무하고 있다.

석씨요람 역주 2

초판 1쇄 인쇄 2022년 12월 13일 | **초판 1쇄 발행** 2022년 12월 23일
석도성 저 | 김순미 역주 | 펴낸이 김시열
펴낸곳 도서출판 운주사

(02832) 서울시 성북구 동소문로 67-1 성심빌딩 3층
전화 (02) 926-8361 | 팩스 0505-115-8361
ISBN 978-89-5746-715-2 94220   값 27,000원
ISBN 978-89-5746-713-8 (세트)
http://cafe.daum.net/unjubooks 〈다음카페: 도서출판 운주사〉